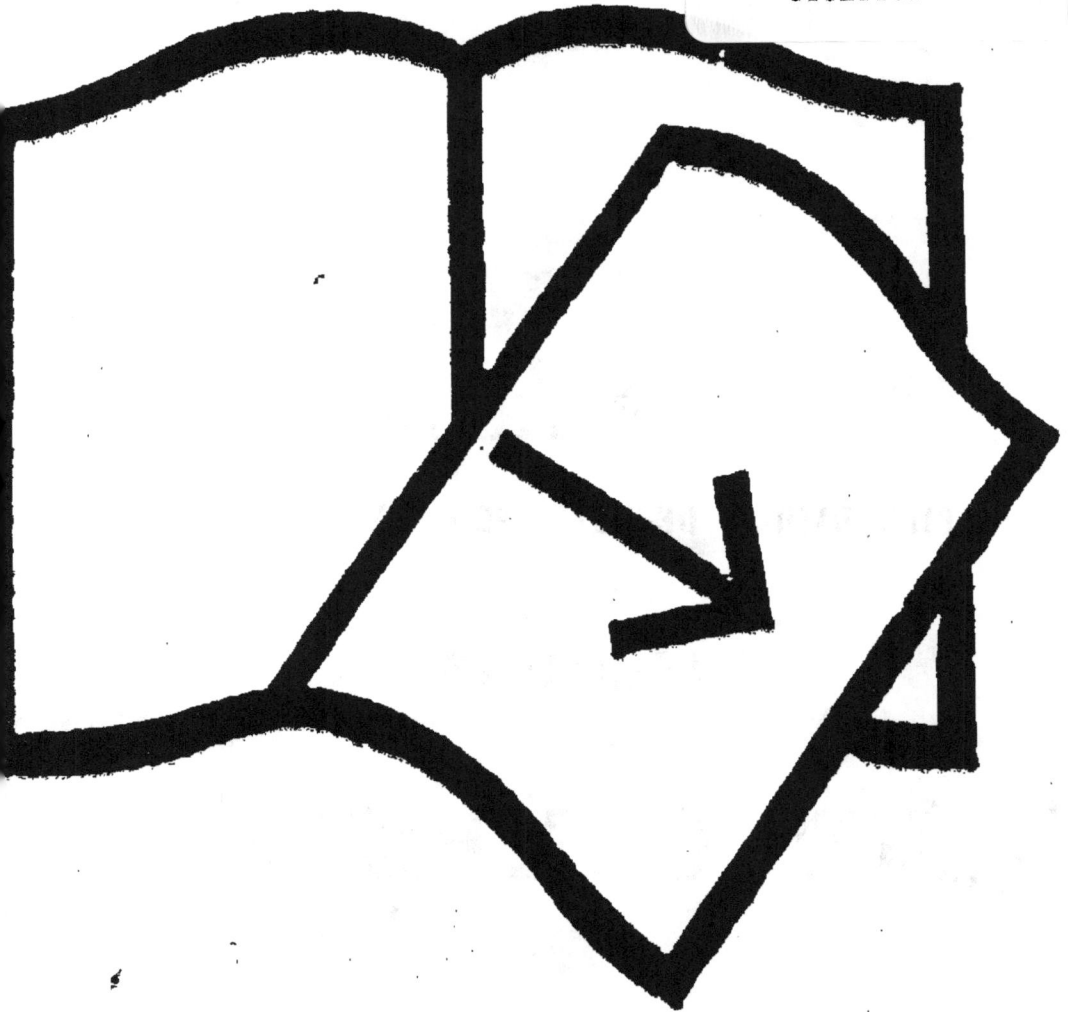

Documents manquants (pages, cahiers...)
NF Z 43-120-13

DÉPÊCHES

CIRCULAIRES, DÉCRETS, PROCLAMATIONS

ET

DISCOURS

DE

LÉON GAMBETTA

IL A ÉTÉ TIRÉ

Soixante-quinze exemplaires sur papier de Hollande,
numérotés à la presse.

DÉPÊCHES

CIRCULAIRES, DÉCRETS, PROCLAMATIONS

ET

DISCOURS

DE

LÉON GAMBETTA

MEMBRE DU GOUVERNEMENT DE LA DÉFENSE NATIONALE
MINISTRE DE L'INTÉRIEUR ET DE LA GUERRE

(4 Septembre 1870 — 6 Février 1871)

PUBLIÉS PAR M. JOSEPH REINACH

I

ÉDITION DÉFINITIVE

PARIS

G. CHARPENTIER ET Cᵉ, ÉDITEURS

13, RUE DE GRENELLE, 13

1886

Tous droits réservés.

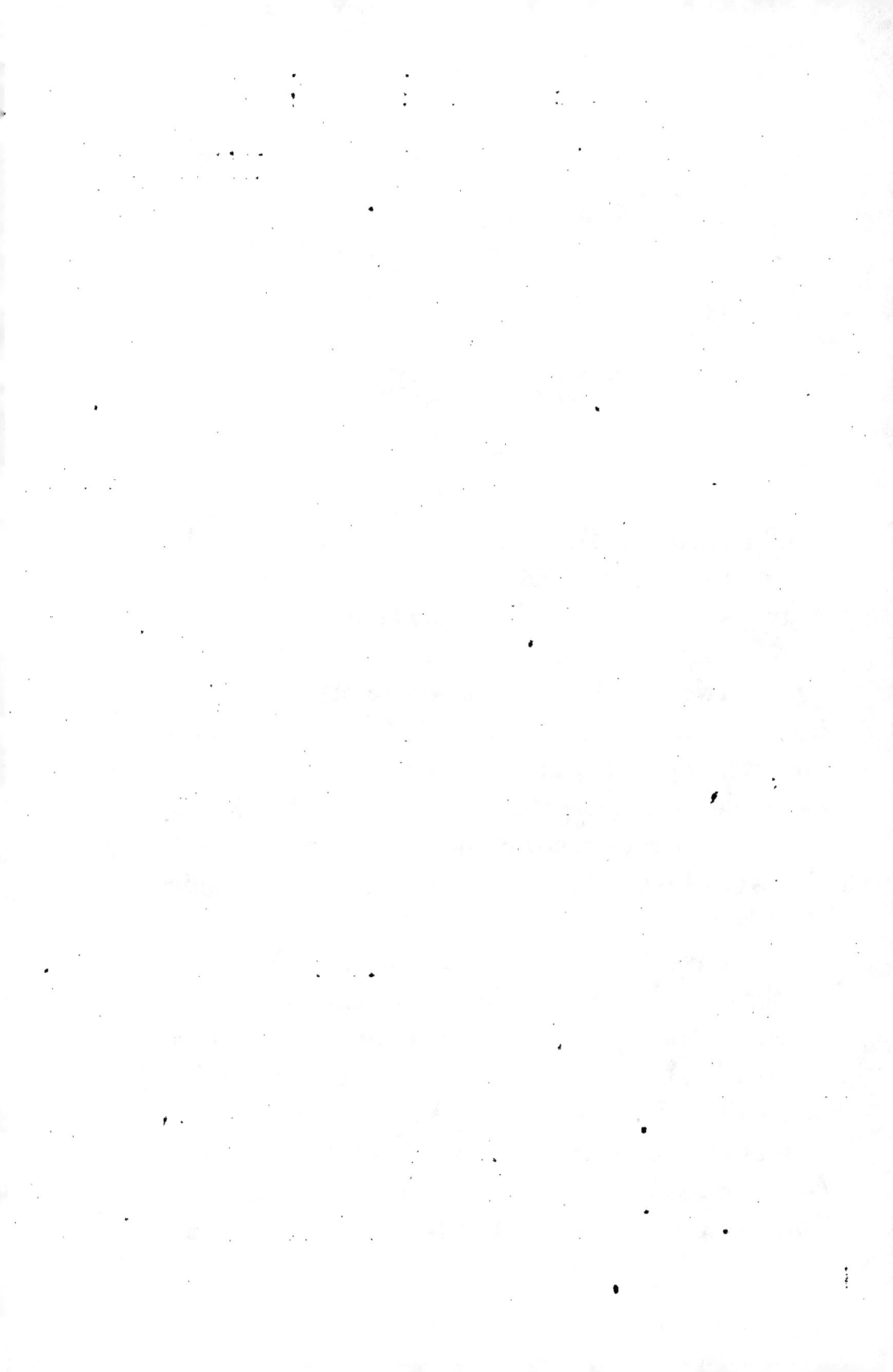

PRÉFACE

L'histoire de Gambetta, comme membre du Gouvernement de la défense nationale, comprend deux périodes : la première s'étend du 4 septembre au 7 octobre 1870, la seconde du 7 octobre 1870 au 6 février 1871. Pendant la première période, Gambetta est à Paris, en qualité de ministre de l'intérieur; pendant la seconde, après être sorti en ballon de Paris assiégé, il est le chef de la délégation du Gouvernement de la défense nationale à Tours et à Bordeaux, comme ministre de l'intérieur et de la guerre.

On trouve dans ces deux périodes un très grand nombre de documents signés de Gambetta (décrets, arrêtés, proclamations, circulaires, lettres et dépêches). Beaucoup de ces documents ont été déjà édités. Les uns, ceux qui ont le caractère officiel, ont paru dans le *Journal officiel de la République française*, le *Moniteur Universel* (édition de Tours et de Bordeaux) et le *Bulletin des Lois*; les

autres, comprenant une partie importante des
circulaires et des dépêches, ont été publiés, par les
soins de l'Assemblée nationale, dans l'enquête
parlementaire sur les actes du gouvernement du
4 septembre[1]; d'autres enfin, d'un caractère fort
varié, sont disséminés dans des monographies dont
les auteurs ont souvent tronqué le texte des pièces.
Aucune publication n'a encore réuni dans un ordre
méthodique ces divers documents.

Lorsque Gambetta nous confia en 1880 le soin
de publier une édition complète de ses discours
et plaidoyers politiques, il nous chargea également de réunir dans un ouvrage spécial, qui
était annoncé dans notre préface, « les proclamations, circulaires, lettres et dépêches principales
qui sont émanées du ministère de la guerre et du
ministère de l'intérieur, sous la direction de
Gambetta, depuis le 4 septembre 1870 jusqu'au
6 février 1871 ». Ce recueil, que nous publions
aujourd'hui, renferme, outre des documents déjà
connus, que nous avons classés selon une méthode
plus sévère que nos prédécesseurs, une série considérable de documents inédits qui sont empruntés
à deux sources différentes, à la correspondance
de Gambetta avec les organisateurs militaires et
civils de la défense nationale en province et à sa
correspondance avec le président et le vice-prési-

---

1. Cette publication renferme de nombreuses erreurs matérielles
qui sont rectifiées dans notre recueil.

dent du Gouvernement de la défense nationale qui
étaient restés à Paris.

Pour les proclamations, circulaires, décrets et
arrêtés que nous donnons dans ce recueil, nous
avons suivi le texte du *Journal Officiel*, du *Moniteur
Universel de Tours et de Bordeaux* et du *Bulletin
des lois*. Nous avons reproduit les dépêches aux
membres de la délégation et aux préfets d'après le
registre spécial où elles étaient copiées au fur et à
mesure de leur envoi et que M. Ranc nous a communiqué. Enfin, les dépêches au général Trochu
et à Jules Favre ont été collationnées avec le texte
qui avait été revu par Gambetta et qui fait l'objet
de la lettre suivante de M. Ranc :

Paris, ce 1er février 1886.

Voici, mon cher ami, les renseignements que vous me
demandez sur les dépêches adressées par Gambetta de
Tours et de Bordeaux au gouvernement de Paris.

Les dépêches étaient remises par Gambetta à Steenackers
qui les faisait chiffrer dans son cabinet et sous ses yeux. La
dépêche chiffrée était recopiée très lisiblement sur une
grande feuille de papier, puis photographiée sur pellicule
en caractères microscopiques. Arrivée à Paris par pigeon,
la dépêche devait subir les opérations inverses, grossissement, transcription et déchiffrage. Il n'est donc pas très
étonnant, avec ces complications, qu'il y ait dans celles de
ces pièces qui ont déjà été publiées des erreurs ou des omissions. Mais Gambetta avait conservé les originaux (presque
tous sont de la main de Spuller), et dès 1872 il s'occupa de
les faire imprimer. Il chargea de ce travail un de mes amis,
M. Eugène Lenoir, qui s'en acquitta seul, fit la composition

et le tirage sans l'aide de qui que ce soit. Les épreuves ont été corrigées avec le plus grand soin par M. Lenoir d'abord, puis par moi ; je les ai revues toutes une dernière fois avec Gambetta. Il n'en a été tiré et il n'en existe que deux exemplaires, l'un qui fut remis à Gambetta, l'autre que je gardai avec son autorisation[1]. C'est mon exemplaire qui a servi à la publication de ce volume. Le texte que vous donnez au public est donc complet, absolument authentique et d'une exactitude scrupuleuse.

Bien à vous,

A. RANC.

Le tome II de notre publication comprendra les principaux décrets et arrêtés rendus par la délégation de Tours-Bordeaux et la correspondance de Gambetta avec les chefs militaires des différentes armées.

JOSEPH REINACH.

1. Voici le titre de ce volume : Dépêches de la Délégation de Tours-Bordeaux au Gouvernement de la défense nationale, suivis de décrets, arrêtés, proclamations, discours, allocutions, circulaires, lettres, etc., relatifs à la défense nationale ; de la déposition de M. Gambetta devant la Commission d'enquête parlementaire sur les actes du Gouvernement de la défense nationale, et de son discours en réponse au rapport de la Commission des marchés, prononcé à l'Assemblée nationale le 29 juillet 1872. — 1870-1871. — PARIS, imprimerie E. RIOXEL, MDCCCLXXX. L'exemplaire de M. Gambetta porte ces mots, au faux titre : *Épreuve Unique*; celui de M. Ranc : *Exemplaire Unique*. — Le discours du 29 juillet, qui est annoncé sur le titre, ne figure pas dans le volume.

CHAPITRE PREMIER

Révolution du 4 septembre. — Proclamation du Gouvernement de
la défense nationale. — Arrêtés et décrets du ministre de l'intérieur du 4 septembre au 7 octobre 1870.

4 SEPTEMBRE 1870

PROCLAMATION DE LA RÉPUBLIQUE

FRANÇAIS!

Le Peuple a devancé la Chambre, qui hésitait. Pour
sauver la Patrie en danger, il a demandé la République.

Il a mis ses représentants non au pouvoir, mais au
péril.

La République a sauvé l'invasion de 1792, la République est proclamée.

La Révolution est faite au nom du droit, du salut
public.

Citoyens, veillez sur la Cité qui vous est confiée;

demain vous serez, avec l'armée, les vengeurs de la Patrie !

EMMANUEL ARAGO, CRÉMIEUX, DORIAN, JULES FAVRE, JULES FERRY, GUYOT-MONTPAYROUX, LÉON GAMBETTA, GARNIER-PAGÈS, MAGNIN, ORDINAIRE, A. TACHARD, E. PELLETAN, ERNEST PICARD, JULES SIMON.

ORGANISATION DU GOUVERNEMENT DE LA DÉFENSE NATIONALE

Citoyens de Paris,

La République est proclamée.

Un gouvernement a été nommé d'acclamation.

Il se compose des citoyens :

Emmanuel Arago, Crémieux, Jules Favre, Jules Ferry, Gambetta, Garnier-Pagès, Glais-Bizoin, Pelletan, Picard, Rochefort, Jules Simon, *représentants de Paris.*

Le général Trochu est chargé des pleins pouvoirs militaires pour la défense nationale.

Il est appelé à la présidence du Gouvernement.

Le Gouvernement invite les citoyens au calme ; le Peuple n'oubliera pas qu'il est en face de l'ennemi.

Le Gouvernement est, avant tout, un Gouvernement de défense nationale.

ARAGO, CRÉMIEUX, JULES FAVRE, FERRY, GAMBETTA, GLAIS-BIZOIN, GARNIER-PAGÈS, PELLETAN, PICARD, ROCHEFORT, SIMON, général TROCHU.

DÉCRÈTS COMPOSANT LE MINISTÈRE, DISSOLVANT LE CORPS LÉGIS-
LATIF ET LE SÉNAT ET AMNISTIANT TOUS LES CONDAMNÉS
POLITIQUES.

Le Gouvernement de la défense nationale a composé le
ministère comme il suit :

Ministre des affaires étrangères. . . .	Jules Favre.
Ministre de l'intérieur.	Gambetta [1].
Ministre de la guerre.	Général Le Flô.
Ministre de la marine.	Amiral Fourichon.
Ministre de la justice.	Crémieux.
Ministre des finances.	Ernest Picard.
Ministre de l'instruction publique et des cultes.	Jules Simon.
Ministre des travaux publics.	Dorian.
Ministre de l'agriculture et du commerce.	Magnin.

Le ministère de la présidence du Conseil d'État est supprimé.

M. Steenackers est nommé directeur des télégraphes.

Le Gouvernement de la défense nationale décrète :
Le Corps législatif est dissous;
Le Sénat est aboli.

Le Gouvernement de la défense nationale décrète :
Amnistie pleine et entière est accordée à tous les condamnés pour crimes et délits politiques et pour délits de
presse depuis le 3 décembre 1852 jusqu'au 3 septembre 1870.
Tous les condamnés encore détenus, soit que les juge-

1. « Il y eut quelques difficultés pour le ministère de l'intérieur.
M. Picard et M. Gambetta y prétendaient... Le Gouvernement
se partagea par moitié, puisque M. Gambetta ne l'emporta que
d'une voix. » (Jules Simon, *Souvenirs du 4 septembre*, t. II, p. 5.)

ments aient été rendus par les tribunaux correctionnels, soit par les cours d'assises, soit par les conseils de guerre, seront mis immédiatement en liberté.

PROCLAMATION DES MEMBRES DU GOUVERNEMENT A LA GARDE NATIONALE

Ceux auxquels votre patriotisme vient d'imposer la mission redoutable de défendre le pays vous remercient du fond du cœur de votre courageux dévouement.

C'est à votre résolution qu'est due la victoire civique rendant la liberté à la France.

Grâce à vous cette victoire n'a pas coûté une goutte de sang.

Le pouvoir personnel n'est plus.

La nation tout entière reprend ses droits et ses armes. Elle se lève prête à mourir pour la défense du sol. Vous lui avez rendu son âme que le despotisme étouffait.

Vous maintiendrez avec fermeté l'exécution des lois, et rivalisant avec notre noble armée, vous nous montrerez ensemble le chemin de la victoire.

A LA GARDE NATIONALE DE PARIS

La République est proclamée.

La Patrie est en danger.

Le nouveau Gouvernement est avant tout un Gouvernement de défense nationale.

Les gardes nationaux de Paris, c'est-à-dire tous les électeurs inscrits sur les listes électorales, sont convoqués pour le mardi 6 novembre, à midi, à l'effet de procéder à la nomination des sous-officiers et officiers, dans les mairies de leurs arrondissements respectifs.

Le ministre de l'intérieur,

Signé : GAMBETTA.

Le Gouvernement de la défense nationale décrète :

La fabrication, le commerce et la vente des armes sont absolument libres.

M. Étienne Arago est nommé maire de Paris.

MM. Floquet et Brisson sont ses adjoints.

PROCLAMATION DU MAIRE DE PARIS

CITOYENS,

Je viens d'être appelé par le peuple et par le Gouvernement de la défense nationale à la Mairie de Paris.

En attendant que vous soyez convoqués pour élire votre municipalité, je prends, au nom de la République, possession de cet Hôtel de Ville, d'où sont toujours partis les grands signaux patriotiques, en 1792, en 1830, en 1848.

Comme nos pères ont crié en 1792, je vous crie : Citoyens, LA PATRIE EST EN DANGER ! Serrez-vous autour de cette municipalité parisienne, où siège aujourd'hui un vieux soldat de la République.

VIVE LA RÉPUBLIQUE !

Le maire de Paris,

ÉTIENNE ARAGO.

M. Clément Laurier est nommé directeur général du personnel et du cabinet au ministère de l'intérieur.

Le Gouvernement de la défense nationale, pour l'ordre de ses travaux intérieurs, s'est organisé de la manière suivante :

Le général Trochu, président ; M. Jules Favre, vice-président ; M. Jules Ferry, secrétaire.

Le Gouvernement a choisi, à titre de secrétaires adjoints, pour l'aider dans ses travaux, MM. André Lavertujon et F. Hérold.

5 SEPTEMBRE

PROCLAMATION DU GOUVERNEMENT A L'ARMÉE

Quand un général a compromis son commandement, on le lui enlève.

Quand un gouvernement a mis en péril, par ses fautes, le salut de la patrie, on le destitue.

C'est ce que la France vient de faire.

En abolissant la dynastie qui est responsable de nos malheurs, elle a accompli d'abord à la face du monde un grand acte de justice.

Elle a exécuté l'arrêt que toutes vos consciences avaient rendu.

Elle a fait en même temps un acte de salut.

Pour se sauver, la Nation avait besoin de ne plus relever que d'elle-même et de ne compter désormais que sur deux choses : sa résolution, qui est invincible ; votre héroïsme, qui n'a pas d'égal, et qui, au milieu de revers immérités, fait l'étonnement du monde.

Soldats ! en acceptant le pouvoir dans la crise formidable que nous traversons nous n'avons pas fait œuvre de parti.

Nous ne sommes pas au pouvoir, mais au combat.

Nous ne sommes pas le gouvernement d'un parti, nous sommes le Gouvernement de la défense nationale.

Nous n'avons qu'un but, qu'une volonté : le salut de la Patrie par l'Armée et par la Nation, groupées autour du glorieux symbole qui fit reculer l'Europe il y a quatre-vingts ans.

Aujourd'hui, comme alors, le nom de République veut dire :

UNION intime de l'Armée et du Peuple pour la défense de la Patrie !

DÉCRETS DIVERS INSÉRÉS AU « JOURNAL OFFICIEL » DU 5 SEPTEMBRE

Le Gouvernement décrète :
L'impôt du timbre sur les journaux ou autres publications est aboli.

Le Gouvernement décrète :
Les fonctionnaires publics de l'ordre civil, administratif, militaire et judiciaire sont déliés de leur serment.
Le serment politique est aboli.

Le Gouvernement de la défense nationale décrète :
ARTICLE PREMIER. — M. Edmond Valentin est nommé préfet du département du Bas-Rhin, et le Gouvernement s'en rapporte à son énergie et à son patriotisme pour aller occuper son poste.
ART. 2. — M. Maurice Engelhard est nommé maire de la ville de Strasbourg et chargé par le Gouvernement d'aller porter aux vaillants Strasbourgeois et à son héroïque garnison les remerciments émus de la France, de la population de Paris et du gouvernement de la République.

MAIRIE DE PARIS.

CITOYENS DE PARIS,

Le Gouvernement de la défense nationale n'entend usurper aucun des droits du peuple. Dans un délai aussi court que le permettront les circonstances, les citoyens seront appelés à élire leur municipalité. En attendant, et afin de pourvoir aux nécessités urgentes du service de la cité dans une situation exceptionnelle, le maire de Paris nomme pour *maires provisoires* des 20 arrondissements les citoyens dont les noms suivent.

1er Arrondissement. — Tenaille-Saligny, avocat à la Cour de cassation.

2e Arr. — Tirard, négociant.

3e Arr. — Bonvalet, négociant.

4e Arr. — Greppo, ancien représentant du peuple.

5e Arr. — J.-B. Bocquet, ancien adjoint.

6e Arr. — Hérisson, avocat à la Cour de cassation.

7e Arr. — Ribaucourt, docteur-médecin.

8e Arr. — Carnot, ancien membre du gouvernement provisoire de 1848.

9e Arr. — Ranc, homme de lettres.

10e Arr. — Turpin, négociant[1].

11e Arr. — Léonce Ribert, professeur[2].

12e Arr. — Alfred Grivot, négociant à Bercy.

13e Arr. — Pernolet, ingénieur.

14e Arr. — Leneveu, rédacteur du *Siècle*.

15e Arr. — Corbon, ancien représentant du peuple.

16e Arr. — Henri Martin, historien.

17e Arr. — François Favre, homme de lettres.

18e Arr. — Clémenceau, docteur-médecin.

19e Arr. — Richard, fabricant.

20e Arr. — Braleret, commerçant.

Ces citoyens sont invités à entrer immédiatement en fonctions et à désigner chacun deux adjoints. Il est inutile de rappeler aux nouveaux administrateurs des mairies parisiennes qu'en face de l'ennemi marchant sur Paris leur premier devoir est de veiller sans relâche à l'armement des citoyens et de se tenir, nuit et jour, prêts à seconder la défense nationale.

VIVE LA RÉPUBLIQUE!

Le maire de Paris,
ÉTIENNE ARAGO.

1. N'a pas accepté, a été remplacé par M. O'Reilly, ancien secrétaire général de la préfecture de police.
2. N'a pas accepté, a été remplacé par M. Coffard.

6 SEPTEMBRE

DÉCRETS ET ARRÊTÉS DIVERS

M. Jules Mahias a été nommé secrétaire général de la mairie de Paris.

Ont été nommés adjoints au maire de Paris, MM. J. Clamageran et Émile Durier.

Par décret en date du 6 septembre, M. Jules Ferry, membre du Gouvernement, est délégué par le Gouvernement et par le ministre de l'intérieur près l'administration du département de la Seine.

Le Gouvernement de la défense nationale arrête :

M. Dorian, ministre des travaux publics ;

M. le contre-amiral de Dompierre-d'Hornoy, ministre par intérim de la marine et des colonies ;

M. Dupuy de Lôme, ancien inspecteur général du génie maritime ;

M. le général de division Frébault, de l'artillerie de marine, sont nommés membres du Comité de défense de Paris.

CIRCULAIRE ADRESSÉE PAR M. JULES FAVRE, VICE-PRÉSIDENT DU GOUVERNEMENT, MINISTRE DES AFFAIRES ÉTRANGÈRES, AUX AGENTS DIPLOMATIQUES DE LA FRANCE A L'ÉTRANGER

Paris, le 6 septembre 1870.

MONSIEUR,

Les événements qui viennent de s'accomplir à Paris s'expliquent si bien par la logique inexorable des faits qu'il est inutile d'insister longuement sur leur sens et leur portée.

En cédant à un élan irrésistible, trop longtemps contenu, la population de Paris a obéi à une nécessité supérieure, celle de son propre salut.

Elle n'a pas voulu périr avec le pouvoir criminel qui conduisait la France à sa perte.

Elle n'a pas prononcé la déchéance de Napoléon III et de sa dynastie : elle l'a enregistrée au nom du droit, de la justice et du salut public.

Et cette sentence était si bien ratifiée à l'avance par la conscience de tous, que nul, parmi les défenseurs les plus bruyants du pouvoir qui tombait, ne s'est levé pour le soutenir.

Il s'est effondré de lui-même, sous le poids de ses fautes, aux acclamations d'un peuple immense, sans qu'une goutte de sang ait été versée, sans qu'une personne ait été privée de sa liberté.

Et l'on a pu voir, chose inouïe dans l'histoire, les citoyens auxquels le cri du peuple conférait le mandat périlleux de combattre et de vaincre, ne pas songer un instant aux adversaires qui la veille les menaçaient d'exécutions militaires. C'est en leur refusant l'honneur d'une répression quelconque qu'ils ont constaté leur aveuglement et leur impuissance.

L'ordre n'a pas été troublé un seul moment; notre confiance dans la sagesse et le patriotisme de la garde nationale et de la population tout entière, nous permet d'affirmer qu'il ne le sera pas.

Délivré de la honte et du péril d'un gouvernement traître à tous ses devoirs, chacun comprend que le premier acte de cette souveraineté nationale, enfin reconquise, est de se commander à soi-même et de chercher sa force dans le respect du droit.

D'ailleurs, le temps presse : l'ennemi est à nos portes; nous n'avons qu'une pensée, le repousser hors de notre territoire.

Mais cette obligation que nous acceptons résolument, ce n'est pas nous qui l'avons imposée à la France; elle ne la subirait pas si notre voix avait été écoutée.

Nous avons défendu énergiquement, au prix même de notre popularité, la politique de la paix. Nous y persévérerons avec une conviction de plus en plus profonde.

Notre cœur se brise au spectacle de ces massacres humains dans lesquels disparaît la fleur des deux nations qu'avec un peu de bon sens et beaucoup de liberté on aurait préservées de ces effroyables catastrophes.

Nous n'avons pas d'expression qui puisse peindre notre admiration pour notre héroïque armée, sacrifiée par l'impéritie du commandement suprême, et cependant plus grande par ses défaites que par les plus brillantes victoires.

Car, malgré la connaissance de fautes qui la compromettaient, elle s'est immolée, sublime, devant une mort certaine, et rachetant l'honneur de la France des souillures de son gouvernement.

Honneur à elle! La Nation lui ouvre ses bras! Le pouvoir impérial a voulu les diviser, les malheurs et le devoir les confondent dans une solennelle étreinte. Scellée par le patriotisme et la liberté, cette alliance nous fait invincibles.

Prêts à tout, nous envisageons avec calme la situation qui nous est faite.

Cette situation, je la précise en quelques mots; je la soumets au jugement de mon pays et de l'Europe.

Nous avons hautement condamné la guerre, et protestant de notre respect pour le droit des peuples, nous avons demandé qu'on laissât l'Allemagne maîtresse de ses destinées.

Nous voulions que la liberté fût à la fois notre lien commun et notre commun bouclier; nous étions convaincus que ces forces morales assuraient à jamais le maintien de la paix. Mais, comme sanction, nous réclamions une arme pour chaque citoyen, une organisation civique, des chefs élus; alors nous demeurions inexpugnables sur notre sol.

Le gouvernement impérial qui avait depuis longtemps séparé ses intérêts de ceux du pays, a repoussé cette politique. Nous la reprenons, avec l'espoir qu'instruite par l'expérience, la France aura la sagesse de la pratiquer.

De son côté, le roi de Prusse a déclaré qu'il faisait la guerre, non à la France, mais à la dynastie impériale.

La dynastie est à terre. La France libre se lève.

Le roi de Prusse veut-il continuer une lutte impie qui lui sera au moins aussi fatale qu'à nous?

Veut-il donner au monde du xix° siècle ce cruel spectacle de deux nations qui s'entre-détruisent, et qui, oublieuses de l'humanité, de la raison, de la science, accumulent les ruines et les cadavres?

Libre à lui; qu'il assume cette responsabilité devant le monde et devant l'histoire!

Si c'est un défi, nous l'acceptons.

Nous ne céderons ni un pouce de notre territoire ni une pierre de nos forteresses.

Une paix honteuse serait une guerre d'extermination à courte échéance.

Nous ne traiterons que pour une paix durable.

Ici, notre intérêt est celui de l'Europe entière, et nous avons lieu d'espérer que, dégagée de toute préoccupation dynastique, la question se posera ainsi dans les chancelleries.

Mais fussions-nous seuls, nous ne faiblirons pas.

Nous avons une armée résolue, des forts bien pourvus, une enceinte bien établie, mais surtout les poitrines de trois cent mille combattants décidés à tenir jusqu'au dernier.

Quand ils vont pieusement déposer des couronnes aux pieds de la statue de Strasbourg, ils n'obéissent pas seulement à un sentiment d'admiration enthousiaste, ils prennent leur héroïque mot d'ordre, ils jurent d'être dignes de leurs frères d'Alsace et de mourir comme eux.

Après les forts, les remparts; après les remparts, les barricades. Paris peut tenir trois mois et vaincre; s'il succombait, la France, debout à son appel, le vengerait, elle continuerait la lutte [1], et l'agresseur y périrait.

Voilà, Monsieur, ce que l'Europe doit savoir. Nous n'avons pas accepté le pouvoir dans un autre but. Nous ne le conserverions pas une minute si nous ne trouvions pas la population de Paris et la France entière décidées à partager nos résolutions.

Je les résume d'un mot devant Dieu qui nous entend, devant la postérité qui nous jugera : nous ne voulons que la paix. Mais si l'on continue contre nous une guerre funeste que nous avons condamnée, nous ferons notre devoir jusqu'au bout, et j'ai la ferme confiance que notre cause, qui est celle du droit et de la justice, finira par triompher.

C'est en ce sens que je vous invite à expliquer la situation à M. le ministre de la cour près de laquelle vous êtes accrédité, et entre les mains duquel vous laisserez copie de ce document.

Agréez, Monsieur, l'expression de ma haute considération.

Le ministre des affaires étrangères,

JULES FAVRE.

1. Cf. ch. IV, *in finem.*

8 SEPTEMBRE

LE GOUVERNEMENT DE LA DÉFENSE NATIONALE
AU PEUPLE FRANÇAIS

Français,

En proclamant, il y a quatre jours, le Gouvernement de la défense nationale, nous avons nous-mêmes défini notre mission.

Le pouvoir gisait à terre; ce qui avait commencé par un attentat finissait par une désertion. Nous n'avons fait que ressaisir le gouvernail échappé à des mains impuissantes.

Mais l'Europe a besoin qu'on l'éclaire. Il faut qu'elle connaisse par d'irrécusables témoignages que le pays tout entier est avec nous. Il faut que l'envahisseur rencontre sur sa route non seulement l'obstacle d'une ville immense résolue à périr plutôt que de se rendre, mais un peuple entier, debout, organisé, représenté, une assemblée enfin qui puisse porter en tous lieux, et en dépit de tous les désastres, l'âme vivante de la Patrie.

En conséquence,

Le Gouvernement de la défense nationale décrète :

ARTICLE PREMIER. — Les collèges électoraux sont convoqués pour le dimanche 16 octobre, à l'effet d'élire une Assemblée nationale constituante.

ART. 2. — Les élections auront lieu au scrutin de liste, conformément à la loi du 15 mars 1849.

ART. 3. — Le nombre des membres de l'Assemblée constituante sera de sept cent cinquante.

ART. 4. — Le ministre de l'intérieur est chargé de l'exécution du présent décret.

Fait à l'Hôtel de Ville de Paris, le 8 septembre 1870.

9 SEPTEMBRE

M. Elie Ducoudray est nommé maire provisoire du 14e arrondissement, en remplacement de M. Leneveu, empêché de continuer ses fonctions.

M. Vandal, directeur des postes, avait offert au Gouvernement sa démission dès le 4 septembre. Il a consenti, sur la demande du Gouvernement, à rester en fonctions quelques jours, dans l'intérêt de la défense nationale.

Sa démission est acceptée.

M. Rampont-Lechin, ancien député de l'Yonne, est nommé directeur général des postes.

ORGANISATION DE LA DÉFENSE NATIONALE DANS LES DÉPARTEMENTS

Les membres du Gouvernement de la défense nationale ont décidé que le Gouvernement serait représenté, pendant la durée du siège, dans une ville de l'intérieur de la France.

Les services des ministères seront donc toujours assurés, et la défense nationale aura, en dehors de Paris, un centre d'action et de résistance.

10 SEPTEMBRE

Par arrêté en date du 10 septembre 1870, le ministre de l'intérieur a supprimé la commission du colportage.

DÉCRET

ARTICLE PREMIER. — Les professions d'imprimeur et de libraire sont libres.

ART. 2. — Toute personne qui voudra exercer l'une ou l'autre de ces professions sera tenue à une simple déclaration faite au ministère de l'intérieur.

ART. 3. — Toute publication portera le nom de l'imprimeur.

ART. 4. — Il sera ultérieurement statué sur les consé-quences du présent décret à l'égard des titulaires actuels de brevets.

Fait à Paris, le 10 septembre 1870.

Le Gouvernement de la défense nationale,

Vu le décret du 11 décembre 1852, portant que le corps de gendarmerie chargé de la surveillance de la capitale prendra la dénomination de garde de Paris;

Considérant que cette dénomination, qui restreint les attributions du corps à un service d'ordre intérieur, ne répond pas aux nécessités imposées par la défense de Paris, et n'est pas non plus en harmonie avec la forme actuelle du Gouvernement,

Décrète :

ARTICLE PREMIER. — La garde de Paris reprendra le titre de *Garde Républicaine* qu'elle a déjà porté.

ART. 2. — Le ministre de la guerre, le maire de Paris et le préfet de police sont chargés, chacun en ce qui le con-cerne, de l'exécution du présent décret.

Fait à Paris, le 10 septembre 1870.

12 SEPTEMBRE

DÉCRET

La ville de Toul a bien mérité de la Patrie [1].

Le Gouvernement de la défense nationale,

Considérant qu'il est indispensable, en cas d'investisse-

1. Le siège de Toul avait commencé le 27 août. La place était sous les ordres du commandant Huck. Les troupes assié-geantes étaient sous les ordres du grand duc de Mecklenbourg-Schwerin.

ment de Paris, que le Gouvernement conserve sa complète liberté d'action pour organiser la défense dans les départements et maintenir l'administration,

Décrète :

ARTICLE PREMIER. — M. Crémieux, membre du Gouvernement de la défense nationale, garde des sceaux, ministre de la justice, est délégué pour représenter le Gouvernement et en exercer les pouvoirs.

ART. 2. — Chaque département ministériel sera représenté près de lui par un délégué spécial, chargé du service de ce département.

ART. 3. — Le membre du Gouvernement de la défense nationale aura son siège à Tours et pourra le transporter partout où l'exigeront les nécessités de la défense.

ART. 4. — Les pouvoirs conférés par le présent décret cesseront quand les relations avec Paris redeviendront libres.

ART. 5. — Chacun des ministres est chargé de l'exécution du présent décret, en ce qui concerne son département respectif.

Fait à l'Hôtel de Ville, le 12 septembre 1870.

---

13 SEPTEMBRE

Le Gouvernement de la défense nationale,

Considérant que des réclamations nombreuses et fondées se produisent dans tous les départements contre les exemptions abusives accordées par les conseils de revision dans le recrutement des gardes nationaux mobiles ;

Considérant que toute exemption non justifiée doit être annulée,

Décrète :

ARTICLE PREMIER. — Un conseil de revision par arrondissement procédera à la revision de toutes les dispenses accordées jusqu'à ce jour aux gardes nationaux mobiles à titre de soutiens de famille.

Il se composera du préfet ou de son délégué, d'un

membre du conseil général et d'un membre du conseil d'arrondissement désignés par le préfet.

ART. 2. — Le conseil désignera pour chaque canton, jusqu'à concurrence de 15 p. 100, les jeunes gens qui auront le plus de titres à la dispense.

ART. 3. — Les jeunes gens dont le titre de soutien de famille ne serait pas confirmé devront immédiatement rejoindre leur corps.

Fait à Paris, le 13 septembre 1870.

---

15 SEPTEMBRE

DÉCRET CONVOQUANT UNE ASSEMBLÉE CONSTITUANTE

Le Gouvernement de la défense nationale décrète :

ARTICLE PREMIER. — Les élections pour la prochaine Assemblée constituante se feront au moyen des listes électorales actuelles, auxquelles les maires sont autorisés à ajouter, par voie de liste supplémentaire, publiée trois jours avant l'élection, les noms des citoyens qui auront justifié de leur capacité électorale.

ART. 2. — L'éligibilité sera réglée conformément aux dispositions du titre IV de la loi du 15 mars 1849. Toutefois, le délai de six mois indiqué par le paragraphe 1er de l'art. 83 est réduit à six jours.

ART. 3. — Chaque département élira au scrutin de liste le nombre de représentants déterminé par le tableau annexé au présent décret, sur la base d'un représentant par 50,000 habitants, plus un représentant par fraction excédant le chiffre de 30,000 habitants.

ART. 4. — Seront applicables les art. 91 (relatif à l'option) 96 et 97, § 2 (relatifs à l'indemnité) de la loi du 15 mars 1849.

ART. 5. — Le scrutin ne durera qu'un seul jour.

Il aura lieu au chef-lieu de canton, sous la présidence du maire du chef-lieu. Néanmoins, en raison des circonstances locales, le canton peut être divisé en sections par arrêté préfectoral publié au moins trois jours à l'avance. Ces sections seront présidées par le maire de la commune où le vote a lieu.

Art. 6. — Les opérations de vote auront lieu conformément à la loi actuellement en vigueur. Néanmoins, seront applicables les art. 56, 63, 64, 65, 66 de la loi du 15 mars 1849, relatifs au fonctionnement du scrutin de liste.

Art. 7. — Les militaires présents sous les drapeaux voteront pour l'élection des représentants du département où ils sont inscrits comme électeurs.

Les six premiers paragraphes de l'article 62 de la loi du 15 mars 1849 seront observés. Pour les militaires en campagne ou faisant partie de la garnison d'une place en état de siège, le vote aura lieu conformément aux dispositions prises par le chef de corps ou le gouverneur de la place.

Art. 8. — Le vote aura lieu en Algérie quinze jours après, et dans les colonies, deux mois après le jour où il aura lieu en France.

TABLEAU DES REPRÉSENTANTS

A ÉLIRE PAR CHAQUE DÉPARTEMENT.

DÉPARTEMENTS.	POPULATION.	NOMBRE de représentants à élire.
Ain..........................	371.613	7
Aisne.......................	565.025	11
Allier.......................	376.164	7
Alpes (Hautes-)...........	113.783	3
Alpes (Basses-)..........	122.117	2
Alpes-Maritimes..........	198.818	4
Ardèche....................	387.174	8
Ardennes...................	326.864	6
Ariége......................	250.436	5
Aube........................	261.951	5
Aude........................	288.626	6
Aveyron....................	400.070	8
Bouches-du-Rhône.......	547.903	11
A reporter...............		83

DÉPARTEMENTS.	POPULATION.	NOMBRE de représentants à élire.
Report.......	....	83
Calvados..............................	471.969	9
Cantal...............................	237.994	5
Charente.............................	318.218	7
Charente-Inférieure..................	489.559	10
Cher.................................	336.613	7
Corrèze..............................	310.843	6
Corse................................	259.861	5
Côte-d'Or............................	382.762	8
Côtes-du-Nord........................	611.310	13
Creuse...............................	274.057	5
Dordogne.............................	502.673	10
Doubs................................	298.072	6
Drôme................................	324.231	6
Eure.................................	391.567	8
Eure-et-Loir.........................	290.763	6
Finistère............................	662.485	13
Gard.................................	429.717	9
Garonne (Haute-).....................	493.777	10
Gers.................................	295.692	6
Gironde..............................	701.855	14
Hérault..............................	427.215	8
Ille-et-Vilaine......................	592.609	12
Indre................................	277.860	5
Indre-et-Loire.......................	325.193	6
Isère................................	581.386	12
Jura.................................	298.477	6
Landes...............................	306.693	6
Loir-et-Cher.........................	275.757	5
Loire................................	537.108	11
Loire (Haute-).......................	312.661	6
Loire-Inférieure.....................	598.598	12
A reporter................		335

DÉPARTEMENTS.	POPULATION.	NOMBRE de représentants à élire.
Report........	....	335
Loiret............................	351.110	7
Lot..............................	288.919	6
Lot-et-Garonne...................	327.962	6
Lozère...........................	137.362	3
Maine-et-Loire...................	532.325	11
Manche...........................	573.899	11
Marne............................	390.809	8
Marne (Haute-)...................	259.696	5
Mayenne..........................	367.850	7
Meurthe..........................	423.387	8
Meuse............................	301.365	6
Morbihan.........................	501.084	10
Moselle..........................	452.157	9
Nièvre...........................	312.273	7
Nord.............................	1.392.011	28
Oise.............................	401.274	8
Orne.............................	444.618	8
Pas-de-Calais	749.717	15
Puy-de-Dôme......................	571.690	11
Pyrénées (Basses-)...............	435.486	9
Pyrénées (Hautes-)...............	240.252	5
Pyrénées-Orientales..............	189.490	4
Rhin (Bas-)......................	588.970	12
Rhin (Haut-).....................	530.285	11
Rhône............................	678.648	13
Saône (Haute-)...................	317.706	6
Saône-et-Loire...................	600.006	12
Sarthe...........................	463.619	9
Savoie...........................	271.663	5
Savoie (Haute-)..................	273.768	5
Seine............................	2.150.916	43
A reporter.................		613

DÉPARTEMENTS.	POPULATION.	NOMBRE de représentants à élire.
Report....	....	613
Seine-Inférieure..................	792.768	16
Seine-et-Marne..................	354.400	7
Seine-et-Oise...................	533.727	11
Sèvres (Deux-).................	333.155	7
Somme.......................	572.640	11
Tarn......................	355.513	7
Tarn-et-Garonne..............	228.961	4
Var.........................	308.530	6
Vaucluse....................	266.091	5
Vendée......................	401.173	8
Vienne......................	324.520	6
Vienne (Haute-)..............	326.027	7
Vosges......................	418.998	8
Yonne.......................	327.589	7
Total.................		753
Colonies... { Algérie..................		3
Martinique.................		2
Guadeloupe.................		2
Guyane..................		1
Sénégal.................		1
Réunion..................		2
Total.................		764

16 SEPTEMBRE

DÉCRET SUR L'ÉLECTION DES CONSEILLERS MUNICIPAUX

Le Gouvernement de la défense nationale décrète :

ARTICLE PREMIER. — Il sera procédé dans toutes les communes de France à une nouvelle élection des conseils municipaux.

ART. 2. — Le nombre des conseillers à élire et le mode de l'élection sont réglés par la législation existante.

ART. 3. — Le premier tour de scrutin aura lieu le dimanche 25 septembre; le second tour, le mercredi 28.

ART. 4. — Les conseils municipaux élus nommeront les maires et adjoints le jeudi 29.

ART. 5. — Les élections pour l'Assemblée constituante sont avancées au dimanche 2 octobre.

Elles auront lieu conformément aux dispositions du décret du 15 septembre.

Nota. — Un décret réglera demain les élections municipales de Paris et de Lyon.

Paris, le 16 septembre 1870.

———

Le Gouvernement de la défense nationale,

Considérant que le général Le Flô, représentant du peuple, rayé des cadres de l'armée à raison de sa résistance au coup d'État du 2 décembre 1851, a été restitué dans ses droits par le décret du 12 septembre 1870.

Décrète :

Le général de brigade Le Flô est réintégré dans l'armée avec le grade de général de division, à la date du 2 décembre 1851.

———

L'intérim du ministère de la marine et des colonies, qui avait été confié à M. le contre-amiral de Dompierre d'Hornoy, a cessé par décret du Gouvernement en date du 15 septembre, et M. le vice-amiral Fourichon, ministre titulaire, a pris le même jour la direction du département.

Le vice-amiral Fourichon, ministre de la marine, exercera par délégation les fonctions du ministre de la guerre auprès de la partie du Gouvernement siégeant hors de Paris.

———

Décret du 16 septembre :

M. Glais-Bizoin, membre du Gouvernement, et l'amiral

Fourichon, ministre de la marine, se rendront à Tours et y formeront, avec le garde des sceaux, la délégation du Gouvernement de la défense nationale, appelée à exercer les pouvoirs de ce Gouvernement dans les départements non occupés par l'ennemi. Ces pouvoirs dureront autant que l'investissement de la capitale.

Décret daté de Tours le 14 septembre et signé de M. Crémieux :

Le département de l'intérieur sera représenté près la délégation du Gouvernement par M. Laurier, directeur général du personnel et du cabinet, en ce qui concerne la direction politique, le personnel des préfectures, la publicité et la sûreté générale, et par M. Jules Cazot, secrétaire général, pour les services administratifs (divisions du secrétariat, de l'administration départementale, de l'administration communale et hospitalière, des prisons et de la comptabilité).

M. Cazot sera spécialement délégué pour la signature des ordonnances de paiement et de délégation.

---

18 SEPTEMBRE

Le Gouvernement de la défense nationale,

Considérant qu'il importe de régler provisoirement, et conformément à notre droit public, la situation municipale de Paris en attendant son organisation définitive par l'Assemblée constituante,

Décrète :

ARTICLE PREMIER. — La ville de Paris procédera, le mercredi 28 septembre, à l'élection de son conseil municipal, dont les attributions seront les mêmes que celles des autres conseils municipaux de la République.

Partout où il y aura lieu à un second tour, il y sera procédé le jeudi 29.

ART. 2. — Ce conseil sera composé de 80 membres nommés par circonscriptions correspondant aux arrondissements. Chaque arrondissement élira 4 membres au scrutin de liste.

Le conseil élu nommera son président, 4 vice-présidents et 6 secrétaires. .

ART. 3. — A raison des circonstances, les élections se feront sur les listes existantes. Néanmoins, tout garde national sera admis au vote sur un certificat délivré par la commission d'armement de son arrondissement constatant qu'il a justifié des conditions de l'électorat.

ART. 4. — Il sera statué ultérieurement sur la nomination du maire de Paris et de ses adjoints, et sur celle des maires et adjoints d'arrondissement.

Provisoirement, les maires et adjoints d'arrondissement resteront en fonctions. Ils sont éligibles au conseil municipal.

Paris, le 18 septembre 1870.

Pour les élections municipales de Paris, le mode suivant lequel les listes électorales actuelles sont complétées est réglé par l'article 3 du décret spécial du 18 septembre.

ARRÊTÉS. — M. Chambareaud a été nommé directeur général *par intérim* du ministère de l'intérieur pour remplacer M. Laurier, désigné pour se présenter ce département auprès de la délégation de Tours pour ce qui concerne la direction politique, le personnel des préfectures, la publicité et la sûreté générale.

M. Camille Sée est nommé secrétaire général *par intérim* du ministère de l'intérieur, pour remplacer M. Cazot, désigné pour représenter ce département auprès de la délégation de Tours, pour les services administratifs placés dans les attributions du secrétaire général.

Paris, le 18 septembre 1870.

---

19 SEPTEMBRE

ABROGATION DE L'ARTICLE 75 DE LA CONSTITUTION DE L'AN VIII

Le Gouvernement de la défense nationale décrète :

ARTICLE PREMIER. — L'article 75 de la Constitution de l'an VIII est abrogé.

Sont.également abrogées toutes autres dispositions des lois générales ou spéciales ayant pour objet d'entraver les poursuites dirigées contre des fonctionnaires publics de tout ordre.

ART. 2. — Il sera ultérieurement statué sur les peines civiles qu'il peut y avoir lieu d'édicter, dans l'intérêt public, contre les particuliers qui auraient dirigé des poursuites téméraires contre des fonctionnaires.

Fait à l'Hôtel de Ville de Paris, le 19 septembre 1870.

----

20 SEPTEMBRE

COMMUNICATION DU GOUVERNEMENT

On a répandu le bruit que le Gouvernement de la défense nationale songeait à abandonner la politique pour laquelle il a été placé au poste de l'honneur et du péril.

Cette politique est celle qui se formule en ces termes :

NI UN POUCE DE NOTRE TERRITOIRE NI UNE PIERRE DE NOS FORTERESSES.

Le Gouvernement la maintiendra jusqu'à la fin.

Fait à l'Hôtel de Ville, le 20 septembre 1870.

----

22 SEPTEMBRE

COMMUNICATION DU GOUVERNEMENT

Avant que le siège de Paris commençât, le ministre des affaires étrangères a voulu connaître les intentions de la Prusse, jusque-là silencieuse.

Nous avions hautement proclamé les nôtres le lendemain de la révolution du 4 septembre.

Sans haine contre l'Allemagne, ayant toujours condamné la guerre que l'empereur lui avait faite dans un intérêt exclusivement dynastique, nous avons dit : Arrêtons cette lutte barbare qui décime les peuples au profit de quelques ambitieux. Nous acceptons des conditions équitables. Nous ne cédons ni un pouce de notre territoire, ni une pierre de nos forteresses.

La Prusse répond à ces ouvertures en demandant à garder l'Alsace et la Lorraine par droit de conquête [1].

Elle ne consentirait même pas à consulter les populations, elle veut en disposer comme d'un troupeau.

Et quand elle est en présence de la convocation d'une Assemblée qui constituera un pouvoir définitif et votera la paix ou la guerre,

La Prusse demande comme condition préalable d'un armistice l'occupation des places assiégées, le fort du mont Valérien et la garnison de Strasbourg prisonnière de guerre.

Que l'Europe soit juge!

Pour nous l'ennemi s'est dévoilé. Il nous place entre le devoir et le déshonneur; notre choix est fait.

Paris résistera jusqu'à la dernière extrémité. Les départements viendront à son secours, et, Dieu aidant, la France sera sauvée.

———

Un décret du 22 septembre nomme membres du Comité de la défense nationale, MM. Emmanuel Arago, Garnier-Pagès et Léon Gambetta.

———

23 SEPTEMBRE

Le Gouvernement de la défense nationale,

Considérant les obstacles matériels que les événements militaires apportent en ce moment à l'exercice des droits électoraux.

Décrète :

ARTICLE PREMIER. — Les élections municipales de Paris, fixées au 28 septembre, n'auront pas lieu à cette date.

Les nouvelles élections municipales des communes du département de la Seine sont également ajournées.

1. Le *Journal officiel* du 23 septembre publia, sous forme de lettre adressée à ses collègues du gouvernement, la relation détaillée du voyage de M. Jules Favre au quartier général prussien.

Art. 2. — Il en est de même des élections pour l'Assemblée constituante fixées au 2 octobre.

Art. 3. — De nouvelles dates seront fixées dès que les événements le permettront, tant pour les élections des membres de l'Assemblée constituante que pour les élections municipales de Paris et de la Seine, ainsi que pour toutes celles des communes où la guerre aurait, en fait, empêché les électeurs de se réunir en nombre légalement suffisant.

Paris, le 23 septembre 1870.

24 SEPTEMBRE

ARRÊTÉ SUPPRIMANT LES FONDS SECRETS AU BUDGET ORDINAIRE DU MINISTRE DE L'INTÉRIEUR

Le ministre de l'intérieur arrête :

ARTICLE PREMIER. — Les dépenses secrètes de sûreté publique seront supprimées à partir du 1er septembre 1870.

Art. 2. — L'emploi des fonds ouverts au budget ordinaire du ministre de l'intérieur (chapitre XIII) sera désormais soumis au contrôle de l'Assemblée nationale.

Fait à Paris, le 24 septembre 1870,

29 SEPTEMBRE

ARRÊTÉ DU MINISTRE DE L'INTÉRIEUR SUPPRIMANT LA DIVISION DE LA PRESSE

Le ministre de l'intérieur,

Considérant que, la division de la presse telle qu'elle a été constituée sous le gouvernement déchu, demeure aujourd'hui sans objet, au moins dans ses principaux services :

Considérant que dès lors la division de la presse doit être supprimée, sauf en ce qui touche la statistique, les archives et les collections de la presse étrangère, afin de maintenir le ministre de l'intérieur et le Gouvernement en rapports constants avec l'opinion publique dont la presse est l'organe,

Arrête :

ARTICLE PREMIER. — La division de la presse est et demeure supprimée, à partir du 1er octobre 1870.

ART. 2. — Un bureau spécial, placé dans les a..ibutions du directeur général du personnel et désigné sous le nom de bureau de publicité, sera constitué avec mission de s'occuper de la statistique, des archives et des collections de la presse parisienne et départementale, des communications relatives à la publicité avec les différents journaux de Paris et des départements, de la traduction, de la statistique, des archives et des collections de la presse étrangère.

Fait à Paris, le 26 septembre 1870.

Le ministre de l'intérieur,

L. GAMBETTA.

DÉCRET ORDONNANT QUE LA STATUE DE STRASBOURG SUR LA PLACE DE LA CONCORDE SERA COULÉE EN BRONZE

Le Gouvernement de la défense nationale,

Considérant que la noble cité de Strasbourg, par son héroïque résistance à l'ennemi pendant un siège meurtrier de plus de cinquante jours, a resserré les liens indissolubles qui rattachent l'Alsace à la France ;

Considérant que, depuis le commencement du siège de Strasbourg, la piété nationale de la population parisienne n'a cessé de prodiguer autour de l'image de la capitale de l'Alsace les témoignages du patriotisme le plus touchant et de la plus ardente reconnaissance pour le grand exemple que Strasbourg et les villes assiégées de l'Est ont donné à la France ;

Voulant tout à la fois perpétuer le souvenir du glorieux dévouement de Strasbourg et des villes de l'Est à l'indivisibilité de la République et du généreux sentiment du peuple de Paris,.

Décrète :

ARTICLE PREMIER. — La statue de la ville de Strasbourg qui se trouve actuellement sur la place de la Concorde, sera coulée en bronze et maintenue sur le même emplacement, avec inscription commémorative des hauts faits de la résistance des départements de l'Est.

ART. 2. — Le ministre de l'instruction publique est chargé de l'exécution du présent décret.

Paris, le 2 octobre 1870.

---

6 OCTOBRE

Note du *Journal officiel :*

Le Gouvernement de la défense nationale n'a eu jusqu'à présent qu'à se glorifier de l'attitude patriotique, des sentiments républicains, de l'esprit d'ordre et de disciplin qui caractérisent à un si haut degré la garde nationale de Paris. C'est à ce sentiment même qu'il fait appel pour qu'il soit mis un terme aux manifestations armées qui se sont produites hier, pour la seconde fois depuis quinze jours, sur la place de l'Hôtel-de-Ville.

Ces rassemblements de bataillon sont le double tort de se former sans l'ordre du commandant supérieur des gardes nationales, sans l'ordre du ministre de l'intérieur, les deux seules autorités qui soient compétentes pour disposer de la milice citoyenne, et, ce qui est beaucoup plus grave, de donner à la cité parisienne des apparences de sédition aussi contraires à la réalité que favorables aux desseins de l'ennemi.

L'ennemi, qu'on le sache bien, s'arrête devant Paris, troublé par une résistance sur laquelle il ne comptait pas. Il sait que la capitale peut le tenir en échec pendant de longs mois; il sait aussi qu'une attaque de vive force contre l'enceinte est impossible, il n'espère à cette heure que dans nos discordes. Notre premier devoir est donc d'en éviter jusqu'aux apparences.

Quand les officiers de la garde nationale ont des communications à faire au Gouvernement, ils peuvent user à leur choix de la voie orale et de la voie écrite. Le Gouvernement sera toujours heureux d'entrer avec eux en rapports intimes. Mais les manifestations armées sont destructives de tout ordre public, de toute discipline; et, si bien intentionnées qu'elles puissent être, le Gouvernement est certain d'exprimer l'opinion de l'immense majorité des citoyens en déclarant que de telles manifestations ne doivent plus avoir lieu[1].

COMMUNICATION DU MINISTRE DE L'INTÉRIEUR

Malgré des avertissements réitérés insérés au *Journal officiel*, certains journaux persistent à donner dans leurs colonnes des renseignements de la nature la plus coupable sur les dispositions de défense et sur les opérations projetées.

Le Gouvernement fait encore une fois appel au patriotisme de la presse, et il déclare que si de sem-

1. Cette note fut motivée par une manifestation faite la veille à l'Hôtel-de-Ville par M. Flourens et quatre bataillons sous ses ordres. Introduit dans la salle des séances du Gouvernement, M. Flourens, au nom de ses commettants, avait résumé leurs griefs en ces termes :

Il réclamait : 1° que tous les gardes nationaux fussent armés de fusils à tir rapide et conduits devant l'ennemi;

2° Que les sorties fussent plus nombreuses;

3° Que des commissaires de la République fussent envoyés dans les départements;

4° Qu'on procédât immédiatement aux élections municipales et au rationnement des subsistances.

Une discussion assez vive s'engagea entre le général Trochu, M. Gambetta et M. Flourens, à la suite du discours de ce dernier, qui fut très vivement et très victorieusement combattu. La foule qui stationnait sur la place fit éclater, au départ de M. Flourens et de ses bataillons, les marques très vives d'une désapprobation unanime. (*Journal du Siège de Paris*, t. II, p. 41.)

blables infractions se renouvellent, il sera dans la nécessité de les déférer à la cour martiale.

Le ministre de l'intérieur,

LÉON GAMBETTA.

ARRÊTÉ DU MINISTRE DE L'INTÉRIEUR SUR L'ORGANISATION DES BATAILLONS AUXILIAIRES DU GÉNIE (GARDE NATIONALE)

Le ministre de l'intérieur, sur la proposition du secrétaire général,

Vu le décret du 14 septembre 1870;

Vu les arrêtés ministériels des 6 et 30 septembre 1870 ;

Considérant que, dans les opérations de siège, le rôle des travailleurs employés à construire ou à réparer les ouvrages de défense n'est pas moins essentiel que celui des combattants;

Qu'il est donc nécessaire d'organiser au sein de la garde nationale des corps auxiliaires de génie militaire ;

Que les bataillons nouveaux, auxquels des armes n'ont pu être délivrées, peuvent, dès à présent, rendre des services signalés en concourant aux travaux de défense,

ARRÊTE :

ARTICLE PREMIER. — Les bataillons de la garde nationale de la Seine portant les numéros 224, 230, 231, 232, 236, 237, 238, 241, 242, 243, 244, 245, 246, 247, 248, 249, 252, 253, 257, 258, 259 et 260, auxquels il n'a pas été délivré de fusils, prennent le titre de bataillons auxiliaires du génie.

Ils ont pour insigne distinctif deux haches croisées en métal blanc fixées sur la bordure du képi.

ART. 2. — L'organisation des états-majors, cadres, services accessoires de ces bataillons est la même que celle des bataillons armés.

ART. 3. — Le bénéfice du 14 septembre, relatif à l'indemnité de vivres accordée aux gardes nationaux nécessiteux, est acquis aux bataillons auxiliaires du génie.

ART. 4. — Le ministre des travaux publics et ses agents, le maire de Paris et ses agents, l'ingénieur en chef chargé des services directs de la garde nationale, les commandants de l'artillerie et du génie peuvent adresser au commandant supérieur de la garde nationale des demandes de service et de corvée applicables à des travaux de terrassement, ouvrages d'art, transport de matériaux, etc., ayant pour objet la défense de Paris.

ART. 5. — La durée des travaux et corvées est fixée à six heures de plein travail. Ce travail est exécuté militairement sous la conduite des officiers et sous-officiers, et sous la direction des ingénieurs civils et militaires.

ART. 6. — Le service des travaux et corvées est assimilé au service de garde. Le droit à l'indemnité et la discipline sont réglés conformément aux lois, décrets et arrêtés généraux concernant la garde nationale.

ART. 7. — L'organisation des bataillons auxiliaires du génie créés par le présent arrêté n'empêche pas que les autres bataillons de la garde nationale puissent, au besoin, être requis de prêter leur concours aux travaux de la défense en fournissant d'abord ceux de leurs hommes qui ne sont pas armés.

ART. 8. — Les bataillons non armés qui ont été organisés dans des buts spéciaux et qui, en raison de leur formation particulière, ne sont pas susceptibles de fournir des corvées de travail, n'ont pas droit à l'indemnité allouée par le décret du 14 septembre aux gardes nationaux nécessiteux.

Paris, le 6 octobre 1870.

Le ministre de l'intérieur,

LÉON GAMBETTA.

7 OCTOBRE

DÉCRET ORDONNANT LE DÉPART DU MINISTRE DE L'INTÉRIEUR POUR LES DÉPARTEMENTS

Le Gouvernement de la défense nationale,

Considérant qu'à raison de la prolongation de l'investissement de Paris, il est indispensable que le ministre de l'intérieur puisse être en rapport direct avec les départements et mettre ceux-ci en rapport avec Paris, pour faire sortir de ce concours une défense énergique.

Décrète :

ARTICLE PREMIER. — M. Gambetta, membre du Gouvernement, ministre de l'intérieur, est adjoint à la délégation de Tours; il se rendra sans délai à son poste.

ART. 2. — M. Jules Favre, ministre des affaires étrangères, est chargé de l'intérim du ministère de l'intérieur à Paris.

PROCLAMATION AUX DÉPARTEMENTS

FRANÇAIS,

La population de Paris offre, en ce moment un spectacle unique au monde :

Une ville de deux millions d'âmes, investie de toutes parts, privée jusqu'à présent, par la criminelle incurie du dernier régime, de toute armée de secours, et qui accepte avec courage, avec sérénité, tous les périls, toutes les horreurs d'un siège.

L'ennemi n'y comptait pas. Il croyait trouver Paris sans défense : la capitale lui est apparue hérissée de travaux formidables, et, ce qui vaut mieux encore, défendue par 400.000 citoyens qui ont fait d'avance le sacrifice de leur vie.

L'ennemi croyait trouver Paris en proie à l'anarchie : il attendait la sédition, qui égare et qui déprave; la sédition qui, plus sûrement que le canon, ouvre à l'ennemi les places assiégées.

Il l'attendra toujours. Unis, armés, approvisionnés, résolus, pleins de foi dans la fortune de la France, les Parisiens savent qu'il ne dépend que d'eux, de leur bon ordre et de leur patience, d'arrêter pendant de longs mois la marche des envahisseurs.

Français! c'est pour la Patrie, pour sa gloire, pour son avenir, que la population parisienne affronte le fer et le feu de l'étranger.

Vous qui nous avez déjà donné vos fils, vous qui nous avez envoyé cette vaillante garde mobile, dont chaque jour signale l'ardeur et les exploits, levez-vous en masse et venez à nous : isolés, nous saurions sauver l'honneur; mais avec vous, et par vous, nous jurons de sauver la France!

Paris, 7 octobre 1870.

POUVOIRS DONNÉS A M. GAMBETTA, MINISTRE, PAR LE GOUVERNEMENT DE LA DÉFENSE NATIONALE.

Lorsque Paris a été menacé d'investissement, le Gouvernement de la défense nationale, comprenant la nécessité de maintenir le lien qui le rattache aux départements, a décidé qu'il serait représenté à Tours par une délégation spéciale.

M. Crémieux, membre du Gouvernement et ministre de la justice, a été chargé de cette Délégation.

Un peu plus tard, M. Glais-Bizoin, membre du Gouvernement, et M. l'amiral Fourichon, ministre de la marine, lui ont été adjoints.

Aujourd'hui, Paris en est à son seizième jour de siège. Cerné de toutes parts, il est privé de communications régulières avec le reste de la France.

Ce qu'un pareil état de choses peut amener de périls n'a pas besoin d'être démontré.

S'ignorant respectivement l'un l'autre, Paris et la province peuvent, à leur insu, donner lieu à un conflit.

Or, ce qui importe avant tout, c'est le maintien énergique de la pensée, c'est-à-dire de la direction politique.

C'est dans ce but que le Gouvernement ordonne à M. Gambetta, l'un de ses membres et ministre de l'intérieur, de se rendre auprès de la délégation et de concourir avec elle à l'administration et à la défense du pays.

M. Gambetta a pour instructions précises de faire connaître et exécuter les volontés du Gouvernement.

Il s'attachera à maintenir l'unité d'action, indispensable au succès.

Il délibérera avec ses collègues et, en cas de partage, aura voix prépondérante.

De concert avec eux, il fera exécuter le décret par lequel les élections à la Constituante sont ajournées jusqu'au moment où les circonstances de guerre permettront de consulter le pays.

Comme ministre de l'intérieur, il est revêtu de pleins pouvoirs pour le recrutement, la réunion et l'armement de toutes les forces nationales qu'il conviendrait d'appeler à la défense du pays.

En ce qui touche l'organisation et l'action militaires, les résolutions prises par la Délégation seront exécutées par le ministre de la guerre et de la marine.

La Délégation continuera à représenter le Gouvernement de la défense nationale dans les termes qui viennent d'être indiqués. Elle suivra les négociations diplomatiques, à la charge d'en référer au ministre des affaires étrangères; mais elle ne pourra prendre sur ce point aucune décision, le Gouvernement de la défense nationale ayant seul qualité pour en arrêter une.

Fait à l'Hôtel de Ville de Paris, le 5 octobre 1870,

Les membres du gouvernement.

RÉCIT DU VOYAGE DE M. GAMBETTA DANS LE BALLON
« L'ARMAND-BARBÈS »

(Extrait du *Moniteur Universel*, bulletin officiel de la délégation de Tours, numéro du lundi 11 octobre 1870.)

Vendredi, 7 octobre, à 11 heures du matin, deux ballons, l'*Armand-Barbès* et le *George-Sand*, sont partis de Paris, de la place Saint-Pierre, à Montmartre.

Le premier, conduit par l'aéronaute Trichet, portait M. Léon Gambetta et son secrétaire M. Spuller [1]. Dans le second se trouvaient, outre l'aéronaute, deux Américains et M. Étienne Cuzon, avocat, sous-préfet de Redon (Ille-et-Vilaine), qui se rendait à son poste par la voie aérienne. Les deux ballons contenaient des pigeons, et le premier portait de plus deux kilos de dépêches.

Poussés par un vent très faible du sud-est, les aérostats ont laissé Saint-Denis sur la droite, mais à peine avaient-ils dépassé la ligne des forts, qu'ils ont été assaillis par une fusillade partie des avant-postes prussiens, quelques coups de canon ont été aussi tirés sur eux. Les ballons se trouvaient alors à la hauteur de six cents mètres, et les voyageurs aériens ont entendu siffler les balles autour d'eux. Ils se sont alors élevés à une altitude qui les a mis hors d'atteinte;

---

1. « M. Gambetta avait résolu son départ de Paris, le 5 octobre, et il eût désiré l'effectuer dès le lendemain, sachant combien sa présence était nécessaire en province. Ce jour-là, à 7 heures du matin, on fit des essais sur la place Saint-Pierre à Montmartre pour avoir l'avis de M. Hervé-Mangon sur la direction du vent. On gonfla deux ballons indicateurs et on les lança. Mais l'épaisseur du brouillard était telle qu'à cent mètres de hauteur il fut impossible de faire la moindre constatation, et le vent était nul. Après deux ascensions d'essai à plusieurs hauteurs, et malgré le vif désir de M. Gambetta de partir, on fut obligé de remettre le voyage au lendemain. » (STEENACKERS, *les Télégraphes et les Postes pendant la guerre de 1870-1871*, p. 399.)

mais, par suite de quelque accident ou de quelque
fausse manœuvre, le ballon qui portait le ministre de
l'intérieur s'est mis à descendre rapidement, et il est
venu prendre terre dans un champ traversé quelques
heures avant par des régiments ennemis, et à une
faible distance d'un poste allemand. En jetant du lest,
il s'est relevé, et a continué sa route. Il n'était qu'à
deux cents mètres de hauteur lorsque, vers Creil, il a
reçu une nouvelle fusillade, dirigée sur lui par des
soldats wurtembergeois. En ce moment, le danger
était grand; heureusement les soldats ennemis
avaient leurs armes en faisceaux; avant qu'ils les eussent saisies, le ballon, allégé de son lest, remontait à
huit cents mètres; les balles ne l'ont pas plus atteint
que la première fois, mais elles ont passé bien près
des voyageurs, et M. Gambetta a eu même la main
effleurée par un projectile.

L'*Armand-Barbès* n'était pas au terme de ses aven-
tures. Manquant de lest, il ne se maintint pas à une
élévation suffisante; il fut encore exposé à une salve
de coups de fusil partie d'un campement prussien,
placé sur la lisière d'un bois, et alla, en passant pardessus la forêt, s'accrocher aux plus hautes branches
d'un chêne où il resta suspendu; des paysans accou-
rurent, et, avec leur aide, les voyageurs purent
prendre terre, près de Montdidier, à 3 heures moins
un quart. Un propriétaire du voisinage passait avec
sa voiture, il s'empressa de l'offrir à M. Gambetta et à
ses compagnons, qui eurent bientôt atteint Montdidier, et se dirigèrent sur Amiens. Ils y arrivèrent
dans la soirée et y passèrent la nuit.

Le voyage du second ballon a été marqué par moins
de péripéties. Après avoir essuyé la première fusillade, il a pu se maintenir à une assez grande hauteur
pour éviter un nouveau danger de ce genre, et il est
allé descendre, à 4 heures, à Crémery, près de Roye,
dont les habitants ont très bien accueilli les voyageurs.

M. Berlin, fabricant de sucre et maire de Roye, a donné l'hospitalité pour la nuit à l'aéronaute et à M. Curon; son adjoint a logé chez lui les deux Américains.

Le lendemain, samedi, l'équipage du second ballon rejoignait celui du premier à Amiens, et l'on partait ensemble de cette ville à midi. A Rouen, où l'on arriva ensuite, M. Gambetta fut reçu par la garde nationale, et prononça un discours qui excita l'enthousiasme. De Rouen, M. le ministre et ses compagnons de route se dirigèrent sur le Mans; ils y couchèrent, et en partirent le lendemain, dimanche, à 10 heures et demie. Un train spécial les conduisit à Tours en une heure et demie.

CHAPITRE II

PROCLAMATIONS DU MINISTRE DE L'INTÉRIEUR ET DE LA GUERRE

I

Paris, le 19 septembre 1870.

Citoyens, le canon tonne, le moment suprême est arrivé.

Depuis le jour de la Révolution, Paris est debout et en haleine. Tous, sans distinction de classes ni de partis, avez saisi vos armes pour sauver à la fois la ville, la France et la République.

Vous avez donné dans ces derniers jours la preuve la plus manifeste de vos mâles résolutions : vous ne vous êtes laissé troubler ni par les lâches ni par les tièdes; vous ne vous êtes laissé aller ni aux excitations ni à l'abattement; vous avez envisagé avec sang-froid la multitude des assaillants.

Les premières atteintes de la guerre vous trouveront également calmes et intrépides, et si les fuyards venaient, comme aujourd'hui, porter dans la cité le désordre, la panique et le mensonge, vous resteriez inébranlables, assurés que la cour martiale qui vient d'être instituée par le Gouvernement pour juger les lâches et les déserteurs saura efficacement veiller au salut public et protéger l'honneur national.

Restons donc unis, serrés les uns contre les autres, prêts à marcher au feu, et montrons-nous les dignes fils de ceux qui, au milieu des plus effroyables périls, n'ont jamais désespéré de la Patrie!

Le membre du Gouvernement,
ministre de l'intérieur,
LÉON GAMBETTA.

II

Paris, le 21 septembre 1870.

Citoyens,

C'est aujourd'hui le 21 septembre.

Il y a soixante-dix-huit ans, à pareil jour, nos pères fondaient la République, et se juraient à eux-mêmes, en face de l'étranger qui souillait le sol sacré de la Patrie, de vivre libres ou de mourir en combattant.

Ils ont tenu leur serment; ils ont vaincu, et la République de 1792 est restée dans la mémoire des hommes comme le symbole de l'héroïsme et de la grandeur nationale.

Le Gouvernement installé à l'Hôtel de Ville aux cris enthousiastes de : Vive la République! ne pouvait laisser passer ce glorieux anniversaire sans le saluer comme un grand exemple.

Que le souffle puissant qui animait nos devanciers passe sur nos âmes, et nous vaincrons.

Honorons aujourd'hui nos pères, et demain sachons comme eux forcer la victoire en affrontant la mort.

Vive la France! Vive la République !

Le ministre de l'intérieur,
LÉON GAMBETTA.

III

Paris, le 2 octobre 1870.

Citoyens,

Le Gouvernement vous doit la vérité sans détour, sans commentaires.

Les coups redoublés de la mauvaise fortune ne peuvent plus déconcerter vos esprits ni abattre vos courages.

Vous attendez la France, mais vous ne comptez que sur vous-mêmes.

Prêts à tout, vous pouvez tout apprendre.

Toul et Strasbourg viennent de succomber [1].

Cinquante jours durant, ces deux héroïques cités ont essuyé, avec la plus mâle constance, une véritable pluie de boulets et d'obus.

Épuisées de munitions et de vivres, elles défiaient encore l'ennemi; elles n'ont capitulé qu'après avoir vu leurs murailles abattues crouler sous le feu des assaillants.

Elles ont, en tombant, jeté un regard vers Paris, pour affirmer, une fois de plus, l'unité et l'intégrité de la Patrie, l'indivisibilité de la République, et nous léguer, avec le devoir de la délivrer, l'honneur de les venger.

Vive la France! Vive la République!

Le ministre de l'intérieur,

LÉON GAMBETTA.

IV

Tours, le 9 octobre 1870.

Citoyens des départements,

Par ordre du gouvernement de la République, j'ai

1. Toul avait succombé le 23, et Strasbourg le 28 septembre.

quitté Paris pour venir vous apporter, avec les espérances du peuple renfermé dans ses murs, les instructions et les ordres de ceux qui ont accepté la mission de délivrer la France de l'étranger.

Paris, depuis dix-sept jours étroitement investi, a donné au monde un spectacle unique, le spectacle de plus de deux millions d'hommes qui, oubliant leurs préférences, leurs dissidences antérieures, pour se serrer autour du drapeau de la République, ont déjà déjoué les calculs de l'envahisseur, qui comptait sur la discorde civile pour lui ouvrir les portes de la capitale.

La Révolution avait trouvé Paris sans canons et sans armes. A l'heure qu'il est, on a armé quatre cent mille hommes de garde nationale, appelé cent mille mobiles, groupé soixante mille hommes de troupes régulières. Les ateliers fondent des canons; les femmes fabriquent un million de cartouches par jour; la garde nationale est pourvue de deux mitrailleuses par bataillon; on lui fait des canons de campagne pour qu'elle puisse opérer bientôt des sorties contre les assiégeants; les forts, occupés par la marine, ressemblent à autant de vaisseaux de haut bord immobiles, garnis d'une artillerie merveilleuse et servie par les meilleurs pointeurs du monde. Jusqu'à présent, sous le feu de ces forts, l'ennemi, a été impuissant à établir le moindre ouvrage.

L'enceinte elle-même, qui n'avait que cinq cents canons le 4 septembre, en compte aujourd'hui trois mille huit cents: à la même date, il y avait trente coups de canon à tirer par pièce; aujourd'hui, il y en a quatre cents, et l'on continue à fondre des projectiles avec une fureur qui tient du vertige. Tout le monde a son poste marqué dans la cité et sa place de combat. L'enceinte est perpétuellement couverte par la garde nationale qui, de l'aube à la nuit, se livre à tous les exercices de la guerre avec l'application du patriotisme, et l'on sent tous les jours grandir la solidité et l'expérience de ces soldats improvisés.

Derrière cette enceinte ainsi gardée, s'élève une troisième enceinte, construite sous la direction du comité des barricades; derrière les pavés, savamment disposés, l'enfant de Paris a retrouvé, pour la défense des institutions républicaines, le génie même du combat des rues.

Toutes ces choses, partout ailleurs impossibles, se sont exécutées au milieu du calme, de l'ordre, et grâce au concours enthousiaste qui a été donné aux hommes qui représentent la République. Ce n'est point une illusion; ce n'est pas non plus une vaine formule; Paris est inexpugnable; il ne peut plus être ni pris ni surpris.

Restaient aux Prussiens deux autres moyens d'entrer dans la capitale : la sédition et la faim. La sédition, elle ne viendra pas; car les suppôts et les complices du Gouvernement déchu, ou bien ils ont fui, ou bien ils se cachent. Quant aux serviteurs de la République, les ardents comme les tièdes, ils trouvent dans le gouvernement de l'Hôtel de Ville d'incorruptibles otages de la cause républicaine et de l'honneur national.

La famine!

Prêt aux dernières privations, le peuple de Paris se rationne volontairement tout les jours, et il a devant lui, grâce aux accumulations de vivres, de quoi défier l'ennemi pendant de longs mois encore.

Il supportera avec une mâle constance la gène et la disette, pour donner à ses frères des départements le temps d'accourir et de le ravitailler.

Telle est, sans déguisement ni détour, la situation de la capitale de la France.

Citoyens des départements,

Cette situation vous impose de grands devoirs.

Le premier de tous, c'est de ne vous laisser divertir

par aucune préoccupation qui ne soit pas la guerre, le combat à outrance ; le second, c'est jusqu'à la paix, d'accepter fraternellement le commandement du pouvoir républicain, sorti de la nécessité et du droit. Ce pouvoir, d'ailleurs, ne saurait sans déchoir s'exercer au profit d'aucune ambition. Il n'a qu'une passion et qu'un titre, arracher la France à l'abîme où la monarchie l'a plongée. Cela fait, la République sera fondée et à l'abri des conspirateurs et des réactionnaires. Donc, toutes autres affaires cessantes, j'ai mandat, sans tenir compte ni des difficultés ni des résistances, de remédier, avec le concours de toutes les libres énergies, aux vices de notre situation, et, quoique le temps manque, de suppléer, à force d'activité, à l'insuffisance des délais. Les hommes ne manquent pas. Ce qui a fait défaut, c'est la résolution, la décision et la suite dans l'exécution des projets. Ce qui a fait défaut, après la honteuse capitulation de Sedan, ce sont les armes. Tous nos approvisionnements de cette nature avaient été dirigés sur Sedan, Metz et Strasbourg ; et l'on dirait que, par une dernière et criminelle combinaison, l'auteur de tous nos désastres a voulu, en tombant, nous enlever tous les moyens de réparer nos ruines. Maintenant, grâce à l'intervention d'hommes spéciaux, des marchés ont été conclus, qui ont pour but et pour effet d'accaparer tous les fusils disponibles sur le marché du globe.

La difficulté était grande de se procurer la réalisation de ces marchés : elle est aujourd'hui surmontée.

Quant à l'équipement et à l'habillement, on va multiplier les ateliers et requérir les matières premières, si besoin est. Ni les bras ni le zèle des travailleurs ne manquent ; l'argent ne manquera pas non plus.

Il faut enfin mettre en œuvre toutes nos ressources, qui sont immenses ; secouer la torpeur de nos campagnes, réagir contre de folles paniques, multiplier la guerre de partisans, et, à un ennemi si fécond en embûches et en surprises, opposer des pièges, harceler ses flancs, surprendre ses derrières, et enfin inaugurer la guerre nationale.

La République fait appel au concours de tous; son gouvernement se fera un devoir d'utiliser tous les courages, d'employer toutes les capacités. C'est sa tradition à elle d'aimer les jeunes chefs. Nous en ferons. Le ciel lui-même cessera d'être clément pour vos adversaires : les pluies d'automne viendront, et retenus, contenus par la capitale, les Prussiens, si éloignés de chez eux, inquiétés, troublés, pourchassés par nos populations réveillées, seront décimés pièce à pièce par nos armes, par la faim, par la nature.

Non, il n'est pas possible que le génie de la France se soit voilé pour toujours, que la grande nation se laisse prendre sa place dans le monde par une invasion de cinq cent mille hommes!

Levons-nous donc en masse, et mourons plutôt que de subir la honte du démembrement. A travers tous nos désastres et sous les coups de la mauvaise fortune, il nous reste encore le sentiment de l'unité française, l'indivisibilité de la République. Paris cerné affirme plus glorieusement encore son immortelle devise, qui dictera aussi celle de toute la France : « Vive la Nation! Vive la République une et indivisible! »

Le membre du Gouvernement de la défense nationale, ministre de l'intérieur,

LÉON GAMBETTA.

V

PROCLAMATION A L'ARMÉE

Tours, le 9 octobre 1870.

Soldats,

J'ai quitté Paris pour être votre ministre de la guerre. Dans les circonstances où nous sommes, je suis

décidé à sortir des voies ordinaires. Je veux vous donner des chefs jeunes, actifs, capables, par leur intelligence et leur vigueur, de renouveler les prodiges
de 1792. Pour cela, je n'hésite pas à rompre avec la
vieille tradition administrative.

A votre tour, soldats, j'ai un devoir impérieux à
réclamer de vous. Ce n'est pas aux enfants de la
France qu'il est besoin de demander le courage et la
force d'âme; mais si vous êtes les premiers soldats du
monde par la valeur, il faut que vous le soyez aussi
par la discipline! La victoire est à ce prix! C'est donc
pour le salut de tous que je prescris aux chefs de
corps de punir avec la dernière rigueur toute infrac-
tion aux règlements. Vous saurez, je n'en doute pas,
épargner aux conseils de guerre leurs pénibles devoirs.

Soldats, gardes mobiles, corps francs, et vous tous
qui avez pris les armes pour l'honneur de la patrie,
oubliez vos origines diverses et les différentes dénomi-
nations qui tendraient à rompre votre solidarité. Vous
n'êtes qu'une seule et même armée, l'armée de la
France, et du même pas vous marcherez à la victoire.

Repoussez loin de vous les défaillances qui ont pu,
à certains moments, atteindre vos âmes, et répétez-
vous bien haut que, défendue par votre héroïsme, la
République est invincible!

> *Le membre du Gouvernement de la défense*
> *nationale, ministre de la guerre,*
>
> LÉON GAMBETTA.

VI

Tours, 15 octobre 1870.

Citoyens de Tours,

C'est avec une indicible expression de joie que je
me hâte de vous faire connaître les fortifiantes nou-

velles qui nous arrivent de Paris, apportées par le ballon parti le 12 octobre de la capitale.

A Paris, le peuple, de jour en jour plus héroïque, prépare le salut de la France par l'ordre admirable qu'il maintient dans la cité, par les privations qu'il s'impose joyeusement; car, détail qui n'a rien de vulgaire dans la grandeur de la situation où nous sommes, c'est par la viande de cheval qu'il commence le siège, réservant pour les derniers jours les troupeaux vivants dans ses murs.

Impatiente derrière ses remparts, la garde nationale a voulu marcher à l'ennemi. Voici le bulletin de la première victoire :

Sur toute la ceinture, les Prussiens ont été délogés des positions qu'ils occupaient depuis trois semaines; au nord, dans la direction de Saint-Denis, on les a refoulés au delà de Stains, de Pierrefitte, de Dugny; à l'est, on leur a repris Bobigny, Joinville-le-Pont, Créteil, le plateau d'Avron; au sud, on leur a enlevé le Bas-Meudon et Saint-Cloud, les refoulant sur Versailles [1].

Ils savent à présent ce que vaut un peuple résolu, qui veut sauver son honneur et ses institutions.

Je vous disais, il y a quelques jours : Paris est inexpugnable; le voilà devenu assaillant. D'aussi admirables exemples ne peuvent laisser les départements insensibles. Redoublons tous de travail et d'énergie; sûrs désormais que Paris fera son devoir jusqu'au bout, faisons le nôtre.

Vive Paris!

Vive la France!

Vive la République!

LÉON GAMBETTA.

1. Cette proclamation a trait aux combats du 8 octobre (la Malmaison, la Jonchère, Gennevilliers et Bondy), du 9 octobre (Houilles), du 10 (la Maison Blanche et Cachan), et du 12, au matin (Bois de Neuilly et Villemomble).

VII

PROCLAMATION AU PEUPLE FRANÇAIS

Tours, le 30 octobre 1870.

Français,

Élevez vos âmes et vos résolutions à la hauteur des effroyables périls qui fondent sur la patrie.

Il dépend encore de nous de lasser la mauvaise fortune et de montrer à l'univers ce qu'est un grand peuple qui ne veut pas périr, et dont le courage s'exalte au sein même des catastrophes.

Metz a capitulé [1].

Un général sur qui la France comptait, même après le Mexique, vient d'enlever à la patrie en danger plus de deux cent mille de ses défenseurs.

Le maréchal Bazaine a trahi!

Il s'est fait l'agent de l'homme de Sedan, le complice de l'envahisseur; et, au mépris de l'honneur de l'armée dont il avait la garde, il a livré, sans même essayer un suprême effort, cent vingt mille combattants, vingt mille blessés, ses fusils, ses canons, ses drapeaux, et la plus forte citadelle de la France, Metz, vierge jusqu'à lui des souillures de l'étranger.

Un tel crime est au-dessus même des châtiments de la justice.

Et maintenant, Français, mesurez la profondeur de l'abîme où vous a précipités l'Empire! Vingt ans la France a subi ce pouvoir corrupteur, qui tarissait en elle toutes les sources de la grandeur et de la vie.

L'armée de la France, dépouillée de son caractère national, devenue sans le savoir un instrument de

---

1. La capitulation de Metz avait été signée le 27 octobre. — Voir plus loin, la dépêche du 30 octobre 1870 à Jules Favre.

règne et de servitude, est engloutie, malgré l'héroïsme des soldats, par la trahison des chefs, dans les désastres de la patrie. En moins de deux mois, deux cent vingt-cinq mille hommes ont été livrés à l'ennemi : sinistre épilogue du coup de main militaire de Décembre!

Il est temps de nous ressaisir, citoyens, et, sous l'égide de la République que nous sommes décidés à ne laisser capituler ni au dedans ni au dehors, de puiser dans l'étendue même de nos malheurs le rajeunissement de notre moralité et de notre virilité politique et sociale. Oui, quelle que soit l'étendue du désastre, il ne nous trouve ni consternés ni hésitants.

Nous sommes prêts aux derniers sacrifices, et, en face d'ennemis que tout favorise, nous jurons de ne jamais nous rendre. Tant qu'il restera un pouce du sol sacré sous nos semelles, nous tiendrons ferme le glorieux drapeau de la Révolution française.

Notre cause est celle de la justice et du droit : l'Europe le voit, l'Europe le sent; devant tant de malheurs immérités, spontanément, sans avoir reçu de nous ni invitation ni adhésion, elle s'est émue, elle s'agite. Pas d'illusions! ne nous laissons ni alanguir ni énerver, et prouvons par des actes que nous voulons, que nous pouvons tenir de nous-mêmes l'honneur, l'indépendance, l'intégrité, tout ce qui fait la patrie libre et fière.

Vive la France! vive la République une et indivisible!

Les membres du gouvernement,

AD. CRÉMIEUX, GLAIS-BIZOIN,
LÉON GAMBETTA.

VIII

PROCLAMATION A L'ARMÉE

Tours, le 1er novembre 1870.

Soldats,

Vous avez été trahis, mais non déshonorés.

Depuis trois mois la fortune trompe votre héroïsme. Vous savez aujourd'hui à quels désastres l'ineptie et la trahison peuvent conduire les plus vaillantes armées.

Débarrassés de chefs indignes de vous et de la France, êtes-vous prêts, sous la conduite de chefs qui méritent votre confiance, à laver dans le sang des envahisseurs l'outrage infligé au vieux nom français?

En avant!

Vous ne luttez plus pour l'intérêt et les caprices d'un despote; vous combattez pour le salut même de la patrie, pour vos foyers incendiés, pour vos familles outragées; pour la France, notre mère à tous, livrée aux fureurs d'un implacable ennemi : guerre sainte et nationale, mission sublime, pour laquelle il faut, sans jamais regarder en arrière, nous sacrifier tous et tout entiers.

D'indignes citoyens ont osé dire que l'armée avait été rendue solidaire de l'infamie de son chef. Honte à ces calomniateurs qui, fidèles au système de Bonaparte, cherchent à séparer l'armée du peuple, les soldats de la République!

Non, non! J'ai flétri comme je le devais la trahison de Sedan et la capitulation de Metz, et je vous appelle à venger votre propre honneur, qui est celui de la France. Vos frères d'armes de l'armée du Rhin ont déjà protesté contre ce lâche attentat, et retiré avec horreur leur main de cette capitulation à jamais maudite.

A nous de relever le drapeau de la France, qui, dans l'espace de quatorze siècles, n'a jamais subi pareille flétrissure! Le dernier Bonaparte et ses séides pouvaient seuls amonceler sur nous tant de honte en si peu de jours!

Vous nous ramènerez la victoire; mais sachez la mériter par la pratique des vertus militaires, qui sont aussi les vertus républicaines : le respect de la discipline, l'austérité de la vie, le mépris de la mort.

Ayez toujours présente l'image de la patrie en péril; n'oubliez jamais que faiblir devant l'ennemi, à l'heure où nous sommes, c'est commettre un parricide et en mériter le châtiment.

Mais le temps des défaillances est passé; c'en est fini des trahisons. Les destinées du pays vous sont confiées, car vous êtes la jeunesse française, l'espoir armé de la patrie : vous vaincrez! et, après avoir rendu à la France son rang dans le monde, vous resterez les citoyens d'une République paisible, libre et respectée.

Vive la France! vive la République!

Le membre du Gouvernement de la défense nationale, ministre de l'intérieur et de la guerre,

LÉON GAMBETTA.

IX

PROCLAMATION A L'ARMÉE DE LA LOIRE

Quartier général de l'armée de la Loire, ce 12 novembre 1870 [1].

Soldats de l'armée de la Loire,

Votre courage et vos efforts nous ont enfin ramené la victoire, depuis trois mois déshabituée de nos dra-

1. Le quartier général était à Villeneuve-d'Ingré.

peaux. La France en deuil vous doit sa première consolation, son premier rayon d'espérance [1].

Je suis heureux de vous apporter, avec l'expression de la reconnaissance publique, les éloges et les récompenses que le Gouvernement décerne à vos succès.

Sous la main de chefs vigilants et fidèles, dignes de vous, vous avez retrouvé la discipline et la force. Vous nous avez rendu Orléans, enlevée avec l'entrain de vieilles troupes accoutumées depuis longtemps à vaincre.

A la dernière et cruelle injure de la fortune, vous avez montré que la France, loin d'être abattue par tant de revers inouïs jusqu'à présent dans l'histoire, entendait répondre par une générale et vigoureuse offensive.

Avant-garde du pays entier, vous êtes aujourd'hui sur le chemin de Paris.

N'oublions jamais que Paris nous attend, et qu'il y va de notre honneur de l'arracher aux étreintes des barbares qui le menacent du pillage et de l'incendie. Redoublez donc de constance et d'ardeur. Vous connaissez maintenant nos ennemis. Jusqu'ici, leur supériorité n'a tenu qu'au nombre de leurs canons. Comme soldats, ils ne vous égalent ni en courage ni en dévouement. Retrouvez cet élan, cette furie française qui ont fait notre gloire dans le monde, et qui doivent aujourd'hui nous aider à sauver la patrie.

Avec des soldats tels que vous, la République sortira triomphante des épreuves qu'elle traverse; et, après

---

1. Après l'organisation des 15e et 16e corps sous le commandement du général d'Aurelle de Paladines, l'armée de la Loire avait remporté à Vallière (7 novembre) et à Coulmiers (9 novembre) deux importantes victoires sur l'armée allemande; la victoire de Coulmiers avait été suivie, dès le lendemain, de l'occupation d'Orléans.

avoir organisé la défense, elle est en mesure à présent d'assurer la revanche nationale.

Vive la France! vive la République une et indivisible!

Le membre du Gouvernement de la défense nationale,
ministre de l'intérieur et de la guerre,

LÉON GAMBETTA.

X

PROCLAMATION A L'ARMÉE DU MANS

Le Mans, le 24 novembre 1870, 11 h. soir.

Soldats de l'armée du Mans,

Après trois jours entiers passés au milieu de vous à m'enquérir de tous vos besoins, à organiser et à recomposer toutes vos forces, je pars avec la certitude que vous allez marcher à une revanche [1].

Les derniers événements vous ont été contraires, parce que vous étiez trop disséminés et trop peu nombreux : je vous laisse ralliés et renforcés.

1. « En vue d'activer la défense du Mans, le ministre s'y rendit de sa personne, le 22 novembre. Il trouva les forces de la région dans l'état le plus déplorable. On avait, quelque temps auparavant, dans l'espoir de leur donner plus de solidité, commencé à les réorganiser et à en former un 21e corps, mais ce travail n'était pas encore très avancé quand l'attaque du duc de Meklembourg s'était produite. Les troupes ne tinrent nulle part... Le général Jaurès, arrivé sur ces entrefaites, au moment même de la débandade, s'employa avec une activité extraordinaire. Soutenu par la présence de M. Gambetta, il s'occupa immédiatement de recevoir les débris qui lui étaient ramenés de divers côtés et d'en former de nouveaux régiments... L'administration de la guerre lui expédia en 36 heures une douzaine de mille hommes de troupes régulières, ainsi qu'une nombreuse artillerie. Onze bataillons de gardes nationaux mobiles furent également choisis dans le camp de Conlie. Le tout, comprenant environ 35,000 hommes, fut mis en ligne en deux ou trois jours. » (FREYCINET, *la Guerre en province*, p. 118.)

Vous avez à votre tête des chefs énergiques, dévoués, aussi sages qu'intrépides. Il faut leur obéir aveuglément : ils vous conduisent au succès. Sans cesse préoccupés de vous, ils ont en retour le droit d'exiger l'ordre, la discipline, la sobriété, la bravoure, vertus républicaines dont ils vous donnent tous les jours l'exemple.

Votre vie est rude, pleine de hasards et de sacrifices ; mais songez que vous vous battez pour sauver à la fois la France et la République, désormais indissolublement liées l'une à l'autre dans la bonne comme dans la mauvaise fortune. Si cette noble pensée vous possède et vous domine, ni les périls ni la mort ne vous paraîtront redoutables ; car qui de vous désirerait conserver une vie désormais déshonorée par l'abaissement de la patrie ?

Vous n'êtes pas inférieurs à vos frères d'armes de l'armée de la Loire. Vous êtes enfants d'une même mère, vous lui devez tout, et vous défendez sur la Sarthe une position aussi précieuse pour l'avenir de la France que les rives de la Loire. Vous concourez enfin à ce glorieux mouvement de la France vers sa capitale. Vous ne voudrez pas perdre plus longtemps du terrain, car chaque pied du sol que vous abandonnerez c'est un jour de plus de cruelles angoisses que vous infligerez aux assiégés. Prêtez-vous donc le serment les uns aux autres, comme nos pères, de ne plus reculer, et marchez tous d'un pas égal à la délivrance de la France, afin qu'il soit dit de vous comme de vos aînés : Ils ont bien mérité de la Patrie et de la République.

Vive la France ! vive la République une et indivisible !

Le membre du Gouvernement de la défense nationale,
ministre de l'intérieur et de la guerre,

LÉON GAMBETTA.

XI

PROCLAMATION AUX FRANÇAIS

La proclamation aux Français parut dans le *Bulletin officiel* de la Délégation du gouvernement de la Défense nationale le 2 février. Une dépêche de M. Jules Favre, datée de Versailles, 28 janvier, à 11 h. 15 du soir, avait annoncé à M. Gambetta la capitulation de Paris, la conclusion d'un armistice de 21 jours et la convocation d'une assemblée pour le 15 février.

Bordeaux, le 31 janvier 1871.

Citoyens,

L'étranger vient d'infliger à la France la plus cruelle injure qu'il lui ait été donné d'essuyer dans cette guerre maudite, châtiment démesuré des erreurs et des faiblesses d'un grand peuple. Paris, inexpugnable à la force, vaincu par la famine, n'a pu tenir en respect plus longtemps les hordes allemandes : le 28 janvier, il a succombé. La cité reste encore intacte, comme un dernier hommage arraché par sa puissance et sa grandeur morales à la barbarie; les forts seuls ont été rendus à l'ennemi.

Toutefois, Paris, en tombant, nous laisse le prix de ses sacrifices héroïques pendant cinq mois de privations et de souffrances. Il a donné à la France le temps de se reconnaître, de faire appel à ses enfants, de trouver des armes et de former des armées jeunes encore, mais vaillantes et résolues, auxquelles il n'a manqué jusqu'à présent que la solidité qu'on n'acquiert qu'à la longue. Grâce à Paris, si nous sommes des patriotes résolus, nous tenons en mains tout ce qu'il faut pour le venger et nous affranchir. Mais, comme si la mauvaise fortune tenait à nous accabler, quelque chose de plus sinistre et de plus douloureux que la chute de Paris nous attendait. On a signé, à notre insu, sans nous avertir, sans nous consulter, un armistice dont nous n'avons connu que tardivement la coupable légèreté, qui livre aux troupes prussiennes des départements occupés par nos soldats et qui nous impose l'obligation de rester trois semaines au repos, pour réunir, dans les tristes circonstances où se trouve le pays, une Assemblée nationale. Nous avons demandé des explications à Paris et gardé le silence, attendant, pour vous parler, l'arrivée promise d'un membre du Gouvernement, auquel nous étions déterminés à remettre nos pouvoirs.

Délégation du Gouvernement, nous avons voulu obéir pour donner un gage de modération et de bonne foi, pour remplir ce devoir qui commande de ne quitter le poste qu'après en avoir été relevé; enfin, pour prouver à tous, amis et dissidents, par l'exemple, que la démocratie n'est pas seulement le plus grand des partis, mais le plus scrupuleux des gouvernements.

Cependant personne ne vient de Paris, et il faut agir; il faut, coûte que coûte, déjouer les perfides combinaisons des ennemis de la France.

La Prusse compte sur l'armistice pour amollir, énerver, dissoudre nos armées. La Prusse espère qu'une Assemblée, réunie à la suite de revers successifs et sous le coup de l'effroyable chute de Paris, sera nécessairement tremblante et prompte à subir une paix honteuse.

Il dépend de nous que ces calculs avortent et que les instruments mêmes qui ont été préparés pour tuer l'esprit de résistance le raniment, l'exaltent. De l'armistice faisons une école d'instruction pour nos jeunes troupes; employons ces trois semaines à préparer, à pousser avec plus d'ardeur que jamais l'organisation de la défense et de la guerre; à la place de la Chambre réactionnaire et lâche que rêve l'étranger, installons une Assemblée vraiment nationale, républicaine, voulant la paix, si la paix assure l'honneur, le rang et l'intégrité de notre pays, mais capable de vouloir aussi la guerre et prête à tout plutôt que d'aider à l'assassinat de la France.

Français,

Songeons à nos pères, qui nous ont légué une France compacte et indivisible; ne trahissons pas notre histoire; n'aliénons pas notre domaine traditionnel aux mains des barbares!

Qui donc signerait?

Ce n'est pas vous, légitimistes, qui vous battez si vaillamment sous le drapeau de la République pour défendre le sol du vieux royaume de France; ni vous, fils des bourgeois de 1789, dont l'œuvre maîtresse a été de sceller les vieilles provinces dans un pacte d'indissoluble union.

Ce n'est pas vous, travailleurs des villes, dont l'intelligent et généreux patriotisme s'est toujours représenté la France dans sa force et dans son unité comme l'initiatrice des peuples aux libertés modernes; ni vous, enfin, ouvriers propriétaires des campagnes, qui n'avez jamais marchandé votre sang pour la défense de la Révolution, à laquelle vous devez la propriété du sol et votre dignité de citoyens.

Non, il ne se trouvera pas un Français pour signer ce pacte infâme. L'étranger sera déçu. Il faudra qu'il renonce à mutiler la France, car tous, animés du même amour pour la mère patrie, impassibles aux revers, nous redeviendrons forts et nous chasserons l'étranger.

Pour atteindre ce but sacré, il faut y dévouer nos cœurs, nos volontés, notre vie et, sacrifice plus difficile peut-être, laisser là nos préférences. Il faut nous serrer tous autour de la République, faire preuve surtout de sang-froid et de fermeté d'âme. N'ayons ni passions ni faiblesses.

Jurons simplement, comme des hommes libres, de défendre, envers et contre tous, la France et la République.

Aux armes! aux urnes!

Vive la France! vive la République une et indivisible!

Léon Gambetta.

CHAPITRE III

I

DISCOURS

Prononcé à Tours le 1er décembre 1870

Le ballon *Jules Favre* parti de Paris, le 30 novembre à 11 heures du soir avait atterri le lendemain matin à Belle-Isle-en-Mer et apporté la nouvelle des batailles de la Marne, livrées les 28, 29 et 30 novembre par le général Ducrot. A 4 heures de l'après-midi, M. Gambetta parut au balcon de la préfecture de Tours et prononça au milieu des acclamations le discours suivant :

Chers concitoyens,

Après soixante-douze jours d'un siège sans exemple dans l'histoire, tout entiers consacrés à préparer, organiser les forces de la délivrance, Paris vient de jeter hors de ses murs, pour rompre le cercle de fer qui l'étreint, une nombreuse et vaillante armée. Préparée avec prudence par des chefs consommés, que rien n'a pu ni émouvoir ni ébranler dans cette laborieuse organisation de la victoire, cette armée a su attendre l'heure propice, et l'heure est venue.

Excités, encouragés par les fortifiantes nouvelles venues d'Orléans, les chefs du Gouvernement avaient résolu d'agir; et, tous d'accord, nous attendions depuis quelques jours, avec une sainte anxiété, le résultat de nos efforts combinés.

C'est le 29 novembre au matin que Paris s'est ébranlé. Une proclamation du général Trochu a appris à la capitale cette décision suprême; et, avant de marcher au combat. il a rejeté « la responsabilité du sang qui allait couler sur la tête de ce ministre et de ce roi dont la criminelle ambition foule aux pieds la justice et la civilisation moderne ».

L'armée de sortie est commandée par le général Ducrot qui, avant de partir, a fait, à la manière antique, le serment solennel, devant la ville assiégée et devant la France anxieuse, de ne rentrer que « mort ou victorieux ». Je vous donne, dans leur laconisme, les nouvelles apportées par le ballon le *Jules Favre*, — un nom de bonne augure et cher à la France — tombé ce matin à Belle-Isle-en-Mer :

« Le 29, au matin, la sortie dirigée contre la ligne d'investissement a commencé sur la droite par Choisy, l'Hay et Chevilly. Dans la nuit du 29 au 30, la bataille a persisté sur ces divers points. Le général Ducrot, sur sa gauche, passe la Marne le 30 au matin; il occupe successivement Nély et Montmesly. Il prononce son mouvement sur sa gauche, passe la Marne et, adossé à la Marne, se met en bataille de Champigny à Bry. L'armée passe alors la Marne sur huit points. Elle couche sur ses positions, après avoir pris à l'ennemi deux pièces de canon. »

L'affaire a été rapportée à Paris par le général Trochu.

Ce rapport, où l'on fait l'éloge de tous, ne passe sous silence que la grande part du général Trochu à

l'action : ainsi faisait Turenne. Il est constant qu'il a
rétabli le combat sur plusieurs points, en entraînant
l'infanterie par sa présence.

« Durant cette bataille, le périmètre de Paris était
couvert par un feu formidable, l'artillerie fouillant
toutes les positions de la ligne d'investissement, l'attaque de nos troupes a été soutenue, pendant toute
l'action, par des canonnières lancées sur la Marne et
sur la Seine. »

Le chemin de fer circulaire de M. Dorian, dont on
ne saurait trop célébrer le génie militaire, a coopéré
à l'action à l'aide de wagons blindés faisant feu sur
l'ennemi.

« Cette même journée du 30, dans l'après-midi,
a donné lieu à une pointe vigoureuse de l'amiral La
Roncière, toujours dans la direction de l'Hay et Chevilly.

« Il s'est avancé sur Longjumeau et a enlevé les
positions d'Épinay, au delà de Longjumeau, positions
retranchées des Prussiens, qui nous ont laissé de
nombreux prisonniers et encore deux canons [1]. »

1. On lit, à ce sujet, dans les procès-verbaux de la commission
d'enquête sur les actes du gouvernement de la Défense nationale :

M. LE COMTE DE RESSÉGUIER. — M. Gambetta pourrait-il nous
dire ce qu'il y a de vrai dans l'assertion suivante :

On a dit que, par suite d'une erreur grave, il avait confondu
Épinay près Longjumeau avec Épinay près Saint-Denis, et que
cette méprise avait eu pour conséquence des ordres regrettables
donnés par lui aux généraux?

M. GAMBETTA. — Du tout; je ne suis pas fâché de trouver
l'occasion de m'expliquer là-dessus. C'est une erreur absolument
matérielle qui a été commise, qui vient purement et simplement
de la dépêche que nous avons reçue, mais qui n'a, je vous en
donne ma parole, pesé en rien sur nos déterminations. C'est
même la première fois que j'entends dire qu'on a pu partir de
cette donnée pour aboutir à un ordre quelconque.

J'ai, en effet, commis une erreur matérielle. Voici comment :
je recevais par ballon des dépêches sur les événements accomplis à Paris; seulement elles étaient de deux genres : ou bien
c'étaient des dépêches sur la politique, qui étaient fort longues,
des généralités; ou bien c'étaient des dépêches Havas, mais
faites par l'administration, et très rapidement, et par conséquent

A l'heure où nous lisons la dépêche de Paris, une action générale doit être engagée sur toute la ligne.

« L'attaque du sud du 1ᵉʳ décembre doit être dirigée par le général Vinoy. »

D'aussi considérables résultats n'ont pu être achetés que par de glorieuses pertes : deux mille blessés ; le général Renault, commandant le 2ᵉ corps, et le général La Charrière ont été blessés.

« Le général Ducrot s'est couvert de gloire, et a mérité la reconnaissance de la nation. »

Les pertes prussiennes sont très considérables.

Tous ces renseignements sont officiels, car ils sont adressés par le chef d'état-major général, le général Schmitz.

                                 Pour extraits conformes :

                                 LÉON GAMBETTA.

Le génie de la France, un moment voilé, réapparaît.

Grâce aux efforts du pays tout entier, la victoire nous revient, et, comme pour nous faire oublier la

souvent fort mal composées. Le jour où Paris avait fait une tentative de sortie sur presque tout son périmètre...

M. LE COMTE DE RESSÉGUIER. — La sortie par les vallées de la Marne et de la Seine.

M. GAMBETTA. — ... Eh bien, le texte de la dépêche, arrivé à cet endroit était parfaitement confus : c'était un compte rendu fait en style télégraphique, et il était ainsi rédigé. On nous disait qu'on avait enlevé la Gare-aux-Bœufs, Chevilly, l'Hay, et puis, immédiatement après, sans changer de côté dans la dépêche, sans dire le moins du monde que c'était l'effort tenté par un autre corps du côté de Saint-Denis ; on ajoutait qu'on avait enlevé Epinay, et on ne disait pas Epinay près Longjumeau, ni Epinay près Saint-Denis. Non ; il n'y avait aucune espèce de désignation. De telle sorte que nous avons étudié cette dépêche comme un logogriphe, et en nous servant de la carte. Nous nous sommes dit : « Mais enfin, s'ils ont eu ces succès, s'ils ont enlevé successivement la Gare-aux-Bœufs, l'Hay, Chevilly, Epinay, — remarquez que cela se suit dans la dépêche, — ma foi, c'est bien possible, après tout ! il n'y a que 8 kilomètres entre Epinay et Longjumeau ; ils sont arrivés près de Longjumeau ! »

Nous avons discuté la question, parce que nous avons dit : « Il y a deux Epinay : il y a Epinay-Saint-Denis ; mais si c'était

longue série de nos infortunes, elle nous favorise sur presque tous les points. En effet, notre armée de la Loire a déconcerté, depuis trois semaines, tous les plans des Prussiens et repoussé toutes leurs attaques. Leur tactique a été impuissante sur la solidité de nos troupes, à l'aile droite comme à l'aile gauche.

Étrépagny a été enlevé aux Prussiens, et Amiens évacué à la suite de la bataille de Paris.

Nos troupes d'Orléans sont vigoureusement lancées en avant. Nos deux grandes armées marchent à la rencontre l'une de l'autre. Dans leurs rangs, chaque officier, chaque soldat sait qu'il tient dans ses mains le sort même de la patrie; cela seul les rend indivisibles. Qui donc douterait désormais de l'issue finale de cette lutte gigantesque?

Les Prussiens peuvent mesurer aujourd'hui la différence entre un despote qui se bat pour satisfaire ses caprices, et un peuple armé qui ne veut pas périr. Ce sera l'éternel honneur de la République d'avoir rendu

Épinay-Saint-Denis, on nous annoncerait ce qu'on a fait devant Saint-Denis, avant d'enlever Épinay. Or, on ne nous annonce rien. Et remarquez qu'Épinay se trouvait venir à la suite de cette énumération sur la rive gauche de la Seine. Vous pourriez encore avoir, si M. Dalloz a conservé mon manuscrit, la transcription de la dépêche, et vous verriez qu'elle était raturée à deux reprises différentes. Mais enfin on m'a dit : « Évidemment, si c'était Épinay-Saint-Denis, la dépêche l'indiquerait. » Ainsi, nous avons commis, ou plutôt on nous a fait commettre, une erreur matérielle. Mais cela n'a aucune espèce de conséquence au point de vue des ordres donnés.

M. LE COMTE DE RESSÉGUIER. — Alors, le rendez-vous donné dans la forêt de Fontainebleau n'était pas la conséquence de cette erreur?

M. GAMBETTA. — Du tout; car vous remarquerez que, lorsque nous avons conçu le plan d'aller vers la forêt de Fontainebleau, c'était un moyen pour nous de sortir de la ligne d'Orléans, de ne pas rester en tête de ponts adossés à la Loire et de faire une marche sur Paris par ce que, relativement, on peut appeler la haute Seine. Mais nous n'étions pas mus, dans cette détermination, par cette confusion d'Épinay-Saint-Denis avec Épinay près Longjumeau. Personne n'y a pensé.

(Déposition de M. Gambetta.)

à la France le sentiment d'elle-même; et, l'ayant trouvée abaissée, désarmée, trahie, occupée par l'étranger, de lui avoir ramené l'honneur, la discipline, les armes, la victoire.

L'envahisseur est maintenant sur la route où l'attend le feu de nos populations soulevées.

Voilà, citoyens, ce que peut une grande nation qui veut garder intacte la gloire de son passé, qui ne verse son sang et celui de l'ennemi que pour le triomphe du droit et de la justice dans le monde. La France et l'univers n'oublieront jamais que c'est Paris qui, le premier, a donné cet exemple, enseigné cette politique, et fondé ainsi la suprématie morale en restant fidèle à l'héroïque esprit de la Révolution.

Vive Paris! vive la France! vive la République une et indivisible.

II

ALLOCUTIONS

A LA MUNICIPALITÉ DE BORDEAUX ET AUX OFFICIERS DE LA GARDE NATIONALE

Prononcées à Bordeaux le 30 décembre 1870

M. Gambetta, venant de Lyon, où il était allé assister aux obsèques du commandant Arnaud et rétablir l'autorité du gouvernement de la République menacée par des factieux criminels, était arrivé dans la nuit du 29 décembre, à Bordeaux. Il reçut, le lendemain 30, la municipalité de Bordeaux et les officiers de la garde nationale auxquels il adressa les deux allocutions qui suivent :

MESSIEURS,

Le siège du Gouvernement ne pouvait être mieux

placé que dans cette ville. A Tours, il subissait un peu
l'action énervante de cette population encline à une
mollesse traditionnelle. Ici, au milieu de vos populations actives, qui allient à l'amour du progrès la
mesure et la prudence qu'inspire l'habitude des
affaires, le gouvernement se trouvera fortifié. C'est le
fait des Gouvernements libres de s'inspirer de l'opinion publique; car nous n'entendons pas procéder à
la façon de ces dictateurs ineptes, qui prétendent
faire le bonheur du peuple en étouffant d'abord sa
liberté.

Sans doute, en laissant le libre jeu à l'opinion
publique, il y a des hommes qui en profitent dans
l'intérêt de leurs préjugés ou de leurs partis. A ces
attaques injustes il faut opposer le mépris, et répondre par un redoublement d'énergie dans la voie du
progrès qui s'impose à notre raison. Ce serait, du
reste, une erreur que de chercher à supprimer les
partis : ils ont leur rôle nécessaire dans cette lente
évolution qu'accomplissent les sociétés. Il y a dans le
monde deux forces contraires : l'esprit de tradition,
de routine, de résistance aux innovations, et l'amour
du progrès, qui peut aller quelquefois jusqu'à la témérité. C'est du jeu libre de ces deux forces que résulte
la marche régulière de la société. Dans ce moment,
notre principale préoccupation doit être tournée vers
l'ennemi, qui dévaste la France et qui menace sa
sécurité. On a parlé d'élections; mais d'abord elles
ne sont pas possibles : un tiers de la France est
envahi, les électeurs sont sous les armes ou sur les
champs de bataille, Paris est investi et sans communications régulières avec la province; une heure
perdue pour la défense du pays pourrait être la cause
de notre perte.

Ne nous laissons pas détourner de cette tâche; con-
sacrons-y nos efforts, ne reculons devant aucun
sacrifice, et, je vous le prédis, la victoire ne saurait

nous échapper, si nous ne nous laissons jamais enva-
hir par le découragement et la peur. J'ai vu notre
jeune armée : elle est pleine de résolution et de courage, et je vous affirme que ces jeunes soldats, inexpé-
rimentés tout d'abord, rivalisent aujourd'hui de
courage avec notre ancienne armée.

Mais il faut les soutenir, leur rappeler le souvenir
de la patrie meurtrie, ensanglantée, qui attend son
salut de leur patriotisme. Il a fallu du temps, c'est-à-
dire quelques mois, pour se procurer des armes, organiser ces forces, les soumettre à la discipline; du
rang des officiers faire surgir des chefs pour remplacer les vieux généraux qui, n'ayant pas de confiance
dans cette nouvelle organisation militaire, ne pouvaient en inspirer à leurs soldats. Aujourd'hui tout
cela est fait : nous avons autant de canons que les
Prussiens; nos défaites mêmes nous ont servi d'ensei-
gnements, et la confiance règne partout dans notre
armée, tandis que nos ennemis, qui se sont avancés
témérairement jusqu'au cœur de la France, sont éton-
nés de notre résistance, fatigués même de leurs
triomphes, qui les affaiblissent et les déciment.

Ils croyaient faire une campagne de Sadowa, et Paris
les retient depuis trois mois. Les pertes qu'ils ont
éprouvées sont énormes : l'Allemagne est épuisée
d'hommes et d'argent : quelques jours encore, deux
mois d'énergie et d'efforts, et la défaite de l'armée
prussienne est certaine. Aidez-nous dans cette œuvre
de résistance, et nous aurons la satisfaction d'avoir sauvé
le pays du plus grand danger qu'il ait jamais couru.

Répondant ensuite au discours adressé par la députation
des officiers de la garde nationale, M. Gambetta s'est exprimé
ainsi :

MESSIEURS,

La gloire n'est ni mon but ni mon souci, et il ne
faut point en ce moment parler d'admiration; je n'ai

qu'une seule prétention, celle de remplir un devoir public. Là se borne toute mon ambition.

Après l'horrible décadence où nous avaient plongés dix-huit ans d'empire, ce qu'il importait le plus, c'était de restaurer la moralité publique, en relevant l'idée du devoir, qui semblait être s'effacée de nos âmes. La République seule était capable d'accomplir cette merveilleuse transformation, et ce sera son plus grand honneur d'y avoir réussi en quelques mois.

Grâce à ce changement, des prodiges ont pu s'accomplir, non seulement dans l'héroïque Paris, mais encore dans les départements. Des hommes nouveaux et peu expérimentés, des improvisateurs ont pu tout créer, tout réunir : des canons, des soldats et même des généraux, — ce qui était le plus difficile. Voilà maintenant que nos gardes mobilisées, remplies de la flamme nouvelle qui circule en France, emportant dans leur cœur la commotion patriotique qui ébranle tout notre pays, vont à leur tour entrer en ligne. L'ennemi lui-même est obligé d'avouer publiquement que la guerre entre dans une phase nouvelle. C'est, en effet, la guerre de la délivrance, la guerre nationale, la guerre sainte qui est commencée!

Et c'est un pareil moment que quelques hommes choisiraient pour donner des conseils de faiblesse, pour parler de paix? Arrière les conseils! Soyons prêts aux plus extrêmes sacrifices pour le salut de la patrie. Jurons tous la guerre à outrance. Et même (malheur épouvantable et impossible à prévoir!) Paris dût-il tomber, jurons de lutter encore et de résister toujours. D'ailleurs, si nous sommes assez fermes pour tenir quelque temps, il est de certitude absolue que la victoire définitive nous est assurée. La France représente des principes qui ne peuvent périr, qui ne périront pas.

En élevant son cœur par de telles pensées, il est facile de dédaigner les impuissantes attaques de ses adversaires, — et ce ne sera pas un des moindres honneurs du Gouvernement de la défense nationale, d'avoir voulu et d'avoir su donner la plus extrême liberté, au milieu de la crise la plus épouvantable qu'un peuple ait jamais traversée.

Quant à la République, elle est placée si haut aujourd'hui, qu'elle peut considérer sans émotion les compétitions rivales qui ne sont pas le passé, tandis qu'elle est l'avenir, comme elle est le drapeau dans les périls du présent.

III

DISCOURS

Prononcé à Bordeaux le 1ᵉʳ janvier 1871

« Aujourd'hui, 1ᵉʳ janvier, dit le *Moniteur Universel* (édition des départements), a eu lieu, à Bordeaux, une imposante manifestation. La population avait voulu prouver son dévouement aux institutions de la République. Plus de 50,000 personnes s'étaient réunies autour de la Préfecture, où est descendu M. le ministre de l'intérieur et de la guerre. Deux adresses ont été présentées aux membres de la délégation du Gouvernement. M. Gambetta a prononcé, du balcon de la Préfecture, une allocution dont on a recueilli les passages suivants » :

MES CHERS CONCITOYENS,

A la vue de ce magnifique spectacle, en face de tous les citoyens assemblés pour saluer l'aurore d'une année nouvelle, qui n'aurait confiance dans le succès dû à la persévérance et à la ténacité de nos efforts? Succès mérité pour deux raisons! la première, parce que la France n'a pas douté d'elle-même; la seconde, parce que, seule dans l'univers entier, la France représente, aujourd'hui, la justice et le droit.

Oui, qu'elle soit à jamais close, qu'elle soit à jamais effacée de notre mémoire, si faire se peut, cette horrible année 1870 qui, si elle nous a fait assister à la chute du plus imposteur et du plus corrupteur des pouvoirs, nous a livrés à l'insolente fortune de l'étranger!

Il ne faut pas l'oublier, Citoyens, cette fortune contre laquelle nous nous débattons aujourd'hui, elle est l'œuvre même des intrigues de Bonaparte au dehors.

A chacun sa responsabilité devant l'histoire.

C'est dans cette ville, c'est ici même que l'homme de Décembre et l'homme de Sedan, l'homme qui a tenté de gangrener la France, prononça cette mémorable imposture : « L'Empire, c'est la paix. »

Et tout ce règne subi, il faut le reconnaître, pour notre propre expiation, — car nous sommes coupables de l'avoir si longtemps toléré, et rien dans l'histoire n'arrive, de juste ou d'injuste, qui ne porte ses fruits, — ce règne de vingt ans, c'est parce que nous l'avons subi, qu'il nous faut subir aujourd'hui l'invasion étrangère jusque sous les murs de notre glorieuse capitale.

Et c'est parce qu'on avait altéré systématiquement dans le pays toutes les sources de la force et de la grandeur, c'est parce que nous avions perdu le ressort sans lequel rien ne peut durer ni triompher dans le monde, — l'idée du devoir et de la vertu, — qu'on a pu croire un moment que la France allait disparaître.

C'est à ce moment que la République, apparaissant pour la troisième fois dans notre histoire, a assumé le devoir, l'honneur et le péril de sauver la France.

Ce jour-là, c'était le 4 septembre, l'ennemi s'avançait à grands pas sur Paris; nos arsenaux étaient vides; notre armée à moitié prisonnière; nos ressources de tous côtés disséminées, éparpillées; deux pouvoirs, un pouvoir captif, un pouvoir fuyard; une chambre, que sa servilité passée rendait incapable de saisir le gouvernail.

Oh! ce jour-là, personne ne contestait la légitimité de la République. Ce fut plus tard, lorsque la République eut mis Paris dans cet état d'inviolabilité sacrée, lorsqu'il fut établi que la République avait tenu sa promesse du 4 septembre : sauver l'honneur du pays, organiser la défense et maintenir l'ordre; lorsqu'il fut démontré, grâce à la République, que par elle le droit doit finir par primer la force; ce fut alors que ses adversaires, dont elle assure aujourd'hui la quiétude et la sécurité, commencèrent à contester sa légitimité et à discuter ses origines.

La République, liée, associée comme elle l'est à la défense et au salut de la patrie, la République est hors de question, elle est immortelle. Ne confondez pas, d'ailleurs, la République avec les hommes de son gouvernement que le hasard des événements a portés passagèrement au pouvoir. Ces hommes, lorsqu'ils auront rempli leur tâche, qui est d'expulser l'étranger, ils descendront du pouvoir et ils se soumettront au jugement de leurs concitoyens. Cette tâche, cette mission, qu'il faut conduire jusqu'au bout, qu'il faut atteindre sous peine de périr déshonorés, implique deux conditions essentielles : la première, la garantie et le respect de la liberté jusqu'au dénigrement, jusqu'à la calomnie, jusqu'à l'injure; la seconde, le respect par tous, amis et dissidents, du droit et de la puissance gouvernementale.

Le langage doit être libre comme la pensée, respecté dans tous ses écarts, jusqu'à cette limite fatale où il deviendrait une résolution et engendrerait des actes. Si l'on franchissait cette borne, — et j'exprime ici l'opinion de tous les membres du Gouvernement, — vous pouvez compter sur une énergique répression.

Je ne veux pas terminer sans vous dire que, le Gouvernement ayant pour unique base l'opinion, nous n'exprimons, nous ne servons et n'entendons servir que l'opinion, à l'encontre des gouvernements despotiques qui nous ont précédés et qui n'ont servi que leurs convoitises dynastiques.

Je remercie la patriotique population de Bordeaux, ainsi que la population accourue des villes et des campagnes voisines, du concours éclatant qu'elles apportent au gouvernement républicain dans l'imposante manifestation du premier jour de l'année 1871. Je les remercie surtout au nom de nos chers assiégés, au nom de notre héroïque Paris, dont l'exemple nous soutient, nous guide et nous enflamme. Ah! que ne sont-ils témoins, nos chers assiégés, de toutes les sympathies, de tous les dévouements que suscite leur vaillance! Leur foi dans le succès s'en accroîtrait encore, si toutefois elle peut s'accroître.

Nous leur transmettrons vos vœux, Citoyens. Puissions-nous bientôt, nous frayant un passage à travers les lignes ennemies, les leur porter de vive voix, avec l'expression de l'admiration du monde et de la profonde et impérissable gratitude de la France.

Vive la France! vive la République !

IV

DISCOURS

Prononcé à Lille le 22 janvier 1871

L'armée du Nord, à la suite de la bataille de Saint-Quentin (18 et 19 janvier 1871), s'était retirée et cantonnée autour des villes de Cambrai, Douai, Valenciennes, Rouen et Lille. Elle s'y réorganisa rapidement. « Dès le 10 février, dit le général Faidherbe (*Campagne de l'armée du Nord*, p. 69), elle eût été susceptible de se représenter en ligne avec un effectif presque égal à celui qu'elle avait à Saint-Quentin, grâce à l'incorporation de quelques milliers de mobilisés et à l'activité déployée par les divers services qu'une apparition à Lille de M. Gambetta, à la fin de janvier, avait entraînés. »

M. Gambetta, pendant ce séjour à Lille, avait prononcé en réponse à une adresse présentée par M. Vergnier, le discours suivant dont nous empruntons le compte rendu au *Progrès du Nord.*

Mes chers concitoyens,

Je puis vous appeler ainsi, car en venant au milieu de vous, je me suis toujours considéré comme un compatriote ayant droit de bourgeoisie chez vous, qui me faites ici, par votre accueil, une seconde patrie.

Ces souvenirs que je trouve en entrant dans vos murs, me rappellent combien votre cité a compté de généreux défenseurs de la liberté. Aussi n'y suis-je pas entré sans émotion, émotion d'autant plus poignante que je savais que plusieurs enfants de Lille avaient cruellement souffert en faisant bravement leur devoir. Mais cette émotion qui nous étreint, du spectacle de la guerre, des maux qu'elle entraîne, ne doit pas passer du domaine du cœur et du sentiment dans celui de la volonté.

La guerre est horrible, et tous doivent la maudire; mais elle est dans la nécessité de la situation.

Nos adversaires sentent bien que si la République, qui a recueilli le funeste héritage laissé par l'Empire, parvient à triompher des difficultés qu'elle a dû subir, elle défiera toutes leurs calomnies et toutes leurs machinations. Ils ont compris qu'il fallait l'attaquer dans sa base et l'énerver dans ses efforts et ils ont imaginé cet argument, facile autant que menteur, de présenter le Gouvernement comme poussant à la guerre pour se perpétuer au pouvoir; nous qui regar-

dons la guerre comme fatale aux peuples et à la
liberté, pour laquelle nous avons toujours combattu!
Non, nous ne sommes pas insensibles aux malheurs de
la patrie; mieux que nos accusateurs, nous sentons
ce qu'il y a d'effroyable à voir des générations destinées par la nature au travail et au progrès, vouées à
la destruction et à la barbarie.

Qui donc a plus que nous protesté contre la guerre
et ses conséquences?

Cette guerre, que nous subissons, nous l'avons
flétrie et stigmatisée comme une honte pour le pays
et pour l'humanité. Nous avons fait vainement appel
à cette Assemblée qui voulait la paix et qui votait la
guerre, et nous n'avons pu l'arrêter.

Cette guerre à jamais maudite, qu'il nous faut subir
jusqu'à la mort, elle nous est imposée; elle n'a pas
été voulue par nous, et pourtant nous ne pouvons
l'éviter. Nous faisons la guerre à ces barbares qui ont
pénétré sur notre territoire, l'imposture à la bouche,
— ce qui ne peut nous étonner, puisque l'imposture
tombait d'une bouche royale; — nous faisons la guerre
à ceux qui nous ont dit qu'ils ne venaient pas combattre la France, mais l'empereur, et qui, la victoire
obtenue, ont continué de ravager notre territoire.

N'était-ce donc pas véritablement à la France, et
non pas seulement à Bonaparte, qu'ils avaient déclaré
la guerre? Et, s'il pouvait y avoir un doute, ne se sont-
ils pas démasqués, ces éternels ennemis de la liberté
et du droit, lorsque cet homme, qui est l'honneur de
la France et du parti républicain, quand Jules Favre
est allé à Ferrières porter, avec l'affirmation de la République française, des paroles de conciliation et de
paix?

Qu'a-t-on répondu à cette démarche aussi noble
que loyale? S'est-on rappelé les promesses faites, autrement que pour les nier effrontément? Qu'a-t-on
proposé à l'éminent patriote, sinon l'extermination

de la patrie? Et pouvions-nous répondre, pour l'honneur de notre pays, autrement que par l'explosion d'une sainte colère et en affirmant, au nom de la France, que nous péririons plutôt que de nous démentir.

Et maintenant, dites-le, qui donc a voulu la guerre?

On nous a reproché, et l'on nous reproche de solidariser la cause de la République avec celle de la patrie; mais n'est-ce pas la République que nous nous exposons à sacrifier afin de sauver la France? Pour le pays tout entier, de quoi s'agit-il? D'être ou de ne pas être. Voilà la raison de la guerre.

La paix, ne l'oubliez pas, c'est la cession et la mutilation de la patrie. Avons-nous le droit de sacrifier trois millions de Français à cette avide Allemagne? N'aurions-nous pas honte d'abandonner des milliers d'Alsaciens, s'échappant de leur patrie pour protester contre cet abominable attentat d'une annexion repoussée par le vœu national, et venant se serrer autour de l'étendard de la nation française, au mépris des proscriptions et sans souci des persécutions et des fusillades du roi Guillaume?

Il n'appartient à personne, minorité, majorité, unanimité même, de céder la France; celui-là violerait le droit de tous et de chacun, qui croirait pouvoir céder une partie de notre pays, comme le maître cède une partie de son troupeau. La France est le bien commun de tous les Français, et chaque motte de terre que la France couvre de son drapeau m'appartient comme elle vous appartient, comme elle appartient à tous. Ce sentiment de solidarité et de nationalité nous impose notre politique : c'est celle de la résistance à outrance!

Mais cette politique, il faut la bien juger. Si elle était folle et téméraire, si tout était perdu, même l'espérance la plus lointaine, faudrait-il donc sacrifier l'humanité à un sentiment de fierté nationale nécessairement stérile?

Comment! pendant vingt ans Bonaparte a préparé ses moyens d'agression, préparé ses armées, dépensé vingt milliards! La France a consenti à tout; elle a tout donné, hommes et argent : quinze jours ont suffi, et tout a disparu! Et nous, qui n'avons rien trouvé, qui n'avons eu pour moyens que les ressources improvisées par l'initiative du pays, nous résistons depuis quatre mois à un ennemi qui multiplie ses forces, mais qui sent bien que si la résistance continue à embraser l'âme de la France, c'en est fait de l'invasion.

C'est qu'en effet les provinces allemandes sont vides : tout ce qui pense, agit, travaille, les hommes mariés, les adolescents même, tout se trouve sous les armes; en Allemagne, le commerce est suspendu partout. En est-il de même en France? La vie sociale est-elle éteinte? elle est entravée, mais non suspendue ni morte.

Soyez-en certains, si dans trois mois les Prussiens sont encore sur le sol français, ils sont perdus. Il faut donc maintenir la résistance, car nous avons devant nous la certitude d'un avenir vengeur et réparateur de nos désastres. Malgré nos revers passagers, ce qui grandit, c'est le sentiment de la dignité française, c'est l'horreur de l'asservissement étranger. Si chacun avait, comme moi, cette conviction, cette passion profonde, ce n'est pas des semaines et des mois qu'il faudrait compter pour l'anéantissement des armées envahissantes : la ruine de la Prusse serait immédiate; car que pourraient huit cent mille hommes, quelle que soit la puissance de leur organisation, contre trente-huit millions de Français résolus, et ayant juré de vaincre ou de périr?

Pas de faiblesse, ô mes chers concitoyens! Si nous ne désespérons pas, nous sauverons la France. Faisons-nous un cœur et un front d'airain; le pays sera sauvé par lui-même, et la République libératrice sera fondée.

Quand cet heureux jour viendra, quand vos efforts, unis aux nôtres, auront affranchi la France entière, on verra si nous sommes des hommes de guerre, si nous sommes des destructeurs, si nous dilapidons les finances; si nous ne cherchons pas, au contraire, à favoriser les arts qui ennoblissent l'humanité, l'industrie et le commerce, qui assurent les relations et enrichissent les peuples; si nous ne tendons pas de tous nos efforts vers les bienfaits d'une paix loyale et féconde.

On verra alors si nous sommes des dictateurs, et si notre plus grande passion n'est pas de rentrer dans la foule dont nous sommes sortis, de cette foule, réservoir inépuisable de toutes les grandes, de toutes les nobles pensées où chacun doit se retremper. On verra enfin que, si je suis possédé de la passion démocratique, qui ne souffre pas l'invasion étrangère, je suis profondément animé de la foi républicaine qui a horreur de la dictature.

CHAPITRE IV

DÉPÊCHES DE GAMBETTA AU GÉNÉRAL TROCHU ET A JULES FAVRE[1]

Le membre du Gouvernement, ministre de l'intérieur, au Gouvernement de la Défense nationale à Paris.

(Dépêche arrivée à Paris le 10 octobre et publiée au *Journal officiel* du 11.)

Montdidier (Somme), le 7 octobre, 8 h. soir.

Arrivé, après accident en forêt, à Épineuse. Ballon dégonflé. Nous avons pu échapper aux tirailleurs prussiens et, grâce au maire d'Épineuse, venir ici, d'où nous partons dans une heure pour Amiens, d'où voie ferrée jusqu'au Mans et à Tours[2].

Les lignes prussiennes s'arrêtent à Clermont, Compiègne et Breteuil dans l'Oise.

Pas de Prussiens dans la Somme. De toutes parts on se lève en masse. Le gouvernement de la Défense nationale est partout acclamé.

LÉON GAMBETTA.

1. Les dépêches de M. Gambetta au président et au vice-président du Gouvernement de la défense nationale à Paris furent toutes transmises par pigeons. M. Steenackers (*les Télégraphes et les Postes pendant la guerre*, ch. VII, p. 147) a publié sur l'organisation de la correspondance microscopique et le lancer des pigeons les beaux rapports de M. de Lafolly et de M. Georges Blay. Nous y renvoyons le lecteur.
2. Voir page 36 le récit du voyage de l'*Armand Barbès*.

Gambetta à général Trochu, à Paris.

Tours, le 10 octobre 1870.

J'ai trouvé Garibaldi à Tours recommandé par Senard[1]. C'est une grosse question de savoir qu'en faire. Je ne crois pas cependant qu'il soit possible de ne pas l'employer, d'autant plus qu'il prend des engagements au sujet de Nice.

Il y a eu hier à Saint-Quentin un brillant combat où de La Forge[2] s'est admirablement conduit. Les Prussiens ont été repoussés avec grande perte. Nos colonnes de la Loire ont refoulé les Prussiens au delà de Pithiviers. J'interroge par télégraphe tous les préfets et les généraux sur l'état des forces disponibles, les armes et les déficits.

LÉON GAMBETTA.

Gambetta à Jules Favre, à Paris.

(Arrivée le 18 novembre 1870, 1er pigeon.)

Tours, le 11 octobre 1870.

En arrivant à Tours, et après avoir interrogé tous les préfets et reçu leurs réponses, j'ai constaté une unanime désapprobation des élections générales dont l'approche ne servait qu'à surexciter les divisions de partis.

La décision du gouvernement de Paris a été accueillie, sauf par le parti légitimiste, avec une véritable reconnaissance, et aujourd'hui il ne nous reste plus d'autre préoccupation que la guerre.

Malheureusement la vérité est triste. Les campagnes sont inertes, la bourgeoisie des petites villes est

1. M. Senard était chargé d'une mission extraordinaire auprès du gouvernement italien, à Florence.
2. Préfet de l'Aisne.

lâche et l'administration militaire ou passive ou d'une désespérante lenteur. Les généraux de division sortis des cadres de réserve sont l'objet d'une exaspération publique indicible, qu'ils ne justifient que trop par leur mollesse et leur impuissance. Je m'épuise à leur trouver des remplaçants. Le général de La Motterouge[1], qui n'a point su protéger la forêt et la route d'Orléans, a été relevé de ses fonctions[2]. Les mobiles, les zouaves pontificaux et la légion étrangère se sont admirablement conduits ; mais la troupe de ligne, infanterie et cavalerie, a donné le plus navrant spectacle de démoralisation. On m'annonce l'arrivée du général Bourbaki[3]. Ce serait peut-être une précieuse ressource. Le général Cambriels[4] paraît assez satisfait à Belfort. Mulhouse a été réquisitionné par les Prussiens et Épinal est fortement menacé. Garibaldi, que nous avons nommé général en chef des volontaires, va se jeter dans les Vosges avec des bataillons de mobiles.

Le Midi et le Sud-Ouest, ainsi que le Nord-Ouest, sont en général pleins d'élan ; mais les armes manquent ; et l'argent aussi manquera bientôt. Vous devriez bien inviter le ministre des finances à nous faire parvenir des ordres de subsides. Dans tous les cas, avec le concours du comité des finances résidant ici, nous aviserons.

On n'avait guère produit, ni au point de vue de

---

1. Commandant du 15e corps d'armée. Ce corps, qui comprenait 30 000 hommes, avait été concentré, dès le 5 octobre, à Teury. Attaqué le 10 octobre à Arthenay par le général bavarois Von der Tann, il se retira sur la rive gauche de la Loire.

2. Le général de La Motterouge fut remplacé par le général d'Aurelles de Paladines.

3. Le général Bourbaki était sorti de Metz où il commandait la Garde, à la suite de la prétendue mission de M. Régnier auprès du maréchal Bazaine. Il fut chargé par M. Gambetta de l'organisation de l'armée du Nord, et plus tard de celle des 15e, 18e et 20e corps de l'armée de la Loire.

4. Commandant en chef de l'armée de l'Est.

l'achat des armes, ni à celui de leur fabrication. Rien n'était poussé ni pressé. La fabrication même des capsules nécessaires aux chassepots était nulle. Le temps s'était évidemment passé en discussions intérieures entre l'élément civil et l'élément militaire, ce qu'atteste la démission de Fourichon[1], qui remontait au 27 septembre. En somme, on n'avait guère réussi qu'à organiser le 15e corps, sous le nom d'armée de la Loire ; le 16e est à peine en voie de formation.

Cependant la garde nationale est à peu près partout constituée. Elle manifeste une grande ardeur ; mais les chefs manquent et aussi les armes.

L'artillerie de campagne qui donne tant d'avantages aux Prussiens, est d'une insuffisance lamentable. J'ai ordonné des réquisitions par toute la France. La situation est donc fort triste. Néanmoins, il nous revient que l'armée prussienne elle-même est fort incommodée et que, sauf les quartiers généraux, elle souffrirait de la faim. Je fais arrêter toutes les marchandises destinées à leur approvisionnement et qui, par des routes diverses, sont dirigées sur leurs campements. J'ai eu, de source certaine, la preuve que les soldats et les officiers se lamentaient sur la prolongation de la guerre.

Les francs-tireurs, quoique assez mal vus par les populations rurales, rendent de grands services et intimident sérieusement les Prussiens. Les coureurs uhlans notamment sont plus rares. J'ai confiance toutefois qu'avec de la constance et l'arrivée des armes, avec surtout un plan d'action bien arrêté et bien suivi, ce qui a fait défaut jusqu'à ce jour, on pourra, si vous continuez votre résistance, forcer l'ennemi à abandonner une grande partie de ses prétentions.

1. L'amiral Fourichon, nommé ministre de la marine le 4 septembre, avait été chargé de l'intérim du ministère de la guerre à Tours. Démissionnaire le 27 septembre, il avait été remplacé par M. Crémieux.

Les nouvelles de l'extérieur sont de peu d'intérêt et d'ailleurs contradictoires. Nous ne pourrons rien vous mander de sérieux avant l'arrivée de M. Thiers[1], qui est attendu avant la fin de la semaine.

LÉON GAMBETTA.

Gambetta à Gouvernement, Paris.

(Expédiée par pigeons et arrivée le 18 octobre.)

Tours, 14 octobre 1870.

Opinion émue d'inertie du gouvernement de Tours. Cela va déjà mieux depuis mon arrivée.

Retour offensif et considérable des Prussiens sur Orléans.

Garibaldi, nommé général en chef des volontaires, part pour Vosges et Paris.

Service des postes désorganisé et très mal fait; plaintes criantes. Celui de la télégraphie privée et militaire admirable; nécessité depuis longtemps prévue de réunir dans la main ferme de Steenackers les deux administrations. Nous avons nommé Steenackers directeur général des lignes télégraphiques et des postes[2].

Avisez Rampont devenu impuissant et prévenez Picard afin que Steenackers ait tout pouvoir nécessaire.

Recevrez ce décret à première occasion.

GAMBETTA.

1. M. Thiers avait quitté Paris le 13 septembre avec une mission du gouvernement de la Défense auprès des grandes puissances. Il s'était rendu successivement à Londres, Vienne, Saint-Pétersbourg et Florence. Revenu à Tours le 21 octobre, il partit le 26 pour Paris avec un sauf-conduit.
2. Décret du 12 octobre.

Gambetta à Jules Favre, à Paris.

Tours, le 16 octobre 1870.

Nous avons reçu par MM. Traclet[1] et Kératry[2] vos nouvelles des journées du 11 et du 13. Elles ont produit une immense impression dans toute la province et une vive émotion sur le corps diplomatique établi à Tours. A ce sujet, je vous annonce l'arrivée de M. Thiers dans deux jours. Nous avons ici le général Bourbaki[3]; il nous a donné des nouvelles de Metz, où nous avons encore quatre-vingt-dix mille hommes qui, par des combats incessants, continuent à retenir des forces imposantes autour d'eux.

Si Bazaine ne tente pas de sortir, c'est qu'il ne sait où se ravitailler en route, et Bourbaki demandait à rentrer dans Metz pour lui apprendre qu'il y a dans Longwy huit cent mille rations, ce qui lui permettrait de tenter l'aventure. J'ai essayé par Tachard de lui faire passer cet important renseignement, et j'ai gardé Bourbaki. Frédéric-Charles, qu'on dit remis de sa dyssenterie, serait parti pour Paris, d'après une dépêche du sous-préfet de Neufchâteau. M. Tachard, au contraire, mande de Bruxelles qu'il est à toute extrémité. Le bruit de la mort du général de Moltke nous arrive de tous côtés et paraît presque confirmé. Malgré la pointe audacieuse des Prussiens qui, maîtres

1. Parti de Paris le 12 octobre, par le ballon le *Louis Blanc*, atterri le même jour à Béclère (Belgique).
2. Parti de Paris le 11 octobre, par le ballon *Godefroy Cavaignac*, atterri le même jour à Brillon (Meuse).
3. Le général Bourbaki était sorti de Metz à la suite de la mission de M. Regnier auprès du maréchal Bazaine. A son retour d'Angleterre, il avait été appelé par M. Gambetta à Tours où il arriva le 11 octobre. Destiné d'abord au commandement de l'armée de la Loire, il fut, sur sa demande, chargé du commandement supérieur de l'armée du Nord et de l'Oise.

d'Orléans, menacent Bourges, nos affaires semblent
devoir prendre bonne tournure, sauf du côté de la
Normandie qui est envahie, l'ennemi occupant Gisors
et Magny. La question de l'évacuation de Tours se
pose comme faisant partie de nos plans de campagne. Nous hésitons encore entre Bordeaux et Clermont-Ferrand. Je ne peux vous laisser ignorer que,
malgré l'animation des villes, les campagnes sont
toujours très passives. Cependant, si les convois d'armes que nous attendons, et qui sont en route, nous
arrivaient dans les délais annoncés, la face des choses
changerait promptement. Nous formons des cadres et
nous rajeunissons l'armée. Il serait trop long de vous
indiquer l'ensemble des mesures prises : je tâcherai
de vous en faire parvenir la liste prochainement. On
espère rétablir le câble, grâce à l'énergie merveilleuse
de l'inspecteur Richard et de ses aides. On pense que
la rupture est du côté d'Argenteuil; Steenackers envoie
une dépêche à Trochu pour lui dire de prévenir Mercadier du jour où une sortie aura lieu de ce côté, afin
d'aviser et de rechercher du côté de Paris le point de
soudure. A l'heure qu'il est, Lyon est complètement
calmé; tous les prisonniers ont été relâchés. Marseille,
malheureusement, nous donne des inquiétudes que je
ne désespère pas de faire cesser à force de fermeté.
La faiblesse du gouvernement de Tours l'avait jeté
dans un discrédit profond en province; il est difficile
de lutter à la fois contre les exaltés et contre les réactionnaires. Des bruits de conspirations légitimiste et
orléaniste circulent, et plusieurs de nos préfets sont
en éveil. On annonce même la présence de quelques
prétendants sur notre territoire. Je fais surveiller
avec circonspection, et si ces prétendants étaient
assez audacieux pour mettre le pied sur le sol, je
ferais exécuter les lois.

Malgré l'occupation de Mulhouse, le général Cambriels se maintient fermement de Belfort à Besançon.

Cette dernière ville est tout à fait en état de défense et occupée par de l'artillerie de marine, servie comme vous le savez. On a donné, d'ailleurs, de nombreux commandements aux officiers de marine.

Tel est l'ensemble de la situation. J'ai la conviction que la prolongation inattendue de votre résistance et les préparatifs militaires de jour en jour plus considérables des départements déconcertent les envahisseurs et commencent à exciter les sympathies de l'Europe. Les bruits de médiation par la voie anglaise ou russe circulent avec une intensité croissante. Il faut faire à la Prusse une guerre de lassitude, avec prudence et ténacité, et nous la forcerons à reconnaître qu'en prolongeant elle-même la guerre, elle n'augmente pas ses chances et qu'au contraire, elle compromet le fruit de ses victoires. Nous vous avons envoyé de bons émissaires, et ce n'est pas notre faute si vous ne recevez pas plus souvent de nos nouvelles[1].

Salut fraternel.

LÉON GAMBETTA.

Gambetta à M. le général Trochu, Paris.

(Expédiée par pigeon et arrivée le 18 octobre.)

Tours, 16 octobre 1870.

L'ennemi a occupé Orléans. Depuis hier, il passe la Loire et fait un mouvement prononcé sur Bourges, qui est parfaitement garanti[2].

On estime ses forces de 60 à 70,000 hommes. Pour accumuler autant de troupes dans cette expédition,

1. Dépêche publiée en abrégé dans le *Journal officiel* (Paris) du 19 octobre.

2. Le général d'Aurelle de Paladines, qui avait remplacé le général de La Motterouge, venait d'établir son quartier général à Salbris (15 octobre). « Le camp de Salbris devint le véritable berceau et l'école de l'armée de la Loire. » (FREYCINET, *loc. cit.*, p. 72.)

l'ennemi a dû dégarnir la ligne d'investissement de Paris. Cherchez le point dégarni et profitez-en.

Il doit y avoir là une excellente occasion de faire une nouvelle sortie victorieuse. Ici nous vous admirons et nous voudrions vous imiter.

Léon Gambetta.

Steenackers à Jules Favre, à Paris.

Tours, le 18 octobre 1870.

Nos affaires militaires dans les Vosges nécessitant une direction tout à fait nouvelle et une impulsion plus vive, Gambetta a cru devoir y aller lui-même. Il est parti hier matin pour Besançon. Son absence ne durera que trois jours.

Les Prussiens sont toujours à Orléans, au nombre de quatre-vingt mille hommes, selon les uns, ou même de cent dix mille, selon les autres. Leur objectif semble être Bourges. On a pris des mesures en conséquence, et nous avons un espoir que je prie Dieu de vouloir bien réaliser. Il faut attirer très fortement l'attention de Trochu et de Le Flô sur ce mouvement considérable de l'ennemi. Car pour le faire, il a dû dégarnir Paris, et vous pourriez en profiter habilement. Beaucoup de nos renseignements prouvent qu'il y a une grande démoralisation dans l'armée ennemie. Elle trouve la guerre longue et s'en plaint. Elle est inquiète et tourmentée. La résistance de Paris remplit la France et le monde entier d'admiration. Que Paris tienne bon, et le pays sera sauvé.

Gambetta déploie la plus grande énergie : on sent déjà sa présence et le résultat de son travail. Nous espérons vous en donner bientôt les preuves.

Faites surveiller dans Paris l'arrivée de tous les pigeons ; je vous en enverrai souvent. Il ne faut pas que nos dépêches tombent en mauvaises mains. Recommandez à ceux qui amènent les pigeons par ballons de ne les remettre qu'à moi-même à Tours.

Steenackers.

Gambetta à Jules Favre, à Paris.

Tours, le 19 octobre 1870.

Nous avons reçu par divers ballons Kératry, Le-
faivre et Ranc[1], qui nous ont donné sur l'état de
Paris et sur les désirs du gouvernement des renseignements assez complets. Néanmoins, je ne peux
m'empêcher de regretter que, par aucun de ces
messagers, on ne m'ait fait tenir la moindre dépêche.
Il devient cependant de plus en plus indispensable
de faire entendre à la province la parole officielle de
Paris. La marche en avant des Prussiens sur la Loire
et au delà de la Loire, la prise d'Orléans et l'abandon
de la ligne des Vosges par le général Cambriels, qui
s'est retiré à Besançon, ont douloureusement im-
pressionné le pays.

La colère publique contre les généraux va croissant, et malheureusement, malgré les mesures les
plus radicales pour créer de jeunes chefs, je n'ai
encore pu rencontrer personne à la hauteur des
événements. Cependant quand trouverons-nous un
capitaine? Bourbaki a refusé le commandement en
chef de toutes nos forces du Nord pour l'accomplissement d'un plan de guerre qui lui est personnel
et dans le succès duquel il paraît avoir confiance. Il
prétend reprendre Sedan, où se trouve un immense
matériel d'artillerie qui nous a appartenu; il espère
aussi prévenir Bazaine. La levée des hommes et la
constitution de l'armée de la Loire continuent avec
une grande activité. Nous avons fait venir tout ce
qu'il y avait de disponible en Algérie, on y a trouvé
plus d'artillerie qu'on ne croyait en avoir. Comme

1. Parti de Paris le 14 octobre, par le ballon le *Guillaume Tell*,
atterri à Montpothier, près Nogent-sur-Seine, à la tombée de la
nuit.

nombre, en comptant Lyon, Besançon, Belfort, le
Centre et l'Ouest, on dispose de plus de deux cent
mille hommes. Malheureusement, ce sont des troupes
peu résistantes et mal commandées, et il est bien
difficile avec de pareils éléments de prendre l'offensive. Nous avons reçu communication, par l'intermédiaire de M. Rane, de la combinaison du général
Trochu, qui consisterait à organiser un ravitaillement de Paris par le Havre et la rive droite de la
Seine[1]. Cette combinaison sera soumise à notre

---

[1]. Voici, à ce sujet, la copie d'une lettre du général Bourbaki
au vice-amiral Fourichon :

COMMANDEMENT
　　SUPÉRIEUR
　　　de la
RÉGION DU NORD.　　　　　*Pour M. le ministre de la guerre*

　　　　　　　　« Lille, le 25 octobre, 1870.

　　« Monsieur le ministre et cher ami,

　« Je reçois votre lettre me proposant d'aller prendre le commandement de l'armée de Tours, et j'abandonne pour un instant
le travail d'organisation d'une petite division de dix mille hommes,
qui est en bon train, et celui de l'établissement le plus rationnel de la défense des places du Nord, et cela pour vous dire, ce que
vous saviez depuis longtemps, que je me soumettrai aux ordres
donnés par le gouvernement de la Défense nationale, et que,
quelle que soit la position qu'il m'assigne, je ferai de mon
mieux.
　« D'après votre lettre, je crois que vous destinez l'armée de la
Loire à passer sur la rive gauche de la Seine et à essayer, en
forçant la ligne de circonvallation des Prussiens, de faire pénétrer un convoi de bestiaux et autres denrées dans Paris.
　« Si, comme je le suppose, l'armée de la Loire est toujours à
Vierzon, à La Ferté et à Blois, c'est donc une marche offrant le
flanc droit de soixante-quinze lieues avant d'arriver à Rouen.
Parvenu à ce point, je crois qu'en rappelant un peu de troupes
du Pas-de-Calais, du Nord, et usant de celles de la Seine-Inférieure, on pourrait se créer un masque qui rendrait le passage
moins difficile. Mais, jusqu'à Rouen, l'ennemi pourra se concentrer bien facilement sur Chartres, sur Dreux, sur Evreux,
et ce sera un miracle s'il nous est possible de nous enlever à une
action pendant une marche qui nous demandera quinze à seize
jours.
　« Il est donc plus que probable que, pour accomplir ce mou-

conseil de guerre et discutée. Je vous ferai connaître sa décision; mais je dois vous dire que les positions actuelles de nos troupes nécessaires pour couvrir Bourges, Dijon, Lyon, ne me semblent pas permettre de songer à la réalisation de cette combinaison d'ici à quelque temps. M. Thiers n'est pas encore arrivé; mais il est annoncé de Saint-Michel pour demain, Kératry est parti, et Bourbaki s'est rendu à son poste.

J'ai été obligé de quitter Tours pendant quarante-

rement, nous serons obligés d'accepter la bataille dans les environs de Mézidon, Bernay ou Lisieux.

« L'armée que vous venez de créer est-elle apte à disputer avec ténacité le terrain?

« Il faudrait à ce sujet consulter les divisionnaires, qui doivent commencer à la connaître!

« Avez-vous pensé aux points qui doivent se trouver approvisionnés en pain, sucre et café.

« Car il ne faut pas songer, en marchant avec vivacité, à pouvoir faire faire le pain tous les jours et les distributions le matin.

« A ce jeu-là nous ne ferions pas deux lieues par jour!

« Votre armée est-elle organisée de manière à porter quatre jours de biscuit dans le sac et quatre jours de provisions avec des voitures de réquisition?

« La discipline est-elle devenue assez bonne pour que nos troupes ne se rebutent pas devant la pluie, la boue qui les attendent dans cette marche?

« Car, rapprochés de l'ennemi comme nous le serons quelquefois, il ne faut pas penser à cantonner les soldats : il faudra que la plus grande partie bivouaque.

« Vous avez sans doute auprès de vous M. Thiers. Si vous pouviez avoir son avis au sujet de ce grand mouvement tournant, s'il était favorable, ce serait d'un grand poids dans la confiance qu'apporterait à son exécution l'officier général que vous en chargeriez.

« Si votre armée a pris des qualités de solidité, si elle a trois pièces de 12 par mille hommes, de bons artilleurs et qu'on ne craigne pas le combat, il serait peut-être possible de beaucoup raccourcir la route à faire, en côtoyant de plus près la ligne de circonvallation de l'ennemi.

« Je raisonne, comme vous le voyez, dans l'hypothèse d'un mouvement s'effectuant par étapes normales. Si vous avez à Tours le matériel nécessaire pour transporter toute l'armée de la Loire par chemin de fer, le mouvement de concentration sur la rive droite de la Seine pourrait peut-être s'effectuer en cinq ou six jours.

« Je termine ma lettre, mon cher ami, en vous disant que, dans l'état désespéré de résistance où se trouve la France,

huit heúres, appelé à Besançon par des dépêches qui annonçaient, en l'exagérant, la retraite du général Cambriels, qui, comme je vous le dis plus haut, a quitté les Vosges pour se replier sur Besançon. Cette retraite a causé une véritable émotion ; elle n'est pas le résultat d'une panique, ce qui était du plus fâcheux effet. Cet événement doit être attribué au peu de solidité des troupes de Cambriels, qui s'est exagéré peut-être les mesures de prudence à prendre, mais

j'essaierai avec courage et dévouement tout ce que l'on m'ordonnera de faire ; mais si, au lieu d'être un agent de combat, j'étais un agent de pensée, je voterais pour un armistice et pour la paix.

« C'est peut-être un défaut d'éducation ; mais, autant j'ai confiance dans les soldats qui ont le respect et la crainte de leurs chefs, l'amour de leur drapeau, autant je me méfie des ramassis d'hommes qui, sans discipline, sans connaissance de leurs officiers, doivent combattre en rase campagne. Dieu, qui protège la France, infligera peut-être un démenti à ma croyance, et j'en serai tout heureux.

« Je suppose que Trochu doit bien penser qu'au jour convenu et sur l'endroit convenu, l'effort que doit faire l'armée de Paris doit être formidable. Car si ce que l'on nous dit est vrai, il pourrait, en laissant trois cent mille hommes dans la place, sortir avec une armée de deux cent mille, parfaitement encadrés, avec une artillerie nombreuse et une connaissance complète des éléments qui doivent combattre ensemble.

« L'armée de l'Est, le peu de troupes du Nord, l'armée de la Loire, peuvent aider à la victoire en se compromettant, mais elles n'offriront jamais l'élément de succès que Paris présente à lui seul.

« *Signé :* BOURBAKI.

« Pour copie conforme :

« L. FOURICHON.

« Le plan attribué au général Trochu consistait à porter l'armée sur le Havre et la faire remonter vers Paris par la rive droite de la Seine.

« *Signé :* BOURBAKI.

« Pour copie conforme :

« L. FOURICHON. »

M. DE FREYCINET (*loc. cit.*, p. 78) raconte, dans une note, l'historique du plan indiqué par le général Trochu dans sa dépêche du 19 octobre et développé plus tard par ce général à l'Assemblée nationale, le 13 juin 1881.

qui est revenu sous Besançon pour se reformer et redonner du moral à ses troupes. Lure et Vesoul vont être occupées, et l'émoi est grand en Franche-Comté. J'ai pris les mesures nécessaires pour réorganiser promptement l'armée de l'Est; et, après conseil de guerre tenu hier à Besançon, il a été décidé que l'on tenterait de réoccuper les positions des Vosges par Belfort et sur les derrières des Prussiens, qui paraissent peu nombreux. Je m'occupe activement de couvrir Dijon, tête de ligne des chemins de fer qui rayonnent dans tout l'Est. J'ai vu à Besançon le général Garibaldi, qui va commencer ses opérations : il a été partout accueilli avec faveur. Quelques têtes chaudes voudraient le voir à la tête de toutes nos forces dans l'Est; mais je lui ai maintenu avec énergie son caractère de chef des volontaires. L'esprit des populations dans l'Est est excellent.

Il n'y a d'ailleurs qu'à se féliciter de l'attitude générale des départements. Sans doute, à la faveur des compétitions électorales, le pays s'était divisé et les partis monarchiques reparaissaient dans la lice. Mais aujourd'hui tout va mieux; Lyon, notamment, est tout à fait rentré dans l'ordre, et le préfet, naguère si attaqué, a passé dimanche une revue de cinquante mille gardes nationaux, qui lui ont fait le plus chaleureux accueil. A Marseille, les difficultés sont plus grandes. Je suis en conflit avec Esquiros au sujet de la *Gazette du Midi*, qu'il a suspendue, et de l'expulsion des Jésuites[1]. Je reçois délégués sur délégués, mais je ne céderai point sur la question de principe. La ferme attitude de Paris est encore notre plus grande force, et je ne puis vous peindre l'admiration que l'exemple qu'il donne inspire à tous ceux qui causent des affaires publiques. Si Paris est la plus

1. Cf. Chap. VII, dépêches adressées au préfet des Bouches-du-Rhône.

grande force de la France, il est aussi la grande force de la République.

Nous recevons des nouvelles de vos proches à tous : tous vont bien.

Léon Gambetta.

Gambetta à Jules Favre, à Paris.

Tours, le 20 octobre 1870.

Dans la journée du 18 octobre, la ville de Châteaudun (Eure-et-Loir) a été assaillie par un corps de 5,000 Prussiens. L'attaque a commencé à midi et demi sur tout le périmètre de la ville, dont les rues intérieures étaient barricadées ; la résistance s'est prolongée jusqu'à neuf heures et demie du soir. Les francs-tireurs de Paris, la garde nationale sédentaire de Châteaudun ont rivalisé de courage et d'énergie. A un moment, la place de la ville était couverte de cadavres prussiens. On estime les pertes de l'ennemi à plus de 1.800 hommes. La ville n'a pas été occupée ; elle a été bombardée, incendiée, et les Prussiens ne se sont établis que sur les ruines. L'incendie dure encore. Ces détails ont été rapportés par M. de Termon, receveur des postes, qui a brillamment fait son devoir. Le commandant de la garde sédentaire, M. Testanières, a été tué à la tête de son bataillon. La résistance de Châteaudun, ville ouverte, peut être mise en regard des pages les plus héroïques de notre histoire[1]. Par un décret, la délégation du Gouvernement ouvre un crédit pour subvenir aux besoins des familles de Châteaudun[2].

Ce décret porte que cette noble petite cité a bien mérité de la patrie[3].

Léon Gambetta.

1. Cf. Isambert, *Combat et incendie de Châteaudun*.
2. Décret du 20 octobre 1870.
3. Dépêche publiée au *Journal officiel* du 25 octobre 1870 avec des altérations.

Steenackers à général Trochu.

Tours, le 23 octobre 1870.

Que les Parisiens se défient de la vallée de Bougival et des bois qui l'entourent, jusqu'à Versailles. L'auteur des présents renseignements parle *de visu*. Il tremble que le récent combat de Garches, où l'ennemi a abandonné assez facilement la position, ne soit un piège pour vous y attirer, et que l'avertissement n'arrive trop tard.

A Versailles, à partir de la Butte-de-Picardie, vers l'ancien moulin à vent, l'ennemi a construit des batteries couvertes, jusqu'à la hauteur de Vaucresson. Dans la plaine des Jardies, des retranchements, qui masquent de quatre-vingts à cent pièces de canon, battent sur Marnes jusqu'à l'hôpital Brézin et sur tout le champ de courses de la Marche.

Les bois dont la lisière demeure intacte du côté de Paris, sont sillonnés de tranchées, échelonnées sur les pentes, entre la route de Marnes et la plaine du champ de courses. On a laissé seulement çà et là quelques gros arbres derrière lesquels les officiers puissent s'abriter. Mais tout le reste du bois est coupé à trois pieds et demi du sol et barricadé.

Le château si bien nommé de Beauregard, la propriété de miss Howard, est transformé en une vaste forteresse, et les travaux se continuent à partir du Puits-d'Angle, non loin de la propriété du docteur Ricord, jusqu'à la Celle-Saint-Cloud.

Les murs du parc de Beauregard, encore tout neufs, — ils n'ont pas dix ans d'existence, — sont crénelés de doubles meurtrières, de manière à lancer un feu de deux rangs par un homme à genoux et un autre debout. Tous les dix mètres, des trous ronds sont ménagés pour les canons de mitrailleuses. Il y a là six batteries, de six pièces chacune.

Le côté du mur qui, sur un développement de huit mètres environ, fait retour vers les Gressets, est garni de même. Et — détail qui atteste de la prévoyance et un plan bien arrêté — tous ces murs, quoique solides, sont doublés intérieurement de terre et de gabions.

Un peu au-dessous de cet endroit, vers la Celle-Saint-

Cloud, on a crénelé des écuries. Là encore se trouve une batterie qui enfile le coteau du Butard.

La Châtaigneraie de la Celle-Saint-Cloud a de plus des ouvrages d'une sérieuse importance.

Il existe un camp assez considérable et six batteries d'artillerie sur la place d'Armes de Versailles, au centre de l'éventail formé par les trois avenues du Château. D'autres batteries sont dans l'ancien étang desséché, entre la ferme du sieur Fenestre, au haut de Saint-Cyr, et le bois du Gland. Enfin, dans la plaine de Trappes, à moitié distance de Versailles à Rambouillet, se trouve un camp prussien, à la Verrière, en rapprochant du Mesnil-Saint-Denis.

Puissent tous ces détails donner au général Trochu l'idée d'aborder Versailles par Viroflay, Fosse-Repose et la Voirie, points où les préparatifs de défense de l'ennemi sont relativement faibles!

Gambetta vous accuse réception de votre lettre, venue par ballon, dans laquelle vous lui conseillez de mettre Bourbaki à la tête des troupes. Il a offert le commandement suprême à ce général, qui n'a pas voulu le prendre, mais qui a accepté le commandement des forces du Nord. En ce moment, il est à Lille pour opérer sur cette partie du territoire contre l'ennemi.

Vos conseils seront d'autant mieux suivis qu'ils sont déjà mis en pratique.

Tenez bon, et nous sauverons la France.

Salut fraternel.

STEENACKERS.

Gambetta à Jules Favre, à Paris.

Tours, le 21 octobre 1870.

Au moment où M. Thiers se dispose à se rendre auprès de vous, il me paraît nécessaire de me recueillir et de vous faire connaître mes vues sur la situation et sur les éventualités qui peuvent en sortir. La situation est trop grave, nous touchons à un moment trop décisif, pour que je puisse cacher en aucune manière l'expression de mes opinions.

M. Thiers est rentré en France depuis quatre jours. Il a eu avec la délégation du gouvernement plusieurs entrevues prolongées durant lesquelles, outre l'exposé de sa mission diplomatique, il a exprimé devant nous ses impressions et ses désirs, tant au point de vue de la politique intérieure que des affaires étrangères. Tous les discours de M. Thiers peuvent se résumer en une seule phrase : il croit la France épuisée et impuissante à vaincre ; il veut la paix, et, redoutant la responsabilité qui doit incomber à ceux qui signeront cette paix, il cherche à provoquer la constitution d'une Assemblée qui se chargerait de l'assumer. Pour pousser les esprits à partager cette manière de voir, M. Thiers est enclin à exagérer d'une part l'insuffisance actuelle de nos forces militaires et, d'autre part, les prétendues exigences de l'opinion publique en faveur des élections[1].

Sur le premier point, j'ai fourni à M. Thiers des renseignements positifs sur l'état et la position de nos troupes. Il a pu se convaincre que les hommes abondent et que les cadres se reforment. Ce qui nous manque cruellement, ce sont les généraux, et surtout un véritable homme de guerre, capable de remanier et d'employer toutes les forces dont nous pouvons disposer. Il a pu se convaincre qu'il existe réellement une armée de la Loire de 110,000 hommes, bien armés et bien équipés, sous le commandement d'un général ordinaire, mais ferme et vigilant, dont les efforts ont, jusqu'à ce jour, couvert efficacement Nevers, Bourges, Vierzon, Blois et Tours, qui semblaient livrés, après la déplorable conduite de La Motterouge à Orléans[2]. Nous avons de Belfort à

---

1. Cf. ROTHAN, l'Allemagne et l'Italie, t. II, p. 144.
2. La conférence tenue à Salbris le 24 octobre et à laquelle assistaient les généraux d'Aurelles, Martin des Pallières, Pourcet et Borel, M. de Freycinet et M. de Serres, avait adopté en principe le plan de la marche sur Paris par Orléans. Une seconde conférence eut lieu, le 26, au ministère de la guerre, sous la pré-

Besançon, le noyau d'une seconde armée dite armée de l'Est, qui a malheureusement, après la prise de Strasbourg, abandonné les positions des Vosges avec une précipitation affligeante[1], mais qui est en bonne voie de réorganisation depuis mon voyage à Besançon, et que l'on pourra porter à 80,000 dans trois semaines. L'Ouest vendéen est assez solidement gardé par un corps de 35,000 hommes, dont la droite est appuyée sur l'armée de la Loire. La région du Nord, couverte par de nombreuses places fortes, ne compte guère plus de 40,000 hommes dispersés dont le général Bourbaki a pris le commandement, qui lui a été donné après son refus du généralissimat. Enfin les dépôts sont presque partout encombrés par la formation des 4es bataillons de la mobile et l'appel de la dernière classe. Je ne fais pas entrer dans cette énumération des corps francs, qui font tant de mal aux Prussiens et qui sont si redoutés d'eux, et qui, avec le commandement de Garibaldi dans l'Est et de Kératry dans l'Ouest, constituent de sérieuses ressources. Telles sont les forces de ligne. Je ne compte pas les gardes nationales sédentaires et les corps mobilisés, dont l'emploi n'est encore que très partiel. Mais Paris tient ; il tiendra encore longtemps, je le sais. Si nous gagnons un mois, nous serons en plein hiver et avec une armée de plus. Les

sidence de M. Gambetta. L'armée devait quitter ses positions en avant de Blois, le 29 au matin. M. Gambetta calculait qu'elle arriverait à Orléans le 31 au soir ou le 1er novembre. Le 28, le mouvement fut contremandé à la suite de la nouvelle de la capitulation de Metz, annoncée au général d'Aurelles par M. Thiers.

1. Rapport du grand état-major prussien, 12e livraison, p. 301 et sq. de la traduction française. — « Le ministre Gambetta était venu à Besançon le 18, pour activer les préparatifs dans le Sud-Est de la France, pour relever le moral abattu des troupes du général Cambriels. Ce dernier avait formellement décliné l'injonction de marcher de nouveau vers les passes des Vosges ; mais il était bien résolu à tenir sur le Doubs, dans la forte position de Besançon, avec les troupes dont il disposait, et à mettre obstacle à de nouveaux progrès des Allemands. » (p. 320.)

armes, dont l'acquisition avait été si difficile et si lente, commencent à arriver en grande quantité. Le désarmement des escadres nous donne un sérieux contingent de marins et d'artilleurs, et tous les jours nous augmentons notre matériel d'artillerie. Bien que critique, notre situation ne peut que s'améliorer, si nous ne commettons pas d'imprudences. Donc il faut durer. Nos ennemis ont contre eux l'écoulement du temps, ce qui explique suffisamment leurs nouvelles dispositions à l'armistice.

Sur le second point, avec tout le respect que je dois à mes collègues et à M. Thiers lui-même, je persiste dans mon opinion, à savoir que les élections ne sont réclamées que par une minorité dans le pays. A cet égard, je vous dois la description exacte des partis. Toutes les villes, petites ou grandes, sont passionnément républicaines et guerrières ; les campagnes sont inertes ou alarmées, bien qu'on remarque que la crainte de l'envahisseur ait sensiblement diminué dans les villages : les plus petites communes ont cessé d'obéir aux réquisitions, jusqu'alors exécutées, de quelques uhlans. Les partis orléaniste et légitimiste, qui ne sont, à proprement parler, que des états-majors tout-remplis de candidats et d'adversaires de la suprématie si noblement justifiée de la capitale, réclament seuls, dans leurs journaux ou dans des discrets conciliabules, des élections générales. J'estime qu'ils les désirent surtout parce que Paris n'y peut prendre qu'une part insensible, et que toutes ces impatiences électorales seraient moins vives si Paris était ouvert. Ils colorent leurs réclamations de prétextes de désordre tirés de la situation de Marseille et de Lyon. Il est vrai que lorsque je suis arrivé, ces deux grands centres étaient en assez mauvaises relations avec le gouvernement central. Il s'était même formé des ligues de départements, dans le Sud et dans l'Est, jalouses de défendre avec la France ses institutions nouvelles, mais ayant des prétentions au pouvoir exécutif. Je suis heureux de vous apprendre qu'il a suffi d'un peu de fermeté et de franchise pour mettre fin à ces dissensions. Les ligues sont dissoutes : Lyon, qui se prépare à se défendre, offre le même spectacle que Paris à mon départ; Marseille a résisté un peu plus longtemps, mais aujourd'hui les autorités locales se sont soumises, ont rapporté leurs arrêtés illégaux, et tout est dans l'ordre; le reste du pays est parfaitement tranquille. Donc le prétexte tiré des troubles, inévitables à l'origine de tous les gouvernements, a disparu et ne saurait plus être invoqué que par les adversaires de la République. Mais il faut noter et retenir que le parti républicain, sauf deux ou trois individualités ultra-modérées, est unanime à regarder les élections comme une périlleuse diversion aux nécessités de la guerre.

Toutefois, il est juste de convenir que la constitution d'une Assemblée représentant librement et complètement la France, et siégeant à Paris, serait d'une véritable puissance sur l'opinion. C'est à ce point de vue seulement qu'il faut se placer pour juger la proposition d'armistice qui nous est faite. Si l'armistice, par sa durée et ses conditions, permet à la fois le ravitaillement de toutes les places assiégées et la convocation de tous les électeurs, l'opinion démocratique pourra y souscrire, sous la réserve formelle d'exclure de l'éligibilité à l'Assemblée tous les anciens ministres de Napoléon III, depuis la fondation de l'Empire, les sénateurs, les conseillers d'État et tous ceux qui ont été candidats officiels depuis 1852. Il faudrait une loi d'État qui déclarât nulle et de nul effet toute opération électorale portant sur un individu compris dans les catégories susindiquées. Une semblable disposition est à la fois commandée par la justice et par la politique. Il est juste, en effet, que tous les complices et tous les complaisants du régime

qui a perdu la France soient frappés momentanément
de la même déchéance que la dynastie dont ils ont
été les coupables instruments. C'est là une sanction
nécessaire de la révolution du 4 septembre. Il est
politique aussi, alors que nous avons, depuis deux
mois, tout sacrifié à l'intérêt suprême de la défense,
de ne pas livrer notre œuvre aux mains de nos plus
cruels ennemis et d'écarter de la première Assemblée
de la République tous ceux qui, par leur passé même,
sont intéressés à conspirer sa chute. J'ose affirmer
que, sans ce correctif, les élections générales seront
répudiées par le parti républicain, et je dois dire
que, pour mon compte, je serais dans l'impossibilité
de les admettre et d'y faire procéder.

J'ai exprimé toutes ces idées à M. Thiers, et il s'est
engagé à s'en faire loyalement le rapporteur.

Ce que vous connaissez maintenant me permet de
résumer brièvement les discussions qui ont eu lieu
dans le sein du conseil.

Trois questions ont été mises en délibération.

Première question : M. Thiers doit-il être autorisé
à rentrer à Paris? — Il y a eu sur ce point unanimité,
avec la réserve que M. Thiers ne passerait point par
le quartier général.

Deuxième question : Que penser de la proposition
d'armistice? — Nous avons été d'avis que M. Thiers
vous la transmît, en l'appuyant, à condition que l'armistice serait au moins de vingt-cinq jours, avec
ravitaillement. Notre intérêt est trop évident pour
insister.

Troisième question : Faut-il faire des élections? —
Vous verrez, par le procès-verbal que vous remettra
M. Thiers, que mes trois collègues ont été pour l'affirmative, tandis que je me suis prononcé pour la
négative. Mes raisons sont exposées plus haut, et
vous savez à présent à quelles conditions je considé-
rerais ces élections comme favorables.

Je dois ajouter ici qu'en me prononçant pour la négative je n'ai pas cessé un moment de penser à l'opinion de Paris, si unanime à mon départ, et que les événements accomplis depuis lors n'ont dû que fortifier. En résumé, je pense que l'intervention de l'Europe tient uniquement à l'admiration et aussi à la crainte qu'inspire Paris assiégé et résistant. Je crois la Prusse beaucoup plus lasse de la guerre que ne le prétendent les partisans de la paix. Je ne veux rien exagérer, je redoute les illusions, mais je suis convaincu que Paris, après avoir déjà sauvé l'honneur, peut sauver encore et à la fois la République et la France. Pour atteindre ce double but, loin d'affaiblir l'esprit de résistance, il faut l'exciter encore, n'accepter la trêve qu'on nous propose que si elle est avantageuse au point de vue militaire et ne s'en servir au point de vue politique que si on est résolu à faire des élections vraiment républicaines qui soient tout ensemble le châtiment des anciennes candidatures officielles et l'affirmation de la grandeur et de l'intégrité de la patrie.

Je vous prie de faire tous vos efforts pour arriver à me faire connaître l'opinion du Gouvernement sur la présente dépêche.

Léon Gambetta.

Lettre remise par M. Gambetta à M. Thiers à son départ de Paris.

Tours, le 25 octobre 1870.

Monsieur et ancien collègue,

J'ai l'honneur, sur votre demande, de vous donner copie de divers passages extraits d'une dépêche que j'ai adressée hier, 24 octobre, à mes collègues du gouvernement de la République, et relatifs à la proposition d'armistice faite simultanément à la Prusse et à la France par l'Angleterre et les puissances neutres [1] :

« .....Ce que vous connaissez maintenant me permet de résumer brièvement les discussions qui ont eu lieu dans le sein du conseil.

« Trois questions principales ont été mises en délibération.

« Première question : M. Thiers doit-il être autorisé à rentrer à Paris? — Il y a eu sur ce point unanimité, avec la réserve que M. Thiers ne passerait point par le quartier général [2].

« Deuxième question : Que penser de la proposition d'armistice? — Nous avons été d'avis que M. Thiers vous la transmît, en l'appuyant, à condition que l'armistice serait au moins de vingt-cinq jours, avec ravitaillement. Notre intérêt est trop évident pour insister.

« Troisième question : Faut-il faire des élections? — Vous verrez, par le procès-verbal que vous remettra M. Thiers, que mes trois collègues ont été pour l'affirmative, tandis que je me suis prononcé pour la négative. Mes raisons sont exposées plus haut... »

Et dans un dernier paragraphe, qui résume la dépêche entière, on lit :

« ...Il faut n'accepter la trêve qu'on nous propose que si elle est avantageuse au point de vue militaire... »

Présent à nos délibérations, vous pourrez redire à mes collègues qu'aux conditions ci-dessus rappelées, je trouve l'armistice proposé très avantageux au point de vue militaire seulement, et c'est pour cette raison

1. En date du 20 octobre 1870.
2. M. Thiers, accompagné de MM. Cochery et Paul de Rémusat, arriva le 30 octobre à Versailles : « Monsieur le comte, dit-il à M. de Bismarck, je ne puis vous dire qu'une chose, c'est que je ne puis pas vous parler. » (VALFREY, *Histoire de la diplomatie du gouvernement de la défense nationale*, 2ᵉ partie, p. 17. — SOREL, *Histoire diplomatique de la guerre franco-allemande*, t. II, p. 72.)

que je me suis joint à mes collègues de Tours pour
vous autoriser à en transmettre la proposition en
l'appuyant.

Veuillez agréer, etc.

LÉON GAMBETTA.

Procès-verbal de la première délibération
du 21 octobre 1871.

Après un récit complet de son voyage officiel, M. Thiers,
qui, dans sa narration, nous avait rendu compte d'une importante conversation entre lui et le prince Gortschakoff, a
mis sous nos yeux un projet de télégramme adopté par le
prince et lui, du consentement de l'empereur de Russie. Ce
télégramme est ainsi conçu :

« M. Thiers s'est montré modéré et a paru apprécier justement la situation. Un contact direct avec lui offrirait peut-
être la possibilité d'abréger une lutte dont vous, moi,
l'Europe, désirons la fin au même degré. Seriez-vous disposé, le cas échéant, à lui accorder un sauf-conduit pour
rentrer à Paris et pouvoir en sortir immédiatement, et faire
naître ainsi la chance de relations officieuses avec votre
quartier général ? »

M. Thiers nous a déclaré qu'il s'était mis d'accord avec le
prince Gortschakoff pour soumettre ce télégramme à la délégation de Tours, ne voulant en réclamer l'envoi que si
nous l'autorisions à se rendre auprès de nos collègues à
Paris. Dans ce dernier cas, a-t-il dit, une dépêche au chargé
d'affaires de France en Russie avertirait le prince, qui alors
expédierait au roi de Prusse ce télégramme de l'empereur
de Russie.

Après délibération, nous, membres du gouvernement de
la Défense nationale, réunis à l'amiral ministre de la guerre,
délégué de notre gouvernement, avons autorisé à l'unanimité M. Thiers à se rendre à Paris auprès de nos collègues,
sans passer par le quartier général prussien avant de s'être
rendu à l'Hôtel de ville.

Nous lui avons déclaré que nous croyons indispensable
cette entrevue entre lui et le gouvernemental central qui,

dans sa souveraineté, apprécierait et déciderait ce que comporte la situation.

Fait à Tours, le 21 octobre 1870, en conseil de la délégation du gouvernement de la Défense nationale.

Léon Gambetta, Al. Glais-Bizoin,
Ad. Crémieux, L. Fourichon.

Procès-verbal de la deuxième délibération du 21 octobre 1870.

La délégation du gouvernement de la Défense nationale, M. Thiers étant présent, a admis dans son sein M. de Chaudordy, représentant du ministre des affaires étrangères de la République, pour recevoir de lui une communication officielle.

M. de Chaudordy s'exprime en ces termes :

« Messieurs, lord Lyons, ambassadeur d'Angleterre, vient de me faire la communication suivante, au nom de son gouvernement.

« L'Angleterre offre de proposer à la France et à la Prusse, de son initiative, un armistice pendant lequel la France procéderait aux élections pour l'Assemblée nationale. »

Lord Lyons demande si le gouvernement français adhérerait à cette proposition.

Après avoir bien établi que rien ne peut laisser supposer que le gouvernement français ait jamais eu la pensée de suggérer une pareille proposition et qu'il y est demeuré complètement étranger, la discussion s'est élevée entre les trois membres du gouvernement et le délégué, ministre de la marine, sur le point de savoir si l'on peut admettre la proposition d'un armistice ayant pour objet l'élection d'une assemblée.

De cette délibération il est résulté que trois voix se sont prononcées pour l'affirmative, celles de MM. Crémieux, Glais-Bizoin, membres du gouvernement, et de M. le délégué Fourichon; M. Gambetta, s'inspirant des renseignements recueillis par lui, comme ministre de l'intérieur, depuis son arrivée à Tours, a persisté dans l'opinion négative qu'il avait emportée de Paris. En conséquence, il a été décidé que la délégation de Tours transmettrait au gouvernement de Paris la proposition d'un armistice faite par l'Angleterre en appuyant cette proposition ; car, dans la pensée de la délégation, il ne peut s'agir que d'un armistice d'une durée d'au moins vingt-cinq jours, avec ravitaillement de toutes nos places assiégées. M. Thiers a été chargé de cette transmission.

La proposition de l'Angleterre, à faire simultanément à la Prusse et à la France, est ainsi conçue :

« Un armistice sera consenti entre les deux puissances belligérantes, pendant lequel la France procédera aux élections de l'Assemblée. »

Fait à Tours, au conseil de la délégation du gouvernement de la Défense nationale, le 21 octobre 1870.

LÉON GAMBETTA, AL. GLAIS-BIZOIN,
AD. CRÉMIEUX, L. FOURICHON.

Gambetta à général Trochu, à Paris.

Tours, le 25 octobre 1870.

Ferons samedi et dimanche tentative en force sur Orléans[1]. Faites vous-même démonstration dans cette direction pour retenir l'ennemi et l'empêcher de venir renforcer le corps disséminé de Chartres à Jargeau, passant par Orléans.

LÉON GAMBETTA.

Gambetta à Jules Favre, à Paris.

Tours, le 30 octobre 1870.

Metz a capitulé le 27 octobre. Depuis longtemps Bazaine intriguait, témoin les missions du général Boyer à Versailles, auprès de Bismarck et, en Angleterre, auprès de l'impératrice. Bazaine a fini par

---

1. Cf. FREYCINET, *loc. cit.*, p. 82.

trahir. Il a tout livré. Sa capitulation est aussi honteuse que celle de Sedan, et les conséquences en
sont plus terribles. Toute l'armée est prisonnière de
guerre : tout le matériel est abandonné. Cette catastrophe effroyable a produit en France un sentiment
unanime de rage, d'exaspération, mais aussi de résolution et d'énergie. Le pays veut se venger à tout prix.
Il se sent aujourd'hui délivré des traîtres; il veut aller
en avant. Je crois la situation difficile à tenir si l'on ne
donne pas satisfaction à cette fièvre de patriotisme.

Notre patrie est en ce moment sublime de douleur
et de courage.

Le rapport que vous allez lire a été écrit par un
jeune officier, attaché à l'état-major général, qui a
tout vu, tout retenu depuis le siège [1]. Il a réussi
à sortir de Metz le 23 octobre, porteur d'une dépêche
chiffrée de Bazaine, que nous n'avons pu lire et qui
nous annonçait sans doute son infâme résolution.
Nous vous envoyons ce rapport pour que vous en
sachiez autant que nous sur cette douloureuse affaire.

LÉON GAMBETTA.

Gambetta à Jules Favre, à Paris.

Tours, le 31 octobre 1870.

Nous vous avons annoncé la trahison de Bazaine et
la capitulation de Metz. La confirmation de ses intrigues nous est arrivée depuis, dans leurs détails, par
les soins de MM. Tachard et Tissot, qui les tiennent
de la bouche même du général Boyer. L'explosion de
rage et de vengeance qu'a provoquée cet attentat crée
véritablement une nouvelle situation politique, tant au

---

1. Voir au *Moniteur universel* du 4 novembre (édition de Tours),
le rapport adressé par M. E. DE VALCOURT au Gouvernement de la
défense nationale.

point de vue intérieur qu'à celui des affaires extérieures. Le parti de la guerre à outrance a décidément
pris le dessus et se manifeste sous un double aspect;
d'une part, défiance et colère contre les anciens généraux de l'Empire qui presque partout sont l'objet de
démonstrations hostiles, principalement dans le Midi
et dans l'Est; d'autre part, un immense besoin de
concentration du pouvoir et de mesures de la dernière
énergie. A la suite d'un pareil crime, la population se
croit enveloppée dans le réseau d'une vaste conspiration bonapartiste, et, sous le coup de ces préoccupations
exagérées, mais naturelles et respectables, elle réclame du gouvernement une vigilance et des actes
sévères, sans quoi elle se porterait elle-même à des
violences sur les personnes, qu'il vaut mieux savoir
prévenir qu'avoir à réprimer. En conséquence, j'ai
engagé certaines individualités trop compromises sous
l'Empire à vider le territoire, et je dois dire que jusqu'à
présent elles n'ont fait aucune difficulté. Mais il ne
faut pas se dissimuler que tout l'ancien personnel
bonapartiste, soit dans les finances, soit dans l'instruction publique, soit même dans les consulats, est
encore debout, et que leur maintien dans les fonctions
qu'ils occupaient sous l'Empire excite partout les plus
violentes et les plus légitimes réclamations. Il va
devenir urgent de révoquer les plus compromis. La
survivance des conseils généraux, remplis des créatures de la candidature officielle, paraît inexplicable
à la majorité des bons esprits. On s'explique difficilement que la dissolution de ces assemblées départementales, produits de la pression administrative et
foyers de réaction napoléonienne, n'ait pas suivi la
dissolution même du Corps législatif. C'est évidemment là une de ces mesures qu'on ne peut plus longtemps retarder, sous peine de faiblesse dans l'exercice
du pouvoir. Il est d'ailleurs nécessaire de ramener les
choses à l'uniformité; sur beaucoup de points, il leur

a été impossible de se réunir, et des arrêtés de dissolution ont dû être prononcés dans certaines localités.
Au surplus, l'ensemble de la situation politique et
militaire du pays exige que le système de tolérance,
qui a été trop complaisamment suivi au lendemain
de la chute du gouvernement impérial, fasse place à
une méthode plus énergique, de nature à déconcerter
les menées des partisans du régime déchu, remis de
leur première alerte, et à accentuer plus nettement
pour les populations le changement accompli par la
révolution du 4 septembre, non seulement au point
de vue des principes, mais au point de vue du personnel chargé de les faire prévaloir. Je note en passant
que les modifications que vous déciderez vous-mêmes
à Paris, si elles sont inspirées par ces vues, seront
certainement aussi favorablement accueillies dans les
départements qu'à Paris même, et qu'il résultera de
cette coïncidence, en même temps qu'une nouvelle
preuve de l'unité du pouvoir, une confirmation et une
consécration des institutions républicaines.

. Observez que l'effet de ces mesures sera de soutenir le courage de tous les citoyens que l'exemple de
Paris électrise tous les jours davantage, et que les
derniers événements n'ont fait qu'exalter. De tout
ceci vous pouvez induire que l'esprit de paix et les
propositions d'armistice ont singulièrement perdu du
terrain, et si M. Thiers était encore parmi nous, il
pourrait s'assurer lui-même que nous touchons à la
guerre du désespoir.

Pour entreprendre cette guerre sublime et la soutenir jusqu'au bout, la France, toujours entraînée
malheureusement vers la dictature, réclame une concentration du pouvoir de jour en jour plus extrême :
on va jusqu'à nous offrir des plans de plébiscite sur la
paix, sur la guerre, sur la constitution de comités de
salut public, sur la création d'une magistrature exceptionnelle et temporaire dont le titulaire aurait la charge,

comme aussi la responsabilité, de sauver le pays. Il va
sans dire que je refuse de me prêter à rien de semblable; mais tout cela vous peint l'état des esprits et
me commande une conduite exclusive de toute défaillance et de toute demi-mesure. Je tiens à conserver à
Paris et à vous, qui pouvez constamment vous inspirer des légitimes aspirations de Paris, la suprématie et
le commandement. Je vous prie instamment de me
faire connaître par le prochain ballon vos opinions,
vos avis : vous me laissez en vérité sans communications, et cependant j'aurais pu, depuis trois semaines,
recevoir presque tous les jours des nouvelles et des
informations précises. Vous nous expédiez par ballon
des émissaires qui arrivent toujours les mains vides :
il faut que cela cesse et que vous ne laissiez partir
aucun aéronaute sans lui faire une loi de nous remettre vos dépêches.

Vous n'ignorez pas quels sont nos trois grands embarras : l'argent, les armes, les généraux. Le premier
va être en partie levé par un emprunt qui, malgré la
cruauté des temps, a réussi au delà de toute espérance. Son succès en France même, avec Paris bloqué et vingt-trois départements envahis, prouve l'autorité de la République et la confiance qu'elle inspire.
Le manque d'armes excite toujours nos plus vives inquiétudes, il a été acheté neuf cent cinquante mille
fusils, mais les livraisons sont difficiles, et la concurrence au dehors est très active par les soins combinés
des agents de la Prusse et de la famille Bonaparte,
qui achètent tout ce qu'ils peuvent nous enlever. Ajoutez le mauvais vouloir de certaines puissances qui
allèguent leur neutralité pour empêcher la sortie des
armes de guerre. La médiocrité et l'insuffisance des
officiers est loin d'être réparée, et, malgré tous nos
efforts nous sommes encore bien pauvres sous cet important rapport : cependant nous allons avoir deux
cent mille Prussiens de plus sur les bras.

Les Prussiens continuent leurs opérations sur le centre de la France. Dijon a succombé à la suite d'une incroyable panique, dont la responsabilité pèse tout entière sur le comité de défense civile [1]. Une instruction a lieu. La ville désarmée n'en a pas moins tenu pendant sept jours; elle a été bombardée, incendiée dans ses faubourgs [2]. Le commandant militaire, général Fauconnet, s'est fait tuer bravement à l'entrée de la ville [3]. Lyon sera bientôt en état complet de défense; l'esprit de résistance y est admirable; la seconde capitale de la France sera digne de la première.

En résumé, jamais la situation de la France ne fut plus grave, et jamais aussi la résolution de lutter à outrance ne fut plus manifeste. Toutefois, je dois vous rappeler les conclusions de ma dernière dépêche et vous dire que les résolutions que vous prendrez à l'Hôtel de Ville seront acceptées et exécutées, sauf les réserves morales que j'ai pris la liberté de vous soumettre.

LÉON GAMBETTA.

Gambetta à Jules Favre, à Paris.

Tours, le 3 novembre 1870.

Nous avons reçu hier dans la nuit, par le ballon de M. Cezanne [4], la nouvelle de la journée du 31 octobre et du plébiscite singulier auquel vous vous êtes laissé

---

1. Dijon avait été occupé le 31 octobre par deux brigades (1re et 3e brigades badoises), sous le commandement du lieutenant général de Beyer, à la suite d'un brillant combat.

2. « L'artillerie canonne la ville jusqu'à la nuit close. » (*Rapport du grand état-major*, 12e livraison, p. 307.)

3. Le commandant militaire de Dijon était colonel, et non général, comme l'écrit ici M. Gambetta. « Les pertes de la journée montaient, pour les Allemands, à 250 hommes environ; pour les Français à 200 tués et plus de 100 prisonniers. » (*Rapport*, p. 328.)

4. Le *Fulton*, parti le 2 novembre de Paris et atterri le même jour à La Prunellière, près d'Angers.

acculer[1]. Ces événements et les conséquences politiques qui en découlent m'obligent à vous rappeler mes dépêches antérieures, notamment celle du 24 octobre[2], dans laquelle je vous exposais non seulement mes vues sur l'état des esprits en province, mais aussi mes résolutions tant à propos de l'armistice que des élections générales. Vous avez reçu toutes mes dépêches, ainsi qu'il résulte d'un tableau mentionnant à leur date l'arrivée de tous les pigeons messagers et dressé par l'administration des télégraphes. Je réclamais formellement l'opinion du Gouvernement sur les diverses propositions que j'avais annoncées, il ne m'a été fait, dans trois dépêches successives, que des observations évasives. Je viens aujourd'hui vous confirmer la teneur de ces dépêches, et je vous prie de prendre acte d'une détermination inflexible.

Vous avez annoncé l'armistice comme ayant pour but de constituer une assemblée; vous savez que je n'ai appuyé la proposition d'armistice que rigoureusement et exclusivement limitée au point de vue militaire. Je persiste plus que jamais à considérer les élections générales comme funestes à la République, et, puisque vous n'admettez pas le correctif de l'inéligibilité portant sur toutes les catégories de personnes visées dans ma dépêche, je continue à vous dire que je me refuse à les accepter et à y faire procéder. En conséquence, veuillez recevoir ma démission de ministre pour le cas où l'armistice serait accepté et où des élections générales auraient lieu. Vous pouvez, dès à présent, disposer des portefeuilles. Je n'entraverai pas votre action, je me retirerai purement et simplement.

1. Ordre du jour du général Trochu à la garde nationale, en date du 1er novembre et proclamation du Gouvernement à la population de Paris, en date du 2 novembre.
2. Dépêche reçue à Paris le 26 octobre.

Je ne doute pas que le scrutin auquel procède Paris à l'heure où je vous écris ne nous donne une grande majorité, mais je ne peux accepter la déclaration par laquelle vous dite que « l'acclamation populaire du 4 septembre ne suffit plus ». Vous enlevez ainsi à la révolution du 4 septembre sa force et sa sanction.

En même temps, vous donnez raison, par cette faiblesse, à tous nos adversaires des départements qui nient et la légalité du gouvernement de Paris, et l'autorité de la délégation de Tours. On comprend, en effet, partout que le seul fait de vous mettre aux voix dans l'intérieur de Paris, sans consulter le reste de la France, frappe de nullité la représentation du gouvernement en province auquel de tous côtés on va demander le même baptême. Je ne me résignerai jamais à de pareilles pressions dont le plus terrible effet peut être d'amener la guerre civile sous le canon même des Prussiens. Il est impossible de mesurer dans tous les sens l'étendue de la faute commise ; c'est la dissolution du pouvoir, l'écrasement du parti républicain, la paralysie des efforts militaires. Vous nous livrez, à proprement parler, aux entreprises armées des Prussiens, qui ne rencontreront, dans nos troupes, travaillées et décontenancées par vos tâtonnements pacifiques et électoraux, qu'une insuffisante résistance, tous ces gens-là se disant : A quoi bon se battre, on va traiter?

Je ne peux m'associer à une pareille politique qui, comme je l'ai déjà dit, livre notre œuvre du 4 septembre aux mains de nos plus cruels ennemis, anéantit d'un seul coup tous mes efforts accomplis depuis trois semaines, arrête brusquement et pour toujours l'élan national et allume la guerre civile. Je vous laisse la responsabilité tout entière de ces effroyables conséquences d'une politique dont j'ai vainement essayé de vous détourner.

Vous auriez pu cependant m'accorder quelque crédit, car, placé au milieu du mouvement, j'ai pu mieux que personne apprécier les dangers et les abîmes vers lesquels vous roulez, sous la suggestion de conseillers moins désintéressés que moi-même. Vous avez eu en mains la proclamation que j'adressais à la France au lendemain de la trahison de Bazaine. J'avais la conviction d'exprimer le fond même de la conscience française et de traduire les sentiments de douleur et de résolution patriotique qui s'échappaient de l'âme déchirée de notre patrie. De toutes parts ce langage avait été reconnu et acclamé comme l'expression fidèle de l'opinion publique.

Cette honteuse capitulation, par une sorte de retour merveilleux de la fibre nationale, devenait le point de départ d'un immense mouvement de résistance à outrance. Je pourrais vous en fournir la preuve, et le *Moniteur* contient de nombreux documents qui l'établissent sans réplique. C'est cet enthousiasme que vous venez d'éteindre.

Avant de clore cette dépêche, je dois vous signaler quelques faits importants. Le général Bourbaki a été l'objet de suspicions violentes qui ont dégénéré en scènes publiques contre lesquelles les efforts les plus énergiques des autorités civiles sont impuissants à le protéger. De pareils faits pourraient bien amener sa démission. Des scènes analogues se sont produites à Toulouse, à Grenoble, à Marseille, contre les généraux plus ou moins compromis sous l'Empire. A Marseille, l'exaspération est montée à son comble. Une minorité factieuse ayant pour chef Cluseret, rappelé par Esquiros, s'est substituée aux pouvoirs réguliers. J'ai relevé Esquiros de ses fonctions pour avoir pris les mesures les plus condamnables et obéi aux agitateurs. J'ai envoyé Alphonse Gent comme préfet pour rétablir l'ordre. Après un accueil enthousiaste, il a été l'objet d'une tentative d'assassinat, mais sa vie est hors de danger, et j'envoie des troupes pour assurer son autorité. Les éléments d'effervescence sont fort nombreux dans tout le Midi, et il est à craindre que vos élections y soient bien difficiles, pour ne pas dire impossibles. Lyon ne songe qu'à sa défense et le préfet y jouit d'une autorité incontestée qui lui a permis de faire rapporter certains arrêtés extrêmes de la municipalité. La résolution des Lyonnais de se défendre est telle que je doute fort qu'ils acceptent l'armistice : on peut en dire autant de presque toutes les grandes villes, sans en excepter Bordeaux[1]. J'ai d'ailleurs, dès hier soir, donné par le télégraphe connaissance de vos décrets à toute la France, et j'ai fait reproduire aujourd'hui par le *Moniteur* le texte complet du numéro du *Journal officiel* du 2 novembre. Ma prochaine dépêche vous fera connaître l'impression produite.

Je vous prie, en terminant, de m'accuser réception de la présente dépêche.

Léon Gambetta.

Gambetta à Jules Favre, à Paris.

Tours, le 6 novembre 1870.

J'ai en mains votre lettre du 3 novembre, 4 heures du soir. Elle marque de plus en plus le dissentiment qui s'établit entre nous, et dont je veux, pour la dernière fois, préciser le caractère et les conséquences. Vous paraissez tous résolus à faire des élections si l'armistice est conclu. Vous connaissez les motifs qui m'empêchent de m'associer à une pareille politique. A toutes les considérations que j'ai fait valoir pour la repousser, vous n'avez rien objecté qui soit de nature

---

1. Voir, chap. VII, les dépêches adressées aux préfets des Bouches-du-Rhône, du Rhône et de la Gironde.

à modifier mon opinion. D'autre part, vous me reprochez d'avoir, de concert avec mes collègues, pris certaines mesures pour lesquelles vous niez notre compétence. Je vous ferai observer que l'organisation de la défense, l'achat des armes, des approvisionnements, l'équipement et la solde des hommes ne pouvaient se faire sans argent; et comme le ministre des finances n'avait, en aucune manière, prévu ni préparé les voies et moyens, il a fallu trouver de l'argent pour faire la guerre. Vous pouvez décliner cette responsabilité de l'emprunt : nous l'assumons tout entière devant le pays, et la France nous a d'ailleurs approuvés par la manière dont elle s'est associée à l'emprunt en y souscrivant. Il en est de même pour tout le reste de nos mesures politiques ou administratives. Nous sommes sûrs qu'au jour de la reddition des comptes, justice nous sera rendue. Nous ne sommes qu'une délégation, mais nous avons à gouverner.

Je n'ai pu découvrir, dans les diverses proclamations qui ont précédé ou suivi votre plébiscite, non plus que dans vos lettres, ce que Paris pense de l'armistice. Cette question est cependant capitale. Je vous prie de m'en dire sans retard votre opinion. En revanche, j'ai bien vu que la formule de résistance, le programme politique du gouvernement étaient démembrés. Est-ce oubli? Est-ce erreur? Est-ce de propos délibéré? On ne dit plus comme autrefois, et comme je continue à le dire inflexiblement : « Pas une pierre de nos forteresses. » Est-ce que les négociations entamées et suivies par M. Thiers auraient déjà déterminé ce sacrifice? Pourquoi ne nous en rien dire? Nous ne sommes qu'une délégation, mais nous avons à diriger la France, à l'éclairer, à répondre à ses questions.

Pour ce qui est de l'armistice en lui-même, vous savez ce que j'en ai toujours pensé. Je m'y tiens. Et cependant, le mouvement de l'opinion est tellement prononcé, même dans l'armée, qui n'y voit qu'une ruse de M. de Bismarck pour se donner le temps d'amener les 200 000 hommes de Metz sur la Loire, que je puis affirmer que la déclaration d'armistice rencontrera, sur tous les points, de vives résistances, et il ne serait pas sans danger de traîner le public plus longtemps en longueur ; la défense s'en trouve considérablement affaiblie dans ses moyens prat. ues.

Seules, les coteries légitimistes et orléanistes se réjouissent du départ de M. Thiers, qui doit amener l'armistice et plus tard des élections. Dans ce monde, on paraît avoir reçu des nouvelles de Paris, reproduites par leurs journaux, et dans lesquelles on annonce que l'on va procéder à des élections, sous la direction de M. Barthélemy Saint-Hilaire. J'ignore ce qu'il y a de fondé dans ces rumeurs, mais j'éprouve le besoin de vous rappeler que vous pouvez disposer des portefeuilles, et qu'à la première nouvelle de l'armistice signé, vous aurez à pourvoir au remplacement du ministre de la guerre et de l'intérieur.

C'est avec tristesse qu'en terminant cette dépêche, j'en suis réduit, faute de renseignements, à vous demander pourquoi le nom de notre collègue Rochefort ne se rencontre plus avec les vôtres au bas des actes du Gouvernement[1].

Vous vous plaignez de mon silence : je ne peux guère parvenir à m'expliquer vos plaintes, ayant la preuve émanée de Paris que toutes mes dépêches vous sont parvenues. Vous dites que vous ne les avez pas reçues. Quelqu'un les supprimerait-il? Cette suppression serait bien coupable, car je vous ai fidèlement tenu au courant des faits et des impressions du

1. « Notre collègue, M. de Rochefort, n'avait pas paru dans la journée du 31 octobre. Le lendemain matin, il assistait à la délibération qui eut lieu aux affaires étrangères, puis il cessa de venir à nos séances, et quelques jours après, il envoyait sa démission. » (Jules FAVRE, *Gouvernement de la défense nationale*, t. II, p. 12.)

pays. Je les ai traduits dans des proclamations que je vous ai envoyées et dont je ne trouve ni trace ni mention au *Journal officiel*, notamment en ce qui touche Bazaine, dont la trahison avérée est partout flétrie en Europe et chaque jour mieux établie par les déclarations orales ou écrites, toutes semblables, des officiers échappés au désastre de Metz[1]. Je dégage donc ma responsabilité de la politique qui triomphe. Cela m'est facile, ayant été tenu à l'écart comme je l'ai été depuis les dernières semaines.

LÉON GAMBETTA.

Gambetta à Jules Favre, à Paris.

Tours, le 7 novembre 1870.

J'apprends le rejet de l'armistice à l'unanimité[2]. Vous pouvez être sûr que la France entière vous approuvera et vous suivra jusqu'au bout. Quant à moi, qui ai toujours pensé que l'armistice, s'il n'était pas avantageux au point de vue militaire, serait une faute grave, je suis heureux que les Prussiens se soient pour la seconde fois donné tort aux yeux de l'Europe; et, aujourd'hui que la guerre doit être notre unique passion, approuvez-vous que nous posions à la France entière, dans les quarante-huit heures, la question que vous avez posée à Paris? J'ose affirmer encore une fois qu'elle serait résolue avec le même ensemble. Nous voilà de nouveau d'accord, je reste.

LÉON GAMBETTA.

Le lendemain du jour où M. Gambetta envoyait cette dépêche à M. Jules Favre, celui-ci adressait la circulaire sui-

1. Cf. Jules FAVRE, *loc. cit.* t. II, p. 97.
2. Par la note du 6 novembre, signée Jules Favre et remise par M. Thiers au comte de Bismarck.

vante aux agents diplomatiques du Gouvernement de la République française.

Paris, le 8 novembre 1870.

Monsieur,

La Prusse vient de rejeter l'armistice proposé par les quatre grandes puissances neutres, l'Angleterre, la Russie, l'Autriche et l'Italie, ayant pour objet la convocation d'une assemblée nationale. Elle a ainsi prouvé, une fois de plus, qu'elle continuait la guerre dans un but étroitement personnel, sans se préoccuper du véritable intérêt de ses sujets et surtout de celui des Allemands qu'elle entraîne à sa suite. Elle prétend, il est vrai, y être contrainte par notre refus de lui céder deux de nos provinces. Mais ces provinces que nous ne voulons ni ne pouvons lui abandonner, et dont les habitants la repoussent énergiquement, elle les occupe, et ce n'est pas pour les conquérir qu'elle ravage nos campagnes, chasse devant ses armées nos familles ruinées, et tient, depuis près de cinquante jours, Paris enfermé sous le feu des batteries derrières lesquelle elles se retranche. Non : elle veut nous détruire pour satisfaire l'ambition des hommes qui la gouvernent. Le sacrifice de la nation française est utile à la conservation de leur puissance. Ils le consomment froidement, s'étonnant que nous ne soyons pas leurs complices en nous abandonnant aux défaillances que leur diplomatie nous conseille.

Engagée dans cette voie, la Prusse ferme l'oreille à l'opinion du monde. Sachant qu'elle froisse tous les sentiments justes, qu'elle alarme tous les intérêts conservateurs, elle se fait un système de l'isolement, et se dérobe ainsi à la condamnation que l'Europe, si elle était admise à discuter sa conduite, ne manquerait pas de lui infliger. Cependant, malgré ses refus, quatre grandes puissances neutres sont intervenues et lui ont proposé une suspension d'armes dans le but défini de permettre à la France de se consulter elle-même en réunissant une assemblée. Quoi de plus rationnel, de plus équitable, de plus nécessaire ? C'est sous l'effort de la Prusse que le gouvernement impérial s'est abîmé. Le lendemain, les hommes que la nécessité a investis du pouvoir lui ont proposé la paix, et, pour en régler les con-

ditions, réclamé une trêve indispensable à la constitution
d'une représentation nationale.

La Prusse a repoussé l'idée d'une trêve en la subordon-
nant à des exigences inacceptables, et ses armées ont entouré Paris. On leur avait dit la soumission facile. Le siège
dure depuis cinquante jours, la population ne faiblit pas.
La sédition promise s'est fait attendre longtemps, elle est
venue à une heure propice au négociateur prussien qui l'a
annoncée au nôtre comme un auxiliaire prévu; mais, en
éclatant, elle a permis au peuple de Paris de légitimer par un
vote imposant le gouvernement de la Défense nationale qui
acquiert par là aux yeux de l'Europe la consécration du droit.

Il lui appartenait donc de conférer sur la proposition
d'armistice des quatre puissances ; il pouvait, sans témérité,
en espérer le succès. Désireux avant tout de s'effacer devant
les mandataires du pays et d'arriver par eux à une paix honorable, il a accepté la négociation et l'a engagée dans les
termes ordinaires du droit des gens.

L'armistice devait comporter:

L'élection des députés sur tout le territoire de la République, même celui envahi ;

Une durée de vingt-cinq jours ;

Le ravitaillement proportionnel à cette durée.

La Prusse n'a pas contesté les deux premières conditions.
Cependant elle a fait à propos du vote de l'Alsace et de la
Lorraine quelques réserves que nous mentionnons sans les
examiner davantage, parce que son refus absolu d'admettre
le ravitaillement a rendu toute discussion inutile.

En effet, le ravitaillement est la conséquence forcée d'une
suspension d'armes s'appliquant à une ville investie. Les
vivres y sont un élément de défense. Les lui enlever sans
compensation, c'est lui créer une inégalité contraire à la
justice. La Prusse oserait-elle nous demander d'abattre
chaque jour, par son canon, un pan de nos murailles sans
nous permettre de lui résister? Elle nous mettrait dans une
situation plus mauvaise encore en nous obligeant à consom-
mer un mois sans nous battre, alors que, vivant sur notre
sol, elle attendrait, pour reprendre la guerre, que nous
fussions harcelés par la famine. L'armistice sans ravitaillement ce serait la capitulation à terme fixe sans honneur et
sans espoir.

En refusant le ravitaillement, la Prusse refuse donc l'armistice. Et cette fois ce n'est pas l'armée seulement, c'est la nation française qu'elle prétend anéantir en réduisant Paris aux horreurs de la faim. Il s'agit, en effet, de savoir si la France pourra réunir ses députés pour délibérer sur la paix. L'Europe demande cette réunion. La Prusse la repousse en la soumettant à une condition inique et contraire au droit commun. Et cependant, s'il faut en croire un document publié sans être démenti et qui émanerait de sa chancellerie, elle ose accuser le gouvernement de la Défense nationale de livrer Paris à une famine certaine! Elle se plaint d'être forcée par lui de nous investir et de nous affamer!

L'Europe jugera ce que valent de telles imputations. Elles sont le dernier trait de cette politique qui débute par engager la parole du souverain en faveur de la nation française et se termine par le rejet systématique de toutes les combinaisons pouvant permettre à la France d'exprimer sa volonté! Nous ignorons ce qu'en penseront les quatre grandes puissances neutres, dont les propositions sont écartées avec tant de hauteur : peut-être devineront-elles enfin ce que leur réserverait la Prusse, devenue, par la victoire, maîtresse d'accomplir tous ses desseins.

Quant à nous, nous obéissons à un devoir impérieux et simple en persistant à maintenir leur proposition d'armistice comme le seul moyen de faire résoudre par une assemblée les questions redoutables que les crimes du gouvernement impérial ont permis à l'ennemi de nous poser. La Prusse, qui sent l'odieux de son refus, le dissimule sous un déguisement qui ne peut tromper personne. Elle nous demande un mois de nos vivres, c'est nous demander nos armes. Nous les tenons d'une main résolue et nous ne les déposerons pas sans combattre. Nous avons fait tout ce que peuvent des hommes d'honneur pour arrêter la lutte. On nous ferme l'issue ; nous n'avons plus à prendre conseil que de notre courage, en renvoyant la responsabilité du sang versé à ceux qui, systématiquement, repoussent toute transaction.

C'est à leur ambition personnelle que peuvent être immolés encore des milliers d'hommes : et quand l'Europe émue veut arrêter les combattants sur la frontière de ce champ de carnage pour y appeler les représentants de la

nation et essayer la paix, oui, disent-ils, mais à la condition que cette population qui souffre, ces femmes, ces enfants, ces vieillards qui sont les victimes innocentes de la
guerre ne recevront aucun secours, afin que, la trêve ex-
pirée, il ne soit plus possible à leurs défenseurs de nous
combattre sans les faire mourir de faim».

Voilà ce que les chefs prussiens ne craignent pas de répondre à la proposition des quatre puissances. Nous prenons à témoin contre eux le droit et la justice, et nous
sommes convaincus que si, comme les nôtres, leur nation
et leur armée pouvaient voter, elles condamneraient cette
politique inhumaine.

Qu'au moins il soit bien établi que jusqu'à la dernière
heure, préoccupé des immenses et précieux intérêts qui
lui sont confiés, le gouvernement de la Défense nationale
a tout fait pour rendre possible une paix qui soit digne.

On lui refuse les moyens de consulter la France. Il interroge Paris, et Paris tout entier se lève en armes pour montrer au pays et au monde ce que peut un grand peuple
quand il défend son honneur, son foyer et l'indépendance
de la patrie.

Vous n'aurez pas de peine, Monsieur, à faire comprendre
des vérités si simples et à en faire le point de départ des
observations que vous aurez à présenter lorsque l'occasion
vous en sera fournie.

Agréez, etc.

Le ministre des affaires étrangères,
JULES FAVRE.

Gambetta à Jules Favre, à Paris.

Tours, le 8 novembre 1870.

C'est d'accord avec tous mes collègues que je vous
demande votre avis sur un plébiscite, que nous tenons
pour indispensable après la manifestation de Paris[1].

1. Le plébiscite parisien du 3 novembre à la suite de l'insurrection du 31 octobre. Ce plébiscite avait confirmé les pouvoirs
du gouvernement de la Défense nationale par 559,996 votes affir-
matifs sur 620,631 suffrages exprimés.

Il faut nous répondre sans perdre une minute : nous attendons avec anxiété [1].

LÉON GAMBETTA.

Gambetta à général Trochu, à Paris.

Tours, ce mardi 8 novembre 1870.

Général Trochu,

Faites de vigoureuses démonstrations vers la route d'Orléans, jeudi et jours suivants. Nous serons fortement engagés à partir de jeudi dans cette direction [2].

LÉON GAMBETTA.

Gambetta à Jules Favre, à Paris.

Tours, le 9 novembre 1870.

Messieurs et chers collègues,

Nous avons lu avec un profond sentiment de tristesse, causé par l'injustice qui y éclate à chaque ligne, le mémoire du 6 novembre apporté par M. Thiers, de la part du gouvernement de Paris, à la délégation de Tours [3]. Il est difficile de se montrer à la fois plus ingrat et plus ignorant de la vérité des cho-

1. L'idée d'un plébiscite dans les départements fut abandonnée dès le lendemain.

2. « La journée du 8 fut marquée par quelques engagements assez vifs, favorables du reste à nos armes. » Tout semblait marcher à souhait, lorsque de nouveau l'entreprise fut remise en question. Une dépêche du général d'Aurelles, reçue dans la nuit, faisait ressortir les dangers d'une marche en avant. Au point où en étaient les choses, les motifs du général ne parurent pas suffisants pour abandonner l'entreprise une seconde fois. » (FREYCINET, loc. cit., p. 91.) — M. Thiers avait passé, le 7 novembre, au quartier général.

3. THIERS, déposition devant la commission d'enquête, dans le tome XV de ses Discours, p. 564.

ses ; et, pour mettre en évidence cette ingratitude et cette ignorance, nous allons répondre point pour point à chacune de vos allégations, je devrais dire à chacune de vos accusations.

I. — Vous nous reprochez de ne pas nous mettre en communication avec vous et de vous cacher nos résolutions. Sans relever ce qu'il y a de blessant dans la forme de cette imputation, il nous est facile de prouver que c'est là une assertion dénuée de tout fondement. En effet, depuis un mois, il vous a été renvoyé tous les pigeons que vous nous aviez expédiés, chaque fois chargés de nos dépêches. Tous les jours, deux émissaires munis de la collection de nos dépêches ont été envoyés pour passer à travers les lignes prussiennes, et les dépêches contenaient minutieusement la nomenclature de nos faits et gestes. Nous ne pouvons en dire autant de vous-mêmes, dont les ballons ne nous apportent jamais que quelques rares exemplaires du *Journal officiel*. Sauf quelques lettres évasives, nous en sommes encore à attendre une dépêche politique. Nous continuerons, malgré vos reproches, à remplir scrupuleusement nos devoirs, convaincus d'ailleurs que nous n'avons rien négligé pour rester en communication avec vous.

II. — Vous nous accusez de nous être érigés en pouvoir indépendant, légiférant sur des points étrangers à la défense nationale. Rien n'est plus inexact. Toutes les mesures que nous avons prises par voie de décret ou autrement étaient commandées par les nécessités de cette défense. La seule mesure législative, importante d'ailleurs, qu'on ait prise. relative à l'Algérie, ne l'a été que pour assurer le maintien de l'ordre dans la colonie, et modelée du reste sur les règles tracées par vous-mêmes. Du moment où l'on faisait appel aux ressources militaires de l'Algérie, il importait de donner à l'élément civil des satisfactions légitimes et depuis trop longtemps différées. Grâce à cette innovation, de grands désordres ont pu être prévenus ou dissipés. L'avenir, au surplus, vous édifiera pleinement à ce sujet. Le gouverneur général civil que nous avons choisi est M. Henri Didier[1], et, en attendant son arrivée, c'est le général Lallemand qui est à la tête de la colonie.

III. — Vous blâmez, dans des termes inacceptables et qui, s'ils étaient connus, compromettraient le crédit même de la France, l'emprunt auquel l'imprévoyance de votre ministre des finances[2] nous a réduits[3], et sans la souscription duquel cependant il eût été impossible de soutenir et de continuer la guerre. Une note officielle vous fera connaître l'énormité de cette accusation.

IV. — Vous nous adressez en outre, au sujet de nos forces militaires, de leur état et de leur emploi, des reproches dont il est facile de faire justice, sans cependant pouvoir en excuser l'acrimonieuse légèreté. Vous commencez par dire que « les armes et les hommes ne manquent pas », en dépit de mes dépêches antérieures au 26 octobre et que vous avez reçues, dans lesquelles je vous dis que les hommes ne manquent pas, en effet, mais que les cadres manquent et que ceux que l'on improvise sont insuffisants. Quant aux armes, j'ai dit et je répète que, malgré les efforts les plus multipliés, les plus opiniâtres, la difficulté de leur acquisition et de leur expédition est le sujet de nos plus

---

1. M. Henri Didier avait été successivement juge-adjoint à Alger (1844), procureur du roi à Philippeville et à Blidah (1846), substitut du procureur général à Alger (1847), représentant du peuple à l'Assemblée nationale et à l'Assemblée législative pour le département d'Alger (1848), avocat à la Cour d'appel de Paris (1851). Il avait été nommé le 5 septembre procureur de la République à Alger. Il refusa le titre de gouverneur général civil.

2. M. Ernest Picard.

3. L'emprunt conclu à Londres, le 24 octobre, par M. Clément Laurier. Cet emprunt de 250 millions à 6 0/0, remboursable en 34 ans, avait été négocié par l'intermédiaire des banquiers Morgan.

cruelles angoisses. Depuis une semaine elles arrivent, mais en nombre fort au-dessous des nécessités de la crise actuelle.

J'ignore qui a pu vous dire que « nos forces sont éparpillées, qu'il n'y a ni cohésion ni ensemble », alors que, depuis un mois, tout a été fait pour réunir en trois groupes toutes les troupes jusque là éparpillées et en formation. C'est dans ces trois groupes qu'on verse, au fur et à mesure de leur organisation, les hommes des dépôts. C'est ainsi que nous avons pu avoir sur la Loire une armée de 120,000 hommes, que nous augmentons semaine à semaine et qui constitue la plus sérieuse de 'nos ressources. Derrière elle nous formons un 17e, un 18e, un 19e et même un 20e corps, grâce aux officiers évadés de Metz, qui nous arrivent tout enfiévrés de la colère causée par l'abominable trahison de Bazaine.

L'Ouest forme sur place une armée régionale compacte, déjà exercée à la discipline dans un camp improvisé, dont le siège d'opérations est au Mans, qu'elle a réussi à protéger depuis trois semaines. La droite est en communications intimes avec l'armée de la Loire ; la gauche touche le camp retranché de Conlie, où il y a déjà 30,000 hommes. Kératry[1] affirme qu'il y en aura 70,000 avant la fin du mois.

Je vous ai fait connaître la situation de la région et des places du Nord, parfaitement munies et placées sous le commandement du général Bourbaki, qu'une impopularité terrible, même dans l'armée, à cause de son voyage à Londres, tient toujours en échec. A ce propos je vous ferai remarquer que vous nous l'indiquez comme général en chef : la proposition lui en a

1. Le comte de Kératry avait été nommé, le 22 octobre, général de division, commandant en chef les forces mobilisées des cinq départements de Bretagne. Il organisa à Conlie, avec le concours de M. Carré-Kérisouët, 47 bataillons de ligne, 7 compagnies de francs-tireurs et 9 batteries d'artillerie.

été faite plusieurs fois ; il manque évidemment de
confiance dans les troupes et en lui-même, et ce n'est
qu'à la suite du concours le plus énergique que je lui
ai prêté qu'il n'a pas donné sa démission. Les forces
qui étaient dans l'Est, et dont je vous ai peint l'état
de désorganisation, sont obligées, devant l'avalanche
qui descend de Metz, de se retirer sur Lyon, en laissant Garibaldi, à la tête de 12,000 hommes, faire la
guerre de partisans dans la vallée de la Saône, appuyé
sur le Morvan et le Charolais[1]. Les forces du général
Michel (35,000 hommes) rendront Lyon inexpugnable,
car ses fortifications, armées de canons de marine
sous la direction d'un éminent officier du génie, le
général Séré de Rivière, et du général Bressolles, en
feront un second Paris. La ville est largement approvi-
sionnée ; les désordres des premiers jours ont disparu,
bien qu'ils soient dans les souvenirs de la presse
réactionnaire, qui les exploite ; notre préfet y est
maître incontesté, et tous les citoyens rivalisent d'ardeur et de concorde pour le salut commun.

Telle est la situation de l'armée dans le présent. Je
ne vous entretiens pas de la masse de mobilisés qu'il
a fallu créer, équiper, habiller, armer, rassembler et
qu'on instruit, ni des gardes sédentaires, auxquels
il faut assurer également des munitions et de armes.
Outre les forces dont la disponibilité ne pouvait être
immédiate, nous avons, sous le coup de l'émotion publique et des nécessités d'une guerre d'extermination,
organisé l'appel et la mobilisation, en trois bans successifs, de tous les hommes valides de vingt et un à
quarante ans sans autres causes d'exemption que
celles résultant des infirmités constatées. Quand les
armes ne manqueront plus, ce sera un réservoir de
près de deux millions d'hommes, dans lequel on
pourra puiser des soldats pendant un laps de temps

---

1. Cf. FREYCINET, *la Guerre en province*, ch. IV.

bien supérieur à celui pendant lequel la Prusse espère prolonger la guerre d'invasion.

La fabrication des armes de guerre de toute sorte a reçu une impulsion jusqu'ici inconnue. De l'aveu de tous nos officiers, la Prusse doit ses succès au nombre et à la puissance de ses canons : il faut lui en opposer un nombre égal, sinon supérieur. Tous les ateliers de l'État, y compris ceux de la marine, sont en pleine activité ; toute l'industrie privée s'est offerte ou a été mise en réquisition pour la production des canons et des mitrailleuses, ce qui n'empêche pas l'acquisition au dehors. Chaque département fournit par cent mille âmes de population, une batterie destinée aux gardes nationaux mobilisés, et fabriquée, sous la direction de l'État, suivant les types réglementaires. Il en est de même pour les harnais et les affûts. Au 1er janvier, nous aurons un matériel formidable. Le rejet de l'armistice légitime et commande un pareil ensemble de mesure et d'efforts.

V. — Enfin vous tracez le tableau de l'anarchie déchaînée sur la France. J'ignore si le témoin, oculaire ou prétendu tel, qui vient de parcourir la France et de vous renseigner, a des droits sérieux à votre confiance. Je n'ai qu'une réponse à faire : cette confiance a été surprise.

Vous parlez d'actes arbitraires, violents, que commettent nos agents ; vous parlez de dissolution sociale. Ce sont là de pures exagérations de langage, bonnes tout au plus à satisfaire la rancune des partis hostiles. Rien de vrai au fond. L'ordre le plus complet règne à Lyon, à Marseille, à Toulouse, à Limoges, à Bordeaux[1]. Les effervescences qui se produisent à la

1. A la date du 9 novembre 1870, la tranquillité avait été en effet rétablie dans les départements du Midi. A Lyon, les trente-deux membres du comité fédéraliste avaient été arrêtés par ordre de M. Challemel-Lacour, préfet du Rhône, et l'ordre ne fut plus troublé à partir de cet acte de vigueur jusqu'à la bataille de Nuits et l'assassinat du commandant Arnaud (20 décembre).

suite du désastre de Metz, ne sont et n'ont jamais été que la protestation véhémente de conscience française contre un crime odieux. Quand il a été pris des mesures excessives par nos agents, sous la pression des populations, il m'a suffi de rappeler la règle et la loi, l'intérêt de la République, pour être obéi, même des plus ardents. Tout le monde peut-il aujourd'hui en dire autant ?

Cessez donc de prêter l'oreille aux discours de personnes étrangères au parti républicain, et reconnaissez au contraire avec moi la prodigieuse magnanimité de ce parti qui, après avoir subi vingt ans de proscription et de misère, ne se laisse aller à aucun mouvement de colère, à aucune velléité de représailles contre ceux qui cependant jouissent encore des positions créées par l'Empire ; de ce parti qui n'a, pour le moment, d'autre passion que de prouver au monde que la patrie est incarnée dans la République. C'est à ce dernier point de vue qu'il s'est placé pour juger la journée du 31 octobre et la trouver détestable et coupable au dernier chef. C'est de ce point de vue qu'il part pour refuser la paix, qu'il sent devoir être déshonorante aujourd'hui, et pour rejeter des élections qui ne pourraient donner qu'une Chambre réactionnaire. Il résume actuellement ses aspirations vers le gouvernement de la Défense nationale, qui doit devenir le gouvernement de la Revanche nationale.

Je ne veux pas clore cette dépêche sans m'expliquer définitivement sur le caractère de nos rapports et sur les moyens de faire cesser, sans péril pour la chose publique, des dissentiments politiques que chaque jour de séparation ne fait qu'aggraver.

Vous trouvez que la délégation de Tours ne représente point fidèlement votre pensée et votre méthode gouvernementale. C'est à merveille. Mais il est impossible que nous attendions, pour résoudre les difficultés incessantes qui s'offrent à nous, vos avis ou même, vos autorisations. Les contradictions et les divergences sont fatales dans nos situations respectives; vous sentez maintenant que l'on commit une faute en isolant et en divisant le pouvoir[1]. Il n'est qu'un remède : transporter la majorité du Gouvernement, c'est-à-dire le pouvoir même, hors des murs de Paris. Cela est, d'ailleurs, réclamé de toutes parts.

Les trois services principaux, condamnés à l'immobilité par votre blocus, exigent la présence des trois ministres placés à leur tête. Ce n'est pas de Paris que l'on peut diriger les finances, l'instruction publique, la diplomatie. Adjoignez-vous un quatrième de nos collègues et venez en province. La direction des affaires recouvrera toute son unité, et la méthode politique que vous voulez faire prévaloir sera d'autant mieux suivie que vous l'appliquerez vous-même. M. Thiers, à qui j'en ai parlé, goûte parfaitement cette solution de tout conflit. Il va même jusqu'à dire qu'il obtiendrait de M. de Bismarck, au cas où le ballon vous répugnerait, les facilités nécessaires pour la sortie de Paris des membres du Gouvernement.

Après le plébiscite qui vous a consacrés, vous apprécierez si cette solution est compatible avec l'état de Paris, dont la garde suprême resterait aux mains du général Trochu.

J'aurais beaucoup à vous dire sur la mission de M. Thiers et les conséquences du rejet de l'armistice, mais je remets ces développements à une dépêche ultérieure.

LÉON GAMBETTA.

Sauf quelques expressions un peu trop vives de notre ami Gambetta, et que pourtant le ton de votre dépêche fait comprendre; sauf aussi quelques appréciations politiques relatives à la paix et aux élections, je ne puis qu'approuver

---

1. M. Gambetta avait été partisan, dès le premier jour, du transfert du Gouvernement en province.

cette lettre, qui résume si bien nos travaux de tous les jours, et, je puis dire, les pensées et les préoccupations de nos nuits. Je m'arrête en vous envoyant néanmoins mes plus affectueux souvenirs, et en vous disant que le plus vif de mes vœux est de vous voir avec nous poursuivre cette œuvre immense et patriotique. En attendant, admiration aux Parisiens !

AD. CRÉMIEUX.

Je me joins à mes collègues, avec le sentiment d'un homme qui a toujours été uni et qui est résolu à l'être iné-branlablement, de pensées et d'intentions, avec le Gouvernement de Paris.

GLAIS-BIZOIN.

Gambetta à Jules Favre, à Paris.

(Publié dans le *Journal officiel* du 15 novembre 1870.)

Tours, le 11 novembre 1870.

L'armée de la Loire, sous les ordres du général d'Aurelle de Paladines, s'est emparée hier d'Orléans après une lutte de deux jours. Nos pertes, tant en tués que blessés, n'atteignent pas 2000 hommes [1]; celles de l'ennemi sont plus considérables. Nous avons fait plus d'un millier de prisonniers et le nombre en augmente par la poursuite [2]. Nous nous sommes emparés de deux canons, modèle prussien; de plus de vingt caissons chargés de munitions et attelés, et d'une grande quantité de fourgons et voitures d'ap-

1. « Nos pertes, dans cette journée ont été d'environ 1,500 hommes tués ou blessés. » (D'AURELLE, rapport officiel.)
2. « La journée du 9 eut pour résultat d'obliger l'ennemi à évacuer non seulement toutes les positions retranchées qu'il occupait derrière le Mans et les environs d'Orléans, mais encore d'abandonner en toute hâte cette ville, en laissant entre nos mains plus de 2,000 prisonniers, sans compter tous les blessés. Une reconnaissance, poussée jusqu'à Saint-Péravy, s'empara de 2 pièces d'artillerie, d'un convoi de munitions et d'une centaine de prisonniers dont cinq officiers. » (Même rapport.)

provisionnement. La principale action s'est concentrée autour de Coulmiers, dans la journée du 9. L'élan des troupes a été remarquable, malgré le mauvais temps.

LÉON GAMBETTA.

Gambetta à Jules Favre, à Paris.

Tours, le 13 novembre 1870.

Nous vous avons annoncé notre mouvement offensif sur Orléans, qui a été repris après deux jours de marche, pendant lesquels deux gros combats ont été livrés, à Baccon et à Coulmiers, où nous avons fait 2500 prisonniers, tout compte fait, et où nos troupes ont fait preuve du plus vigoureux élan. Nous occupons fortement les approches de la ville, en avant de la route de Chartres et de Paris. Nous sommes couverts sur notre droite par la forêt d'Orléans, occupée fortement par le général des Pallières, dont les grand'gardes vont jusqu'à Arthenay; notre centre est à Chevilly, Cercottes et Gidy; notre gauche, aux Ormes, jusqu'aux environs de Saint-Péravy[1]. Avec le concours des ouvriers et des ingénieurs des quatre départements limitrophes, sous la direction du génie, on élève des fortifications passagères, des redoutes en terre qui seront armées de pièces de marine, servies par des marins. Nous cherchons à établir un solide camp retranché qui nous permette de repousser un retour offensif des Prussiens, lequel paraît devoir être formidable, car ils massent entre Chartres, Toury, Étampes et Pithiviers, des forces énormes pour nous barrer le chemin de Paris. Peut-être jugerez-vous opportun de les inquiéter vivement

1. Cf. l'ordre général du 14 novembre. (D'AURELLE, la première armée de la Loire, p. 148.)

dans cette direction, ou, mieux, d'essayer du côté de la Normandie une vigoureuse trouée qui vous permettrait de faire sortir de Paris, désormais inexpugnable, près de 200000 hommes qui ne sont plus nécessaires à sa défense et qui, en tenant la campagne, feraient contrepoids aux forces que Frédéric-Charles amène de Metz.

A ce sujet, je vous dirai que vos trois derniers ballons ont été saisis par les Prussiens, ce qui nous laisse sans nouvelles et dans les plus cruelles angoisses sur votre état[1]. Il est impérieusement nécessaire de lancer un nouveau ballon, à l'aide duquel vous nous feriez connaître par chiffres — en recommandant bien au porteur de ne jamais brûler la dépêche, ce qui est arrivé trop souvent, notamment à Jouvencel et à Reitlinger, — et d'une manière tout à fait précise, jusqu'à quel terme vous pouvez aller, au point de vue des vivres. La connaissance de cette échéance fatale nous est indispensable pour agir avec sagesse et maturité.

L'état intérieur de la France est complètement satisfaisant. L'ordre le plus parfait règne à Lyon, à Marseille, à Toulouse, à Perpignan et à Saint-Étienne. L'ennemi a évacué Dijon, et l'administration préfectorale y a repris son cours. Vous pouvez donc hautement affirmer que notre gouvernement est partout respecté et obéi, et que toute l'effervescence excitée par l'abominable trahison de Bazaine, dont nous avons aujourd'hui l'irrécusable preuve, est maintenant calmée sur tous les points du territoire. Les coteries légitimiste et orléaniste persistent à demander des élections, dont la masse générale paraît peu se sou-

---

1. Les ballons la *Bretagne*, le *Galilée* et le *Daguerre*, partis de Paris les 27 octobre, 4 et 12 novembre, avaient été pris par les Prussiens. La *Ville de Châteaudun* (6 novembre) et la *Gironde* (8 novembre) avaient atterri à Reclainville (Eure-et-Loir) et Granville (Eure).

cier : elles vont même jusqu'à demander des élections
sans armistice. M. Thiers est à la tête de ce mouvement, malgré le refus opposé par vous à cette proposition, dans l'entrevue que vous avez eue avec lui aux
avant-postes. Je désire connaître, d'une façon catégorique et pour ma gouverne, votre avis sur des élections sans armistice, car les mêmes personnes s'achar-
nent à présenter le scrutin parisien du 3 novembre
comme une démonstration de la capitale en faveur
d'un armistice et des élections. Vous savez, en ce qui
me concerne personnellement, ce que je pense des
élections et à quelles conditions exclusives je pourrais
consentir à y faire procéder.

L'état extérieur de l'Europe présente, au contraire,
de graves complications. Vous avez dû recevoir de
votre représentant pour les affaires étrangères une
communication au sujet de la circulaire du prince de
Gortschakoff, de laquelle il résulte que la Russie se
considère comme absolument déliée des stipulations
du traité de Paris de 1856[1]. L'Angleterre paraît avoir
ressenti une extraordinaire émotion du fond et de la
forme de cette circulaire. Elle a immédiatement[2] envoyé à Versailles, M. Odo Russell pour y demander
des explications sur deux points : 1° si la Prusse persiste à repousser l'armistice avec ravitaillement; 2° si
la Prusse est au courant des desseins de la Russie, et
quelle est son attitude[3]. On ignore encore le résultat
de cette mission.

Quelle que soit la gravité de la détermination prise
par la Russie touchant le traité de 1856, je n'y vois
qu'un événement favorable à nos affaires, si nous
nous conduisons avec réserve et si nous attendons les
événements ultérieurs pour nous prononcer au mieux

1. Circulaire du prince Gortschakoff sur le traité de paix de
1856, datée de Tzarkoé-Sélo, le 19 octobre 1870.
2. 11 novembre.
3. *Rapport Odo Russell*, 27 février 1871.

de nos intérêts. En effet, ou l'Angleterre, après quelques vaines démonstrations, se résignera à subir les prétentions de la Russie, et alors toute intention de notre part à prendre parti pour elle nous aliénerait sans compensation le cabinet de Saint-Pétersbourg, ce qui aggraverait notre situation ; ou bien l'Angleterre se sentant menacée, prendra une attitude décisive et énergique, de nature à ébranler et à attirer à elle l'Autriche, l'Italie et l'Espagne, et, le cas échéant, nous demandera notre coopération : dans cette dernière hypothèse, l'état de l'Europe et de nos affaires serait sensiblement amélioré [1]. Enfin et comme troisième chance possible, toutes ces questions soulevées à la fois pourraient bien amener un congrès général, pour soumettre toutes les difficultés pendantes à l'arbitrage de l'Europe.

En présence d'aussi considérables problèmes, vous avez bien à Tours un représentant sûr, capable et qui sait tout le prix de la prudence ; mais vous trouverez peut-être bien affligeant de n'avoir pas, auprès des autres puissances, des ministres sur les lumières et l'autorité desquels vous puissiez compter. Le rôle de la diplomatie de la République française devient de jour en jour plus important et plus difficile. Le personnel que vous connaissez est évidemment insuffisant ; le double échec de M. Thiers lui-même, à Saint-Pétersbourg et à Versailles, éclate à tous les yeux. Il en a lui-même conscience, et c'est ainsi que je m'explique la persistance et l'animation qu'il met à vouloir faire renaître des questions intérieures. Je ne vois guère de solution que dans votre sortie de Paris, et je désire ardemment vous voir partager mon sentiment à cet égard.

A un point de vue général, et pour résumer mon

1. « Les instructions de M. Odo Russel étaient très larges ; on ne lui avait point interdit d'aller jusqu'à la menace et de prononcer le mot de guerre. » (SOREL, *loc. cit.*), p. 93.

jugement sur l'ensemble de la situation, je la trouve
fort améliorée depuis huit jours, et c'est aussi le sentiment qui se manifeste dans les diverses publications
de l'étranger. Toutefois, il ne faut point perdre de vue
que les incidents diplomatiques récemment soulevés
peuvent nous jeter dans les complications européen-
nes les plus redoutables, et peut-être même amener
une guerre générale. Nous avons, au milieu de tous
ces événements, un grand rôle à jouer, et c'est là le
premier résultat de la résistance de Paris et de la prolongation de la lutte, effort et résistance dont tout le
mérite doit être attribué à la force du principe républicain, qui seul a soutenu les populations et les
agents supérieurs, on compte avec nous autant que
jamais, et nous pourrons selon les chances, faire nos
conditions à telle ou telle grande puissance européenne qui aura besoin de notre alliance, soit pour
satisfaire son ambition, soit pour sauvegarder son
rang et ses intérêts. Mais il ne vous échappera pas
que pour jouer un tel rôle, la République française a
besoin de confier ses affaires à un personnel capable,
expérimenté et bien pénétré des ressources matérielles et morales dont la France dispose, non seulement
pour se défendre à l'intérieur, mais pour continuer
sa mission traditionnelle en Europe.

Comme nouvelles, j'ai à vous mander, de la part du
délégué des affaires étrangères, que l'espionnage, pour
le compte de l'ennemi, se fait souvent par des gens
de la colonie américaine-allemande. Redoublez de
vigilance à cet égard. Je vous dis aussi, sous toutes
réserves, que M. Thiers tient d'une personne dont il
me charge de vous rapporter les assertions, qu'un
des trois généraux dont le nom commence par un
S... et qui entoure le général Trochu, serait en relations avec l'ennemi. Enfin, il nous est venu de Belgique l'avis que les forts de Vanves et d'Issy pourraient
bien être minés, à l'heure qu'il est, par les travaux

souterrains des Prussiens. Vous comprenez que si nous vous donnons ces renseignements, c'est sous réserves, mais aussi pour que vous puissiez en tirer parti, s'il y a lieu.

Nous recevons journellement, de vos parents et amis, des lettres que nous ne pouvons vous faire parvenir, mais nous pouvons vous dire que tous vos proches sont en parfaite santé. Je ne nomme personne ne voulant pas faire de jaloux.

Salut fraternel,

LÉON GAMBETTA.

Gambetta à Jules Favre, à Paris.

(Publiée en partie dans le *Journal officiel* du 19 novembre.)

Tours, le 16 novembre 1870.

Je vous ai mandé avec la plus grande exactitude, par la voie des pigeons, tous les faits de la politique courante. Malheureusement j'ignore, depuis le 9 novembre, si mes communications vous parviennent. Les derniers ballons que vous nous avez envoyés ont été capturés par les Prussiens. Toutefois, l'ingénieur Fernique a pu se sauver à Auxerre et doit être ce soir à Tours. Malgré mes incertitudes sur la sûreté de nos rapports, je n'hésite pas à vous tracer un nouveau tableau de notre situation intérieure et extérieure.

Au dedans, l'ordre le plus parfait règne sur toute l'étendue du territoire, et nos ressources militaires commencent réellement à prendre une tournure tout à fait satisfaisante. Outre les 200000 hommes qui sont en ligne sur la Loire, et dont le point culminant est Orléans, nous aurons, 1er décembre, une nouvelle armée parfaitement organisée et munie de tout, qui comptera 100000 hommes, sans parler de près de 200000 mobilisés prêts à marcher au feu à la même époque, mais tout à fait en seconde ligne.

Nous occupons fortement Orléans et les deux rives de la Loire, à droite et à gauche, derrière des fortifications passagères, prêts à recevoir vigoureusement le retour offensif que préparent les Prussiens, et qui sera formidable, car nous allons avoir sur les bras la plus grande partie de l'armée de Frédéric-Charles, qui, jointe aux Saxons et aux Bavarois, nous présentera une force de près de 250 000 hommes, à ce qu'on assure[1]. Évidemment les Prussiens ont dû dégarnir leurs lignes d'investissement, notamment du côté de Versailles : on disait même hier que le roi, ne trouvant plus le lieu assez sûr, s'est transporté à Beaumont. Nous comptons être attaqués samedi ou dimanche. Nos troupes sont pleines d'entrain. Elles occupent des positions bien choisies et bien couvertes. Nous pouvons vous assurer qu'elles ne seront point enlevées de vive force. C'est à vous de décider si le moment ne vous semble pas favorable pour tenter une vigoureuse sortie, soit dans la direction de Versailles et d'Orléans, soit au contraire tout à fait à l'opposite. Notre succès d'Orléans a excité au plus haut point les sentiments patriotiques dans la nation, et les préparatifs de défense sont poussés avec une prodigieuse activité de tous côtés : les plus tièdes sont entraînés. Je prends à ce sujet la liberté de vous dire que la publication que vous avez faite de la formation de trois armées dans Paris et les résultats du vote plébiscitaire, qui ont mis en lumière vos ressources militaires actives, ont déterminé un mouvement d'opinion qui réclame une énergique action, une vigoureuse trouée de votre part. Je vous fais d'ailleurs connaître ces exigences de l'opinion, comme c'est mon devoir, sans m'y arrêter plus que de raison, vous laissant les juges suprêmes

---

1. Deuxième armée allemande et subdivision d'armée du grand-duc de Mecklembourg-Schwerin.

des chances de réussite, et du choix du jour et de
l'heure propices à une pareille entreprise.

Au dehors, l'Europe a manifesté, au sujet du récent
succès de nos armes, autant d'intérêt que d'étonnement. Elle mettait en doute l'existence de nos forces :
ses doutes sont aujourd'hui dissipés, ses sympathies
nous sont revenues, et la réapparition de la question
d'Orient leur donne une vivacité qui ne peut que s'accroître, au milieu des complications que cette difficile
question soulève. Nous en recevons des témoignages
irrécusables, aussi bien par la voie des journaux que
par la conversation de ses représentants autorisés.
Plusieurs d'entre eux montrent une véritable sollicitude à l'égard de Paris et de la conservation de notre
précieuse armée de la Loire. Nous tenons le plus
grand compte de ces démonstrations, malgré ce
qu'elles ont de subit. Mais, comme nous les croyons
inspirées surtout par le sentiment profond et légitime
du rôle considérable que la République française
peut être appelée à jouer dans les graves événements
à la veille de surgir en Europe, nous profitons de l'occasion qui nous est offerte de relever hardiment la
tête et de parler de l'avenir, comme il convient à une
grande nation que beaucoup croyaient abattue et qui
n'a rien perdu de son prestige ni de sa force, sans
toutefois nous écarter des règles de la prudence et
sans méconnaître ce qu'il y a de sage dans les observations pleines de sympathie des diverses puissances.
Jusqu'à présent, la circulaire du prince Gortschakoff,
relative à la revision du traité de 1856, n'a guère produit qu'une vague impression de surprise : il semble
que l'Europe s'y attendit, mais ni aussi tôt, ni dans la
forme où cette revision a été annoncée; seule l'Angleterre paraît plus émue que les autres puissances, et
rien ne se comprend mieux. A Londres, la Bourse a
baissé deux jours de suite, et les journaux commencent à tenir un langage sévère. Tout le monde s'ac-

corde à reconnaître que notre situation diplomatique s'est considérablement améliorée.

Sauf de rares exceptions, on ne parle plus ni d'élections, ni d'armistice. Le refus de ravitailler Paris a été unanimement blâmé et attribué à M. de Bismarck; on n'a voulu voir dans ce refus qu'un stratagème pour affamer Paris et donner aux troupes dégagées par l'abominable trahison de Bazaine, le temps d'arriver et de faire échec à notre armée de la Loire. M. Thiers, mécontent de lui-même et du résultat de sa mission, s'est mis à la tête d'un mouvement pour réclamer un armistice sans ravitaillement et pousser à des élections telles quelles, malgré le désaveu du Gouvernement. Après nous avoir fait part, en conseil, de cette singulière proposition dont, paraît-il, il avait chargé M. Cochery de se faire le rapporteur auprès de vous, il a réussi à gagner l'adhésion de M. Glais-Bizoin, lequel s'est offert à aller à Paris vous en donner communication. Ne voulant, de près ni de loin, nous associer à semblable entreprise, dont nous laissons l'entière responsabilité à notre vieil ami, nous avons, dans le cas où M. Glais-Bizoin persisterait dans son projet, rédigé pour le *Moniteur* la note suivante, qui caractérise comme il convient la démarche unipersonnelle à laquelle il se résout :

« M. Al. Glais-Bizoin, membre de la délégation du gouvernement de la Défense nationale établie à Tours, a conçu le dessein, qui lui est exclusivement personnel, et auquel ses collègues ne s'associent à aucun degré, de se rendre à Paris. Cette démarche ne saurait avoir aucun caractère officiel ni gouvernemental. »

Je n'aperçois personnellement, dans la démarche de M. Glais-Bizoin, qu'un avantage, à la vérité considérable. Il pourra, dans ses conversations avec vous, donner des explications et des détails sur la situation de nos forces militaires. Vous ne le trouverez point, comme M. Thiers, partisan de la paix, mais, au contraire, résolu à la résistance poussée jusqu'au bout, dans les limites du programme primitif du Gouvernement. Vous aurez donc à faire, de ses déclarations et des nôtres, tel état que vous jugerez. Il n'est pas mauvais d'ailleurs qu'un membre de la délégation, qui a pris part à tous ces actes importants, financiers et autres, soit en position de vous éclairer de vive voix.

Vous ne perdrez pas de vue que la question de l'armistice est restée pendante, et que la mission à Versailles de M. Odo Russell, dont je vous indiquais le but dans ma dernière dépêche, peut donner à cette question, d'un instant à l'autre, un intérêt prédominant ; car l'envoyé anglais doit insister auprès de la Prusse, sur l'armistice avec ravitaillement, et s'assurer des dispositions de cette puissance à l'égard de la revision du traité de 1856[1]. Je n'ai nullement changé d'opinion au sujet d'un armistice purement militaire. Comme les premiers jours, s'il est rigoureusement limité et maintenu aux questions et conditions militaires, je le trouve avantageux, ne fût-il réduit qu'à une durée de quinze jours. Ainsi compris, il constituerait une halte profitable qui laisserait respirer Paris, dont on pourrait refaire l'approvisionnement, en même temps que nous-mêmes saurions utiliser cette trève pour remplacer nos armées ; en un mot, ce serait un temps de préparations suprêmes à de plus vigoureux efforts de guerre.

Je n'ignore pas que les élections sont impliquées dans l'armistice, puisque l'armistice n'est demandé que pour les faire. Mais ces élections mêmes ne pourraient créer une force véritable au point de vue intérieur et extérieur, qu'à la condition d'être vraiment et solidement républicaines, auquel cas elles seraient

1. Dépêche de M. de Chaudordy à M. Tissot, 11 novembre. — Lord Lyons à lord Granville.

souhajtables. Les conditions nécessaires pour former une Assemblée nationale composée de républicains, et en position de jouer le grand rôle que commandent les événements, sont toujours à mes yeux celles que je vous ai indiquées sur l'inéligibilité momentanée de certaines catégories de personnes, comprises tout naturellement et par une loi d'une justice inattaquable dans la déchéance même du régime impérial. Si vous adoptiez promptement un aussi sage et juste parti, je vous promets qu'en dix jours, vous auriez une représentation nationale sur laquelle vous pourriez vous appuyer avec confiance, et dont la France verrait certainement sortir son salut. En dehors de cette solution, les élections sont funestes; elles ne sont d'aucun secours pour terminer la guerre d'une façon honorable et que nous puissions accepter; elles perdent la République et compromettent pour un long avenir les plus glorieux comme les plus importants intérêts de la France. Je vous adjure de vous décider. Après avoir écarté les réclamations d'une infime minorité, vous pouvez, par ce moyen, et non par un autre, créer un gouvernement, un pouvoir incontesté, s'imposant à l'Europe parce qu'il serait acclamé et obéi par le pays tout entier, et également fort pour traiter de la paix ou de la guerre. Vous tenez dans vos mains l'avenir des institutions républicaines dans ce pays et des principes de la démocratie moderne dans l'Europe.

Un simple décret signé de vous peut assurer le triomphe de toutes nos idées, en même temps que le salut de la France. Ordonnez des élections générales avec la clause d'inéilgibilité que je réclame, quand vous aurez obtenu le ravitaillement, et, je vous le jure, tout est sauvé. Ne distinguez plus entre la République et la France : c'est désormais une seule et même puissance, dont l'Europe reconnaît l'indivisibilité, avec laquelle les autres puissances comptent, et qu'il est de notre honneur de républicains et d'hommes d'État de ne laisser ni amoindrir ni entamer.

LÉON GAMBETTA.

Gambetta à Jules Favre, à Paris.

Tours, 19 novembre 1870.

Nous sommes depuis le 10 à Orléans avec 200 000 hommes dont le centre est à Cercottes, l'extrème droite à Gien, l'extrème gauche à Saint-Péravy[1]. Nous attendons, derrière des fortifications passagères, armées de canons de marine, un retour formidable de Prussiens. Versailles doit être dégarni. Avisez.

A la suite de la dénonciation des traités de 1856 par la Russie, le représentant de cette puissance[2] a transmis à Versailles une demande de passage pour un envoyé à nous à Paris[3]. En voici le texte :

« La dénonciation des traités de Paris de 1856 impose à la délégation de Tours le devoir, tant au point de vue des intérêts de l'Europe que de ceux de la France, d'entrer en communication avec le gouvernement siégeant à l'Hôtel de ville. Sous l'influence de ces nécessités d'ordre supérieur, M. X... se rend à Paris[4]. »

Votre opinion sur les élections ne s'est-elle pas modifiée? Je persiste dans la mienne.

LÉON GAMBETTA.

1. « C'est le 19 novembre que M. Gambetta jugea nécessaire, sans plus attendre, un plan de marche sur Paris. Le général d'Aurelle fut invité à présenter ses propositions. » (FREYCINET, *la Guerre en province*, p. III.)
2. M. Okounew.
3. SOREL, t. II, ch. x, p. 90-99.
4. Cf. Rapport Chaudordy, 21 novembre.

Gambetta à général Trochu, à Paris.

Tours, 23 novembre 1870.

En prévision d'une marche sur Paris, notre principal objectif[1], nous avons concentré autour d'Orléans
nos forces disponibles, 150 000 hommes environ. Nous
espérions que des sorties ou des démonstrations de
Paris empêcheraient l'ennemi de dégarnir sa ligne
d'investissement pour venir nous attaquer. Mais il
n'en a pas été ainsi. Votre inaction persistante a permis à l'ennemi de détacher des forces importantes
qui se sont jointes à l'armée de Frédéric-Charles,
aujourd'hui tout entière devant nous. Voici notre
situation : trois ou quatre corps ennemis évalués en
totalité à 100 000 hommes se sont portés à la fois dans
la direction d'Evreux, de Dreux, de Chartres et Châteaudun. Les troupes, peu nombreuses et peu aguer-
ries, que nous avions dans cette région, ont été facilement culbutées, et l'ennemi continue sa marche en
avant, qui a pour objectif probable de tourner notre
armée de la Loire encore intacte, et menacée, dans
les directions de Chartres, d'Étampes et de Pithiviers
par les 150 ou 180 000 hommes de Frédéric-Charles. La
situation peut être très grave dans deux ou trois jours.
Il faut que vous fassiez une diversion puissante au
mouvement tournant, au moyen de fréquentes sorties
dans la direction de Chartres et d'Étampes. Nous espérons, avec nos propres forces, être en état de résister avantageusement à Frédéric-Charles et même de
marcher en avant; mais il est indispensable, je le
répète, que nous soyons défendus contre le mouvement tournant par la gauche[2].

1. « Je vous prie de méditer un projet d'opération ayant pour
suprême objectif Paris. » (Lettre de M. Gambetta au général
d'Aurelle, le 20 novembre.)
2. « L'ennemi semblait chercher avec le duc de Mecklembourg

Votre dépêche du 18, reçue hier, dit qu'il vous faut huit jours pour vous préparer. C'est trop. Hâtez-vous, ne perdez pas une minute.

LÉON GAMBETTA.

Gambetta à Jules Favre, à Paris.

(Cette dépêche, envoyée par pigeons est arrivée à Paris le 29 novembre.)

Tours, le 25 novembre 1870.

Mes chers collègues,

Je vous ai transmis, par les pigeons voyageurs partis de Tours le 8 novembre, un décret rendu le 4, par la délégation, pour l'organisation d'un service de télégraphie privée par les pigeons. J'ajoutais à cet envoi l'arrêté d'exécution pris le même jour par le directeur général des télégraphes et des postes[1].

Ces dispositions avaient été immédiatement publiées dans toute la France. Elles recevaient, dès le 8 novembre, leur première application, et depuis cette époque, il a été adressé à Paris autant de feuilles de dépêches privées que la direction générale a eu de messagers disponibles. Paris a reçu ces envois et peut apprécier ainsi le soin qu'a apporté le service des télégraphes et des postes de Tours, à donner satisfaction à ses légitimes intérêts. Ma communication du 8 ne vous est assurément point parvenue en temps utile, puisque vous avez cru nécessaire de rendre, à la date

une action commune qui devait aboutir au mouvement concentré sur le Mans et à une tentative pour tourner l'armée de la Loire par la gauche.» (FREYCINET, *loc. cit.*, p. 109.) « Le 21, le grand-duc de Mecklembourg-Schwerin était invité à se diriger le plus promptement possible par le Mans sur Tours, afin de déterminer l'armée de la Loire à faire des détachements dans cette direction. » (État-major prussien, 13e livraison, p. 425.)

1. Cf. Steenackers, *les Télégraphes et les Postes pendant la guerre de 1870-1871*, ch. IV.

du 10, un décret sur le même objet. Ce décret a été
transmis directement, par l'administration des postes
de Paris, au directeur des postes du Puy-de-Dôme,
avec des instructions générales à faire parvenir à tous
les bureaux de France, et d'autres instructions particulières chargeant ce même fonctionnaire d'assurer à
Clermont-Ferrand tous les détails d'organisation. En
même temps l'administration des postes envoyait à
Clermont MM. Dagron et Fernique, porteurs d'un
marché passé avec elle, et chargés, en vertu de ce
marché, de tous les détails d'exécution.

Vous comprendrez sans peine, mes chers collègues,
combien j'ai lieu d'être étonné que de semblables
mesures aient pu être prises par l'administration des
postes de Paris; et des ordres directs être adressés aux
agents des départements sans qu'il fût tenu aucun
compte de l'autorité que la délégation exerce, en votre
nom, sur eux. Je puis encore moins m'expliquer qu'on
ait songé à organiser, dans une autre ville que Tours,
un autre centre spécial d'administration, fonctionnant
sans attaches avec la délégation du Gouvernement,
et aliéner, au profit exclusif de ce nouveau centre,
ces précieux moyens de correspondance qui ne font
que trop souvent défaut.

Une pareille manière de procéder, si l'administration de Paris devait y persister, aurait certainement
pour effet d'affaiblir l'autorité de la délégation de
Tours et de rompre l'unité nécessaire de direction.
En arrivant à Tours, j'ai cru devoir, pour fortifier
cette direction, dans un intérêt pressant de défense
nationale, provoquer une décision qui réunit les télégraphes et les postes en un seul service, plaçât ce
service dans les mains de M. Steenackers, chez lequel
je trouvais, outre les qualités de l'administrateur,
l'énergie et l'action trop rares en ce moment. Cette
décision vous a été notifiée, et la notification vous
est parvenue. La délégation n'avait point entendu

engager l'avenir, qui restait évidemment réservé, puisque l'on n'avait agi que dans un but de défense; mais elle avait droit, à mes yeux, à ne voir sa décision infirmée dans le présent par aucun acte contraire.

Le décret rendu à Paris, et surtout sa notification directe aux agents des départements, en ce moment placés sous une autorité qui tient son pouvoir de la délégation de Tours, ont certainement ce dernier caractère. Ces actes eussent présenté de graves inconvénients, alors même que le service des postes fût resté en province dans les conditions antérieures, puisqu'ils eussent, même dans ce cas, créé une situation difficile aux fonctionnaires chargés de représenter à Tours l'administration de Paris. Ils ont, dans les circonstances actuelles, un caractère particulier de gravité, en ce qu'ils tendent à opposer l'autorité de Paris à celle de Tours, et à jeter ainsi le personnel et le service dans un véritable désarroi.

Je ne doute pas, mes chers collègues, que mieux renseignés sur la portée de ces mesures, vous ne veniez à vous former à leur égard l'opinion même que je vous soumets. Le renouvellement de semblables contradictions pourrait nous créer ici des embarras sérieux. Je me suis efforcé d'écarter toute difficulté actuelle, et je crois y avoir réussi, en proposant à la délégation de Tours un nouveau décret qui, fondant ensemble les mesures prises par elle et les vôtres, charge la direction de Tours d'appliquer le système ainsi modifié, et fait droit à vos désirs, tout en maintenant à la délégation et à ses représentants l'autorité qui leur est nécessaire, pour l'accomplissement de leurs difficiles fonctions. Je vous transmets ci-joint ce décret, qui va recevoir une application immédiate, ainsi que le décret et l'arrêté antérieur, pour le cas où vous ne les auriez pas reçus.

Salut fraternel.

LÉON GAMBETTA.

P.-S. — J'apprends à l'instant que M. de Saint-Valry est parti de Paris avec des pigeons à lui et qu'il refuse de les livrer à la direction générale des télégraphes et des postes[1]. Vous n'avez certainement pu autoriser un tel procédé qui prêterait aux plus graves abus. Les pigeons sont notre seul moyen de correspondance avec vous. En les laissant sortir de Paris entre les mains de gens qui en seraient maîtres, vous nous priveriez de nos communications si nécessaires, et vous vous exposeriez à recevoir des dépêches prussiennes et à favoriser de fausses nouvelles. Rappelez-vous, je vous en prie, que nous n'avons jamais assez de pigeons, et que si nous pouvions en envoyer chaque fois un grand nombre, il y aurait des chances certaines pour que vous en reçussiez chaque fois, fût-ce un seul. Il y a urgence à ce que vous vous empariez de tous les pigeons disponibles à Paris de manière qu'il n'en reste pas un seul à la disposition des particuliers. Aucune réquisition n'est plus nécessaire et jamais cette nécessité n'a été plus pressante qu'à la veille d'opérer des mouvements combinés.

Il faut, d'autre part, que tous les envois soient adressés à Tours, à M. Steenackers qui a la garde spéciale des pigeons et en est responsable. Ne me mettez pas dans la nécessité de faire arrêter et conduire de force à Tours les détenteurs, ce que je n'hésiterais pas à faire, pour assurer le salut de nos communications. Veillez aux départs. Le service des postes de Paris est au moins coupable à cet égard d'une grande négligence. Ne tenez, d'autre part, comme émanant de nous, que les dépêches portant, avec le numéro de la série, le timbre de M. Steenackers.

Léon Gambetta.

1. M. de Saint-Valry, ancien directeur de la *Patrie*, était sorti de Paris le 21 novembre, par le ballon l'*Archimède*, qui avait atterri à Castelré (Hollande). Resté à Bruxelles, il refusa de

Gambetta à Jules Favre, à Paris.

Tours, le 26 novembre 1870.

J'ai en mains trois dépêches, portant les numéros 20, 21 et 23, et les dates des 15, 16 et 17 novembre, et la première impression qu'elles me causent calme mes inquiétudes et diminue la crainte que j'avais de voir nos dissentiments s'accentuer. Il est clair, au contraire, que nous nous rapprochons. Je désire vivement que la dépêche que je vais écrire soit assez complète et assez persuasive pour vous renseigner sur tous les points, et en même temps pour établir entre nous deux une communion parfaite de vues, de sentiments et de conduite. C'est ce que, d'ailleurs, j'ai tâché de réaliser depuis mon arrivée à Tours, épuisant, par la voie des pigeons et des plus nombreux messagers, tous les moyens d'information et de communication possibles. J'ai la conscience, à ce point de vue, d'avoir pleinement tenu les engagements que j'avais pris.

Sur la situation militaire, je vais tout vous redire. Quant je suis arrivé en province, rien n'existait, ni en fusils, ni en cartouches, ni en hommes, ni en officiers, ni en matériel d'artillerie, ni en cavalerie, ainsi que le démontrent les tableaux que j'ai eu soin de faire dresser, en prenant les affaires, le 12 octobre, à 5 heures du soir. En quarante-sept jours, voici ce que j'ai fait : une armée de 100 000 hommes parfaitement organisée, très bien équipée, munie d'artillerie et de cavalerie comme n'en a jamais eu une armée de l'Empire, sévèrement disciplinée et commandée par

livrer les seize pigeons que M. Rampont l'avait autorisé à emporter. (Cf. STEENACKERS, *loc. cit.* p. 71.)

des chefs suffisants, sur le caractère individuel desquels je vais m'expliquer, car je les ai tous choisis moi-même. Le général d'Aurelle de Paladines, qui appartient au cadre de réserve, est celui-là même qu'on avait été obligé de retirer de Marseille et qu'on avait relégué dans un commandement divisionnaire de l'Ouest. C'est à mon passage au Mans en venant de Paris, que je l'ai rencontré à la table du préfet, et que j'ai pu apprécier ses qualités très réelles de bon sens, d'honnêteté et de fermeté militaires. C'était le moment même où les généraux de La Motterouge et de Polhès, venaient, par leur incapacité, de perdre Orléans. Arrivé à Tours, je révoque de La Motterouge; Polhès fut relevé également de son commandement, et je donnai au général d'Aurelle celui du 15ᵉ corps, qui était alors en formation pour l'armée de la Loire. Depuis, successivement, on lui a donné le commandement du 16ᵉ et du 17ᵉ corps, à la cohésion et à la discipline desquels il a fortement présidé; après la victoire d'Orléans, je lui ai donné le commandement en chef de l'armée de la Loire, comprenant maintenant 55 000 hommes de l'ancienne armée de Cambriels, sous les ordres du général Crouzat[1], et réunis depuis le 15 novembre à l'armée de la Loire. D'Aurelle nous a rendu les plus grands services par sa prudence et son excellente tenue militaire, qui ont servi merveilleusement à donner de la force et de la cohésion à une armée composée de jeunes troupes, dont la plupart n'avaient jamais vu le feu. Ses principaux auxiliaires sont : le général Borel, qui est la forte tête de l'armée et qui remplit auprès de d'Aurelle les fonctions de

---

1. Au général Cambriels avait succédé le général Michel qui ne commanda le 20ᵉ corps que pendant quelques jours et demanda à être remplacé. Le général Crouzat, récemment promu au grade de général de division à titre provisoire, fut appelé à ce commandement.

chef d'état-major général ; le général Chanzy, que
j'ai fait venir d'Afrique sur la recommandation du
maréchal Mac-Mahon, officier dont l'ascendant sur
les troupes. l'expérience militaire, l'esprit de décision
sont les plus saillantes qualités ; le contre-amiral
Jauréguiberry, à qui revient la gloire du combat de
Coulmiers, qui est une véritable bataille, et dont il
est impossible de louer assez la vigueur, la promptitude, et qui possède au plus haut degré l'art de commander les hommes ; le général Martin des Pallières,
le plus brillant divisionnaire de l'armée, sorti de l'infanterie de marine, dont on n'a besoin que de modérer
l'impétuosité, mais qui a su créer, par son activité,
son courage et son moral admirables, la plus forte
et la plus compacte division de l'armée. Les armes
spéciales ont à leur tête des chefs du plus grand mérite, tous animés du meilleur esprit, tous pleins d'espoir ; et enfin, pour diriger tous les services, l'intendant général Friant, dont il suffit de prononcer le
nom. Je ne dirai jamais assez combien cette armée,
qui, à mon arrivée ici, comptait à peine 18 000 hommes
sans unité et sans décision, et qui est aujourd'hui le
boulevard de la résistance nationale, fait honneur au
pays par son patriotisme et son ardent désir de relever l'honneur de la France. Elle se trouve flanquée à
droite, de Gien à Nevers, par le 18e corps, dont l'organisation est absolument terminée et dont j'ai offert
le commandement à Bourbaki, qui n'a point réussi
dans le Nord, qui est aujourd'hui absolument découragé, et sur le compte duquel d'ailleurs j'aurai à
revenir plus loin. Un colonel d'état-major du plus
grand mérite, M. Billot, échappé de Metz, assiste le
commandant en chef provisoire, qui est le général
Abdelal. Bourges est gardé avec des forces suffisantes
par le général Mazure, et est en très bon état de
défense. Pour le moment, notre droite est très forte.
Nous avons remonté dans le nord du Loiret, direction

de Pithiviers et de Montargis : il a suffi d'un brillant
combat à Bellegarde pour obtenir l'évacuation de
Montargis par les Prussiens[1]. Malheureusement, notre
gauche est moins solide, faute de monde, à la suite
d'événements militaires accomplis depuis six jours et
dont je vais vous entretenir.

Nous avons repris Châteaudun, point extrême de
l'aile gauche de l'armée de la Loire, occupé par une
partie du 17e corps sous le commandement du général
de Sonis qui y est encore. Les 13e et 14e corps, ou
armée régionale de l'Ouest, placés sous le commandement du général Fiéreck, — dont il a fallu se débarrasser parce que, à force d'inertie, il avait tout compromis, — étaient chargés de couvrir le Perche et le
Maine. Outre que Fiéreck n'avait su ni organiser ni
discipliner ses troupes, il les avait disséminées sur
une ligne trop étendue qui a été facilement brisée
par un effort des Prussiens. Ses positions allaient de
Courville à quelques kilomètres de Chartres, à Dreux,
Nonancourt, Conches, Pacy et Serquigny. Je vous
épargne les détails de diverses affaires à la suite desquelles, par le fait de l'incapacité des généraux
Malherbe et Kersalaun, chargés de défendre Dreux et
Évreux, l'Ouest a été complètement découvert[2] ; seul,
le colonel Rousseau, chargé de protéger la ligne du
Mans par Nogent-le-Rotrou et la Ferté-Bernard, s'est
bien conduit[3].

Malgré les longueurs, je dois tout vous expliquer.

En face de notre solide situation à Orléans, menaçant la route de Paris par Étampes, le prince Frédéric-Charles a arrêté sa marche vers Lyon, évacué la
Bourgogne et l'Auxerrois, et il a rebroussé chemin

---

1. Cf. FREYCINET, loc. cit., p. 3 et sq. D'AURELLES, loc. cit., livre
IV, opérations sur Pithiviers et Grand état-major prussien, 13e livraison.

2. Le mouvement du 1er corps bavarois avait commencé le
17 novembre.

3. 21 novembre.

pour venir se concentrer entre Chartres, Étampes et Nemours[1]. On dit son quartier général à Chartres. Dans cette position, il a l'air de nous attendre, et il a renoncé à tourner notre droite, fortement gardée. C'est alors que le prince Albert et le prince royal ont résolu sur notre gauche un mouvement tournant qui est en train de s'effectuer[2]. On a dégarni l'armée de Paris, et trois corps d'armée s'avancent vers l'Ouest, l'un marchant de Mantes sur Évreux, l'autre de Versailles sur Dreux, le troisième de Chartres sur Nogent-le-Rotrou, tous les trois convergeant sur le Mans pour venir par le bassin du Loir, sur Vendôme et Blois. C'est cette manœuvre que les forces de l'Ouest, mal agrégées et mal commandées, n'ont pu déjouer. Le colonel Rousseau, qui s'est bien battu, a été forcé successivement d'abandonner Courville, la Loupe, Bretoncelles où l'on s'est battu deux jours[3], Nogent-le-Rotrou, le Theil et s'est mis en retraite sur Bellême et Mamers, commettant la grosse faute de découvrir le Mans et livrant la vallée de l'Huisme et de la Sarthe au lieu d'appuyer, par la Ferté-Bernard et Montmirail, sur Châteaudun. Le général Malherbe a précipitamment évacué Dreux et la forêt de Senonches et s'est mis en retraite sur Argentan. Je l'ai révoqué et je prescris une enquête sévère sur son compte. Quant à Kersalaun, il a abandonné Évreux sans combat. Les Prussiens ont occupé un des faubourgs de cette ville ; mais, grâce à l'énergie des autorités civiles, indignées de la conduite du général et, grâce au courage de la garde nationale sédentaire, l'ennemi a été repoussé au delà de Vernon ; la vallée de l'Eure est encore libre complètement. Ces malheu-

---

1. Grand état-major prussien, 13e livraison, p. 825.
2. « Un ordre du prince Frédéric-Charles prescrivit au grand-duc de Mecklembourg de se rendre promptement par le Mans sur Tours. » (Ibid., p. 437.)
3. 20 et 21 novembre.

reux événements qui se sont accomplis dans les
journées des 20 et 21 novembre, grossis par l'imagi-
nation publique, avaient jeté une véritable panique
dans l'Ouest et jusque dans la ville de Tours. Je suis
parti sur l'heure pour le Mans[1], j'ai trouvé cette ville
frappée de terreur et sur le point d'être évacuée. J'ai
pris immédiatement les mesures les plus énergiques
contre les fuyards et les incapables qui avaient été la
cause de cette retraite[2]. J'ai amené, dans les douze
heures, des dépôts environnants, des forces suffisantes
pour couvrir le Mans; j'ai ramassé dans toutes les
directions les troupes disséminées et en retraite, je
les ai toutes réunies au Mans couvrant la vallée de la
Sarthe et du Loir. Elles ont été agglomérées et endivi-
sionnées à nouveau. Les chefs ineptes sont suppri-
més et j'ai placé à la tête de cette armée refaite un
brillant officier de marine, le capitaine de vaisseau
Jaurès, homme plein d'énergie et très entendu comme
organisateur.

Pour la première fois, j'ai fait appeler Kératry pour
savoir exactement ce que l'on pouvait obtenir des
corps qu'il a rassemblées à Conlie sous le nom
d'armées de Bretagne. Je me suis rendu au camp
formé par Kératry à Conlie pour vérifier par moi-
même les ressources immédiatement disponibles. Les
forces qui y sont contenues, et qui ne dépassent pas
20,000 hommes, sont composées exclusivement de
recrues bretonnes qui n'ont pas tiré un coup de
fusil. Tout ce que j'ai pu prendre ne s'élève pas à
5,000 hommes et 2 batteries d'artillerie. J'ai vidé les
dépôts de la Bretagne et j'ai pu constituer un rassemblement de 9,000 hommes que j'ai chargé Kératry de
mettre en ligne entre la ville du Mans et Saint-Calais. Tous comptes faits, les forces rassemblées

1. Le 22 novembre.
2. Cf. ch. ii, p. 41.

sous le commandement du général Jaurès s'élèvent à près de 35,000 hommes, déduction faite des troupes de Kératry, mais tout cela d'une médiocre valeur. Il faudrait gagner quelques jours pour que ce travail d'organisation produisît ses fruits et relever le moral des troupes. A la suite de ce voyage, les Prussiens ont évidemment cru à une grande concentration de troupes sur le Mans et ont rebroussé chemin vers Chartres, menaçant Châteaudun. J'ai la conviction d'avoir sauvé le Mans, position importante, point d'aboutissement de cinq chemins de fer qui maintient nos communications avec le Nord. Mais le mouvement des Prussiens est grave, comme je l'ai fait savoir au général Trochu par une dépêche du 23, et vous commande une diversion puissante et immédiate[1].

Vous me demandez avec une légitime anxiété, dans vos dépêches, où en sont les armées du Nord et de l'Ouest. Voilà pour l'Ouest. En remontant vers le Nord, nous trouvons la vallée de l'Eure, Rouen, assez bien protégés par les gardes mobilisés du département, et surtout par le général Briant qui, depuis trois semaines, couvre avec efficacité ce beau pays et qui est fort aimé de la population. Le général Estancelin n'a montré jusqu'ici ni initiative ni compétence : on n'entend même plus parler de lui. Quant à la région du Nord, proprement dite, elle est en très bon état en ce qui touche le côté défensif et les places fortes. Il n'en est pas de même de l'organisation des forces actives et offensives. Le général Bourbaki, que sur sa demande j'avais envoyé dans le Nord[2], alors que je lui offrais le commandement de la Loire, en ce moment non occupé, n'est pas précisément un organisateur, et il a mollement poussé le recrutement de .

1. L'ensemble de ces dispositions paraissait devoir couvrir Tours et le Mans, mais l'aile gauche de l'armée de la Loire restait toujours menacée. » (FREYCINET, loc. cit., p. 119.)
   2. Le 22 octobre.

ses forces, quoiqu'il fût investi d'un absolu blanc-
seing pour les voies et moyens[1]. Son découragement
mal déguisé, l'entourage détestable qu'il s'était fait
dans son état-major en attirant près de lui les Magnan
et les Massa, sa sortie mystérieuse de Metz, son
voyage toujours inexpliqué auprès de l'ex-impératrice,
ses attaches avec la famille impériale, le voisinage de
Bruxelles, foyer de conspiration bonapartiste, ses
relations fréquentes avec l'écuyer Raimbeaud, fami-
lier impérial, étaient autant de prétextes à la défiance
et aux soupçons de l'opinion. Il s'est même produit
contre sa personne des scènes regrettables et auxquelles je ne voulais pas l'exposer plus longtemps.
Tous mes efforts pour lui ramener la confiance étaient
impuissants. Dans son propre intérêt, je lui ai offert
un commandement actif devant l'ennemi, avec des
troupes toutes faites, rôle auquel il est infiniment
mieux préparé par ses brillantes qualités militaires
qu'à celui d'organisateur : il l'a refusé, n'ayant confiance que dans les vieilles troupes que nous ne pos-
sédons plus[2].

Pour résumer la situation du Nord, outre cinquante
et soixante mille mobilisés que Bourbaki se refusait à
employer, le Nord compte 27,000 hommes[3] et 8 batteries. Cela suffirait cependant pour tenter un mouvement en avant, de nature à délivrer tout à fait la
Somme et à reprendre l'Oise. A ce sujet, je vous
apprends qu'Amiens n'a jamais été bloqué et que
Montdidier, qui avait été pris par les Prussiens, a été
repris par le préfet de la Somme et la garde nationale.
J'ai donné le commandement au général Faidherbe[4],

1. « Il faut dire que la confiance dans l'efficacité de la prolongation de la défense lui faisait défaut. » (FAIDHERBE, loc. cit.,
p. 9.)
2. Cf. FAIDHERBE, loc. cit., p. 10.
3. « Environ 25000 combattants. » (FAIDHERBE, loc. cit., p. 14.)
4. Décret du 18 novembre. Le général Faidherbe commandait
alors la division de Constantine.

qui est trop connu pour que je fasse ici l'éloge de ses qualités militaires et civiques. La manière dont il a reconnu et proclamé la République lui a créé une véritable popularité, et sa nomination a été accueillie avec joie. Il a sous ses ordres, comme organisateurs, le général Farre[1] et le colonel Lecointe[2].

J'arrive à l'Est. En dehors des corps francs de Garibaldi, qui se livrent tous les jours à de brillants coups de main dans la région de la Côte-d'Or, entre Autun et Châtillon-sur-Seine, poussant sur Dijon, mais qui ne peuvent compter comme une armée sérieuse, malgré les pertes souvent cruelles qu'ils causent à l'ennemi, je ne vois à vous signaler qu'un noyau d'armée, sous le commandement du général Bressolles[3]. Lyon est dans un admirable état de défense, et vous pouvez compter sur une résistance aussi longue et aussi héroïque que celle de Paris. Mon ambition va au delà; et je suis occupé à constituer, avec les contingents du Midi, à Lyon même, une armée capable de se jeter vigoureusement dans l'Est, d'aller donner la main à Belfort, pour de là prendre les Vosges à revers. Mais c'est une opération qui demande au moins six grandes semaines.

Les populations de l'Alsace sont animées du plus ardent patriotisme; elles s'échappent par la Suisse, et, à l'aide de crédits ouverts, nous les rapatrions sur Lyon pour les encadrer dans cette armée encore embryonnaire.

Le premier ban des mobilisés est à peu près levé et équipé partout, et je vous envoie par le même courrier un décret[4] pour l'établissement de onze camps

---

1. Le général Farre, au départ du général Bourbaki, avait reçu à titre provisoire le commandement supérieur du 22ᵉ corps d'armée (19 novembre).

2. Évadé de Metz, il fut promu général et reçut le commandement de la 1ʳᵉ brigade.

3. FREYCINET, *loc. cit.*, p. 11.

4. 25 novembre.

sur la surface du territoire, destinés à concentrer et à organiser militairement tout le monde. Joint au décret sur la création des batteries d'artillerie par département [1], ce décret vous prouvera nos résolutions et notre manière de comprendre la guerre à outrance, avec la certitude, que nous avons pleine et entière aujourd'hui, de pouvoir la continuer avec des chances sérieuses, même après la chute de Paris, si un tel malheur pouvait venir s'ajouter à tous nos désastres.

Tel est le tableau réel de notre état militaire. Je ne cherche pas à grossir nos ressources, car je m'abstiens de vous faire connaître quel sera, au 15 janvier, le formidable armement de la France en canons, armes et engins de toutes sortes. Si nous atteignons ce terme, nous serons réellement armés jusqu'aux dents et en état d'assurer une foudroyante revanche. De toutes ces choses, je n'ai pu accomplir les unes et proposer les autres qu'en faisant appel au génie civil de la France. J'ai mis à contribution, en réquisition et en œuvre, toutes les intelligences et toutes les aptitudes des hommes de science et d'industrie. J'ai certainement, mais je ne pouvais faire autrement, complètement transformé le ministère de la guerre. Les ingénieurs et les savants dominent un peu partout, à l'intérieur comme à la guerre; mais leur coopération a été merveilleusement accueillie et appréciée par les militaires. Il ne s'est produit entre eux ni froissements ni conflits; j'ai eu la bonne fortune de trouver des collaborateurs à la fois novateurs et prudents. Il me serait trop long de vous en donner la brillante liste, mais je ne peux cependant passer sous silence le plus éminent d'entre eux, mon délégué au ministère de la guerre, M. Charles de Freycinet, dont le dévouement et la capacité puissante se sont trouvés à la hauteur de toutes les difficultés pour les résoudre, comme de

---

1. Décret du 3 novembre.

tous les obstacles pour les vaincre. Un jour viendra
où la part de chacun sera mise en lumière et où vous
pourrez apprécier combien jusqu'ici vous avez été mal
renseignés, soit par la presse étrangère, soit même
par des personnages dont les paroles et les écrits
n'auraient dû rencontrer près de vous aucune espèce
de créance.

En effet, et c'est malheureusement là une conséquence presque inévitable de votre blocus, il vous a
été toujours difficile de démêler, dans les rapports
qui vous étaient faits, le vrai du faux, le possible de
l'impossible. L'anxiété des assiégés les rend à la fois
impatients et injustes; leur isolement les rend ou-
blieux; l'esprit de rivalité se réveille, les plus vieilles
amitiés mollissent, et au milieu de ce désarroi et de
cette ingratitude qui gagnent tout le monde, il ne
reste que quelques rares et grands cœurs comme le
vôtre, mon cher Favre, assez fiers pour ne se laisser
jamais abattre, assez droits pour ne jamais dévier,
assez généreux pour rester fidèles aux absents. Je
vous conjure, pour éviter le retour de tout malentendu, de n'accorder crédit qu'aux nouvelles qui vous
viennent directement de nous, car je suis incapable
de cacher ou même d'atténuer la vérité. Je vous prie
aussi de bien surveiller l'arrivée des dépêches et leur
publication. Je ne peux, par exemple, me faire à l'idée
qu'on reproduit, en le tronquant, le texte de tout ou
partie de mes communications. Appréciez ce que vous
devez livrer au public, mais que la partie publiée soit
intacte. Jugez par exemple, de mon étonnement
quand je retrouve défigurée au *Journal officiel* mon
appréciation de l'odieuse trahison de Bazaine, et de la
légitime et unanime colère qu'elle a soulevée dans le
pays[1]. Nul aujourd'hui, parmi les plus effrontés de
nos adversaires, n'ose défendre ce criminel. Les preu-

[1]. Cf. Jules Favre, *loc. cit*, t. II, p. 39.

ves éclatent de toutes parts, et la France possède le plus volumineux et le plus accablant des dossiers. Les fauteurs de restauration monarchique calculaient sans doute en prenant la défense de ce soldat déshonoré, sur le concours de cette déloyale épée à mettre au service de ce qu'ils appellent hypocritement « l'ordre ». Ce ne serait pas la première fois que cette race d'indignes citoyens aurait spéculé sur les malheurs de la patrie et joué à la hausse sur l'abaissement de l'honneur national.

Tout cela, d'ailleurs, appartient déjà à l'histoire : M. Guizot lui-même, partisan de la résistance à outrance, le notait ces jours derniers dans une lettre adressée au *Times*[1]. La conclusion qu'il en faut tirer, c'est que j'ai devancé de quelques heures le jugement de la conscience française ; mais je m'en applaudis, car si je n'avais point poussé ce cri de justice vengeresse, notre malheureux pays, constamment trompé et trahi, courait le risque de s'abandonner lui-même devant l'immensité du désastre. Au contraire, ce que j'avais prévu s'est réalisé, la France s'est ressaisie. elle a puisé dans l'étendue même de son malheur le rajeunissement de sa moralité et de sa virilité politique et sociale. C'est ce que j'ai dit le premier jour, et j'ai la conviction de n'avoir jamais été plus fidèle interprète des sentiments de mon pays.

Comme je vous le marque d'ailleurs dans mes dépêches précédentes, c'est à partir de ce moment que l'administration intérieure du pays est devenue facile et que les pouvoirs publics ont été partout obéis. J'ai lu avec amertume, dans une note publiée au *Journal officiel*, la phrase suivante que je reproduis à dessein pour en faire justice :

« Nous sommes persuadés, sans en avoir la preuve, « que l'autorité est relâchée sur beaucoup de points,

1. 8 novembre.

« que des tentatives anarchiques se produisent. »

C'est le 17 novembre qu'une semblable phrase paraît au *Journal officiel*. Je trouve là la preuve que vous avez prêté l'oreille à de perfides rapports, qu'on serait dans l'impossibilité d'appuyer sur des faits. L'autorité, loin d'être relâchée, n'a jamais été plus forte, le gouvernement plus respecté, mieux obéi. Lyon est, depuis la délivrance du général Mazure, accomplie sur une simple dépêche lancée par moi, dans un ordre admirable : pas l'ombre d'un dissentiment entre les diverses classes des citoyens, et, pour procéder par énumération, comme vous le demandez, Limoges, en d'autres temps si troublé, n'a jamais donné la moindre inquiétude; Toulouse, malgré sa réputation de turbulence, a accepté sans protestation les mesures les plus sévères du Gouvernement; le préfet, qu'on représentait comme le chef de ligue hostile, s'est incliné publiquement, avec une docilité toute civique, devant les ordres du gouvernement qui représente la République; Montpellier et Nîmes sont d'une sagesse et d'une activité militaires dignes des plus grands éloges; Marseille, troublé par Cluseret et un Américain nommé Train, qui a été arrêté après la révocation d'Esquiros, donne, depuis de longues semaines, sous la main ferme et intelligente d'un républicain éprouvé, M. Alphonse Gent, qui a rétabli l'ordre au péril de sa vie, un exemple dont tout le Midi profite. Ainsi se sont évanouies toutes les prétendues tentatives de ligues séparatistes, qui n'ont jamais eu rien de sérieux, mais qui, pour emprunter votre langage, « ont alimenté les mensonges et les bruits calomnieux » dont nos ennemis de toute nature sayent faire un usage si perfide. Saint-Étienne ne donne que le spectacle d'un immense atelier national, consacré tout entier à la fabrication des engins de guerre. Il n'y a jamais eu une heure d'émotion dangereuse. Vous me demandez des nouvelles de Dijon.

Il a. été successivement occupé et évacué par les
Prussiens, qui ont l'air de n'en rien faire qu'un lieu
de passage. Dans les intervalles, les fonctionnaires de
la République, qui ne quittent pas le département,
reparaissent; ils préparent clandestinement tous les
moyens de résistance pour un jour décisif[1]. Le reste
du pays est d'ailleurs, malgré les cruelles souffrances
de l'invasion et les brigandages inénarrables de l'ennemi, de jour en jour plus affermi dans l'idée de la
guerre à outrance. Il n'est véritablement plus question d'élections. Je ne crois pas qu'il ait jamais existé
de mouvement plus superficiel que celui à la tête
duquel se trouvent M. Thiers et la coterie des journaux et des candidats de son opinion. On ne s'entretient jamais d'élections; on n'en parle pas, on n'en
écrit pas, et on ne saisit jamais la tentative ni d'une
réunion ni même des listes électorales; et certes, ce
n'est point parce que le pays ni nous-mêmes ne comprenons pas les avantages qu'il y aurait à régulariser
le pouvoir et à posséder une véritable Assemblée
nationale : nous sommes tous d'accord sur le principe
et la légitimité du gouvernement des Assemblées.
Mais il éclate aux yeux de tous, même des plus simples,
que certaines conditions essentielles à la bonne et
loyale création d'un pareil pouvoir, font défaut; que
la nécessité de la guerre, l'urgence du combat,
excluent toute autre affaire, et je partage pleinement
l'avis du général Trochu, quand il affirme que la
convocation d'une Assemblée entraverait la défense
au point de la dissoudre. Si vous pouvez tenter une
vigoureuse trouée et nous donner la main, je crois que
les Prussiens, qui, eux aussi, demandent une Assemblée, renonceront à poursuivre la lutte. Jugez alors dans
quelles conditions infiniment plus favorables nous
installerons la première Assemblée de la République!

1. Cf. chap. VII, dépêches aux préfets de divers départements.

Toutefois, je m'explique fort bien le sentiment qui vous pousse à réclamer des élections, à cause du poids croissant du pouvoir et de la responsabilité. Mais c'est cette abnégation même, cette ténacité à ne pas abandonner le gouvernail dans la tempête, qui seront notre justification devant l'histoire, et pour le pays, le jour où il pourra mesurer l'étendue de notre dévouement, le sujet d'une profonde et inaltérable reconnaissance.

En un mot, pour faire une Assemblée, il est trop tôt ou trop tard, surtout si, comme c'est notre devoir, nous voulons que l'Assemblée nationale soit à la fois digne de la France et de la République. Vous connaissez, d'ailleurs, les conditions d'inéligibilité particulière qu'il faudrait préalablement décréter et établir pour assurer, d'une manière définitive, l'établissement de la République et terminer la révolution sans violences. Je n'ai pu me rendre aux raisons que vous m'avez fait valoir dans votre lettre du 3 novembre, et je crois vous en avoir présenté de supérieures et de mieux fondées dans les dépêches que je vous ai adressées. J'insiste, parce que c'est pour moi une question de salut ou de ruine pour nos chères idées, dont vous avez toujours été le représentant si consciencieux et si élevé. Aussi je ne désespère pas de vous voir accueillir les propositions sur lesquelles je prends la liberté de m'appesantir dans chacune de mes communications. Ce ne sont point des sentiments de vengeance qui les ont dictées : c'est l'intelligence claire et précise des nécessités de la politique, autant que des intérêts du parti auquel j'ai l'honneur d'appartenir, et à qui je dois de faire faire un pas sérieux en avant. Dans cette voie, nous ne pouvons que marcher ensemble, appuyés l'un à l'autre, pour fonder enfin ce régime de paix et de liberté sous la loi que notre pays attend depuis quatre-vingts ans.

En ce qui touche l'armistice proprement dit, je ne reviendrai pas sur l'expression de mes opinions personnelles. J'ai lu votre dépêche du 19 novembre, dans laquelle vous précisez si nettement votre détermination : pas d'armistice sans ravitaillement. L'Europe est médiocrement choquée, malgré de banales et platoniques réserves. Ici encore, M. Thiers, facile aux concessions de toute sorte pour atteindre son but, vous blâme hautement d'avoir refusé cette impertinente proposition du chancelier prussien : les élections sans armistice ou les élections avec armistice sans ravitaillement. Il avait essayé de me faire croire que autre était votre avis. Je tenais ferme, et aujourd'hui que j'ai votre déclaration, il ne se considère pas comme battu et cherche à avoir de mes collègues de Tours une adhésion à l'armistice sans ravitaillement. Glais-Bizoin et Fourichon faiblissent visiblement. A force de les pratiquer, M. Thiers les a amenés à ce qu'il appelle l'armistice avec ravitaillement mitigé! Voici en quoi cela consiste : dix jours suffisant pour faire les élections, on accepte un armistice avec ravitaillement, et ce ravitaillement est borné à certaines denrées en quantités limitées. A la suite de quelques suggestions de M. Okouneff, on conseillait de soumettre une semblable proposition à la Russie, qui se chargerait de la transmettre à M. de Bismarck. Je me suis opposé à une telle démarche : 1° en droit, parce qu'après la rupture des négociations de Versailles, la délégation de Tours n'a pas qualité pour saisir une puissance européenne quelconque d'une pareille demande; 2° en fait, parce que votre dépêche contient une décision précise, parfaitement contraire à de tels agissements, et que ce serait se mettre en contradiction flagrante avec vos propres décisions[1]. Je crois, d'ailleurs, qu'ils doivent vous consulter à cet égard, et je vous en informe moi-même, ne fût-ce que pour obtenir de vous une confirmation. La conclusion

1. Rapport Chaudordy, 21 novembre.

de tout cela, surtout depuis que je suis fixé sur le terme fatal, c'est qu'il vous faut à tout prix tenter un suprême effort. Vous pouvez, d'ailleurs, être certains que toutes les mesures sont prises pour que votre ravitaillement soit assuré, quel que soit le sort que nous réserve la fortune.

La question extérieure ne s'étant pas sensiblement modifiée, je n'ai rien à ajouter aux observations qu'elle m'avait inspirées dans mes dernières dépêches. Je trouve vos conseils et votre direction tout à fait sages : je m'y associe complètement. Je n'ai qu'un regret et qu'une crainte, c'est que la lâcheté générale de l'Europe ne soit pas secouée d'ici au printemps, et que cette grosse question[1], soulevée à la faveur de nos désastres, n'aboutisse qu'à un échange stérile de documents diplomatiques.

En terminant cette longue dépêche, je veux vous répéter combien j'ai été ému et fortifié par vos bonnes paroles, et je vous prie de vouloir bien, en me continuant cette sympathie qui me soutient et m'anime, me donner votre avis sur les diverses questions de politique intérieure dont je vous ai entretenu depuis un mois, notamment sur les changements nécessaires, commandés par les circonstances et nos intérêts, dans les trois grands services publics, les finances, l'instruction publique et la diplomatie. Moi aussi, je voudrais savoir et voir ce que vous faites au moment où je termine ma dépêche !

Salut fraternel.

LÉON GAMBETTA.

1. Les revendications de la Russie sur la mer Noire.

Gambetta à général Trochu, à Paris.

(Publiée en partie au *Journal officiel* du 3 décembre.)

Tours, le 30 novembre 1870.

N'ai reçu que ce matin, 5 heures, dépêche du 21 par ballon Deschamps-Robert. Ballon tombé Christiania, en Norvège[1]. Consul de France a recueilli aéronautes, a télégraphié cette nuit votre dépêche. Notre situation excellente. Sommes gardés à droite et à gauche; centre très fort. Mouvement tournant sur gauche, à la date du 20 novembre, complètement échoué. Prussiens repoussés n'ont pu se maintenir ni à Saint-Calais, Cloyes, ni Châteaudun[2]. Depuis trois jours, offensive heureuse sur droite. Occupons Montargis[3]. Voici dépêche portée ce soir à Ducrot par cinq messagers (chiffre guerre) :

« Nous faisons tous nos préparatifs pour aller à
« votre rencontre avec 120 000 hommes, suivis d'un
« corps de réserve. Nous nous acheminerons en deux co-
« lonnes, l'une par la route de Pithiviers[4], Malesherbes,

1. C'est le ballon *Ville d'Orléans*, parti le 24 novembre, à 11 heures du matin, de la gare du Nord, et tombé à cent lieues au nord de Christiania, le lendemain à 2 heures 40 du soir. « Un ballon, parti de Paris le 24, avait été chargé de nous annoncer la grande sortie pour le 29. Malheureusement, bien malheureusement, car le sort de la France en a dépendu, ce ballon qui poussé par les vents contraires s'en était aller tomber en Norvège, en sorte que la dépêche mit *six jours* à parvenir, quatre jours de plus qu'elle n'aurait dû. » (FREYCINET, *loc. cit.*, p. 133).
— Cf. Le rapport de M. Léonard Bezier dans le livre de M. STEENACKERS sur les *Télégraphes et les Postes*, p. 817.
2. Cf. CHANZY, *Deuxième armée de la Loire*, livre Ier, Orléans, *passim.*
3. Montargis avait été évacué par les troupes allemandes le 25 novembre et occupé le lendemain par le général Billot, commandant le 18e corps d'armée.
4. Dépêches du ministre de la guerre aux généraux d'Aurelle à Saint-Jean-la-Ruelle, de Sonis à Marchenoir, Crouzat et Billot à Bellegarde, en date de Tours, 24 novembre, 11 h. 5 et 11 h. 45 du soir.

« Chapelle-la-Reine, l'autre par la route de Beaune-la-
« Rolande, Beaumont, Nemours. Nous comptons être
« dans la forêt de Fontainebleau, qui est notre objec-
« tif, mardi prochain, 6 décembre. Nous occupons
« aujourd'hui, 30 novembre, la ligne de Saint-Péravy,
« Chevilly, Chilleurs, Boiscommun, Bellegarde, Ladon.
« Nous infléchissons fortement sur notre droite dans
« votre direction.

« LÉON GAMBETTA. »

Nous allons au-devant le cœur rempli d'espoir.
Troupes pleines de confiance et de courage. Avant-
hier, nos conscrits 18e corps[1] ont battu à Beaune-la-
Rolande 10e corps prussien, commandé Frédéric-
Charles en personne. Envoyez-nous ballon tous les
jours. Pour aussi grave affaire, un seul ballon[2]! Avons
risqué tout perdre pour misérable détail. Ravitaillement prêt. Vive la République !

Salut fraternel.

LÉON GAMBETTA.

Gambetta à Jules Favre et à général Trochu, à Paris.

Tours, 3 décembre 1870.

Effet immense de la sortie de Ducrot du 30. Depuis lors, nous ne savons rien. France inquiète.
227,000 hommes et plus de 500 bouches à feu à l'armée de la Loire, dont la droite tient toujours de
Chilleurs à Bellegarde en Loiret et Montargis, occupés
par les 20e et 18e corps, sous les ordres de Bourbaki.

1. A la suite des succès remportés à Ladon, Maizières et
Beaune-la-Rolande, un décret de la Délégation avait proclamé que
le 18e corps avait bien mérité de la patrie.
2. « Il est bien regrettable que pour une nouvelle de cette importance de la sortie du 29, le gouvernement de Paris n'ait pas
fait partir plusieurs ballons. L'un d'eux sans doute serait parvenu avec moins de retard et nous aurait évité la précipitation
extrême avec laquelle il a fallu agir. » (FREYCINET, p. 134.)

Le centre est Arthenay et à Chevilly. La gauche a fléchi de Vatay à Coulmiers, sous l'effort formidable du 10ᵉ corps de Frédéric-Charles. Arrêté notre marche sur Pithiviers et Malesherbes. Attendons des nouvelles de Ducrot. Avons immenses forces devant nous : Frédéric-Charles, duc de Mecklembourg et de Thann, en tout 200,000 hommes.

Ai envoyé régulièrement dépêches tous les deux jours. Esprit politique excellent. Si nous faisons la jonction, tout est sauvé.

Léon Gambetta.

P. S. Voici ma dépêche du 30¹, que j'avais envoyée à Ducrot par cinq messagers. — L. G.

Gambetta à Jules Favre, à Paris.

Tours, 3 décembre 1870.

Je suis, extrêmement surpris des plaintes dont j'ai trouvé l'expression dans vos dernières dépêches, arrivées par les ballons tombés à Belle-Isle-en-Mer et à Savenay, en Bretagne, le 1ᵉʳ et le 2 décembre. Je ne m'explique point ces reproches amers, car j'ai la conscience parfaitement tranquille, ayant toujours rempli mes devoirs envers vous et envers Paris avec la plus exacte diligence.

Du 1ᵉʳ au 30 novembre, je vous ai adressé quinze dépêches officielles. Sur ces quinze dépêches, il paraîtrait que vous n'en avez reçu que six. En me reportant aux divers accusés de réception qui me sont parvenus, j'ai eu la satisfaction de découvrir que toutes les dépêches contenant des communications militaires sont exactement arrivées à destination. Celles, au contraire, où je me livrais à un examen complet et détaillé des

---

1. On a lu plus haut cette dépêche, pages 163-164.

diverses questions de politique intérieure ou étrangère qui importent à l'avenir de la République, sont
arrivées moins exactement. Je le regrette, à coup sûr,
mais ma préoccupation serait tout autre s'il s'agissait
de mes communications militaires, auxquelles, comme
il convient, j'attache un prix infiniment plus grand,
dans les circonstances où nous sommes. J'ai lieu de
croire aussi que les communications de M. le délégué
des finances ne sont point parvenues. Comme elles
se rapportaient à la question de l'emprunt, qui vous
a si fort émus, j'aurais désiré particulièrement que
la dépêche contenant le rapport de M. le délégué des
finances ne s'égarât point. Elle s'est égarée, mais elle
n'est pas perdue et se retrouvera bien quelque jour.
Je prends le parti de faire réunir toutes les dépêches
officielles envoyées jusqu'à ce jour, de les faire com-
poser et photographier d'après le nouveau procédé
que vous nous avez indiqué vous-mêmes; vous les
recevrez ainsi par tous les pigeons qui seront envoyés. Il est à croire qu'à la fin nous arriverons à
nous bien entendre, lorsque nous serons tous mutuellement éclairés sur nos opinions et nos vues
respectives.

Pour entrer dans le détail des dépêches de ces derniers temps, voici ce que j'ai à vous dire :

Le 23 novembre, j'ai envoyé une dépêche que vous
avez reçue, puisque le général Trochu m'en a accusé
réception par sa dépêche du 24, qui ne m'est parvenue
que le 30 au matin, venant de Christiania. Dans cette
dépêche, je donnais les indications les plus précises
sur notre situation militaire.

Le 29 novembre, je rédigeais une complète et longue dépêche, partie le 27 novembre, qui vous a été
envoyée à la fois par pigeons et par messagers. J'ose
dire qu'il est impossible de dresser un inventaire plus
fidèle. Je vous l'ai fait réexpédier par pigeons; je vous
la ferai renvoyer encore si je m'aperçois que vous ne

l'avez pas reçue. Elle est trop importante à mes yeux
pour que je néglige cette précaution.

Le 30 novembre, j'ai adressé au général Trochu une
dépêche militaire sur nos efforts combinés, et je l'ai
communiquée, par cinq messagers, au général Ducrot,
que je croyais en marche vers nous, suivant le plan
indiqué dans la dépêche de Christiania. Je vous ai fait
répéter hier l'envoi de cette dépêche à Ducrot, à seule
fin de vous bien instruire des mouvements auxquels
j'avais songé pour vous rejoindre le plus rapidement
possible.

Vous voyez, par ce triple exemple, qu'il m'est
impossible de m'expliquer les plaintes contenues dans
votre dépêche qui va du 29 novembre au 30 à cinq
heures du matin 3 décembre à midi, et dans laquelle
je lis avec le plus profond étonnement que vous n'avez
rien reçu de moi. A plusieurs reprises, je vous l'ai dit
et redit : du côté des communications, je fais tout ce
ce que je peux. J'ai multiplié les envois par pigeons,
mode de correspondance essentiellement aléatoire,
mais dont j'ai usé dans la plus large mesure ; j'ai multiplié les envois de messagers. Est-ce ma faute à moi
si, pour arriver jusqu'à vous, j'ai à lutter à la fois
contre les hommes et contre la nature? Je ne suis
le maître ni des sentinelles prussiennes, ni du vol des
oiseaux, ni des caprices de l'atmosphère. Encore une
fois, j'ai rempli mon devoir. Ma tâche a été d'ailleurs
singulièrement facilitée par le zèle, l'intelligence, le
dévouement sans bornes de M. Steenackers, directeur
général des télégraphes et des postes, qui s'est appliqué au service de transmission des correspondances
avec une ardeur passionnée qu'il est de mon devoir
d'honorer ici comme un grand acte de patriotisme.
Puisque l'histoire est mise en demeure de nous juger,
nous attendons son jugement avec une parfaite confiance. Il n'en est peut-être pas ainsi de tout le monde ;
car, sans examiner les choses de trop près, il y aurait

beaucoup à dire sur les diverses communications qui me sont parvenues depuis que je suis à Tours. J'attends encore une lettre, une dépêche, un télégramme contenant un avis ou un conseil. Je vous ai plusieurs fois exprimé ma manière de voir sur la bonne question des affaires de la République : j'en suis encore à connaître votre opinion.

Vous réclamez des nouvelles avec une insistance que je m'explique trop bien, hélas! par votre situation de prisonniers. Mais prenez-vous bien toutes les précautions nécessaires pour en avoir? Tantôt vous laissez partir les ballons sans pigeons, comme cela est arrivé plusieurs fois; tantôt vous confiez les pigeons à des personnes étrangères à l'administration, comme M. de Saint-Valry, qui les garde en Belgique, ou comme d'autres gens, qui s'en servent pour leurs correspondances privées, ou qui les lâchent avant d'être arrivés à Tours, ou qui les perdent dans leurs voyages. Que de fois ne vous ai-je pas dit que le service des pigeons est aujourd'hui le premier service de l'État! Vous avez pris une délibération en conseil pour me recommander certaines prescriptions à l'endroit de ces précieux messagers. J'aurais mieux compris que, pour me faciliter l'accomplissement de ma tâche, vous m'eussiez adressé soixante à quatre-vingts pigeons au lieu de neuf, envoyés par trois ballons, qui me sont annoncés et qui ne me sont pas parvenus encore à l'heure qu'il est.

Mais c'est assez de ces plaintes mutuelles. L'heure est solennelle, et l'émotion du pays est extrême. La nouvelle de la bataille de Paris a excité partout des espérances à la réalisation desquelles le salut de la France est attaché. Hier, pendant ce funèbre anniversaire du 2 décembre, tout le pays était dans la joie : aujourd'hui il est dans la plus cruelle anxiété, car nous n'avons aucune nouvelle des mouvements militaires qui ont pu avoir lieu ultérieurement sous Paris, depuis le 30 au soir. Nous tremblons tous que vos héroïques efforts n'aient échoué devant la masse de nos ennemis. Quant à nous, nous avons en face de nous 200 000 hommes, commandés par Frédéric-Charles. Je vous traduis ici la dépêche partie hier à l'adresse du général Trochu. Mais nous nous affermissons dans nos positions, et nous espérons bien repousser victorieusement le formidable assaut qui nous menace, apprendre que vous avez fini par percer et vous amener ce ravitaillement qui est déjà chargé sur des wagons derrière notre armée, indépendamment de celui qui a été préparé par les soins de MM. Cezanne et Barthélemy, au Havre et à Cherbourg. Les vallées, de l'Eure, de la Sarthe, du Loir sont débarrassées des Prussiens. On les tient encore à Autun. Dans le Nord, ils ont levé le siège de Montmédy et de Mézières, et jusqu'ici ils n'ont pu dépasser Amiens[1]. Je n'ai, d'ailleurs, rien à changer aux indications militaires de ma grande dépêche du 26 novembre qui vous a déjà été envoyée trois fois, sinon que, malgré l'occupation de Dijon, nous communiquons avec Langres et Belfort.

De grâce, faites partir au moins un ballon par jour avec pigeons!

Salut fraternel.

LÉON GAMBETTA.

Gambetta à général Trochu, à Paris.

Tours, le 5 décembre 1870.

Vos dépêches nous sont parvenues. Elles ont provoqué une profonde admiration pour la grandeur et

---

1. 29 et 30 novembre.

l'héroïsme de vos efforts[1], et bien que vous n'ayez pas percé les lignes, les résultats n'en seront pas moins sensibles aux Prussiens. Nous apprécions votre changement de plan et nous en tiendrons compte. Nous nous concentrons vers Gien. C'est Bourbaki qui dirige l'opération, et, selon l'événement, il agira dans le sens de vos efforts.

A la suite d'une monstrueuse défaillance du général d'Aurelle, Orléans a été évacué devant les troupes de Frédéric-Charles[2]. Nous avons été obligés de reprendre, sur notre gauche, avec le 16e, le 17e, le 21e corps et la moitié du 19e en formation, les positions que nous occupions avant la reprise d'Orléans, le général Chanzy commandant toutes les forces réunies. Le 14e corps, commandant Martin des Pallières, avec Borel chef d'état-major, occupe la Sologne derrière le Beuvron, prêt à se porter soit à droite, soit à gauche, selon les exigences de l'action. Bourbaki commande le 18e et le 20e corps, auxquels on envoie incessamment des renforts, de manière à couvrir Bourges et Nevers. Nous sommes donc exactement dans les vues de votre dépêche du jeudi 24 novembre. Le ravitaillement est tout préparé. A la suite de l'évacuation d'Amiens, les Prussiens ont marché sur Rouen, qu'ils menacent d'occuper aujourd'hui ou demain, le général Briant couvre le Havre. Le général Faidherbe, qui a remplacé Bourbaki dans le Nord, est informé de vos dispositions militaires. Les Prussiens ont levé le siège de Montmédy et de Mézières. Ils sont vigoureusement tenus en échec par Garibaldi, entre Autun et Dijon.

L'ensemble des opérations militaires des Prussiens tend à prouver qu'ils ont dû dégarnir leurs lignes d'in-

1. Les batailles de la Marne.
2. 3 décembre. — Cf. Freycinet, d'Aurelles, Chanzy, et le grand état-major prussien pour le récit des combats de Villepion, Loigny, l'impry, Chevilly et Orléans.

vestissement, nous attendons toujours avec anxiété
le résultat de vos sublimes efforts[1].

LÉON GAMBETTA.

Gambetta à Jules Favre et à général Trochu, à Paris.

Tours, le 5 décembre 1870.

Vos deux ballons[2] nous sont parvenus, mais nous
n'avons de nouvelles précises que d'un seul. De grâce,
envoyez-nous des pigeons en aussi grand nombre que
vous pourrez! Nous les utiliserons tels quels. Faites
aussi partir un ballon par jour, quelle que soit la
direction du vent. En se tenant longtemps en l'air, il y
a toujours chance pour les aérostiers d'échapper aux
balles prussiennes et de nous apporter vos dépêches.

Le ballon *Franklin*[3] nous a fait parvenir, par voie
télégraphique, des nouvelles imprimées au *Journal
officiel*. Jamais nous ne pourrons vous dire l'admiration que nous inspirent la belle conduite de vos
soldats, l'énergie de leurs chefs et les courageux
efforts que Paris, sous votre gouvernement, fait pour
sauver la République et la France en se sauvant lui-
même. Je dois ajouter que nous pensions, après vos
héroïques combats du 30 novembre, que vous réussiriez à percer les lignes. Mais, si peu de succès que
vous ayez obtenu dans votre première tentative, il n'y
en a pas moins dans cette lutte une grandeur qui
nous fait venir les larmes aux yeux quand nous songeons à tout ce que la France vous devra de reconnaissance dans l'avenir. Nous n'osons pas vous dire :
Courage! à vous qui nous donnez de si glorieux

1. Cette dépêche a été publiée dans le *Journal officiel* du 15 décembre avec de nombreuses suppressions et modifications.
2. Le *Volta* et le *Franklin*.
3. Tombé près de Nantes, le 4 décembre, à 8 heures du matin.

exemples, mais nous vous envoyons l'expression la mieux sentie de la gratitude du pays tout entier.

Je voudrais pouvoir ajouter que, de notre côté, nous avons réussi dans les efforts que nous avions ordonnés et entrepris pour vous rejoindre. Malheureusement, comme je vous l'ai dit, notre armée de la Loire, si belle, si bien pourvue, si pleine de confiance, a, en face d'elle, une masse énorme de Prussiens sous le commandement de Frédéric-Charles, qui a, jusqu'à présent, paralysé tous ses mouvements. Dans les journées des 2 et 3 décembre, des mouvements avaient été prescrits pour porter cette armée en avant, dans le sens indiqué dans une dépêche au général Ducrot, que je vous ai fait passer à trois reprises, mais que vous ne paraissez pas avoir reçue[1]. Ces mouvements n'ont pu s'effectuer; on s'est heurté au front même de l'armée prussienne qui a beaucoup souffert sans doute de ses rencontres avec nous, mais qui nous a fait aussi beaucoup de mal, notamment aux 16e et 17e corps, ce qui a glacé l'élan du général en chef. Dans la nuit du 3 au 4 décembre, nous avons appris, avec une stupéfaction mêlée de colère et de tristesse, que le général d'Aurelle de Paladines, commandant en chef de l'armée de la Loire, se jugeant en présence de forces auxquelles il serait hors d'état de résister, considérait l'évacuation de la ville d'Orléans et la retraite de toute l'armée sur la rive gauche de la Loire comme absolument nécessaire[2]. A cette nouvelle, j'ai bondi d'indignation. Évacuer Orléans quand la ville était défendue par un camp fortifié et pourvu de pièces de marine, battre en retraite avec une armée de plus de 200000 hommes, appuyés par plus de 500 bouches à feu et alors que nulle bataille sérieuse n'avait encore été livrée! Une telle résolution me

1. Cf. Freycinet, loc. cit., ch. iv.
2. Dépêches du général d'Aurelle, Cercotte, nuit du 3 au 4 décembre 1870, sans heure.

paraissait impossible. N'y voulant pas croire, j'ordonnai la concentration en avant d'Orléans de tous les corps de l'armée de la Loire qui, n'étant pas trop menacés sur leur droite, étaient en outre appuyés sur leur gauche par la petite armée du Mans tout entière, 55000 hommes au moins, et je conjurai le général d'Aurelle de défendre la position avec toutes ses forces[1]. Hier matin, je reçus de lui une nouvelle dépêche où il annonçait que la résistance lui semblait de plus en plus difficile, et qu'il maintenait son plan de retraite[2]. Je rassemblai immédiatement mes collègues pour leur faire part de ce grave événement. Ils partageaient mon opinion sur la nécessité de la résistance, sur sa possibilité, sur l'incroyable effarement d'esprit qui seul pouvait faire naître l'idée d'abandonner une telle situation. Néanmoins, le général d'Aurelle étant sur place, comme il le disait dans sa dépêche, et pouvant juger mieux que personne de la situation, du moral des troupes et des conséquences d'une résistance aboutissant à un échec, mes collègues pensèrent qu'il fallait laisser toute sa liberté d'action au général d'Aurelle, et je me joignis à eux pour lui adresser un télégramme signé de nos quatre noms et dont voici le texte :

« L'opinion du Gouvernement, consulté, était de vous voir tenir ferme à Orléans, vous servir des travaux de défense et ne pas vous éloigner de Paris. Mais puisque vous affirmez que la retraite est nécessaire, que vous êtes mieux à même, sur les lieux, de juger la situation que vos troupes ne tiendraient pas, le Gouvernement vous laisse le droit d'exécuter les mouvements de retraite sur la nécessité desquels vous insistez et que vous présentez comme de nature à éviter à la défense nationale un plus grand désastre que celui-là même de l'évacuation. En conséquence

1. Dépêche du 4 décembre, 3 h. 30 du matin.
2. Dépêche du 4 décembre, 8 h. 35 du matin, de Saran.

je retire mes ordres de concentration active et forcée à Orléans et dans le périmètre de nos feux de défense, et donnez des ordres à tous vos généraux placés sous votre commandement en chef.

« LÉON GAMBETTA, AL. GLAIS-BIZOIN,
AD. CRÉMIEUX, L. FOURICHON. »

Il était 11 heures du matin. A midi, je recevais une dépêche du général m'annonçant qu'il changeait tout à coup ses dispositions, qu'il était décidé à résister et qu'il faisait opérer la concentration nécessaire[1]. Aussitôt, je me mettais en route pour Orléans par train spécial afin d'activer par ma présence les efforts de la résistance qui, à mon avis, était au monde ce qu'il y avait de plus praticable dans la situation[2]. Je ne pus parvenir jusqu'à Orléans. A 4 heures et demie, j'arrivais à la Chapelle-Saint-Mesmin, sans pouvoir passer outre, la voie ayant été obstruée par des madriers et des pièces de bois jetés là par l'ennemi, et j'échappais à la fusillade prussienne grâce à l'habileté du mécanicien. Je rentrais à Blois et j'apprenais par une dépêche, à 9 heures du soir, que le général d'Aurelle, changeant encore d'avis, avait ordonné la retraite et qu'Orléans serait évacué dans la nuit[3]. Je revenais précipitamment à Tours pour être au centre des nouvelles, et j'apprenais — fait inouï dans l'histoire de nos guerres — qu'une convention avait été passée entre l'ennemi et nous pour évacuer Orléans dans le délai de 11 heures à minuit, que les

1. Dépêche du 4 décembre, 11 h. 55 du matin.
2. Dépêche du ministre de la guerre au général en chef d'Aurelle, à la place, à Orléans, datée de Tours, le 4 décembre, 1 h. 35 du soir : « Le Gouvernement a appris avec une profonde satisfaction que vous organisez la résistance à Orléans. M. Gambetta part dans une demi-heure. »
3. Dépêche du général d'Aurelle, Orléans, le 4 décembre, 5 h. 15 du soir.

pièces de marine avaient été enclouées et que les poudres et le matériel avaient été détruits[1]. La retraite a eu lieu, en effet, elle paraît s'être effectuée sur la rive gauche de la Loire en aussi bon ordre que possible.

Je ne vous peindrai jamais, avec la vivacité qu'il faudrait pour rendre de telles impressions, les sentiments par où j'ai passé depuis quarante-huit heures, depuis vingt-quatre heures surtout. Une telle convention! une telle désertion devant le feu! un si complet et si lamentable oubli des devoirs les plus simples de la profession militaire! c'est à n'y pas croire. Le moral de nos troupes est excellent, notre armée n'a pas beaucoup souffert, n'ayant pas été toute engagée, et cependant elle bat en retraite comme une armée vaincue! Une pareille affaire a causé, comme vous le comprenez, une très vive émotion, à Tours surtout, où il ne manque pas de gens qui cherchent avant tout à poursuivre leurs desseins politiques et qui profitent de tout ce qui peut embarrasser le gouvernement de la République. Ces mêmes politiques, à la nouvelle du succès remporté par vous à Paris, étaient, chose triste à dire, honteux et atterrés; aujourd'hui, chose plus triste et plus odieuse encore, s'il se peut! ils laissent paraître une sorte de satisfaction mal déguisée à travers le flux de paroles qui leur échappent. Je ferai tête à l'orage. Jamais le désespoir ne s'est approché de mon âme. Je me suis recueilli devant ce désastre nouveau comme devant ceux qui nous ont déjà frappés; les ordres sont donnés, les corps d'armée en retraite sont concentrés sur les points les mieux situés à leur portée et vont s'y refaire. Bourbaki, à la tête du 18e et du 20e corps qui n'ont pas donné, est à Gien, où des renforts lui

---

1. Dépêche du général Martin des Pallières, Orléans, le 4 décembre, minuit.

arrivent successivement, couvrant ainsi Bourges et Nevers. Les autres corps de l'armée de la Loire, 16e, 17e, renforcés du 21e et de la moitié, déjà formée, du 19e, réoccupent les positions que nous avions avant la reprise d'Orléans et s'apprêtent à une action défensive concertée avec Bourbaki. Le 15e corps, concentré derrière le Beuvron, sera porté à droite et à gauche, selon les besoins de l'action. Nous sommes donc parfaitement dans vos prévisions du 21 novembre. Notre armée d'aujourd'hui, si éprouvée qu'on veuille la faire, vaut mieux que celle qui a obtenu ce premier succès. D'ailleurs il faut que les soldats l'apprennent : après les sublimes exemples que nous donnent les vôtres pour opérer leur sortie, l'heure est venue de vaincre ou de mourir. Cette attitude énergique dissipera les craintes de gens timorés, toujours prêts à se laisser aller aux paniques, quand ils ne les suscitent point par-dessous main; rendra toute sa vigueur à l'armée et convaincra nos ennemis que, s'ils tentent eux-mêmes un suprême effort pour en finir avec nous, nous sommes, de notre côté, disposés à ne nous laisser devancer par personne dans la voie douloureuse des sacrifices et du dévouement sans bornes à la patrie.

La France a été si peu favorisée depuis l'origine de cette guerre à jamais maudite, que la prudence conseille de prévoir les malheurs extrêmes et de s'y préparer. Ne vous alarmez point de ce que je dis ici; la vérité, vous la connaissez tout entière : le mal accompli est grand, mais il est réparable. Encore une fois, c'est notre devoir d'envisager toutes les éventualités.

Chaudordy n'a point discontinué son action diplomatique. Il en est toujours au même point : armistice avec ravitaillement[1]. Là-dessus, il tient bon. Les puissances, comme j'ai eu l'occasion de vous le dire,

---

1. Cf. SOREL., t. II, p. 98.

admettent assez volontiers l'idée du ravitaillement,
mais du ravitaillement mitigé. Quant à la durée de
l'armistice, elles sont dans un accord moins parfait;
mais toutes pensent que cet armistice ne peut être
accordé par la Prusse, bien que demandé par l'Europe, qu'en vue de procurer à la France les moyens
de faire des élections. Vous connaissez mon opinion
sur les élections. Elle est inébranlable. Des élections peuvent être fatales à la République, que je ne
consentirai jamais, pour ma part, à séparer de la
France, ayant de plus en plus la conviction que la
République seule peut tirer la France de l'abîme où
l'ont jetée les folies du pouvoir personnel, et d'où ne
la tirera jamais une monarchie, quelle qu'elle soit.
Mais, cela dit, mon devoir de collègue et d'homme
politique m'amène à ajouter que si vous décidez, en
vue d'une éventualité qui malheureusement, suivant
vos déclarations, peut être très prochaine, que les
négociations peuvent et doivent être reprises, il faudrait vous occuper de trouver quelque homme de
poids à envoyer au quartier général du roi. Je m'abstiens de rien vous conseiller quant au choix d'un tel
négociateur.

Les Prussiens ont dû dégarnir l'enceinte de Paris
sur presque tous les points, tant pour vous résister
sur celui où Ducrot a effectué sa sortie, que pour
renforcer Frédéric-Charles de notre côté et jeter des
masses énormes sur Rouen, qui n'a pas pu être
défendu et qui a été occupé dans la journée du 5 décembre. Très évidemment, nous assistons, comme je
vous le dis, à un effort suprême de nos ennemis. J'incline à l'idée d'une résistance désespérée. Il n'est pas
possible que la France périsse quand elle enfante des
héros comme ceux que Ducrot et Trochu conduisent
avec tant de bravoure et de vigueur. Non, cela n'est
pas possible!

J'agis donc aujourd'hui comme hier, en restant

fidèle à la tradition la plus chère de notre partie, que Paris a reprise et soutenue si dignement; je ne me fais aucune illusion, mais je dis que, dans les circonstances terribles où la fortune nous a portés au pouvoir, le moins que nous devions tous à notre pays qui nous témoigne tant de confiance, à nos idées dont le salut est entre nos mains, à la postérité et à l'histoire qui nous demanderont compte de nos actes et de notre conduite, c'est de porter aussi longtemps, aussi haut et aussi ferme que nous pouvons le tenir, le glorieux drapeau de la République française, et de tomber avec lui, pour ne plus nous relever, si décidément il doit périr.

Salut fraternel.

LÉON GAMBETTA.

Gambetta à général Trochu et à Jules Favre, à Paris.

Tours, le 7 décembre 1870.

Au moment où nous recevons par votre ballon la nouvelle de la proposition que vous a faite de Moltke[1] et votre sublime réponse, l'armée de la Loire, dont la Prusse nous annonçait l'anéantissement, désormais

[1]. Le général de Moltke avait adressé, le 5 décembre, au général Trochu la lettre suivante :

« Il pourrait être utile d'informer Votre Excellence que l'armée de la Loire a été défaite hier près d'Orléans et que cette ville a été occupée par les troupes allemandes. Si toutefois Votre Excellence jugeait à propos de s'en convaincre par un de ses officiers, je ne manquerai pas de le munir d'un sauf-conduit pour aller et venir. »

Le général Trochu avait refusé l'offre de M. Moltke par une lettre qui fut portée en ces termes à la connaissance de la population parisienne :

« La nouvelle qui nous vient par l'ennemi, en la supposant exacte, ne nous ôte pas le droit de compter sur le grand mouvement de la France accourant à notre secours. Elle ne change rien à nos résolutions ni à nos devoirs.

« Un seul mot les résume : Combattre! Vive la France! vive la République! »

partagée en deux armées, l'une avec Chanzy, l'autre avec Bourbaki, a eu deux engagements heureux dans la journée. A gauche, entre Beaugency, les Prussiens ont été refoulés devant Gien. L'armée, après la malheureuse évacuation d'Orléans, ne demande que quelques jours pour reprendre l'offensive [1].

LÉON GAMBETTA.

Gambetta à Jules Favre, à Paris.

Tours, le 8 décembre 1870.

Mon cher ami,

Le jour même et les jours suivants, je vous ai fait connaître la déplorable évacuation d'Orléans. Mais l'armée de la Loire est intacte; nous l'avons divisée en deux moitiés: l'une sous le commandement de Bourbaki, qui couvre Bourges; l'autre sous Chanzy, qui opère sur la rive droite de la Loire, entre Meung et Vendôme. Il a déjà, le 6 et le 7, refoulé les Prussiens sur Baccon [2]. Je fais diriger les services sur Bordeaux, afin de n'avoir pas à Tours une préoccupation politique de nature à entraver les opérations stratégiques de deux armées. La Normandie est envahie : Rouen, quoique couvert par le général Briant, a refusé de se défendre, ainsi que Pont-Audemer. Le Havre est tout à fait à l'abri. Faidherbe fait savoir qu'il est prêt. A Lyon, Bressolles se prépare à se jeter dans l'est en donnant la main à Garibaldi. Les lignes de Carentan sont défendues par 30,000 hommes. Je vous jure que je fais le possible.

LÉON GAMBETTA.

1. Cf. CHANZY, *loc. cit.*, livre Ier et livre II, *passim*.
2. CHANZY, *loc. cit.*, livre II.

Gambetta à général Trochu et à Jules Favre, à Paris[1].

Tours, le 11 décembre 1870, midi.

Je vous écris tous les jours; mais le temps est si contraire! Nous sommes également sans nouvelles de vous depuis le 6. Ici, les choses sont moins graves que ne le répandent les Prussiens à vos avant-postes. Après la déplorable évacuation d'Orléans, l'armée de la Loire a été divisée en deux parts, l'une sous le commandement de Chanzy, l'autre de Bourbaki. Le premier tient, avec un héroïsme et une ténacité indomptables, contre l'armée de Mecklembourg et Frédéric-Charles, depuis six jours, sans perdre un pouce de terrain, entre Josnes et Beaugency[2]. Les Prussiens tentent un mouvement tournant par la Sologne. Bourbaki s'est mis en retraite sur Bourges et Nevers trop précipitamment. J'ai fait évacuer le gouvernement à Bordeaux pour ne pas gêner les mouvements stratégiques des deux armées. Au nord, Faidherbe a fait une pointe vers nous, dans la direction de l'Oise, et Manteuffel a rebroussé chemin de Honfleur vers Paris, ce qui nous fait supposer que vous tentez un second effort. Nous tenons ferme. L'armée, malgré le désarroi qui a suivi Orléans, est intacte et n'a besoin que de quelques jours de repos. Les mobilisés, que vous confondez dans vos dernières dépêches avec les mobiles, sont prêts et entrent en ligne sur plusieurs points. Bressolles, à Lyon, se dispose à se jeter avec 30,000 hommes dans l'Est, appuyé sur les forces de Garibaldi et les garnisons de Besançon et de Langres. Je suis à Tours et je me rends dans une heure

---

1. Dépêche publiée dans le *Journal officiel* du 15 décembre avec des modifications.
2. Combats de la Vallière, de Langlochère, de Messas, de Villechaumont, de Cravant, bataille de Villorceau, combats de Cernay, de la Villette, de Travers, de Villejouan et d'Origny.

à Bourges, pour voir Bourbaki[1]. La France entière applaudit à l'héroïque réponse que vous avez faite au piège de Moltke[2].

Salut fraternel.

LÉON GAMBETTA.

Gambetta à Jules Favre et à Trochu.

(Arrivée à Paris par pigeons, le 17 décembre[3] et publiée, moins le dernier alinéa, dans le *Journal officiel* du 18.)

Bourges, 11 décembre 1870.

Depuis quatre jours, je suis à Bourges occupé avec Bourbaki à réorganiser les trois corps, 15e, 18e, 20e de la 1re armée de la Loire, que les marches forcées, sous les affreux temps qui ont suivi l'évacuation d'Orléans, avaient mis en mauvais état[4].

Ce travail demande encore quatre à cinq jours pour être complet.

Les positions occupées par Bourbaki couvrent à la fois Bourges et Nevers.

L'autre partie de l'armée de la Loire, après la déplorable affaire d'Orléans, s'est rejetée sur Beaugency et Marchenoir, positions dans lesquelles elle a soutenu tous les efforts de Frédéric-Charles, grâce à l'indomptable énergie du général Chanzy qui parait être le véritable homme de guerre révélé par les derniers événements.

Cette armée, composée des 16e, 17e, et 21e corps et

1. 15e, 18e et 20e corps.
2. Cf. dépêche du 7 décembre.
3. Cette dépêche a été publiée en grande partie dans le *Journal officiel* du 18 décembre.
4. « M. Gambetta trouva la première armée très abattue. La marche, le froid et surtout ces impressions pénibles qui s'emparent des troupes pendant la retraite, avaient affaibli l'armée plus que des engagements meurtriers auraient pu le faire. Le 18e corps seul s'était bien tenu, mais les 15e et 20e avaient beaucoup perdu. » (FREYCINET, *loc. cit.*, p. 219.)

appuyée, selon les prescriptions du général Trochu, de toutes les forces de l'Ouest, a exécuté une admirable retraite et causé aux Prussiens les pertes les plus considérables. Chanzy s'est dérobé à un grand mouvement tournant de Frédéric-Charles, sur la rive gauche de la Loire, qui a vainement essayé de passer la Loire à Blois et à Amboise et menace Tours[1].

Chanzy est aujourd'hui en parfaite sécurité dans le Perche, prêt à prendre l'offensive sur Chartres, lorsqu'il aura fait reposer ses troupes, qui n'ont cessé de se battre admirablement contre des forces supérieures depuis le 30 novembre jusqu'au 12 décembre[2]. Vous voyez que l'armée de la Loire est loin d'être anéantie, selon les mensonges prussiens. Elle est séparée en deux armées d'égale force, prêtes à opérer ; l'une dans l'Est sur les lignes de communications de l'ennemi pour les couper, — l'autre dans l'Ouest pour marcher sur Paris. Faidherbe, dans le Nord, aurait repris La Fère, avec beaucoup de munitions et d'approvisionnements.

Mais nous sommes fort inquiets de votre sort. Voilà plus de huit jours que nous n'avons aucune nouvelle de vous, ni par vous, ni par les Prussiens, ni par l'étranger. Le câble avec l'Angleterre est interrompu. Que se passe-t-il ? Tirez-nous de nos angoisses en profitant, pour nous envoyer un ballon, du vent sud-ouest qui le portera en Belgique. Le mouvement de retraite des Prussiens vers Paris s'est accentué. Ils ont évacué Elbeuf et Dreux. On les poursuit du Havre sur Rouen. Ils paraissent las de la guerre. Si nous pouvons, si nous le voulons énergiquement, nous triompherons

---

1. Combats de Coudray, de Poisioux, de Chambord, de Moves et de Nuisemant.

2. « En s'établissant sur la Loire, on menaçait le flanc de l'ennemi descendant d'Orléans sur Tours, sans s'éloigner de Chartres, sur lequel on pouvait déboucher par Château-Jun, restant ainsi sur une des principales directions qu'il faudrait suivre pour reprendre les opérations vers Paris, dès qu'elles deviendraient possibles. » (Chanzy, loc. cit., p. 174).

d'eux par la lassitude. Ils ont déjà perdu un demi-million d'hommes, suivant des rapports certains qui m'ont été faits ; ils se ravitaillent difficilement. Arrivons à couper leurs lignes de communication avec l'Allemagne et nous en verrons la fin. Mais il faut se résigner aux suprêmes sacrifices, ne pas se lamenter et lutter jusqu'à la mort.

A l'intérieur, l'ordre le plus admirable règne partout. Le gouvernement de la Défense nationale est respecté et surtout obéi, parce qu'il est le gouvernement de la Défense nationale. Le jour où il cesserait de l'être, les choses changeraient. Les adversaires de la République le sentent admirablement. Ils parlent sans cesse de la paix, de l'impuissance de nos efforts, de la stérilité de la lutte ; à Bordeaux, depuis l'installation de la délégation, ils ont l'air de s'unir sous la conduite de M. de Girardin. Le nom de M. Thiers est mêlé à toutes ces critiques, triste et nouvel exemple de la jalousie des partis, qui sentent que si la France est délivrée par la République, la République est à jamais fondée. Salut fraternel.

LÉON GAMBETTA.

Gambetta à Jules Favre et à général Trochu, à Paris.

Bourges, le 20 décembre 1870.

Mes chers collègues,

Malgré le silence systématique que l'on paraît suivre à l'égard des communications que je fais au Gouvernement, qui lui parviennent et auxquelles il ne juge pas opportun de répondre, je n'en persiste pas moins à vous envoyer l'exposé fidèle de la situation, comme je l'ai toujours fait, sans tenir plus de compte que de raison des moyens détournés, et presque blessants pour l'autorité des membres délégués du Gou-

vernement, que vous avez jugé à propos d'employer,
en vue d'arriver à vous procurer des nouvelles en
dehors de nous. La situation, on peut la résumer d'un
mot : elle est ce que le Gouvernement saura la faire.

S'il a l'énergie d'employer, au point de vue tant
politique que financier, les ressources immenses dont
dispose le pays, la fortune militaire doit lui revenir,
même à travers les insuccès et les défaillances. Il faudrait tailler dans le vif, balayer impitoyablement
toutes les créatures de la monarchie déchue qui sont
restées à leur poste, et qui conspirent ouvertement
contre la République et le salut de la France. Je vous
ai dix fois, au nom des intérêts les plus sacrés dont
nous avons charge, demandé la révocation, dans les
finances, dans l'instruction publique, dans les assemblées locales, de tous ceux qui sèment autour d'eux
la défiance contre le Gouvernement, et appellent en
même temps de leurs vœux le succès des Prussiens
et la constitution d'une Assemblée honteuse, qui trai-
terait de la paix à des conditions déshonorantes. Je
vous ai fait connaître également à quelles conditions
justes et politiques on pouvait procéder à la création
d'une Assemblée véritablement nationale et républicaine. Vous ne m'avez jamais honoré d'un mot de
réponse, et le mal est allé empirant. Autorisez-moi à
purifier tout ce personnel administratif, avec tous mes
collègues ; ce sera l'œuvre de quelques jours, car, en
dehors de ces créatures et de ces complices du régime
déchu ou des monarchies condamnées, le pays est
tout entier dévoué au gouvernement de la République.
A aucune époque et à de pareilles heures, aucun gouvernement n'a rencontré ni un semblable concours,
ni une telle obéissance, et c'est un spectacle étrange
de voir un gouvernement exclusivement entravé par
ses fonctionnaires. Cela tient à l'interdit dont les
chefs des ministères restés à Paris ont frappé leurs
délégués en province. Ceux-ci, à chaque proposition

qu'on leur fait de mutations ou de révocations, répondent : Les ministres qui sont demeurés à Paris
nous ont lié les mains. Tel est le langage que tiennent les délégués des finances, de l'instruction publique, du commerce, des travaux publics, des affaires étrangères. Le peuple, qui a l'esprit simple, ne
comprend rien à de semblables obstacles et se demande s'il y a quelque chose de changé en France
depuis le 4 septembre.

Ce n'est pas tout. On a envoyé de Paris en province
des hommes chargés de créer des armées, avec un
immense matériel de guerre, d'armer la nation tout
entière par la garde nationale, d'improviser tout pour
la défense en quelques semaines, car tout faisait défaut : on n'avait oublié qu'une chose, — l'histoire ne
voudra pas le croire, — donner de l'argent ! Et quand
il fallait tout faire venir de l'étranger à deniers
comptants, on n'avait pas le sou ! Cependant, lorsqu'il
a fallu emprunter, on a pu le faire à des conditions
qui ont étonné les financiers les plus expérimentés ;
mais alors on s'est vu exposé aux critiques et aux
outrages de ceux-là même dont l'incurie et l'incapacité nous avaient réduits à de telles extrémités. Ces
mêmes hommes ont eu en main les pièces et les rapports spéciaux qui justifient notre conduite : tout le
monde le sait aujourd'hui. Loin de les publier, pour
notre justification commune, ils ont dissimulé les documents, et leur voix s'est mêlée à celle de nos calomniateurs. Une aussi misérable conduite n'est cependant pas faite pour nous arrêter dans la voie de la
lutte à outrance. Nous n'avons plus d'argent : nous
en trouverons coûte que coûte, et nos concitoyens
jugeront plus tard à qui incombe la responsabilité.
Nous avons, en effet, un guide sûr, infaillible, pour
persévérer dans la conduite que nous avons suivie
jusqu'à ce jour : c'est l'esprit de Paris, dont nous
sommes restés les représentants scrupuleux et fidèles,

et qui demeurera, jusqu'au bout de cette crise effroyable, notre inspirateur.

Jusqu'ici, nos efforts militaires n'ont pas été couronnés du succès que, j'ose dire, ils méritaient. Nous avions, en quelques semaines, organisé une magnifique armée, de l'avis et de l'aveu général. Ceux à qui nous avions été obligés de remettre notre confiance et qui étaient chargés de conduire cette armée ont manqué, au moment décisif, et de cœur et d'intelligence : est-ce notre faute à nous si des généraux n'ont compris ni leur devoir ni leur intérêt? Oui, nous avons été forcés d'évacuer Orléans, mais c'est par la faute et l'incapacité de quelques chefs; et, depuis quinze jours, grâce à un travail obstiné, nous avons pu réunir, rassembler des troupes abandonnées et sans commandement, et les reconstituer. A travers ces défaillances, nous avons rencontré un homme de cœur, aussi grand citoyen que bon capitaine, qui a certainement sauvé son armée et l'honneur de la France, c'est le général Chanzy. Seul, au milieu d'une déroute, il a rassemblé trois corps d'armée sur six et exécuté une de ces retraites admirables qui illustrent plus un général que dix victoires. Seize jours, sans repos ni trêve, d'Orléans à Vendôme, il a tenu en échec les forces de Frédéric-Charles, du duc de Mecklembourg et de général de Thann, disputant ligne à ligne le terrain, maintenant par sa vigueur personnelle et sa présence incessante au milieu d'elles, des troupes de même nature, de même condition que celles avec lesquelles des généraux sans cœur prétendaient ne pouvoir résister. Seize jours, il a lutté, infligeant à l'ennemi des pertes cruelles, déjouant tous ses mouvements, maintenant intactes ses lignes et ses positions successives, changeant même sa base d'opération sous le feu des Prussiens, finissant par lasser leur poursuite, et donnant, par cette mémorable série d'opérations, le temps à l'autre partie de l'ar-

mée de 'la Loire de se replier et de se réorganiser
entre Vierzon et Bourges. Le général Chanzy est le
véritable homme de guerre supérieur qu'aient révélé
les derniers événements militaires; il a bien mérité
de la patrie, et le gouvernement de la République
s'honorera lui-même en lui décernant une marque
exceptionnelle de sa reconnaissance. Aujourd'hui, il
est au Mans, où il se refait, prêt à reprendre l'offensive dans la direction de Chartres, aussitôt qu'il le
jugera convenable. On peut s'en rapporter à lui.
Quant à la deuxième armée de la Loire, elle est placée sous le commandement du général Bourbaki,
dont je suis obligé de vous dire, malgré vos persis-
tantes sympathies, que le découragement est navrant.
Il exécute néanmoins en ce moment-ci un mouvement qui, s'il est bien conduit, peut avoir les résultats
les plus utiles et les plus glorieux pour la France[1].
J'ai placé à ses côtés, pour commander le 18e et le
20e corps, les généraux Billot et Clinchant, revenus
l'un et l'autre d'outre-Rhin, tout indignés de l'abominable trahison de Bazaine, qui ne respirent que la
vengeance contre l'ennemi, et dont l'ardeur réchauf-
fera, je l'espère, la tiédeur de Bourbaki. Ce mouvement doit être combiné avec celui du général Bressolles, de Lyon, que je vous ai déjà annoncé et que
vous avez eu l'imprudence grave de publier au *Journal
officiel*, prévenant ainsi les Prussiens de nos projets
quand il faut surtout les cacher.

Je compte que, d'ici la semaine prochaine, nous
aurons prouvé à nos ennemis que, loin d'être abattus
par des revers immérités, nous y puisons la rage du
patriotisme et de nouvelles forces pour continuer la
lutte. Je reste, d'ailleurs, convaincu que les Prussiens
ne peuvent pas demeurer plus de six mois sur notre
territoire, que nous devons à tout prix aller couper

1. FREYCINET, *loc. cit.*, p. 218 et sq.

leurs lignes de communication avec l'Allemagne, les épuiser par une résistance infinie, sans trêve ni limites, et qu'au bout de nos sacrifices, et même après la chute de Paris, nous aurons le prix du sang, et que nous changerons en un désastre inouï leur insolente et fragile fortune. Ils le comprennent et en sont aux résolutions désespérées. Opposons-leur des résolutions pareilles. Réduisons au silence les partisans de la paix ; sachons faire connaître à l'Europe que jamais nous ne consentirons à l'humiliation de démentir notre formule de la première heure : « Ni un pouce de terrain, ni une pierre de nos forteresses », et nous aurons, nous aussi, bien mérité de la France et de la République.

Les Prussiens vont d'Amiens à Rouen ; c'est le corps de Manteuffel. Faidherbe, qui a déjà organisé le 22e et le 23e corps, a porté son quartier général à Saint-Quentin, et a eu une série de petits engagements heureux. Dieppe a été évacué par les Prussiens[1], ainsi que Honfleur. Le Havre dégagé, les communications télégraphiques rétablies avec Lille, une colonne mobile française se dirige du Havre sur Rouen[2]. Cherbourg, qui contient une partie du ravitaillement de Paris, est couvert par une force de plus de 30,000 hommes derrière la ligne de Carentan. Le pays compris entre Mantes, Dreux et Rambouillet, jusqu'à Chartres, paraît très faiblement garni de Prussiens dont les forces les plus considérables sont massées d'Orléans à Blois et Vendôme. Ils ont évacué la Sologne. Tours est tout à fait libre. Vierzon a été réoccupé par nous, ainsi que Gien.

---

1. FAIDHERBE, *loc. cit.*, p. 311.
2. « La présence sous les murs de La Fère de l'armée du Nord, que les généraux ennemis croyaient avoir détruite le 27 novembre, avait jeté un grand trouble parmi eux. Des mouvements divers de concentration étaient signalés et le 8e corps était promptement rappelé de la Normandie, dont l'envahissement était qualifié d'imprudence par quelques journaux prussiens. » (FAIDHERBE, *loc. cit.*, p. 33).

Les Prussiens n'ont pu maintenir l'investissement de Langres ni bloquer exactement Belfort qui, par de furieuses sorties, leur cause les plus grandes pertes. Ils paraissent avoir reçu des renforts qui se dirigent sur Dijon.

En résumé, notre situation militaire est meilleure aujourd'hui qu'il y a douze jours, et j'espère qu'elle ira s'améliorant. La translation du Gouvernement à Bordeaux a produit le meilleur effet, à cause de l'importance de Bordeaux et surtout parce qu'on en finissait avec la mauvaise situation militaire de Tours, qui n'aurait jamais dû être choisi comme siège du Gouvernement. Après neuf jours passés à Bourges, je me rends à Lyon dans un intérêt exclusivement militaire.

Salut fraternel.

LÉON GAMBETTA.

Gambetta à général Trochu, à Paris.

(Publiée, avec des suppressions, dans le *Journal officiel* du 9 janvier 1871.)

Lyon, le 23 décembre 1870.

J'ai reçu, le 22 décembre au matin, par M. d'Almeida, votre dépêche écrite le 16 décembre. L'appréciation que vous avez faite de l'organisation de l'armée de la Loire et des éléments qui la composent, est parfaitement juste et trouve dans les faits qui s'accomplissent tous les jours une nouvelle confirmation. J'aurais désiré trouver dans votre lettre du 16 des détails plus précis sur vos prochaines intentions, pour pouvoir, soit vous envoyer des renseignements utiles, soit créer à l'ennemi une diversion combinée avec vous. C'est le moment de frapper un grand coup, en dehors même des raisons que vous tirez de l'état de l'esprit public à Paris et des ressources alimentaires

qui vous restent. Les Prussiens, sans avoir éprouvé
rien qui ressemble à une défaite, paraissent cependant démoralisés. Ils commencent à ressentir une
grande lassitude, et on leur tue beaucoup de monde
de tous côtés. Sur divers points du cercle qu'ils occupent, ils rencontrent de vigoureuses résistances :
Belfort, approvisionné pour huit mois, toute la ligne
de Montbéliard à Dôle par les forces de Besançon, de
Dôle à Autun par celles de Garibaldi et du général
Bressolles, le Morvan et le Nivernais, jusqu'à Bourges,
sont très bien gardés, et, à l'heure même, Bourbaki
exécute un grand mouvement pour se porter sur leurs
lignes de communication de l'Est, opération qui implique préalablement la reprise de Dijon, occupé par
Werder avec 30 000 hommes environ. Ces 30 000 hommes sont appuyés par Gray et le corps d'investissement de Belfort, par une force d'environ 40 000 hommes : ce sont des renforts venus tout récemment
d'Allemagne, mais d'une assez médiocre valeur,
paraît-il. Je vous tiendrai au courant du mouvement
de Bourbaki, qui commandera, pour son exécution,
non seulement les 18e, 20e et 15e corps, mais aussi le
21e corps, de Bressolles. Si ce mouvement réussit,
les Prussiens seront nécessairement forcés de dégarnir Paris pour marcher sur nous.

D'un autre côté, Chanzy, à l'ouest de la Loire;
Chanzy, grâce à son admirable ténacité, a fait lâcher
prise aux Prussiens et, depuis le 16[1], il s'occupe à
refaire ses troupes, fatiguées partant et de si honorables combats. Aussitôt remises, ce qui ne demande que
quelques jours, rééquipées et munitionnées, vous
pouvez être assuré que Chanzy reprendra l'offensive
vers Chartres ou plus haut, selon les renseignements.
Il m'écrit ce matin même que Versailles ne serait
occupé que par 4 000 hommes, et 1 000 de Bougival

1. Bataille de Vendôme.

à Meudon. Cette nouvelle est apportée par un courrier de l'armée, échappé hier de Versailles.

Le Havre est tout à fait dégagé : les Prussiens ont même abandonné Rouen, après l'avoir pillé et avoir dirigé leur butin sur Amiens, direction que paraissent avoir prise les forces de Manteuffel pour barrer le passage aux troupes de Faidherbe.

Nous augmentons tous les jours notre effectif, mais les officiers nous font grand défaut, surtout les officiers supérieurs, malgré les démarches actives que nous faisons en Allemagne. Nous en empruntons le plus possible à la marine, mais la disette va croissant à mesure que les forces augmentent. Les mobilisés, qui ont déjà vu le feu, s'en tirent à merveille, et je crois qu'en peu de temps ce seront d'excellents soldats, meilleurs que les mobiles.

Le pays est, comme nous, résolu à la lutte à outrance. Il sent tous les jours davantage que les Prussiens s'épuisent par leur occupation même, et qu'en résistant jusqu'au bout, la France sortira plus grande et plus glorieuse de cette guerre maudite.

Salut fraternel.

LÉON GAMBETTA.

Gambetta à général Trochu, à Paris.

Lyon, le 21 décembre 1870.

Le mouvement que je vous annonçais dans ma dernière dépêche est accompli. Les 18e et 20e corps seront demain matin en position, de Chagny à Autun, pointant sur Dijon, dont les approches, par Beaune et Nuits, ont été le théâtre d'un victorieux engagement[1] de la première division du corps d'armée de Lyon[2],

---

1. 18 décembre.
2. Commandée par le général Cremer.

dans lequel on a repoussé les forces du général Werder, et tué à l'ennemi près de 7,000 hommes [1] commandés par le prince Guillaume de Bade, qui a eu la mâchoire fracassée [2]. Les Prussiens ne sont pas plus de 25,000 hommes à Dijon, et je ne pense pas qu'ils puissent tenir contre le mouvement de la première armée de la Loire. Ce mouvement sera appuyé à la gauche par les corps de Garibaldi, à la droite par les forces du général Bressolles, placées, sous le commandement du chef de la 1re armée de la Loire, entre Dôle et Besançon, où elles trouveront le concours de la partie offensive de la garnison de Besançon, de manière à tenir en respect les 30,000 hommes qui investissent Belfort. L'investissement de Belfort est d'ailleurs difficilement réalisé par les Prussiens. Le commandant de la place, M. Denfert-Rochereau [3], un de nos officiers les plus énergiques, ne leur a pas permis d'installer encore leurs batteries de siège, et tous les jours il a, par de vigoureuses sorties, empêché les assiégeants d'établir leurs ouvrages [4]. Dans la nuit du 20 au 21, la sortie a été désastreuse pour les Prussiens [5] : beaucoup de leurs canons ont été encloués et les villages environnants sont remplis de leurs blessés. Si le mouvement est conduit avec vigueur et s'il réussit, ce que j'espère fortement, on n'ose en pré-

1. Le prince Guillaume de Bade, blessé dans l'engagement devant le chemin de fer, fut remplacé par le colonel de Renz qui, à son tour, quelques instants après, tombait frappé de trois balles. (*Rapport*, 18e livraison, p. 696.)

2. Ce chiffre est inexact; c'est environ 1,000 hommes qu'il faut lire. Le *Rapport du grand état-major prussien* (18e livraison, p. 697), dit que « la journée meurtrière de Nuits avait coûté à la division badoise un peu plus de 900 hommes ». M. Gambetta ne rapportait du reste que les informations courantes. « On parle, dit M. de Freycinet, de 4 à 5,000 hommes hors de combat, parmi lesquels le prince de Bade et plusieurs colonels. » (*Loc. cit.*, p. 216.)

3. Le colonel Denfert remplissait à Belfort, depuis six ans, les fonctions de chef du génie.

4. Les forces assiégeantes étaient commandées par le général de Treschow.

5. Cf. *Grand État-major prussien*, 18e livraison, p. 9ff et sq.

voir les belles conséquences. Le 15ᵉ corps est resté à
Bourges pour le couvrir. L'ennemi, qui parait avoir
attendu une nouvelle attaque sur Gien, s'est concentré à Orléans, et nous le gagnerons de vitesse, grâce
au chemin de fer. La deuxième armée de la Loire se
remet de ses fatigues et se reconstitue sous l'énergique main de Chanzy, qui sera bientôt en état de
reprendre l'offensive. Nos mobilisés arrivent de tous
côtés, et avant le 15 janvier, nous aurons 145,000 hommes de plus, bien équipés et bien armés. Le Havre
est dégagé, Rouen dégarni, et nous marchons sur lui.
Faidherbe a investi la Fère et cause tous les jours des
pertes à Manteuffel. Hier[1], l'armée du Nord s'est battue,
de onze heures à six heures, à Pont-Noyelles; elle est
restée maîtresse du champ de bataille, après un long
combat d'artillerie terminé par une brillante charge
de l'infanterie, sur toute la ligne[2]. Nos affaires sont en
meilleure voie que jamais; l'esprit de résistance grandit à vue d'œil. L'exemple de Paris a fini par électriser
la France, elle est debout et se porte en avant; on sent
qu'elle est résolue à chasser l'étranger, et j'affirme
qu'elle y réussira, car rien ne lui coûtera pour atteindre ce glorieux et nécessaire résultat. Mais je vous
supplie, général, d'user de votre légitime et prépondérante autorité pour obtenir de nos collègues des
ordres formels, expédiés aux délégués des finances en
province pour prendre les plus énergiques mesures
financières. Nous ne pouvons faire d'aussi immenses
efforts sans argent, et il nous fait défaut. Si le ministre des finances, qui a eu bien tort de ne pas sortir
de Paris, ne nous vient pas en aide, nous aviserons
sur la plus grande échelle. La France ne peut périr

1. 23 décembre.
2. « On bivouaqua sur place par une nuit obscure et par un
froid de 7 à 8 degrés au-dessous de zéro, sans bois pour faire du
feu et avec du pain gelé pour tout aliment. » (FAIDHERBE, *loc. cit.*,
p. 40.)

faute d'argent : nous en trouverons. Persévérons.
Vous nous donnez un sublime exemple, et le pays
réveillé vous suit avec abnégation.

Vive la République !

Salut fraternel.

LÉON GAMBETTA.

Jules Favre à Gambetta, Tours.

Paris, 16 décembre.

Nous avons, mon bien cher ami, passé de cruelles journées depuis le 2 décembre ; entièrement privés de vos nouvelles, recueillant les récits les plus alarmants, instruits par
la lettre de M. de Moltke, par des bruits d'avant-postes, par
les grossières railleries de pigeons apocryphes ; instruits,
dis-je, des échecs de l'armée de la Loire, nous étions disposés à prêter créance aux articles désespérants des journaux allemands ; lorsque hier nous sont arrivés trois pigeons
qui, entre autres dépêches, nous ont apporté les vôtres des
26 novembre, 4 et 11 décembre. Je ne puis aujourd'hui
vous y répondre avec détail. J'ai dû écrire longuement à
M. de Chaudordy, et vous savez comment se passent nos journées. Je ne veux pas cependant que le ballon de ce soir
parte sans un mot de moi qui vous répète ce que je vous ai
déjà dit : qu'il faut me beaucoup pardonner parce que,
quoi qu'il arrive, je n'ai jamais contre vous l'ombre d'une
mauvaise pensée. Mais, quand je suis sans nouvelles, ou
lorsque je n'en reçois que d'incomplètes, je vous accuse de
nous oublier, et l'inquiétude qui s'empare de moi, la
pensée de nos malheurs, la crainte que cette absence de
communications ne les aggrave me fait vous écrire ce qui
vous a peiné et ce que je suis le premier à regretter. Je
rends justice à votre dévouement, à votre zèle, à votre infatigable activité ; je reconnais que, seul entre nous, vous
pouviez supporter le fardeau qui pèse sur vous ; je constate
les résultats que vous avez obtenus. Si nous n'avons pas été
d'accord sur toutes les questions, c'est que nous n'avons pu
les discuter ensemble, pas même les examiner dans une
correspondance régulière ; en réalité, comme vous le dites

fort bien, nous ne différons sur aucun point important. Vous
revenez sur les élections; j'aurais désiré qu'elles pussent se
faire, et je crois qu'une Assemblée eût accru la force de la
résistance. Maintenant, il est bien tard, et comme les élections et la convocation de l'Assemblée nécessitent un armistice préalable, il me paraît impossible d'y compter. Si,
tout à coup, la Prusse changeait d'avis, devrions-nous
frapper d'inéligibilité les anciens candidats officiels? Vous
avez raison de le dire : je commence à être ébranlé. Acculés
comme nous le sommes, sans moyens efficaces d'éclairer
nos concitoyens, subissant encore la pression de l'ancienne
administration demeurée tout entière debout, nous aurions
peut-être le devoir, pour prononcer sur la paix ou sur la
guerre, d'écarter ceux dont la servile docilité nous a plongés
dans l'abîme de maux où nous sommes. Ce serait une
grande déviation des principes. La nécessité pourrait la
justifier, mais rien ne m'indique, quant à présent, l'opportunité d'une telle discussion. La Prusse a sa résolution fixe,
elle attend notre dernier grain de blé; retranchée derrière
les mille remparts qu'elle a dressés autour de nous, elle se
contente de nous refouler. Nous allons essayer de nouveau
de la forcer. Les généraux espèrent; leur action sera énergique; fortement ébranlée par les affaires des 30 novembre
et 2 décembre, l'armée s'est remise. Elle est trop bien commandée pour ne pas faire son devoir. Si nous sommes victorieux, les choses iront seules; si nous sommes vaincus,
je demanderai une Assemblée et un congrès, à la condition
que Paris ne soit pas souillé par le Prussien. Si, comme je
le pense, l'état-major le refuse, nous rentrerons derrière
nos murailles, et nous continuerons à nous battre jusqu'à
ce que l'épuisement fasse tomber nos armes. La population
de Paris, dont le courage et la fermeté paraissent croître
avec les souffrances, accepte ce programme; elle s'indigne-
rait contre celui qui lui en proposerait un autre. La difficulté véritable serait de lui faire accepter une capitulation
en cas de manque absolu de vivres. Vous comprenez que
nous ne pouvons la mener tout à fait jusque-là; il lui faut
au moins dix à douze jours pour se ravitailler. Quand cette
heure sonnera, il y aura un gros orage, Dieu veuille que la
valeur de nos armées le détourne de notre tête; mais si
nous sommes condamnés par le sort à le subir, nous irons

jusqu'au bout. Je ne signerai jamais les conditions de paix autres que celles que j'ai posées, mais je n'abandonnerai pas Paris à lui-même. Ou bien il nommera des commissaires chargés de convenir avec l'ennemi de tout ce qui touche à la garantie des personnes et des propriétés, ou il nous chargera de cette mission; dans le premier cas je ne me séparerai pas de mes concitoyens; dans le second, je ne leur refuserai pas mon concours. Je diffère en ceci avec quelques-uns de mes collègues qui disent : « Nous ferons une sortie en masse, et Paris trouvera toujours quelqu'un pour traiter. » Je ne partage pas cet avis. Je comprends à la fin du siège un acte désespéré, et, s'il m'est donné de m'y associer, j'en serai heureux; mais à une condition : que cette noble et chère cité ne reste pas sans protection officielle, sans autorité responsable. Grévy nous a souvent dit en nous montrant les bourgeois de Calais : « Voilà votre avenir. » Je l'accepte comme un suprême refuge, et je ne me plaindrai pas s'il m'est donné d'être humilié, de souffrir et de mourir pour racheter Paris ou diminuer son épreuve. Je suivrai donc sa volonté, hors un point : un traité au nom de la France. Je n'en ai ni la volonté ni le pouvoir. Pour mon humble part, je conduirai la résistance jusqu'à la limite de la famine. Arrivé là, je m'arrêterai. J'appellerai mon pays à la résistance, je l'adjurerai de venger Paris qui succombe;, si je puis soutenir cette illustre chancelante, je ne reculerai par devant la crainte de perdre le peu de popularité que j'ai acquise, et à laquelle je ne tiens que pour y puiser le droit de faire ce que je crois le bien. Pardonnez-moi, mon cher ami, ces tristes images, nous pouvons encore les écarter. Je pense que nous avons devant nous près de trois semaines, nous tâcherons de les bien utiliser. De votre côté ne négligez rien. Écrivez à M. Faidherbe d'agir promptement, je connais sa vigueur et son mérite. S'il vient à nous, nous pourrions bien nous rencontrer la semaine prochaine. Nos braves troupes marcheront avec intrépidité. Tâchons de vivre aussi unis que le comportent les terribles circonstances qui nous séparent, nous y puiserons notre vraie force. Ne nous cachons jamais rien. En ce qui me concerne, je ne suis coupable que de trop dire. Je ne dirai cependant jamais assez combien je vous suis attaché, combien je vous suis reconnaissant de vos vaillants efforts pour le salut de notre malheureuse patrie. Le général doit vous écrire et préciser ce que je ne fais qu'indiquer.

JULES FAVRE.

Gambetta à Jules Favre, à Paris.

Bordeaux, le 31 décembre 1870.

Mon bien cher ami,

J'ai lu, les larmes aux yeux et la reconnaissance dans le cœur, votre admirable dépêche du 16 décembre, qu'une négligence de l'administrateur des postes de Paris, qui l'avait mêlée aux lettres privées, ne m'a permis de recevoir qu'hier matin. Votre grand cœur, votre héroïsme plus grand que nos maux, y éclatent à chaque ligne, et je n'ai qu'une réponse à vous faire, c'est que je vous obéirai religieusement en toutes vos prescriptions; mais je tiens à vous répéter que les reproches ne sont jamais adressés, dans ma pensée comme dans mes intentions, qu'à un certain ordre de manœuvres auxquelles, je le sais, vous, constamment, et la majorité de nos collègues, le plus souvent avez toujours été étrangers. A quoi bon d'ailleurs insister sur ces misères, quand je dois avant tout vous parler de la France, de ses efforts et de ses espérances?

Je vais tâcher de résumer notre situation depuis le commencement de décembre, puisque la cruauté de l'hiver ne nous a point permis de correspondre depuis trois semaines et de vous tenir au courant de nos opérations. Veuillez croire cependant que nous n'avons négligé aucun moyen d'entrer en communication avec vous. Nous avons multiplié les messagers, nous en avons demandé à tous les préfets, et il ne se passe pas un seul jour sans que notre éminent et infatigable collaborateur Steenackers n'en fasse partir un, quelquefois deux, avec la collection de toutes les dépêches. Quant aux pigeons, notre plus précieuse ressource, ils nous font aujourd'hui à peu près défaut, par suite des rigueurs de la température. Des essais de départ ont été tentés à plusieurs reprises, mais le froid, la neige sont pour nos chers oiseaux un fléau terrible. Nous pourrions les perdre sans profit. On les voit tournoyer quelque temps, quand on les a lâchés, puis s'arrêter tout à coup comme paralysés. La plupart reviennent fidèlement au colombier du départ, mais nous ne pouvons nous exposer à les perdre en nous obstinant à les faire partir. Dites bien toutes ces choses à l'intelligente population de Paris; ces petits détails la toucheront et lui feront voir que nous sommes surtout malheureux de ne pouvoir lui procurer toutes les satisfactions auxquelles donnent droit son ardent patriotisme, sa constance dans les épreuves et son indomptable énergie.

Après l'évacuation d'Orléans, qui avait fait espérer à la Prusse qu'elle en avait fini avec l'armée de la Loire, je vous ai raconté les divers événements militaires qui ont suivi cette triste journée, dont la responsabilité incombe tout entière à l'incapacité du général en chef. Dans l'effroyable lutte que nous soutenons, c'est à l'absence de génie militaire que nous devons de voir les organisations les plus laborieusement édifiées et les plus solides s'écrouler tout à coup en un seul jour. Mais nous ne nous lasserons pas de reprendre infatigablement cette défense à outrance de la République et du sol national. Moins de quinze jours après l'évacuation d'Orléans et la belle retraite de Chanzy, nos deux armées étaient entièrement reconstituées, et, à l'heure où je vous écris, en voici le tableau fidèle : la première armée de la Loire, comprenant les 15e, 18e et 20e corps, commandés par les généraux Martineau, Clinchant et Billot, sous le commandement général de Bourbaki, a été rapidement portée, par les voies ferrées de Vierzon et de Bourges, jusqu'à Chalon-sur-Saône, Beaune et Dôle.

Le but de cette opération est de se jeter sur la ligne
de communication de l'ennemi et d'aller fermer la
porte de l'Allemagne. Pour coopérer à cette entreprise, qui, si elle réussit, pourra vous débloquer, on a
joint aux forces dont dispose Bourbaki, et sous son
commandement, le corps d'armée de Lyon, qui a été
également porté, par les voies rapides, de Lyon à
Besançon, de manière à former l'extrême droite de
Bourbaki et à débloquer Belfort. A la gauche de Bourbaki, se trouvent Garibaldi et une division de l'armée
de Lyon, commandée par le général Crémer. L'ensemble de ces forces s'élève, y compris la garnison de
Besançon, dont une partie devient disponible dans la
combinaison, à plus de cent soixante mille combattants, qui auront affaire à peu près aux quarante
mille hommes qui occupaient Dijon et ses environs,
et au corps de Zastrow, qui marchait sur Auxerre et
qui semble revenir, plus les forces qui sont sur le
plateau de Langres, mais qui ne peuvent guère être
plus de vingt-cinq à trente mille hommes, ce qui fait
en total de cent trente à cent quarante mille hommes.
Mais nos forces sont concentrées, celles des Prussiens
sont éparpillées, nous avons l'avance du temps et de
la marche, et n'était la neige, qui retarde nos opérations, on pourrait répondre du succès. Les préliminaires de cette vaste opération ont jusqu'ici assez bien
marché. Après une très brillante affaire, gagnée à
Nuits par les troupes du général Crémer, appuyées
par Menotti Garibaldi, et dans laquelle on a tué plus
de sept mille Prussiens, le corps de Werder fut refoulé vers Dijon, et, quelques jours après, il suffit de
la marche en avant de la première armée de la Loire,
— devenue, comme vous le voyez, une armée de
l'Est, — pour obliger les Prussiens à évacuer précipitamment Dijon et Gray, à la date du 27 décembre[1]. Ils

1. Cf. dépêche précédente.

vont se refaire sur Vesoul et Épinal, pendant qu'ils rappellent à eux les troupes qui occupaient l'Yonne et se rallient au prince Frédéric-Charles, qui est toujours à Orléans, par Montargis, Joigny, Auxerre, Tonnerre, Chatillon-sur-Seine et Chaumont. Après avoir fait occuper Dijon et Gray, nous poursuivons notre mouvement sur Vesoul, ce qui pourrait bien débloquer Belfort, même sans coup férir. L'important est de marcher vite, et, dans le mouvement, d'être assuré de ses derrières, en faisant avancer concentriquement toutes les forces. Je ne puis vous en dire plus long, l'opération étant en train : il n'y a qu'à souhaiter qu'elle réussisse.

A l'Ouest, les choses sont également en excellent état. Chanzy, dont le quartier général est au Mans, après avoir refait et reconstitué ses troupes, est tout à fait à la veille de reprendre l'offensive. Depuis deux jours, il tâte l'ennemi en avant de Vendôme. Les Prussiens ont évacué complètement la vallée du Loir et n'ont pas osé franchir la Loire à Tours, de peur d'être tournés. Ils paraissent se concentrer exclusivement sur la route de Châteaudun à Orléans.

Le général Chanzy est parfaitement au courant de la situation militaire de Paris. Outre les lettres du général Trochu, qui nous ont paru fort décourageantes [1], nous avons eu des renseignements et des avis positifs sur la crise suprême à laquelle vous touchez, et nous avons décidé une action aussi prompte que possible entre Chartres et Dreux, mouvement qu'on pourra faire appuyer par les forces, à peu près égales à un corps d'armée — trente-cinq à quarante mille hommes ; — que nous tirerons de Cherbourg et du Havre [2]. Le

1. « Le 22 décembre, le capitaine d'état-major de Boisdeffre, parti de Paris le matin avec le ballon *le Lavoisier*, qui avait atterri à Beaufort, apportait au général en chef les communications verbales du général Trochu. » (CHANZY, *loc. cit.*, p. 235.)

2. Cf. CHANZY, *loc. cit.*, livre IV, échange de lettres entre le ministre de la guerre et le général en chef.

général Faidherbe sera prévenu pour appuyer vivement de son côté, par une diversion au nord, l'opération du général Chanzy. Grâce d'ailleurs à la télégraphie militaire, les généraux ont tous les jours des renseignements précis sur leurs actions et leurs marches réciproques.

En somme, si nous n'avions le devoir de songer constamment à Paris, dont chaque heure qui s'écoule aggrave le sort déjà si terrible, nous pourrions envisager plus qu'avec satisfaction l'état respectif des forces de la France et de la Prusse. Il est hors de doute, en effet, pour nous comme pour l'Europe entière, que nos chances augmentent tous les jours. Les Prussiens ont perdu bien du monde depuis qu'ils sont entrés sur notre territoire. Leur matériel de guerre si considérable, si bien servi, a diminué par l'usage même, il s'est altéré; bien des batteries sont hors de service, comme nous l'apprennent nos espions, et nous commençons, au contraire, à avoir, nous aussi, nos trois canons par mille hommes, et un tir supérieur. Nos fusils leur causent les pertes les plus cruelles et les leurs ne peuvent entrer en comparaison. Tous les leurs diminuent. Ils ont conscience de ce changement qui peut leur être fatal. Le roi Guillaume lui-même n'échappe pas à ces pressentiments, et, dans son dernier ordre du jour à son armée, il reconnaît que « la guerre est entrée dans une phase nouvelle, et que, grâce à des efforts extraordinaires, la France peut opposer tous les jours de nouvelles armées ». C'est, en effet notre situation. Malgré la plus prodigieuse activité, nous n'avons pu acheter, et surtout réaliser jusqu'ici plus d'un million d'armes, ce qui limite le nombre de nos soldats. Mais le pays tout entier comprend et veut la guerre à outrance, sans merci, même après la chute de Paris, si cet horrible malheur doit nous arriver. Les plus simples conçoivent fort nettement que, la guerre étant devenue une guerre d'extermination, préparée depuis cinquante ans dans l'ombre par la Prusse, il faut, pour l'honneur de la France et pour la sécurité dans l'avenir, en finir résolument avec cette puissance odieuse. Nous en finirons en moins de temps, si nous le voulons, si nous avons la force morale nécessaire pour supporter, pour subir les échecs, les revers, la mauvaise fortune, en continuant à nous battre. Cette disposition des esprits à la lutte jusqu'à la victoire et à la revanche la plus absolue, est telle que des défaites, qui, tous les jours, deviennent plus improbables, ne feraient qu'exaspérer et enflammer ces sentiments. La France est complètement changée depuis deux mois, l'âme de Paris s'est répandue en elle et l'a transfigurée; si vous veniez à succomber, c'est un cri de fureur et de vengeance qui sortirait de toutes les poitrines.

La situation intérieure du pays ne s'est guère modifiée depuis ma dernière dépêche. L'esprit public, tourné tout entier vers la guerre, n'a de préoccupations politiques que celles qui lui viennent, comme je vous l'ai toujours dit, de la permanence, dans toutes les branches de l'administration, des créatures les plus compromises du régime déchu. C'est parce que les ennemis de la République redoutent de la voir assurer la délivrance de la patrie, qu'ils profitent de l'extrême liberté dont ils jouissent pour entraver, dénigrer ou dénaturer les mesures militaires prises par le Gouvernement. Ce sont là, d'ailleurs, des incidents que je mentionne pour être complet, mais qui n'exercent aucune influence sur l'esprit public, non plus que sur la marche des affaires. L'expiration de l'année empêchait de conserver plus longtemps les conseils généraux de l'Empire. Ils ont été dissous par une mesure souvent réclamée par les préfets, et on peut dire que, sauf deux ou trois protestations intéressées, cette mesure a passé absolument inaperçue; cela se comprend, car bien que fort légitime, elle était tardive.

Ce qui est plus sérieux, ce qui est impatiemment réclamé, c'est la destitution d'agents de l'administration des finances, de l'instruction publique, qui ont été, sous l'Empire, des instruments d'oppression et de persécution, et qui sont aujourd'hui, dans leurs places et sous la République, des sujets de scandale et des objets de colère, des fauteurs de réaction basse et hypocrite, capable de miner vos institutions. Je vous conjure de nous envoyer, au nom du Gouvernement et des ministres compétents, qui n'ont aucun motif sérieux de résister plus longtemps, leur consentement à des mesures d'épuration dont l'ajournement est un danger pour la République et un prétexte à de sévères reproches de la part de nos meilleurs amis.

Mais, au fond, la France s'attache de plus en plus au régime républicain. La masse du peuple, même dans les campagnes, comprend, sous le coup des événements qui s'accomplissent, que ce sont ces républicains, tant calomniés, tant persécutés, diffamés avec tant d'art depuis trois générations, qui sont les vrais patriotes, les vrais défenseurs de la nation et des droits de l'homme et du citoyen. Il y a plus que de l'estime pour eux dans les sentiments, il y a de la reconnaissance. Chassons l'étranger, comme nous le pouvons et comme nous le devons, et la République est définitivement assise en France. J'ai parcouru plusieurs fois la France depuis que je vous ai quittés, et partout, dans les villes comme dans les villages, je recueille les mêmes sentiments et les mêmes acclamations pour la République. Cet état de l'esprit public nous permet d'envisager sans trouble, sans passion, les intrigues des partis réactionnaires et monarchiques. Les bonapartistes n'ont d'autre force que celle qu'ils tirent de la présence inexplicable et injurieuse des anciens agents décembristes dans l'administration. Un décret suffirait à nous en débarrasser, quand il vous plaira de le rendre et de ne plus répondre aux incessantes demandes que nous vous adressons comme l'a fait ce matin même M. Jules Simon, écrivant à M. Silvy, son délégué à l'instruction publique : « Surtout ne touchez à personne ! »

Le parti légitimiste se divise en deux fractions : les braves, qui vont au feu et se font tuer pour la France, même sous le drapeau de la République ; les intrigants, qui spéculent sur les malheurs du pays pour nous couvrir d'injures dans leurs feuilles et chercher, à la suite de l'invasion, une restauration de la branche aînée. Leur thème quotidien est la convocation immédiate d'une assemblée pour choisir la forme du gouvernement, trancher de la paix ou de la guerre, et restaurer les anciens principes d'autorité et de religion d'État. Ils sont assez en veine d'anachronisme pour demander, quatre-vingts ans après la Révolution française, des états généraux où l'on ne dit pas si la France serait de nouveau partagée en trois ordres, clergé, noblesse et tiers-état. Tout cela est parfaitement innocent et fossile.

Reste le parti orléaniste, dont les menées méritent plus d'attention et une description plus détaillée. Remis de leurs premières inquiétudes sur le maintien de l'ordre à l'intérieur, la protection des personnes et des propriétés, toutes choses que notre gouvernement a su assurer sans efforts et rien que par son ascendant moral, les chefs de ce parti se sont mis à l'œuvre, depuis déjà deux mois, pour substituer à la République, qu'ils se chargeraient de conduire à sa perte, — sous le couvert d'une assemblée nationale, le gouvernement de leurs vœux, — l'installation de M. le comte de Paris et le rétablissement de cette monarchie constitutionnelle, qu'ils se représentent entre eux comme le port de refuge où le vaisseau de la France viendra enfin se reposer des orages et des tourmentes de la haute mer. J'emprunte cette image à une lettre de M. Dupanloup, adressée à M. Thiers à l'époque où il était votre ambassadeur extraordinaire, et dans laquelle l'éloquent évêque, interprétant finement le concours prêté par M. Thiers à cette République abandonnée des « honnêtes gens », le considérait comme le pilote de ce vaisseau déjà en rade. La persistance avec laquelle M. Thiers et ses amis ont, depuis lors, traité notre gouvernement d'usurpateur, la guerre d'insensée, la prolongation de la résistance de criminelle, l'héroïsme de Paris de batailleries sans résultats[1]; l'adhésion hautement donnée aux propositions de M. de Bismarck offrant de garantir la liberté des élections sans armistice ; l'exagération de tous nos revers, l'apologie timide, mais sans cesse reprise en sous-œuvre, de l'abominable capitulation de Bazaine; le dénigrement systématique de toutes les mesures politiques, militaires et financières de notre gouvernement; la défiance et l'inertie partout encouragées, les prédictions les plus sinistres sur l'avenir de la France et sur l'impuissance du régime républicain : telles sont les pratiques et les manœuvres familières aux serviteurs de la branche cadette. Mais on paraît ne pas s'en être tenu là. Les princes d'Orléans après avoir réclamé l'autorisation de pénétrer en France, sous prétexte de servir aux armées, n'ont pas tenu compte du refus formel du Gouvernement. Plusieurs d'entre eux ont été signalés comme ayant tenté des visites sur notre territoire. J'ai donné des ordres formels, ainsi que je vous l'avais annoncé. pour faire respecter les lois et ne pas permettre à des prétendants de venir, sous couleur de patriotisme, jeter la discorde et exciter des luttes civiles dans les rangs,

---

1. « Le fait est que M. Thiers croyait depuis longtemps la cause perdue et critiquait sévèrement les actes militaires de la délégation; le fait est aussi que ses propos, répandus parmi les diplomates étrangers, leur servaient d'argument pour écarter les demandes de la France et accuser d'*obstination le gouvernement de la Défense nationale*. » (SOREL, *loc. cit.*, t. II, p. 106). — Cf. *Rapport Chaudordy*, 6 décembre, et FAVRE, *loc. cit.*, II, p. 237.)

et commettre par là des actes de haute trahison contre la France. L'un d'eux, plus téméraire, le prince de Joinville, s'est glissé jusqu'au quartier général de notre deuxième armée de la Loire. Il a été découvert, et je l'ai fait mettre en état d'arrestation, sous son nom d'emprunt[1]. On doit me l'amener ici même. J'exigerai de lui un engagement par écrit de ne plus remettre les pieds sur le territoire et, s'il consent à me le donner, je le ferai purement et simplement reconduire à la frontière. Je dois vous signaler que M. Estancelin dont l'inactivité et l'incapacité comme général des gardes nationales de Normandie, ont soulevé le mécontentement public et entraîné la démission, s'est montré beaucoup plus actif pour nouer des relations avec le prince, ce qui fait que je le tiens à l'écart et en surveillance. M. de Kératry, qui, à la suite d'une démission donnée dans les mêmes circonstances et pour les mêmes motifs[2], avait tenté d'agiter la Bretagne en sa faveur, s'est vu abandonner absolument, même par ses partisans, et huer comme un vulgaire factieux dans une réunion publique à Nantes[3]. Le Gouvernement a l'œil ouvert sur ces intrigues et sur ces agitations, d'ailleurs sans aucune importance, et il trouverait, s'il en était besoin, dans le dévouement de la garde nationale, sur tous les points du territoire, un concours dont il n'y a pour le moment qu'à modérer l'ardeur.

Le reste du pays tout entier est exclusivement absorbé par les préoccupations de la guerre et l'anxiété patriotique que nous inspire Paris. C'est ainsi qu'un lugubre événement, qui s'est accompli à Lyon, le 22 décembre, la veille de mon arrivée dans cette ville, et qui, en d'autres temps, eût profondément affligé l'opinion, n'a causé qu'une émotion passagère.

1. Le prince de Joinville avait pris le nom de colonel Lutherod.
2. Le 27 novembre.
3. Cf. chap. VII, dépêches aux préfets de divers départements.

Dans une réunion publique tenue à la Croix-Rousse, un chef de bataillon de la garde nationale de ce quartier, le commandant Arnaud, sommé par quelques misérables de donner l'ordre à son bataillon de marcher sur l'hôtel de ville pour enlever le préfet, ayant courageusement refusé de se prêter à un tel crime, a été saisi, jugé par ces bandits, condamné et fusillé en moins de trois quarts d'heure, en plein midi, au milieu d'une population qui, ignorant sans doute ce qui se passait, ne lui a pas porté secours. Le commandant Arnaud était un républicain solide et éprouvé, estimé et aimé de tous ceux qui le connaissaient à Lyon. Il est tombé en criant cinq fois : Vive la République ! Sa mort, aussitôt connue, a jeté le deuil et l'horreur dans la cité lyonnaise, et, dès le lendemain, comme une protestation unanime de toute la population, le conseil municipal, le premier magistrat du département, assistés de toutes les autorités civiles et militaires, au milieu d'un concours de plus de cent mille citoyens, faisaient au commandant Arnaud de magnifiques et expiatoires funérailles. J'ai cru de mon devoir, malgré les occupations impérieuses et exclusivement militaires qui m'avaient appelé à Lyon, de suivre le cercueil de ce martyr du devoir républicain et de donner un public témoignage de notre horreur pour la violence. Dans la journée, nous fîmes, avec le préfet', dont on ne saurait trop louer depuis trois mois l'énergie et la prudence politique, arrêter les misérables impliqués dans cette affaire. Ils sont déférés aux conseils de guerre, en vertu du décret du 18 novembre sur les faits accomplis dans les départements en état de guerre. Il en sera fait justice exemplaire. La veuve et les enfants de la victime ont été adoptés par le conseil municipal de Lyon.

Je dois vous faire part que, des rapports de nos

J. M. Challemel-Lacour.

agents en Suisse, il résulte que l'argent et la main des
bonapartistes se trouveraient au fond de cet odieux
forfait. C'est aussi une rumeur publique, à Lyon, que
la démagogie cléricale, qui, comme vous le savez,
existe dans cette ville, n'était pas tout à fait étrangère
à cette horrible exécution. Attendons le procès, et,
puisque je vous parle de Lyon, laissez-moi vous dire
l'impression générale que j'en ai rapportée.

D'abord, le bruit de toute tentative séparatiste est
dénué de fondement. Loin de vouloir se séparer de
Paris et de l'unité française, Lyon a tenu à honneur
d'affirmer son étroite solidarité avec le reste du
pays, en prodiguant ses ressources en hommes et
en argent à la Défense nationale. Les quatre légions
des mobilisés du Rhône sont devant l'ennemi, parfaitement habillées, équipées, armées et munies d'une
puissante artillerie se chargeant par la culasse, le
tout aux frais de la ville et du département. La ville
est admirablement fortifiée, ses approvisionnements
sont faits; le danger du siège de Lyon est évanoui,
mais ses habitants s'y étaient préparés avec une résolution digne de l'exemple de Paris. Vous apercevez
par les détails que ce n'est, à Lyon, ni l'exagération
révolutionnaire ni les tendances séparatistes qui constituent le péril possible et éventuel de la situation
politique. C'est plutôt une réaction occulte, habilement dissimulée, qui, grâce à l'influence et à la discipline du clergé et des corporations religieuses,
exploite tous les prétextes pour exercer une pression
sur le préfet qu'on voudrait exciter à des rigueurs excessives contre les éléments démocratiques de la Cité.
On voudrait lui faire sacrifier le conseil municipal, à
la tête duquel se trouve le courageux et vénéré
M. Hénon, afin que cette dissolution, poussant à bout
les éléments populaires, arrivât à engendrer un trouble, une collision, qui permettraient d'installer la
réaction, au nom de cet ordre tant vanté par les en-

nemis de la République. Ces desseins ont éclaté dans
une entrevue que j'ai eue, à Lyon même, avec l'état-
major de la garde nationale. La prudence, la sou-
plesse et la fermeté républicaines du préfet déjoueront
les perfides calculs, et Lyon continuera à nous donner le spectacle consolateur de la seconde capitale de
la France vouée tout entière aux travaux et aux sacrifices de la guerre.

Cet état d'antagonisme latent et d'opposition fon-
damentale entre les éléments démocratiques et républicains et les éléments réactionnaires de toute sorte,
qu'on observe dans l'agglomération lyonnaise, doit se
retrouver dans Paris assiégé, peut-être avec plus d'intensité encore. C'est pour nous un sujet incessant de
réflexions et d'angoisses, car ces deux partis doivent
se caractériser par leur manière d'envisager la conduite des opérations militaires. C'est du moins ce qui
m'apparaît dans vos dépêches et dans les rares extraits
de journaux qui nous arrivent. Je crains que les tem-
porisateurs, les timides, les hésitants ne soient des
réactionnaires qui se contenteraient d'avoir sauvé ce
qu'ils appellent l'honneur, en se laissant forcer par la
famine, tandis que les audacieux, les entreprenants,
les résolus seraient les républicains inébranlables qui,
après avoir fait dans Paris leur devoir jusqu'au bout,
voudraient en sortir, gagner la campagne, dût-on
laisser la route encombrée de cadavres. En effet, qui
pourrait douter que c'est la destinée même de la
République qui est en jeu, et qu'une troisième capitulation ne peut convenir qu'aux hommes de l'Empire?
Les républicains doivent sentir unanimement qu'il
vaut mieux mourir que d'essuyer une honte égale à
celle de Sedan et de Metz. J'ai la conviction d'être
resté fidèle à l'esprit de Paris, à ce point que je ressens
ses tressaillements, absent comme présent. Je me
vois au milieu de vous. C'est l'avis des audacieux que
je m'appliquerais à soutenir et à faire triompher. C'est

donc une sorte de vote que je vous envoie pour vous adjurer de changer de système, de vous confier à notre parti, de ne tenir compte ni des imperfections des choses ni de l'impéritie des hommes, et de vous lancer résolument en avant. L'audace extrême peut seule nous sauver. C'est à la fois une question de guerre, de gouvernement et de principe. Il n'y a pas d'obstacle qui vous puisse arrêter.

Et quant à vous personnellement, je vous sais acquis à toutes ces idées, car je vous connais un cœur au-dessus de toutes ces épreuves. Pesez, pesez donc sur tous nos collègues, sans distinction. De cette décision prise dépendent la délivrance de Paris et le salut de la République. Je vous le demande avec d'autant plus d'instances que vous devez être sur le point de quitter Paris pour vous rendre à la conférence de Londres, si, comme on nous l'affirme, l'Angleterre vous a fait passer des saufs-conduits [1]. Je me figure les déchirements que vous allez éprouver à la pensée de quitter Paris et nos collègues au moment de la crise suprême; j'entends d'ici l'expression de vos douleurs et de vos premiers refus, et cependant je dois à l'intérêt de notre cause de vous dire qu'il le faut. Il le faut pour deux raisons supérieures : la première, c'est qu'une fois sorti de la capitale, et prêt à vous asseoir au milieu des représentants de l'Europe, qui vous attendent, vous les forcerez à reconnaître l'existence de la République française comme gouvernement de droit. C'est à vous que revient un tel rôle, il n'y a que

---

1. C'est le 26 décembre que lord Granville demanda au comte de Bernstorff les sauf-conduits que M. de Chaudordy avait réclamés pour M. Jules Favre. Cette demande, transmise aussitôt à Versailles, fut suivie d'une série de négociations où éclatèrent la duplicité de M. de Bismarck et son vif désir d'empêcher M. Jules Favre d'aller à Londres. (SOREL, *Histoire de la diplomatie du gouvernement de la Défense nationale*, t. III, p. 15.) Au 1er janvier, M. Favre n'avait pas encore reçu l'invitation officielle de l'Angleterre; il ignorait qu'on l'avait choisi à Bordeaux comme plénipotentiaire de la République.

vous qui puissiez le remplir avec fruit. Cette reconnaissance ne vous sera pas refusée. Si elle l'était, vous y trouveriez une occasion nouvelle de glorifier nos principes à la face du monde, qui serait indigné d'aussi misérables tracasseries. Je crois savoir que cette reconnaissance vous sera offerte à votre entrée dans la conférence. C'est à vous seul encore qu'il appartient d'échapper au programme mesquin de la conférence, et nul n'osera vous interrompre quand vous parlerez de Paris, de la guerre, de la France. Les protestations de la Prusse seront impuissantes à vous arrêter; à cet égard aussi j'ai des informations précises et concluantes. La seconde raison pour laquelle je désire ardemment vous voir sortir de Paris, c'est que vous pourrez échapper à l'atmosphère troublée et obscure qui vous entoure. Vous pourrez voir par vous-même où en est la France, reconnaître ses ressources, visiter ses armées, apprendre enfin quelles sont aussi ses espérances, et quelle admiration sa résistance héroïque inspire à l'univers entier [1].

Vous vous rendrez compte de l'état des esprits, de la légitimité de nos demandes, de la détresse dans laquelle on nous a laissés, et de l'appareil formidable que nous avons réussi à créer; vous nous prêterez alors l'autorité de votre intervention pour la résolution des questions politiques et la ratification de nos opérations financières, dont la calomnie, jointe à l'imprévoyance, a pu seule suspecter un instant la nécessité et la probité. Enfin, effort plus grand encore, vous nous aiderez à soutenir le sentiment national et à poursuivre la guerre jusqu'à la victoire, même après la chute de Paris, si un tel désastre ne

---

1. Cf. Dépêches de M. de Chaudordy à M. Jules Favre, 10, 12, 20 et 21 décembre. — M. de Chaudordy insistait, pour des motifs un peu différents, avec la même énergie que M. Gambetta : « Faites ce que vous croirez possible pour sortir de Paris et venir négocier et préparer la paix. » (12 décembre.)

peut être évité. Il ne faut pas, en effet, que la chute
d'une capitale entraîne la chute même de la patrie.
Si grande et si légitime que soit la place que Paris
tient dans nos affaires, l'unité française doit lui sur-
vivre. Nous prolongerons la lutte jusqu'à l'extermination; nous empêcherons qu'il se trouve en France un
homme ou une Assemblée pour adhérer aux victoires
de la force : nous frapperons par là d'impuissance la
conquête et l'occupation. Il n'y aura pas de sanction
européenne pour les crimes de la Prusse, et il faudra
bien que le jour de la justice et de la revanche se
lève enfin sur nos ennemis épuisés. Nous recueille-
rons le prix de notre patriotisme, et, quelle que soit
l'étendue de nos dommages matériels, nous aurons
assuré pour toujours la grandeur et l'indépendance
de la France, sous l'égide de la République.

Sortez donc, après avoir remis au parti républicain
la garde et les destinées de la capitale; sortez pour
venir interroger l'Europe et la convaincre de la justice de notre cause; sortez surtout pour nous aider,
si l'Europe reste sourde à vos paroles, à porter jusqu'au bout le drapeau de la résistance, dans une
guerre qui est faite autant à notre sol national qu'aux
principes sacrés de notre Révolution [1].

Salut fraternel.

LÉON GAMBETTA.

Gambetta à Jules Favre, Paris.

(Arrivée à Paris le 27 janvier par un émissaire; cette dépêche
été publiée dans l'*Enquête parlementaire* de l'Assemblée nationale, t. IV, p. 121.)

Bordeaux, 10 janvier 1871.

Bourbaki a livré le 9 un combat heureux entre
Belfort et Vesoul près de Montbéliard.

1. Cette dépêche, commencée le 31 décembre, a été terminée
le 31 janvier 1871 et publiée en parties par le *Journal officiel* du 10.

Le général Clinchant a emporté avec un entrain remarquable Villersexel, clef de la position [1].

Le général Billot a occupé Esprels et s'y est maintenu avec fermeté. L'armée est maîtresse de toutes les positions. Le général en chef a couché sur le champ de bataille. Les troupes se sont montrées admirables, Villersexel a été enlevé aux cris de : Vive la France ! Vive la République !

LÉON GAMBETTA.

Gambetta à général Trochu et à Jules Favre, à Paris.

Bordeaux, le 11 janvier 1871.

Je ne vous envoie aujourd'hui que des renseignements militaires. Les ballons *Képler* [2] et *Gambetta* [3] n'étant pas encore arrivés, je remets à demain la dépêche politique en réponse à vos lettres qui me parviendront. Je vous envoie les dépêches de Bourbaki sur ses opérations dans l'Est. Le général Chanzy se bat à l'heure même aux portes du Mans, et il compte sur un succès [4].

En résumé, les mouvements que nous avions en vue sont commencés. C'est le 20 courant que s'engageront les grandes opérations. A cette date précise, Bourbaki, à la tête de 150 000 hommes, marchera sur Nancy, après avoir fait lever le siège de Belfort; Chanzy, avec 200 000 hommes, s'avancera vers Paris dans la double direction de Dreux et de Chartres;

---

1. « Le village de Villersexel, qui était la clef de la communication avec Montbéliard, fut pris et repris, mais resta en définitive aux Français. » (FREYCINET, *loc. cit.*, p. 237.)

2. Parti de la gare d'Orléans, le 11 janvier, à 3 h. 30 du matin, atterri à 10 h. 15 du matin, le même jour, à Laval.

3. Parti de la gare du Nord, le 10 janvier, à 4 h. du matin, atterri à 2 h. 30 de l'après-midi, le même jour, à Avallon.

4. « Sans un concours de circonstances aussi fatales qu'inattendues, l'ennemi se fût mis certainement en retraite ce jour-là. » (CHANZY, *loc. cit.*, livre IV, p. 307.)

Faidherbe marchera sur l'Oise avec 50 000 hommes, commandés par le général Loysel, fera une diversion en remontant le long de la rive droite de la Seine depuis le Havre. C'est donc un total de 425 000 hommes, pourvus d'un millier de bouches à feu, qui, à partir du 20 courant, accomplira une succession d'opérations convergentes, dont Paris sera l'objectif suprême.

A cette même date et pendant les journées qui suivront, Paris devra, de son côté, sortir avec toutes ses forces disponibles, sans esprit de retour, et livrer en même temps que nous une partie décisive [1]. Il me paraît impossible que, sous cette étreinte de 800 000 hommes, les lignes d'investissement ne soient pas enfin brisées, la France et la République sauvées.

Salut fraternel.

LÉON GAMBETTA.

SITUATION DES FORCES PRUSSIENNES AUTOUR DE PARIS [2]

Les divisions qui investissent Paris sont les suivantes :

La 7ᵉ et la 8ᵉ du 4ᵉ corps, — de Cormeilles à Saint-Brice ;

La 1ʳᵉ et la 2ᵉ de la garde, — à Gonesse, Roissy et jusqu'à la forêt de Bondy ;

La 23ᵉ et la 24ᵉ du 12ᵉ corps, saxon, — à Coubron, Chelles et le Pin ;

La division wurtembergeoise, — de Chelles à Ormesson ;

La 3ᵉ et la 4ᵉ du 2ᵉ corps, — d'Ormesson à Villeneuve-Saint-Georges ;

1. La sortie de Montretout, que l'état-major prussien appelle la bataille du Mont-Valérien, eut lieu le 19 janvier.
2. Cf. dans le rapport du Grand État-major prussien, le plan 35 qui reproduit le déploiement stratégique de l'armée d'investissement pendant le mois de janvier 1871.

La 11ᵉ et la 12ᵉ du 6ᵉ corps, — à Orly, Rungis, Thiais et Chevilly ;

La 3ᵉ et la 4ᵉ du 2ᵉ corps bavarois, — à l'Hay, Sceaux, et Châtillon ;

La 21ᵉ du 11ᵉ corps, — vers Clamart, Meudon, Velizy ;

La 9ᵉ et la 10ᵉ du 5ᵉ corps, — de Viroflay à Bougival En tout 16 divisions.

En évaluant chacune de ces divisions à douze mille combattants, on arriverait à cent quatre-vingt-douze mille hommes. Mais les régiments détachés diminuent cet effectif, et je suis porté à croire que le total des troupes d'investissement autour de Paris n'atteint pas cent quatre-vingt mille hommes.

Les corps les plus affaiblis doivent être le 12ᵉ, le 2ᵉ et le 6ᵉ ; le 12ᵉ a envoyé des renforts à l'armée du Nord ; des régiments du 2ᵉ et du 6ᵉ marchent vers l'Est.

Le 1ᵉʳ corps bavarois se trouve entre Étampes et Montlhéry. La division de landwehr de la garde est entre Nogent-le-Rotrou et Châteaudun. Elle a dû être remplacée entre Saint-Germain et Rambouillet par la 2ᵉ division de réserve landwehr.

Bordeaux, le 11 janvier 1871.

Le chef du bureau des reconnaissances,

CUVINOT.

Pour copie conforme :
LÉON GAMBETTA.

Gambetta à Jules Favre et à général Trochu, à Paris.

Bordeaux, le 13 janvier 1871.

Je vous ai envoyé avant-hier une dépêche exclusivement militaire qui, en retraçant la situation respective des forces du général Bourbaki dans l'Est, et du général Chanzy sur la ligne du Mans, annonçait, pour le

20 au plus tard, un ensemble d'opérations militaires convergeant sur Paris, avec la coopération de Faidherbe et des forces réunies dans la Seine-Inférieure sous le commandement du général Loysel, ensemble un total de quatre cent vingt-cinq mille hommes. Nous vous adjurions, à cette date, de faire une immense sortie, sans esprit de retour, de telle sorte qu'après ce vigoureux effort, Paris fût débloqué *ipso facto* ou abandonné à lui-même : dans cette dernière hypothèse, la France y gagnait une armée auxiliaire décisive pour la continuation de la lutte. Depuis hier, les choses ont changé de face. Le général Chanzy, accablé par des forces supérieures, s'est vu contraint à céder la ligne du Mans, pour revenir se concentrer entre Laval et Alençon.

Ce nouveau revers, qu'il faut supporter comme les autres avec un cœur d'airain, n'est que le résultat d'une manœuvre audacieuse de l'ennemi, dont il vous appartient exclusivement de profiter.

En effet, à la faveur du bombardement et de l'effort bruyant qu'ils font sur votre ville, les Prussiens vous ont laissé devant un rideau d'artillerie et ont amené : 1° près de deux cent mille hommes sur Chanzy, empruntés au segment qui va de Mantes à Orléans ; 2° cent mille hommes qu'ils font marcher à grandes journées, à travers l'Auxerrois et la Bourgogne, sur Bourbaki. Vous n'avez jamais été investis par des forces moindres[1]. Quant à croire, comme me l'ont dit

---

1. « Les effectifs détachés à l'armée du siège furent tels, un moment, qu'on évalue à moins de 200,000 hommes le chiffre des troupes laissées, à la fin de décembre, devant Paris. — C'est à cette même époque et afin de mieux tromper les assiégés, que l'ennemi, dissimulant sa faiblesse réelle par un redoublement de feux d'artillerie, procéda au bombardement de la ville. Cette démonstration barbare avait moins pour but d'impressionner une population qu'il savait être au-dessus de la crainte, que de marquer l'éloignement des corps qui allaient au secours du prince Charles, de Werder et de Manteuffel…L'armée du prince Charles, notamment, reçut de très gros renforts. De 60,000 hommes, chiffre

l'émissaire Brousseau et la lettre du général Trochu que j'ai reçue ce matin, que vous êtes entourés par un triple cercle de fortifications, c'est là une illusion qui peut être fatale à la cause de la France et de la République. Cette illusion rappelle les effrayantes erreurs des assiégés de Metz. Vous n'avez devant vous, en fait d'ouvrages fortifiés, que ceux que vous apercevez et où sont installées les batteries qui vous couvrent de feux; au delà, il n'y a rien. Nous avons fait parcourir et visiter minutieusement, par un officier du métier qui nous en a rapporté un graphique, les lignes prussiennes, et c'est en toute certitude que nous affirmons qu'il n'existe rien de pareil.

En conséquence, agissez, agissez au plus vite : vous ne retrouverez peut-être jamais cette occasion libératrice!

Nos armées feront les plus héroïques efforts afin de retenir les troupes prussiennes détachées du siège pour venir les écraser. Ne donnez pas à ces troupes, si la fortune nous est contraire, le temps de remonter vers Paris. Nous continuerons à faire presser au Nord, à l'Est, à l'Ouest les forces prussiennes. Il vous appartient de choisir les défauts de la cuirasse, car il en est certainement plus d'un. Vous avez le choix du lieu, mais songez que bientôt vous n'aurez plus le choix de l'heure.

Salut fraternel.

LÉON GAMBETTA.

Jules Favre à Gambetta.

Paris, 9 janvier 1871, soir.

Mon cher ami, un pigeon nous est enfin arrivé hier soir

auquel elle était descendue après la retraite du général Chanzy, elle s'était relevée, y compris les forces du duc de Mecklembourg, à 160,000 hommes. » (FREYCINET, loc. cit., p. 279.)

et nous a tirés de notre affreuse angoisse. Il porte le n° 44. Le dernier reçu, 36. Ce sont donc sept dépêches qui nous manquent. Nous avons reçu celles du 27 décembre[1], du 31[2], du 3 janvier[3], que nous avons lues avec un intérêt passionné. Je voudrais vous répondre avec détail. Malheureusement la traduction n'en a été achevée que ce matin, et toute la journée s'est passée en conseil. J'en sors ; il est plus de six heures, et je n'ai que le temps de vous dire combien je suis touché des efforts surhumains grâce auxquels vous avez réveillé l'esprit de résistance et réalisé la merveille vivante des armées qui luttent contre l'ennemi, le tiennent en échec et, je l'espère, parviendront à le détruire. Nous approuvons tous le plan de campagne qui porte Bourbaki à l'est pour couper les communications à l'ennemi, de la Saône à la Meuse. Comme vous, je pense que si elle est favorisée par le succès, elle peut contraindre notre sauvage ennemi à nous abandonner, surtout si Chanzy et Faidherbe peuvent frapper ensemble et si nous ne restons pas trop inactifs. Malheureusement nos ressources sont bien médiocres et notre temps fort limité. Nous harcelons sans cesse la direction militaire, qui est très violemment attaquée par une très forte majorité de la population de Paris. On lui reproche son indécision, même son incapacité ; et de toutes parts s'élèvent des plaintes amères, quelquefois violentes. Vous connaissez aussi bien que moi notre général en chef ; vous appréciez ses qualités éminentes ; vous ne pouvez vous illusionner sur celles qui lui manquent. La population a le sentiment très vif du danger que lui fait courir cette insuffisance. Ce sentiment s'est traduit en protestations ardentes qui sont devenues inquiétantes dans la bouche des maires et de leurs adjoints. Les choses se sont cependant arrangées, et je m'y suis employé de mon mieux. Le général a promis une grande action. Elle devait avoir lieu avant-hier. Les

1. Nous ne trouvons aucune dépêche du 27 décembre ; M. Jules Favre veut sans doute parler de la dépêche du 23 au général Trochu (p. 189), qui a été publiée au *Journal officiel* du 9 janvier, ou d'une dépêche de M. Crémieux (Bordeaux, 23 décembre) à MM. Jules Simon, Jules Favre et Ernest Picard, dépêche arrivée à Paris par pigeon le 8 janvier.

2. Voir page 197.

3. Il s'agit d'une dépêche de M. Crémieux à M. Hérold, arrivée par pigeon le 8 janvier. (Enquête, t. X, p. 119.)

ordres étâient donnés, la garde mobilisée, debout, pleine
d'ardeur ; puis on a tout fait rentrer, ce qui a produit un
bien mauvais effet. Vos nouvelles sont arrivées nous donner
une efficace consolation, et nous en avons besoin. Depuis
quatre jours, sans avertissement préalable, l'ennemi a commencé son bombardement. — Il avait d'abord couvert nos
forts de feux. Depuis vendredi, il les dirige sur la ville depuis
Montrouge jusqu'à Passy. Cette nuit, le quartier Saint-Jac-
ques et Saint-Germain a été abîmé. Plus de 2.000 obus y
ont été lancés. Un assez grand nombre de victimes ont succombé, des femmes, des enfants. Ils tirent sur les hôpitaux,
les ambulances, les écoles. Le Val-de-Grâce, le Panthéon, le
Luxembourg sont leurs points de mire. Le feu a continué
pendant la journée, mais moins vif. Je pense qu'ils repren-
dront ce soir. J'entends déjà la détonation de leurs krupp et
l'éclat des obus. La population supporte ces criminelles
entreprises avec un rare courage. C'est la colère et non
l'abattement qu'elles excitent chez elle. J'espère que le
général comprendra que ces violences lui imposent le
devoir d'agir. S'il attend encore, nous allons être pris par la
famine. Nous allons ce soir voter le rationnement du pain.
Nous ferons les efforts les plus grands pour atteindre le 25.
Je doute que nous y arrivions. S'il est possible à Chanzy et
à Faidherbe de se hâter, qu'ils le fassent, car il serait horrible de voir Paris tomber à la veille de sa délivrance. Quoi
qu'il en soit, la France ne se rendra pas ; et quel que soit
notre sort, nous nous associerons à sa résistance. Vos sentiments sont les nôtres, et nous mettons au-dessus de toute
autre considération le salut et l'honneur national. C'est l'opinion de Paris tout entier, et il est impossible de savoir à
quel acte désespéré elle le poussera.

J'écris à M. de Chaudordy que M. de Bismarck ne m'a fait
parvenir aucun sauf-conduit. Je ne puis lui en demander ;
et ce n'est pas au moment où il inflige à Paris ce traite-
ment barbare qu'il a froidement médité, que je puis lui
adresser ma requête. Les choses en restent donc là, et je le
regrette. J'aurais été heureux de faire accepter notre République à Londres et de la défendre avec vous en France.
Que je succombe ici en combattant pour elle, que je la con-
fesse dans une prison de Prusse, je n'en demeurerai pas
moins inébranlablement acquis à sa cause. Et maintenant,

j'ai la ferme confiance que la France ne déposera son épée que lorsque cette cause aura triomphé. Je vous envoie mes plus cordiales amitiés.

JULES FAVRE.

Gambetta à Jules Favre, à Paris.

Bordeaux, le 13 janvier 1871.

Je ne peux pas me lasser de vous redire, et chaque fois avec plus d'instances : Il faut sortir, sortir tout de suite, sortir à tout prix, sortir aussi nombreux que possible, sortir sans esprit de retour! Près de trois cent mille hommes vous ont abandonnés depuis cinq jours pour courir les uns sur Chanzy, les autres sur Bourbaki. Nous les retiendrons le plus possible; mais n'attendez pas qu'ils reviennent pour sortir, ne les laissez pas remonter vers Paris.

Votre dépêche du 10 janvier [1], reçue et déchiffrée aujourd'hui, m'a causé autant de colère que de douleur. Comment se peut-il que, en voyant, en jugeant aussi clairement l'homme et les choses, vous puissiez subir un joug sous lequel Paris, la France et la République vont succomber? Il n'est ni convenance, ni relations, ni intérêts particuliers qui puissent vous faire fléchir ni hésiter. Votre dépêche est un arrêt rendu contre lui et rendu contre vous également. Que diront la France et l'histoire quant elles connaîtront la vérité écrite par vous-même? Quand je pense que le 8, suivant ce que vous dites, tout était préparé, ordonné et que, sans motif, rien ne s'est exécuté, je me demande si vous mesurez bien et l'étendue de telles fautes et l'étendue de nos responsabilités, — car je ne me sépare jamais de vous.

Je vous remercie, d'ailleurs, de toutes les facilités

---

1. Du 9 janvier soir; M. Gambetta, dans sa lettre du 16, rétablit la date exacte.

politiques et autres que vous avez obtenues pour moi. Mais je n'ai pas le courage de traiter pour le moment ces questions, et je termine comme j'ai commencé, en vous criant : Sortez, sortez, si vous ne voulez pas laisser périr la France, car, je ne saurais me lasser de le redire, vous n'avez autour de vous qu'un simple cercle de feu derrière lequel nos audacieux et habiles ennemis dérobent tous leurs mouvements.

La province fait du reste écho au cri unanime de Paris et se demande à son tour pourquoi cette persistante inaction.

Chanzy s'est remis de son échec d'hier[1], et nos affaires dans l'Est ont bonne tournure.

Salut fraternel.

LÉON GAMBETTA.

Gambetta à Jules Favre, à Paris.

Bordeaux, le 14 janvier 1871.

Cher ami,

Votre dépêche qui m'était annoncée par Trochu ne m'est pas parvenue. Il y a eu erreur évidente dans l'expédition. Chaudordy a reçu à la fois les primata et duplicata de sa dépêche[2]; la mienne doit être restée sur votre bureau. Faites-la rechercher et envoyez-la immédiatement, je vous en supplie. Nous attendons toujours votre suprême sortie et nous tenons vigoureusement la campagne.

LÉON GAMBETTA.

1. Le ministère de la guerre venait de recevoir la dépêche suivante du général Chanzy :
« 1er janvier 1871. — Je reçois à l'instant votre télégramme de ce jour. Je suis reconnaissant au gouvernement de la confiance qu'il me conserve; je la justifierai. L'armée sera installée dès demain dans une ligne de défense. Elle s'y reconstituera. »
2. Dépêche du 12 janvier 1871 sur la question des sauf-conduits et le bombardement de Paris. Cette dépêche a été publiée *in extenso* par M. Jules Favre, *loc. cit.* t. II, p. 298.

Gambetta à Jules Favre, à Paris.

Bordeaux, le 14 janvier 1871.

Cher ami,

Je vous renouvelle mes instances. Il vous faut sortir, et dans la direction de l'Est, car, jusqu'à Nancy, vous ne rencontrerez personne[1]. Un effort combiné de Paris et de la France peut tout sauver, et votre inaction doit tout perdre.

Quant à ce qui nous concerne personnellement, surmontez toutes les résistances et venez[2].

LÉON GAMBETTA.

Gambetta à Jules Favre, pour ses collègues, à Paris.

Bordeaux, le 16 janvier 1871, 6 h. soir.

Mon cher ami,

J'ai en main vos deux dépêches des 9 et 12 janvier, auxquelles j'ai déjà fait deux courtes réponses, exclusivement consacrées à réclamer de vous et de nos collègues un acte de suprême énergie pour décider une sortie générale des forces actives de Paris. Mais l'heure est trop grave pour que je ne considère pas comme un devoir impérieux de vous faire connaître

1. A la suite de la marche du général de Manteuffel sur le Jura, à la tête de l'armée dite du Sud, le général de Moltke exprimait son avis sur cette opération, devant l'empereur Guillaume, de la façon suivante : « L'opération du général de Manteuffel est extrêmement hardie, mais elle peut amener les plus grands résultats. S'il subissait un échec, il ne faudrait pas le blâmer, car il faut bien risquer quelque chose pour obtenir de grands succès. » (*Rapport du grand État-major prussien*, 19e livraison, p. 1126).

2. M. Jules Favre avait reçu le 10 janvier l'invitation de lord Lyons d'assister à la conférence de Londres. Il avait adressé le 13 janvier une demande de sauf-conduit à M. de Bismarck ; celui-ci, à la date du 16, n'avait pas encore répondu. (JULES FAVRE, *loc. cit.*, t. II, p. 300 et suiv.)

tous mes sentiments et toutes les résolutions que m'inspirent votre situation et la nôtre. J'ignore quand vous lirez ces lignes et ce que vous serez devenus quand elles passeront sous vos yeux. C'est avec une sorte de tremblement que je vous écris cette dépêche qui peut être la dernière. Je l'écris sous l'impression d'amertume ineffaçable que m'ont causée vos dernières communications; je sens que vous vous perdez, que vous allez à l'abîme avec la conscience manifeste des fautes de celui qui vous y pousse, de l'écrasante responsabilité qui nous reviendra dans l'histoire pour n'avoir pas su rejeter virilement l'instrument de notre perte commune. Vous voyez s'approcher tous les jours de vous, de la France et de la République, l'horrible catastrophe, et vous vous résignez, en gémissant, à cet immense désastre, plutôt que de vous défaire résolument d'un seul homme qui, quelles que soient d'ailleurs ses vertus, est inférieur à la situation, à son rôle, aussi bien qu'à son mandat. De mesquines considérations de personnes vous entravent, au point de rendre stériles les efforts gigantesques de Paris et de la France depuis quatre mois. Vous vous laissez acculer à la famine, à la capitulation par inanition. Vous aurez ainsi laissé passer l'heure et l'occasion favorables pour une victorieuse trouée et, avec des intentions plus pures, vous tomberez comme ceux qui sont tombés à Sedan et à Metz. Peut-être tenterez-vous à la dernière heure un suprême effort : héroïsme inutile qui sauvera votre honneur sans servir la patrie! Les grands efforts veulent être opportuns pour être efficaces. Si vous étiez sorti le 7 janvier comme le marque votre dépêche du 9 janvier, vous eussiez réussi, et Chanzy, au lieu d'un échec sur la ligne du Mans, aurait probablement compté un triomphe. Si vous sortiez aujourd'hui, demain, après-demain, profitant du moment où les Prussiens ont dégarni leurs lignes pour opposer deux cent mille hommes à Chanzy, cent mille hommes à Bourbaki, vous réussiriez encore.

Il y a des traîtres dans Paris. Les Prussiens savent toujours à l'avance vos projets et vos opérations. Je vous ai, dans ma dépêche du 13 novembre, mis en garde contre ces criminelles menées. Je vous avais fait passer des renseignements précis et précieux sur certains personnages. Les a-t-on surveillés avec soin? Je vous citais la source de mes informations. Redoublez de vigilance. Soyez défiants et suivez avec soin les indications de l'opinion publique, qui apporte toujours en ces choses un merveilleux instinct de divination.

Les journaux de Paris qui nous sont parvenus, même les plus modérés, me prouvent que je ne fais qu'exprimer le sentiment unanime de votre admirable population.

En ce qui concerne notre situation militaire, je vais vous l'exposer dans toute sa fidélité.

A l'Ouest, le général Chanzy, que ma dépêche du 31 décembre vous montrait au Mans prêt à reprendre l'offensive, s'est vu, à la suite d'opérations qui ont commencé dès le 27 et le 28 décembre et qui durent encore aujourd'hui, forcé dans ces positions et obligé de battre en retraite derrière la Mayenne. Il a eu à supporter l'effort d'une armée de plus de 200 000 hommes, commandée par le prince Frédéric-Charles et le duc de Mecklembourg. Les renforts venus de Paris l'ont accablé, malgré une héroïque résistance mêlée malheureusement à de cruelles défaillances. Je vous envoie la série de ses dépêches, depuis le commencement de ses opérations jusqu'à ce jour. Vous suivrez ainsi par le détail les alternatives de cette lutte terrible; vous y pourrez admirer la force d'âme de ce brave général. Les causes principales de son échec sont l'absence de coïncidence de sa propre action et d'une action du côté de Paris, la panique des mo-

bilisés de Bretagne[1] et aussi l'inexpérience des officiers qui commandent ces troupes. Le caractère
particulier des armées que nous formons, c'est de
manquer de solidité et d'haleine. Elles ne peuvent
surtout supporter une série de combats qui prennent
plusieurs semaines, entremêlés de quelques succès,
mais qui n'ont pas encore amené une grande victoire
de nature à les enflammer pour longtemps. C'est ce
qui vous explique que, depuis le commencement de
la guerre, nos diverses armées ont eu tour à tour au
bout d'une certaine période de combats, besoin de se
refaire et de se reconstituer. C'est comme un méca-
nisme trop hâtivement fabriqué et appareillé qui ne
peut marcher qu'un certain nombre de jours et qu'il
est nécessaire de reviser et de remonter presque
d'une façon chronique.

Mais les intermittences ne doivent ni nous affaiblir
ni nous abattre : elles sont dans la nature des choses.
Il faut simplement être résolu à ne jamais se lasser et
à reprendre patiemment après chaque échec le travail
de réorganisation et de résistance à outrance. Ainsi
avons-nous fait après la première prise d'Orléans,
après les défaites essuyées, au mois de novembre, par
l'armée de l'Ouest à Nogent-le-Rotrou et à la Ferté-
Bernard, quand le Mans a été une première fois
menacé ; de même après Toury, et la seconde évacuation d'Orléans, après la défaite de l'armée de Cambriels à la Bourgonce. Ainsi faisons-nous aujourd'hui,
derrière la Mayenne, pour la deuxième armée de la
Loire, et c'est pour cette œuvre que, sur les instances
du général Chanzy, je me rends ce soir à Laval.

On comprend qu'il doive en être ainsi jusqu'à ce
que ces troupes, si tendres et de formation si récente,
aient véritablement acquis le tempérament militaire.
Il doit également en être ainsi pour un autre motif :
c'est qu'au bout d'un certain nombre d'engagements

1. Au poste de la Tuilerie.

heureux pour nos armes, toutes les fois que nous
rencontrons les Prussiens inférieurs ou égaux en
nombre, ils parviennent à accumuler sur le point
disputé des masses très supérieures, ce qui, dans le
cas particulier du général Chanzy, n'aurait pu se
produire si Paris avait tenté ou de nombreuses diver-
sions autour de ses murs, ou une sortie sans esprit de
retour. Il est évident, en effet, que l'armée qui est
dans Paris ne peut pas être seulement qu'une force
défensive : elle doit constituer une armée d'opérations extérieures, une armée de secours, capable de
prendre la campagne par le nombre des forces
opérant à l'extérieur contre l'ennemi. J'ajoute que le
rôle des armées créées par la province est double :
converger vers Paris comme force offensive, ou bien
enlever aux assiégeants et retenir loin de la capitale
des forces imposantes qui diminuent d'autant la profondeur des lignes d'investissement. Mais, à tous les
points de vue, le succès final n'est possible qu'à la
condition que Paris sorte en temps opportun de sa
persistante inaction. Il faut bien retenir d'ailleurs
que, dans la longue série de ces héroïques efforts faits
par nos jeunes troupes, outre le péril couru par l'ennemi en s'éloignant trop de sa base d'opérations,
chaque journée lui coûte beaucoup de monde, et que,
même lorsqu'il triomphe, ses forces s'épuisent. Il
sent fort bien que la France peut continuer indéfi-
niment ce système de résistance, et que, comme je
vous le disais dans une de mes dépêches, il suffira,
s'il est conduit jusqu'au bout, pour contraindre la
Prusse à vider le territoire. Le général Chanzy est
éminemment propre à cette guerre de combats sans
cesse renaissants, dont le résultat certain est d'user
l'ennemi. Vous pouvez être assuré qu'en quelques
jours nous aurons reconstitué cette deuxième armée,
sur laquelle on dirige déjà le 19e corps qui va former
son aile gauche à Flers.

La perte de la ligne du Mans est certainement importante. Toutefois, il ne faut pas en exagérer les conséquences; car, une fois refait, le général Chanzy pourra, par un mouvement vigoureux sur la droite de l'ennemi, dans la direction d'Alençon, le forcer à rebrousser chemin. Cette opération pourra être appuyée par le 25ᵉ corps et la colonne mobile du général Cléret, qui s'étend de Tours à Vierzon.

Dans l'Est, nos affaires vont beaucoup mieux. Les troupes (vingt mille hommes environ) du général de Pointe de Gévigny, qui opère de Nevers à Gien, repris hier pour la troisième fois, et dont les pointes vigoureuses inquiètent l'ennemi jusque dans l'Avallonnais, pourront, à un moment donné, remonter jusqu'à Joigny et gêner les mouvements des Prussiens sur Chaumont. L'entreprise du général Bourbaki, dont vous avez saisi l'importance, a déjà produit d'excellents résultats. Le tableau ci-joint[1] des dépêches relatives à ses mouvements et au succès déjà obtenu, vous initiera fidèlement à toutes les phases de l'opération. Mais je tiens à constater, pour lui comme pour Chanzy, que l'action a commencé dès les premiers jours de décembre, ainsi que je vous l'avais annoncé, et qu'en réalité, depuis près de vingt jours, ces deux armées se battent constamment, avec des fortunes diverses, mais toutes dans votre intérêt, car les revers de l'une ne vous sont pas moins profitables que les succès de l'autre, puisqu'elles retiennent loin de vous les meilleures troupes qui environnaient Paris. C'est Frédéric-Charles qui commande toutes les forces prussiennes dans l'Ouest et qui est acharné sur Chanzy depuis vingt jours; c'est Manteuffel qui est général en chef dans l'Est et qui a amené sur Bourbaki cent mille hommes de plus, dérobés aux lignes d'investissement. Werder a été destitué, car les Prussiens ont la bonne

1. A cette dépêche était annexée une nouvelle copie des dépêches du général Bourbaki.

méthode, et chez eux les généraux battus sont relevés de leur commandement; il est allé rejoindre Von der Thann et Steinmetz.

Et pendant toutes ces luttes, que fait Paris? Rien. Sa population civile supporte stoïquement les obus des Prussiens, mais on se demande non seulement en France, mais en Europe, ce que fait sa population militaire. Cependant le temps vous presse. Vos dépêches ne laissent à cet égard aucune incertitude. Qu'attendez-vous pour agir? Autour de vous, tout le monde vous a adjuré. Je vous ai envoyé mon vote; je viens de vous exposer les nécessités de la situation; je vous ai fait connaître l'opinion générale, unanime dans le sens d'une action immédiate. Tarder plus longtemps, quel que soit le motif, le prétexte d'une pareille faiblesse, serait commettre un acte coupable contre le pays et contre la République.

Même indirectement, je ne veux pas m'y associer. Vous avez en main la puissance et le droit nécessaires pour vous faire obéir, usez-en, mais comprenez que mon devoir est de faire connaître à la France vos dépêches si caractéristiques sur la situation et sur la direction militaire de la capitale. En conséquence, si le 25 nous n'avons pas reçu une dépêche nous annonçant qu'une sortie suprême et sans esprit de retour est engagée, avec tous vos moyens, je ferai connaître à la France la vérité tout entière. Vous comprenez, en effet, que nous ne pouvons pas laisser tomber Paris sans avoir préalablement réconforté l'opinion et disposé les esprits à soutenir un pareil choc.

Je voudrais vous avoir près de nous, mon cher Favre, pour franchir les terribles journées qui suivront le grand désastre, si tant est qu'il ne puisse être évité. Votre caractère, vos souffrances, votre autorité s'imposeraient à tous, et chacun comprendrait, en vous voyant porter au dehors de Paris son âme et sa parole, que vous avez reçu de lui mandat de le venger, vous'le pouvez, vous le devez. Vous le pouvez, en vous rendant à la conférence de Londres, où l'Europe entière, sauf nos implacables ennemis, vous désire et vous attend. Nos collègues ignorent la situation : qu'ils s'en rapportent à ceux qui, n'ayant d'autre passion que celle de la vérité et des intérêts de la République, vous adjurent de sortir; qu'ils sachent qu'au dehors de Paris, tous nos ennemis sont d'accord pour vous réclamer, et que si, dans l'intérieur de Paris, il y a des dissidences sur un point aussi capital, cela tient à votre malheureux isolement. Quand vous avez publié ma dépêche du 31 décembre, au milieu de tant d'autres suppressions, vous avez eu tort de supprimer le passage où je vous suppliais de sortir. Je suis convaincu que l'opinion parisienne eût approuvé ce passage et votre départ venant à la suite. Il en est temps encore. Faites connaître à nos concitoyens nos prières et les raisons qui les accompagnent, et vous pourrez sans résistance accomplir ce qui est votre devoir de ministre des affaires étrangères, de chef civil du gouvernement de la République, dont plus tard vous vous reprocheriez d'avoir compromis les destinées, par un complaisant abandon aux instances de nos collègues mal éclairés et mal renseignés. J'attache la même importance, dans des ordres divers, à votre présence à Londres qu'à une sortie immédiate du général Trochu hors des murs de la capitale. Et, au fond, c'est du même intérêt qu'il s'agit, du salut de la patrie. J'ai fait mon devoir, faites le vôtre.

Salut fraternel.

LÉON GAMBETTA.

Gambetta à Jules Favre, à Paris.

Lille, le 22 janvier 1871.

Mon cher ami,

Depuis ma dernière dépêche, qui contenait tous

les documents relatifs aux opérations des généraux Chanzy et Bourbaki, la situation militaire du pays s'est aggravée par suite de l'effort considérable qu'ont tenté, dans les trois directions du Nord, de l'Est et de l'Ouest, nos implacables ennemis; et, malgré les plus héroïques résistances sur les divers points, les troupes prussiennes étaient tellement nombreuses qu'elles nous ont forcés à plier. Mais ces échecs même vous ont été profitables, car les Allemands n'ont pu frapper les divers coups qu'en dégarnissant leurs lignes d'investissement autour de Paris. Nous constatons que vous en avez eu connaissance ou pressentiment, puisque, depuis le 19 [1], vous êtes vous-mêmes engagés.

Nous sommes encore sans nouvelles sur les résultats de votre tentative, car vos ballons sont tous allés tomber en Belgique ou en Hollande [2], notamment celui de M. Cléray, que j'ai vu ici.

Dans l'Est, le général Bourbaki, dont la neige avait quelque peu retardé la marche, a poussé vivement l'ennemi jusqu'à Héricourt; mais, après une bataille acharnée qui a duré deux jours pleins [3], il s'est trouvé aux prises avec des forces trop supérieures et des positions couvertes d'une artillerie formidable, qu'il n'a pu enlever. Il s'est vu contraint à reporter un peu en arrière sa ligne d'opérations [4], ayant causé à l'ennemi assez de mal pour n'être nullement inquiété dans ce mouvement de retraite. Il repose ses troupes, dont il loue la constance et la valeur, et auxquelles il imprimera prochainement une nouvelle direction. De ce côté, on peut dire qu'après de grands résultats rapidement obtenus, nous avons été obligés d'arrêter le mouvement pour ne rien compromettre et conserver

1. Le *Vaucanson*, tombé près d'Armentières, Belgique, le 15 janvier; le *Steenockers*, tombé à Hynde, Hollande, le 16 janvier, la *Poste de Paris*, tombé à Venray, Hollande, le 18 janvier.
2. Bataille de Montretout.
3. 15 et 16 janvier.
4. A Arcey.

intacte cette armée de l'Est, qui est si bien commandée et qui cause à l'ennemi de si vives inquiétudes. C'est certainement une déception cruelle de
ne point recueillir les résultats mérités d'une opération si bien conçue et si bien conduite, surtout quand
le temps nous presse et quand nous mesurons avec
anxiété ce qui vous reste d'existence. Mais nous avons
la conviction de vous avoir dégagés en partie et de
posséder dans cette région des forces qui, après les
brillantes journées de Villersexel, d'Arcey et de Montbéliard, sont à la hauteur de toutes les nécessités militaires.

Dans l'Ouest, la position de Chanzy est plus critique.
La perte de la ligne du Mans est en effet très grave,
et le moral de l'armée en a été vivement affecté. Il a
fallu se livrer à un travail de réorganisation, et,
comme je vous l'ai écrit, je suis allé à Laval pour prêter tout mon concours aux efforts du général [1]. Je l'ai
retrouvé le même qu'à Josnes et à Marchenoir, plein
de calme et de résolution, inspirant à tous, par sa
force morale, le respect et l'obéissance, en un mot,
supérieur à la situation et répondant de la dominer
après quelques jours de repos. Il couvre la ligne de
Mayenne et se rallie par Flers aux forces de Carentan,
où se trouve l'approvisionnement de Paris. Après
avoir redonné à ses troupes des habits, des armes, des
munitions, et surtout des officiers, il sera en mesure
de reprendre ses opérations du 25 au 30 janvier.

Dans le Nord, où je me trouve actuellement et où
je suis venu pour me mettre en communication avec
l'esprit public, qu'une trop longue séparation du
reste de la France avait attiédi, j'ai trouvé l'armée du
général Faidherbe fatiguée par six semaines de marches et de combats ininterrompus. Elle a, en moins
de six semaines, livré trois batailles, et elle en a ga-

---

1. CHANZY, *loc. cit.*, livre II.

gné deux, Pont-Noyelle[1] et Bapaume[2]. Faidherbe, qui est l'âme de cette armée, et dont le zèle et l'infatigable énergie sont l'objet de la reconnaissance universelle, avait entrepris une pointe audacieuse sur Paris. Il avait enlevé Saint-Quentin dans un brillant coup de main et marchait en avant, ayant pour objectif Laon et Reims. Les Prussiens se sont hâtés d'accourir, en chemin de fer, de Rouen et de Paris, et lui ont offert la bataille en avant de Saint-Quentin, à Saint-Mamertin. On s'est battu tout un jour[3]. Le général a maintenu toutes ses positions, ayant la ville de Saint-Quentin à dos, ce qui fait qu'à la nuit, pour ne pas rester dans la ville, le général a donné l'ordre aux troupes de se replier vers Douai et Arras. Il avait causé des pertes cruelles à l'ennemi, mais en avait éprouvé de graves. Je suis arrivé au moment où la population apprenait cet échec, et, après avoir reçu des députations de toutes les classes. J'ai la conviction d'avoir remonté les courages. Le général n'a rien perdu de son entrain, ni de sa confiance. Il demande huit jours pour reprendre l'offensive[4]. Cet échec, comme celui de Chanzy, a été causé par le dégarnissement des lignes d'investissement de la capitale. En résumé, mes amis, la guerre, à mesure que les Prussiens approchent de leurs suprêmes efforts, prend un caractère de violence et de furie de part et d'autre. Nous pouvons plier sous le nombre, mais nous nous reformons à distance et nous reprenons la campagne. Il

1. 23 décembre 1870.
2. 2 et 3 janvier 1871.
3. 19 janvier 1871.
4. Cf. FAIDHERBE, *loc. cit.* p. 69. « Ce qui prouve que le général en chef von Goeben savait très bien que, dans la quatrième bataille, il n'avait pas encore réduit l'armée du Nord à l'impuissance, c'est que dans un ordre du 21, chargeant les généraux de division von Kummer, von Barnekon et von der Groeben, d'observer Cambrai et Arras, il leur indique des lignes de retraite vers Amiens et Péronne *dans le cas où ils seraient pressés par l'armée française.* »

en sera ainsi jusqu'au dernier soldat. Mais cette vaillante terre de France est inépuisable. Les hommes, elle les prodigue, et aussitôt que les cent cinquante mille fusils se chargeant par la culasse, qu'on nous livre chaque mois, sont arrivés, on arme cent cinquante mille hommes. Paris vînt-il à tomber, la France peut et doit continuer cette guerre peut-être sans éclat, mais libératrice, qui assurera, outre sa grandeur et sa suprématie morales, ses véritables intérêts matériels, car il est impossible de calculer ce que coûterait de tributs et de dommages matériels, indépendamment de la cession du territoire, une paix qui aujourd'hui ne pourrait être qu'une paix honteuse et fatale. Cette conviction gagne, de proche en proche les esprits. Les Prussiens ne redoutent que de la voir s'étendre et se généraliser, et devenir la politique inflexible de notre gouvernement. Ils sentent bien qu'avec une France résolue à ne jamais traiter, à ne jamais céder, ils perdront le plus clair de leur sang et de leurs conquêtes. Quel que soit l'effet de stupeur et de douleur qui suivrait la chute de cette héroïque capitale, je crois pouvoir répondre que, appuyé sur le sentiment public, et avec quelque décision dans les mesures politiques qui s'imposeraient, on franchirait cette redoutable éventualité, comme nous avons franchi les difficultés qui ont suivi l'abominable trahison de Bazaine et la capitulation de Metz. Mais, je ne cesserai de vous le répéter, il dépend encore de vous de prévenir une aussi honteuse catastrophe. Il faut faire un suprême appel à l'armée et à la population militante de Paris, secouer les courages endormis, faire des exemples, promouvoir de jeunes chefs, et pousser hors des murs, par delà les lignes prussiennes, les deux cent cinquante mille combattants que vous ne pouvez faire prisonniers de guerre, et que vous devez à la France et à la République.

Je ne veux pas terminer cette dépêche sans vous

adjurer encore une fois de vous rendre à la conférence de Londres pour y faire reconnaître la République comme gouvernement de droit, et pour y
trouver, soyez-en sûr, une occasion unique de mettre
la Prusse au ban de l'Europe, d'y rencontrer peut-
être une alliance, de porter hors de Paris à notre gouvernement le concours de votre autorité morale et un
supplément de force nécessaire pour imposer au pays
le devoir de prolonger la lutte, enfin de venger Paris
et de poursuivre jusqu'au bout la tâche que vous avez
assumée, de ne jamais laisser capituler la République.
Donc foulez aux pieds toute résistance, brisez tous les
obstacles, dites bien haut à Paris républicain que
c'est un républicain qui vous adjure, qui ne fait que
vous transmettre l'avis unanime de la province, et
qui est convaincu que son devoir d'ami et de core-
ligionnaire va jusqu'à lui permettre de vous donner
l'ordre de sortir. J'ai en effet le droit d'exiger que
le ministre des affaires étrangères de notre République accomplisse sa mission jusqu'au bout[1].

Au moment de clore ma dépêche, je reçois, par un
pigeon tombé à Lizy-sur-Ourcq, une dépêche chiffrée
du général Trochu, datée du 17 janvier, qui annonce
pour le jeudi 19 l'effort du désespoir[2]. Je ne peux
m'empêcher de relever avec un sentiment d'amère
douleur les lignes qui la terminent, et qui annoncent
clairement que le gouvernement n'a aucune confiance
dans sa tentative; qu'il la présente comme la dernière,
et qu'il accepte avec une résignation trop philoso-
phique qu'elle doit clore la longue série de vos efforts,

1. Nous avons déjà dit que M. de Chaudordy insista dans le
même sens auprès de M. Jules Favre (dépêche du 10 décembre et
dépêches suivantes, très nombreuses). « La France ne pouvait plus
désormais conserver d'espoir que dans la conférence. » (SOREL,
loc. cit. t. II, p. 115.)
2. La bataille de Montretout. — « Cette sortie semblait bien plutôt une concession tardive aux demandes réitérées de discussion
formulées par la délégation de Bordeaux. » (FREYCINET, loc. cit.,
p. 362).

oubliant sans doute qu'on n'a jamais fini de faire des efforts pour sauver sa patrie, et que la résignation en pareille matière a, dans tous les temps, reçu un nom plus dégradant. J'ai les plus tristes pressentiments, et, habitué comme je le suis à ressentir toujours fidèlement les émotions du peuple de Paris, même à distance, j'ai la conviction que ce peuple ne supportera pas une telle fin, et je redoute pour vous tous une issue tragique, pour Paris un déshonneur, et pour la République une ineffaçable honte. Quoi qu'il advienne, je suis déterminé à rester dans notre programme primitif et à ne jamais déposer les armes tant qu'un Prussien souillera le sol. Montrez-vous tous à la hauteur de cette crise effroyable, et n'acceptez de succomber qu'en défiant l'histoire de pouvoir vous reprocher une seule faiblesse.

Salut.

LÉON GAMBETTA.

Gambetta à Jules Favre, à Paris.

Bordeaux, le 27 janvier 1871.

Les quelques dépêches qui nous arrivent sans caractère officiel et les renseignements qui nous parviennent par la voie de l'étranger nous apprennent qu'après une tentative de sortie dans la direction de Versailles, aussi médiocre par le chiffre des combattants que par la manière dont elle a été conduite, le gouvernement de l'Hôtel de ville s'est résigné à aller porter à Versailles des propositions de capitulation de Paris, et même, dit-on, pour une paix générale[1]. Nous ignorons encore quelle est la vérité

1. M. Jules Favre avait, en effet, écrit le 22 au soir à M. de Bismarck pour lui demander une entrevue « sans lui en expliquer le motif » et le 23 à 8 h. du soir, la première conférence pour la conclusion de la capitulation et de l'armistice avait eu lieu à Ver-

officielle, et jusqu'à ce que nous ayons reçu de vous
l'assurance que vous vous êtes décidés à une si
lamentable fin, nous tenons les bruits anglais pour
mal fondés, et nous y voyons une nouvelle manœuvre
de M. de Bismarck. Toutefois la situation intérieure
de Paris apparaît comme fort troublée. L'exclusion
du général Trochu de toute fonction et commandement militaire, et sa conservation, inexplicable dès
lors, à la tête du gouvernement[1]; le choix ridicule
d'un sénateur de soixante-dix ans[2] pour présider aux
suprêmes efforts de l'héroïque capitale; la suppression du droit de réunion et des journaux révolutionnaires[4], ainsi que les tentatives faites sur Mazas et
l'Hôtel de ville[5], tout accuse clairement que, dans la
population comme dans le gouvernement, il n'y a
plus ni accord, ni fermeté, ni clairvoyance. Je ne
peux cependant pas croire que des négociations pour
la reddition de notre capitale aient été entamées sans
qu'on ait fait ce gigantesque et puissant effort que
l'on promet et que l'on annonce depuis quatre mois,
qui n'a pu être retardé, incessamment ajourné que
par incapacité ou esprit de méfiance, mais qu'il faut
faire, pour pouvoir, s'il échoue, arborer avec honneur
le drapeau parlementaire. Paris, initiateur de la révolution et premier moteur de la défense de la France,
ne peut succomber qu'en appelant la province au
devoir comme à l'honneur de le venger, et cet appel
ne peut être adressé au pays et exécuté par lui qu'à

sailles entre M. de Bismarck et M. Jules Favre. La seconde entrevue eut lieu le mardi 24 et, l'accord étant intervenu sur les
points principaux, le feu avait cessé le 26 à minuit. La convention
fut signée le 28. (Cf. JULES FAVRE, loc. cit., t. II, p. 390 et suiv.)

2. A la suite de la bataille de Montretout et la réunion des officiers de la garde nationale chez M. Jules Simon. (FAVRE, loc. cit.,
t. II, p. 350.)

3. Le général Vinoy, nommé, le 21 janvier, commandant en
chef de l'armée de Paris.

4. Décrets du 22 janvier.

5. Nuit du 21 au 22 janvier.

la condition que Paris, comme c'est sa tradition et
son rôle, se sera réellement sacrifié pour la patrie et
pour la République. Mais si au contraire cette province qui, depuis trois mois, prodigue son sang et
son or, supporte l'invasion et l'incendie de ses villes,
apprenait, ce qui parait être la triste et cruelle vérité,
que Paris a été systématiquement amolli, énervé,
découragé par ceux qui le gouvernaient, et dont le
mandat n'était sacré que parce qu'il avait pour but
d'organiser et d'employer toutes les forces militantes
et révolutionnaires de Paris ; c'est l'indignation chez
les uns, la défaillance chez les autres, qui feraient
place à l'enthousiasme qu'excitait parmi eux le gouvernement du 4 septembre. Que dirait cette province
si surtout elle apprenait que ce chef militaire, introduit dans le gouvernement civil et doté de la prépo-
tence, n'était qu'un discoureur infatigable et un soldat irrésolu ; que ses collègues le connaissaient sous
cette double face, et qu'ils ont préféré, pour ne pas
blesser cette présomptueuse personnalité, laisser capituler Paris et compromettre la France ; qu'ils ont
poussé l'inertie, la culpabilité, par leur solidarité avec
ce chef, jusqu'au point de rester sourds aux réclamations unanimes de l'opinion parisienne, de chercher à
la faire dévier, en désignant à ses colères les patriotes
dont l'exaltation ne provenait que du pressentiment
de la catastrophe finale ? Et c'est ainsi que vous vous
êtes laissés conduire jusqu'aux derniers jours, subissant, vous républicains, un pouvoir personnel mé-
connaissant la première règle de la tradition révolutionnaire, qui est de subordonner les chefs militaires,
quels qu'ils soient, à la magistrature politique et civile.

A ces fautes, vous allez en ajouter une autre, et,
après vous être laissé traîner en longueur par le général Trochu, vous allez, si les renseignements anglais sont véridiques, vous laisser mener jusqu'à votre
dernier grain de blé par les lenteurs habiles et calcu-

lées de notre dernier ennemi le plus redoutable,
M. de Bismarck.

Mais non, ces renseignements sont faux, je n'y crois
pas, je n'y veux pas croire. Vous changerez les généraux qui manquent de cœur, et ce ne sera qu'après
une grande bataille perdue que vous vous résignerez
sous la force. Alors se posent les graves et redoutables questions qui agitent et préoccupent tous les esprits à l'heure présente, et que l'on peut ramener à
deux points de vue distincts : Que ferez-vous à Paris?
que devons-nous faire en province? Je vais vous donner
sur ces deux points mon opinion longuement méditée.
Comme toutes celles que je vous ai exposées au cours
des événements, celle-ci m'est inspirée uniquement
par le sentiment profond que j'ai des intérêts et des
devoirs du grand parti de la Révolution française,
dont le triomphe ou la chute marquera la prospérité
ou la ruine même de la patrie. Je pourrai me trouver
ici, comme précédemment, en désaccord avec vous.
Mais permettez-moi de vous rappeler que l'expérience
a déjà prononcé entre nous, et qu'à coup sûr, si vous
eussiez, comme je l'ai toujours demandé, pris pour
guide l'esprit de Paris, si vous eussiez fait confiance
pleine et entière au parti républicain, seule force qui
ne vous soit pas contraire par essence et sur laquelle
votre devoir est de toujours vous appuyer, vos affaires
intérieures comme les nôtres propres n'auraient pas
été amenées au pire état où nous les voyons aujour-
d'hui. C'est lui, c'est cet esprit de Paris dont je vais
me pénétrer, pour supporter virilement cette capitulation nouvelle et pour en conjurer les effets désastreux. Ce n'est qu'avec le concours énergique de tout
le parti républicain, se dévouant aux injures et aux
malédictions pour sauver la France, que nous pouvons
sortir de l'affreuse passe où nous allons être engagés.
Je désire que ces réflexions vous soient présentées au
moment des suprêmes négociations, et vous empê-

chent de compromettre ou même d'engager les intérêts dont nous avons la garde.

Qu'allez-vous faire à Versailles? Capituler comme
gouvernement, vous ne le pouvez ni en fait ni en
droit. En fait, cernés dans Paris depuis quatre mois,
réduits par la disette à en ouvrir les portes à l'ennemi,
vous ne pouvez stipuler que pour la ville et exclusi-
ment comme représentants de la ville. C'est Paris qui
est réduit en effet : ce n'est pas la France, et toute
immixtion sur un autre terrain vous amènerait à consentir à l'ennemi des avantages qu'il est loin d'avoir
conquis. En droit, vous ne pouvez disposer du titre
du gouvernement sans le supprimer, comme il est
arrivé après la capitulation de l'homme de Sedan.
La collectivité même, la pluralité de notre gouvernement impliquent la dévolution de tout le pouvoir aux
survivants d'entre nous, que leurs collègues aient été
frappés de mort naturelle ou de mort politique. Ces
principes posés, tout ce que vous accompliriez, en
dehors des intérêts propres de Paris, sans notre consentement ou notre ratification, serait nul et de nul
effet ; vous apercevez maintenant l'importance capitale qu'il y avait à constituer fortement le gouvernement en province, le prix que j'attachais à la sortie
de M. Jules Favre de Paris et la nécessité où je le
place encore de le faire (tant qu'il lui restera une
heure pour sortir, j'exigerai qu'il sorte). Donc vous
ne devez traiter, à mon sentiment, que de la reddition
même de la place.

Mais il faut prévoir que votre captieux vainqueur
voudra vous entraîner plus loin et ne traiter de Paris
qu'en vous engageant sur le sort entier de la France,
et qu'il vous demandera des préliminaires de paix.
Sauf l'adoption par M. de Bismarck de notre formule
primitive sur l'intégrité du territoire, — éventualité
que l'arrogance de M. de Bismarck commande d'é-
carter, — vous devez refuser obstinément tous pour-

parlers sur ce chapitre. Il y va de l'honneur même,
de l'avenir de la République dans ce pays, et il vaut
mieux laisser la force se donner libre carrière que de
lui fournir même un prétexte de reconnaissance et
d'adhésion. Devant votre refus, il sera d'ailleurs forcé
de traiter de la reddition de Paris selon les règles ordinaires. Alors adressez-vous à la France, affirmez la per-
pétuité de la Révolution du 4 septembre, léguez-nous
le soin de vous venger et de poursuivre la guerre à
outrance, et, pour l'accomplissement de ce testament,
envoyez hors de Paris, par tous les moyens dont vous dis-
poserez, les hommes ardents, vigoureux, résolus à tout,
qui iront porter jusqu'au fond de la province la flamme
dont ils seront animés au sortir de la capitale vaincue.
La lutte à laquelle nous sommes voués exige le concours de toutes les forces et de tous les talents accu-
mulés dans la capitale. Il y a là, enfermés dans ces
murs qui, hélas! ne se rouvriront peut-être pas, même
après la capitulation, un magnifique personnel politique dont la présence en province galvanisera la
France et créera au milieu des départements restés
libres une milice républicaine, vigilante et sûre, dont
le dévouement, l'intelligence et l'activité féconderont
les immenses ressources dont dispose le grand pays,
et dont la stérilité n'est imputable qu'à l'absence de
ces hommes qu'un sentiment trop intime de solidarité avec Paris avait retenu derrière ses remparts.
Rendez à la France ces trésors intellectuels, et que
du moins, si vous êtes forcés de livrer à l'ennemi vos
soldats et vos armes, vous puissiez lui restituer des
citoyens capables de lui refaire des armées et une politique. Faites donc partir des officiers, des ingénieurs,
des publicistes, des administrateurs, des diplomates,
et surtout, parmi les chefs autorisés de la démocratie,
ceux qui ont supporté pendant vingt ans le poids de
la persécution et de l'exil. Nul d'entre eux ne refusera ce service à la patrie en danger, et avec ce sur-

croît de forces, qui transportera parmi nous le grand foyer de Paris, nous tenterons des luttes dont la récompense finale sera certainement l'extermination de l'étranger et le triomphe de la République.

Quant à nous, délégation du gouvernement central, devenus le gouvernement lui-même à partir de la capitulation, notre route est clairement tracée. Poursuivre la guerre jusqu'à l'affranchissement, et employer la plus sûre, la plus régulière des méthodes pour la soutenir : telle doit être notre tâche. Trois moyens principaux s'offrent à notre esprit : 1° un plébiscite; 2° une Chambre élue; 3° la continuation pure et simple du régime actuel. Je vais les discuter tous les trois, en marquant nos préférences.

Le plébiscite est un moyen tardif, dangereux, équivoque. Tardif, car le moment en est passé depuis celui que vous avez fait vous-mêmes. Dangereux, pour deux raisons : la première, c'est qu'il invite la nation à se déshonorer elle-même en refusant la guerre; la deuxième, c'est qu'il intervient à un moment où la question de paix et de guerre n'est plus intacte. — Les conditions draconiennes de M. de Bismarck sont connues de tous, et si la réponse plébiscitaire était pacifique, elle serait considérée par avance comme une adhésion aux prétentions allemandes. Quelque réservée que fût la formule, M. de Bismarck et les ennemis de la France seraient fondés à dire que le peuple entier accepte leurs conditions, et que dès lors l'Europe n'a qu'à ratifier, car, au besoin, après le vote des Français, il serait possible de se passer de son consentement. — Équivoque, parce que le balancement des voix pourrait être tel qu'on n'y puiserait ni force ni direction. Pour ces motifs, nous écartons le plébiscite, quelques avantages de célérité que présente ce mode de procéder.

Une Chambre élue? Il est bien certain que le concours d'une Assemblée est une force inappréciable pour le développement d'une politique militaire et nationale, et ce n'est que parce que j'ai toujours eu la conviction qu'au lendemain des coups effroyables de Sedan et de Metz, qui ont frappé de stupeur ce pays énervé par vingt ans d'Empire, une Assemblée nommée d'après les procédés habituels eût été honteusement pacifique, que j'ai résisté avec vous à la convocation des électeurs. Loin de sauver l'honneur national et l'intégrité de la France, loin de nous aider à accomplir notre mandat de gouvernement de la Défense nationale, elle eût été un instrument de capitulation devant l'étranger, et, aux mains des partis, un organe d'intrigues réactionnaires : elle nous eût perdus, et la France avec nous. Mais, dès les premiers jours, ne voulant pas renoncer à ce principe et à cette force du gouvernement républicain qu'on trouve dans les Assemblées, je vous avais proposé un correctif essentiel, sur lequel je suis plusieurs fois revenu dans mes dépêches, et dont l'adoption eût permis et permet encore la création d'une Assemblée véritablement nationale et républicaine, qui serait à côté de nous un véritable auxiliaire et un guide, sans jamais pouvoir dégénérer en foyer de réaction. Ce correctif, vous le connaissez, et même dans une de vos dernières dépêches, en date du 16 décembre, vous sembliez incliner à l'adopter. Aujourd'hui, il s'impose aux esprits d'ordinaire les plus timides, et mes collègues de la délégation de Bordeaux que je viens de consulter, l'adoptent après l'avoir rejeté comme vous aviez fait au début. Il est dans la situation, Il faut donc, si l'on veut créer une Assemblée véritablement apte à gouverner et digne d'exercer le pouvoir, décréter comme loi d'État l'inéligibilité momentanée de tous les membres des familles ayant régné sur la France, de tous les ministres, sénateurs, conseillers d'État du second Empire, et de tout ceux qui, du 2 décembre 1851 au 4 septembre 1870, ont été les candidats officiels du régime déchu. Il est impossible, en effet, de ne pas faire supporter aux instruments et aux complices du régime du 2 décembre la responsabilité des malheurs qu'ils ont attirés sur la patrie. A cet égard, je tiens à transcrire ici les termes mêmes de ma dépêche du 21 octobre, où j'ai, pour la première fois, exposé ces idées. C'était à propos de l'armistice que M. Thiers s'était chargé de négocier. Je vous disais, dans des termes presque identiques à ceux dont je me sers aujourd'hui :

« Toutefois, il est juste de convenir que la consti- tution d'une Assemblée, représentant librement et complètement la France et siégeant à Paris, serait d'une véritable puissance sur l'opinion. C'est à ce point de vue seulement qu'il faut se placer pour juger la proposition d'armistice qui nous est faite. Si l'ar- mistice, par sa durée et ses conditions, permet à la fois le ravitaillement de toutes les places assiégées et la convocation de tous les électeurs, l'opinion démo- cratique pourra y souscrire, sous la réserve formelle d'exclure de l'éligibilité à l'Assemblée tous les anciens ministres de Napoléon III, depuis la fondation de l'Empire, les sénateurs, les conseillers d'État et tous ceux qui ont été candidats officiels depuis 1852. Il faudrait une loi d'État qui déclarât nulle et de nul effet toute opération électorale portant sur un indi- vidu compris dans les catégories susindiquées. Une semblable disposition est à la fois commandée par la justice et par la politique. Il est juste, en effet, que tous les complices et tous les complaisants du régime qui a perdu la France, soient frappés momentanément de la même déchéance que la dynastie dont ils ont été les coupables instruments. C'est là une sanction nécessaire de la révolution du 4 septembre. Il est politique aussi, alors que nous avons, depuis deux mois, tout sacrifié à l'intérêt suprême de la défense, de ne pas livrer notre œuvre aux mains de nos plus cruels ennemis, et d'écarter de la première Assemblée de la République tous ceux qui, par leur passé même, sont intéressés à conspirer sa chute. J'ose affirmer que, sans ce correctif, les élections générales seront répudiées par le parti républicain, et je dois dire que, pour mon compte, je serai dans l'impossibilité de les admettre et d'y faire procéder. J'ai exprimé toutes ces idées à M. Thiers, et il s'est engagé à s'en faire loyalement le rapporteur. »

Vous pourriez vous associer par un acte public à une convocation ainsi déterminée du corps électoral, en traçant d'avance à une Chambre ainsi formée ses devoirs et sa mission. Ce serait un nouveau moyen de donner à Paris une représentation qui le dégagerait en partie des étreintes de l'occupation, et pour vous-mêmes une nouvelle consécration que ne manquerait pas de vous apporter le suffrage populaire. Les élimi-nations résultant de ce mode de procédés déjoueraient les menées de la restauration bonapartiste, dont on accuse tous les jours la violence croissante à Londres, à Bruxelles et à Genève. Elles ne pèseraient en défini-tive que sur les suppôts de l'impérialisme. Une Cham-bre ainsi constituée enlèverait à M. de Bismarck la meilleure partie de ses combinaisons sur la politique intérieure de la France, et enfin on rencontrerait dans cette Assemblée l'énergie d'une Convention na-tionale, pour pousser jusqu'à la délivrance les sacri-fices que commande la guerre, au point où nous en sommes.

L'objection la plus grave qu'on puisse adresser à ce système, qui a nos préférences, c'est la difficulté de convoquer et de réunir cette Chambre. Comment pro-céder au vote? Pour Paris, vous vous en chargeriez vous-mêmes, et, pour les départements envahis ou occupés, nous pourrions faire voter les arrondisse-ments restés libres, en attendant, au fur et à mesure, que les places vides réservées à chaque département

fussent ultérieurement remplies par des élections successives. Ce mode de procéder serait accepté et pourrait dans une huitaine de jours produire tous ses
résultats.

Ce qui précède vous a déjà fait préjuger notre sentiment sur le troisième moyen : la continuation pure
et simple du régime actuel. Évidemment nous pouvons, mais non sans recourir à d'énergiques mesures
de répression, continuer sans changement. Il ne faut
pas se dissimuler toutefois que la chute de Paris,
rapprochée des échecs successifs de nos trois armées, avivera la violence des partis et des journaux
réactionnaires, et qu'il y aurait péril pour le respect et l'obéissance, si nécessaires en matière de
guerre, à laisser les généraux exposés plus longtemps
à ce travail d'énervement et de décomposition que
poursuivent, grâce à la liberté de la presse, les partisans d'une restauration monarchique. On ne pourrait
briser les conspirations qu'en substituant à une autorité qui est purement morale, une véritable dictature.
C'est un moyen peu en harmonie avec nos doctrines
républicaines, et auquel il ne faut se résoudre que s'il
est constant qu'il n'en existe point d'autre qui soit
meilleur.

Or, nous préférons les deux premiers, quoiqu'il reste
encore établi dans mon esprit que le pays est assez
fortement persuadé de notre dévouement et de notre
désintéressement, pour accepter notre direction, si
elle venait à être renforcée par la présence d'un
homme éminent du gouvernement de Paris, comme
Jules Favre.

Vous connaissez maintenant notre pensée tout
entière et nos résolutions du lendemain. Vous pouvez,
selon le cas, prêter à leur exécution le plus utile concours. Vous n'avez qu'à parler : vous pouvez mieux
encore, c'est-à-dire venir...

Arrivé à ce point de ma dépêche, je reçois une lettre de mon ami Jules Favre, datée de Paris, 21 janvier 1871[1]. Je ne saurais vous dire, mon cher collègue, mon maître bien-aimé, combien cette lecture m'a été douloureuse. Elle m'apporte comme votre testament, et j'y retrouve toujours ce grand cœur qui ne saurait jamais se démentir, et dont je partage toutes les cruelles angoisses. Mais j'ai hâte de me laver d'un reproche

1. Voici le texte de cette lettre :

Jules Favre à Gambetta, à Bordeaux.

Paris, 21 janvier 1871.

Mon cher ami, je vous écrivais avant-hier, 19, ne connaissant point encore les derniers résultats de la journée. Je les croyais fort bons, car, sauf le retard dans le mouvement de Ducrot, tout s'était passé avec plus de bonheur qu'on n'aurait osé l'espérer. Nous étions maîtres des hauteurs de Buzenval, d'une partie de celles de Garches, et tout semblait faire présager que le lendemain on continuerait l'offensive. Il n'en a rien été; loin de là. Nous étions réunis chez le gouverneur, à dix heures du soir, lorsque nous arrive un télégramme par lequel il nous annonce, du Mont-Valérien où il a passé la journée, qu'à quatre heures sa gauche avait été attaquée, écrasée d'obus, forcée de se replier. Le centre, privé de droite, ne tenait plus contre la vive attaque dont il était lui-même l'objet, et s'était également retiré. J'ai couru au milieu de la nuit au Mont-Valérien; j'ai vu par moi-même que le mal était sans remède. Il aurait pu être plus grand encore si l'ennemi avait poursuivi son mouvement. Nous avions beaucoup d'artillerie embourbée qui aurait pu tomber entre ses mains. Il n'en a rien été. La retraite s'est effectuée, mais cet effort a tout épuisé. Il est le dernier possible.

La garde nationale a beaucoup souffert. Je ne connais pas le nombre de ses pertes. La population est très irritée contre M. Trochu. Celui-ci ne veut se retirer que devant un général qui croira possible une nouvelle action à laquelle il se refuse. Et les choses continuent ainsi avec un danger réel pour la paix publique, car les esprits sont naturellement fort agités. Nous avons hier réuni les vingt maires de Paris. Nous les avons mis au courant de la situation tout entière. Nous leur avons montré que nous avions passé la limite extrême à laquelle nous avions résolu de nous arrêter. Ils n'en restent pas moins acquis à la cause de la prolongation de la résistance. Cette opinion généreuse, mais aveugle, est celle de Paris. Tout, plutôt que de se rendre. Mon avis est qu'il n'y faut pas céder. Ceux qui tiennent ce langage mangent encore; leur vie est misérable, mais elle se soutient. Le jour, et il est proche, où ils n'auront que de la viande de cheval sans pain, la mortalité qui est déjà terrible, deviendra affreuse. Je ne veux pas prendre une pareille responsabilité. Nous n'aurions d'excuses que

que je n'ai pas mérité. Ma dernière dépêche était strictement confidentielle, et vous deviez y choisir les passages propres à être livrés au public. Quand je disais
que, pour vaincre une inertie fatale, je serais obligé de
faire connaître à la France la vérité tout entière sur la
situation de Paris, ne pensez pas que jamais votre nom
ni votre personne dussent être mêlés au débat. C'était

si nous attendions un secours du dehors. Depuis l'arrivée de votre
pigeon portant les dépêches du 16, et qui nous est parvenu le 19,
l'illusion n'est plus possible. M. Chanzy n'a pu lutter contre Frédéric-Charles.

Il s'est héroïquement battu, et la France lui sera toujours re-
connaissante; mais il s'est replié derrière la Mayenne et ne peut
plus rien pour nous. Il voulait, le 11 janvier, marcher sur Paris,
c'est vous qui l'en avez détourné, comme le prouve votre lettre
du 13. Je suis bien sûr que les motifs qui vous ont déterminé à
cette grave résolution étaient excellents; ils ne nous en ont pas
moins privés de notre dernière espérance et livrés à nos seules
forces. Vous savez qu'elles ne nous ont jamais permis de nous dé-
gager. Vous nous reprochez notre inaction en termes que je ne
veux pas relever. Vous parlez de Metz et de Sedan. Mon cher
ami, je ne puis attribuer une si étrange injustice qu'à votre douleur bien naturelle de nous voir succomber. Vous dites que nous
nous contentons de gémir: nous n'avons cessé de provoquer des
actions, et la direction militaire, si elle n'a pas fait tout ce qu'elle
aurait pu, a été unanime à reconnaître que notre armée ne pouvait rien faire d'efficace. Nous avons sans cesse combattu aux
avant-postes, nos forts sont démantelés, nos maisons bombardées,
nos greniers vides. Sentant comme vous qu'un dernier effort était
indispensable, nous l'avons ordonné il a été fait.

J'ai voulu énergiquement comme vous, moins bien sans doute,
mais avec un cœur aussi résolu, la défense sans trêve contre
l'étranger. Aujourd'hui, la fortune trahit nos efforts communs, et,
soyez-en sûr, il n'y a de la faute de personne. J'ai souvent accusé
la direction militaire du général Trochu. Mais l'infériorité des
moyens dont il disposait était telle qu'il y avait à chaque instant
d'énormes difficultés à surmonter. Peut-être en faisant autrement
aurait-on fait mieux. Peut-être aurait-on fait plus mal. Il n'a pu
débloquer Paris, mais il l'a savamment défendu. Du reste, à quoi
sert la récrimination? Il faut tâcher de profiter du tronçon d'épée
qui est dans nos mains. Paris se rendant, la France n'est pas
perdue. Grâce à vous, elle est animée d'un esprit patriotique qui
la sauvera. Quant à nous, nous sommes dans une situation terrible. Après l'échec d'avant-hier, la population voudrait une revanche. Elle demande à grands cris à se battre. Les militaires
reconnaissent l'impossibilité absolue d'une nouvelle grande action.
D'un autre côté, nous n'avons plus que dix jours de pain; et Dieu
veuille encore qu'il n'y ait pas quelque nouveau mécompte. La

un moyen de vous indiquer à la fois les anxiétés de l'opinion, et les nécessités où nous allions nous trouver de la satisfaire. Mais, quant à trahir votre confidence, elle m'est un dépôt trop sacré pour que je n'en sois pas le gardien jaloux. Effacez donc de votre esprit cette suspicion passagère, et restez convaincu que c'est surtout dans la mauvaise fortune que vous me trouverez fidèle et constant. C'est là, d'ailleurs, la parole sur laquelle vous m'avez quitté et qui restera entre nous comme un pacte indissoluble.

Quel que soit le sort qui nous est réservé, il faut au moins que nous emportions, chacun de notre côté l'estime, la confiance et l'amitié réciproques. Mais

population l'ignore, les maires sont chargés de l'y préparer. Mais ils ont grand'peine à dominer son effervescence. Nous avons aujourd'hui réuni des généraux pour leur poser la question de savoir si la résistance est encore possible. Ils ont tous été d'avis qu'elle ne l'est pas. Il faut donc traiter. Je ne sais quelles conditions on nous fera. J'ai peur qu'elles ne soient fort cruelles. Dans tous les cas, ce que je n'ai pas besoin de vous dire, nous ne signerons aucun préliminaire de paix. Si la Prusse veut consentir à ne pas entrer dans Paris, je céderai un fort et je demanderai que Paris soit simplement soumis à une contribution de guerre. Si ces propositions sont rejetées, nous serons forcés de nous rendre à merci, et la Prusse réglera notre sort par un ordre du jour. Il est probable alors, si nous ne sommes pas tués dans les séditions qui se préparent, que nous irons dans une forteresse de la Poméranie encourager par notre captivité la résistance du pays. J'accepte sans murmurer le sort que Dieu me réserve, pourvu qu'il profite à mon pays. On demande notre déchéance et la Commune. J'accepte de grand cœur l'arrêt populaire qui me mettra à l'écart. Adieu, mon cher ami, cette dépêche est peut-être la dernière. En écrivant à M. Chanzy, dites-lui combien j'admire son courage, son patriotisme, son talent militaire et sa constance. J'ai souvent rêvé qu'il me serait donné de l'embrasser sur la route de Versailles à Rambouillet. Si cette glorieuse étape ne lui a point encore été accordée, il a fait des prodiges pour la mériter, et il en sera récompensé. Son nom restera justement populaire. Sa campagne du Loiret et du Perche sera un modèle. Envoyez aussi mes félicitations à M. Bourbaki. Il marche comme un héros et son mouvement peut sauver la France. Je suis tellement surchargé de travail que je ne puis écrire à M. de Chaudordy. Adieu encore, mon cher ami, je ne sais si je vous reverrai. Jusqu'à la fin je demeurerai votre fidèle et reconnaissant de ce que vous faites pour la France.

JULES FAVRE.

j'espère encore qu'il vous sera donné personnellement de sortir de Paris, même après l'outrageant refus de M. de Bismarck de vous délivrer des sauf-conduits[1]. L'Europe vous veut, l'Europe vous réclame, et lord Granville vient d'insister à Versailles et de se plaindre de l'inqualifiable refus de la Prusse[2]. Je sais que telles sont également les dispositions de la Russie[3]. Les neutres commencent à sentir l'arrogance, menaçante pour eux, du nouvel empire germanique. L'opinion anglaise est complètement modifiée à notre égard[4]. Les classes éclairées d'Angleterre attaquent vivement la politique de M. Gladstone. Lord John Russell a pris en main la direction de ce mouvement et tout indique que, si vous pouviez arriver à Londres avant l'ouverture du Parlement, le cabinet actuel aurait vécu. J'insiste donc de nouveau pour que vous sortiez, même par un moyen irrégulier, convaincu qu'outre les immenses services que vous rendriez au pays, votre sortie amortirait moralement l'effet de la chute de Paris. La présence d'un plénipotentiaire français au sein de la conférence est, à l'heure qu'il est, le vœu de toutes les puissances, et vous devez savoir que la démocratie anglaise, la grande population ouvrière de Londres n'attend que votre arrivée pour manifester hautement ses sympathies pour notre cause. Ce mouvement est extraordinaire; il frappe vivement la diplomatie européenne et j'ai reçu de divers côtés l'invitation de ne pas le laisser tomber,

1. Lettre de M. de Bismarck à M. Jules Favre, datée de Versailles, le 16 janvier 1871. On trouvera cette lettre cruellement ironique au tome II, p. 305, du livre de M. Favre.

2. Première séance de la conférence de Londres, 17 janvier 1871, Protocole n° 1. — Dépêches de lord Granville à M. Odo Russel, 18 et 21 janvier.

3. Cf. Rapport de M. de Chaudordy, du 16 décembre 1870.

4. Cf. Dépêches de lord Granville à lord Lyons, 20 janvier, à lord Loftus, même date. « Ces dépêches, qui dénotaient de la part de l'Angleterre une sympathie plus efficace que par le passé, donnent la mesure de ce qu'un diplomate habile aurait pu obtenir à Londres. » (SOREL, loc. cit., t. II, p. 159.)

car il peut, à un moment donné, produire des effets décisifs. M. de Chaudordy et mes collègues de la délégation pensent même que je ferais bien d'aller passer quelques jours à Londres pour en recueillir les fruits dans l'intérêt de notre pays. Je résiste à aller prendre une place qui n'appartient qu'à vous et que vous seul pouvez remplir avec l'autorité morale qui vous est propre; mais j'ai tenu à vous faire part des désirs exprimés en Angleterre même pour bien vous montrer le prix que l'on attache à voir enfin la République française reconnue et en quelque sorte consacrée par les acclamations d'un peuple tout entier. Au milieu des difficultés qui vont se presser devant nous, il me paraît presque illusoire de songer à vous entreprendre.

Quant à la guerre, et à la situation militaire où nous sommes placés depuis nos derniers revers, je n'ai que peu de chose à vous dire. Dans le Nord, Faidherbe, dont la constance et le patriotisme, ainsi que le talent militaire, sont au-dessus de tout éloge, répare ses pertes et refait ses troupes en couvrant d'ailleurs les places du Nord. Il ne pourra guère rien, tenter avant le 1er février. Je fais passer au général Chanzy, dont la situation est un peu dégagée, les nobles paroles que vous me chargez de lui transmettre. Elles sont la plus belle récompense due au plus impassible et au plus confiant de nos chefs militaires. Il a reçu des renforts et il pourra, je pense, sortir bientôt de ses positions de retraite. La ligne de la Loire et du Cher est actuellement le théâtre d'une opération militaire confiée au 25e corps et qui pourra permettre à Chanzy une offensive plus prompte[1]. Nous réoccupons, avec les forces tirées de Nevers une partie de l'Auxerrois et l'Avalonnais. Garibaldi[2]

1. CHANZY, *loc. cit.*, p. 392 et sq.
2. « Vaillamment secondé par le général Pélissier. » (FREYCINET, *loc. cit.*, p. 257.)

a remporté une véritable victoire en avant de Dijon dans une bataille qui a duré trois jours[1] et qui a mis plus de dix mille Prussiens[2] hors de combat; un drapeau ennemi, pour la première fois, est resté entre nos mains[3]. Malheureusement, l'armée de l'Est est dans une situation critique. A la suite de cette marche glorieuse marquée par cinq journées et cinq succès : Villersexel, Arcey, Montbéliard et la Lizaine, Bourbaki est venu échouer le second jour devant Héricourt; accablé par le nombre, il s'est vu forcé à la retraite[4]. Ce mouvement de recul[5] avait profondément troublé son esprit, sa tête s'est égarée et, se voyant poursuivi et presque cerné, il s'est tiré un coup de pistolet[6]. Un jour avant ce douloureux événement, il avait demandé à être remplacé et avait désigné pour son successeur le général Clinchant. C'est ce dernier qui vient de prendre le commandement de l'armée et qui cherche à la sauver des étreintes de l'ennemi et de la mauvaise situation où elle se trouve. Certes, le tableau est sombre et la fortune nous est bien contraire. Cependant, il ne faut pas se laisser aller à la défaillance, car, plus que jamais, j'ai

1. 20, 21 et 22 janvier.
2. Ce chiffre, donné par Garibaldi et que M. Gambetta ne pouvait contrôler, est considérablement exagéré. Le rapport du grand État-major prussien, qui atténue souvent les pertes allemandes, évalue ainsi les pertes de la brigade Kettler : 21 janvier, 19 officiers et 322 hommes; 22 janvier, aucune indication; 23 janvier, 16 officiers et 362 hommes.
3. Ce drapeau fut pris par la brigade Riciotti Garibaldi.
4. 18 janvier.
5. Le mouvement de retraite sur Pontarlier fut décidé dans un conseil de guerre tenu à Château-Farine; le général Billot avait été seul d'avis de marcher sur Auxonne. Le ministre de la guerre télégraphia aussitôt au général Bourbaki (Bordeaux, 25 janvier, 2 h. 30 du soir) : « Je crois fermement que votre marche sur Pontarlier vous prépare un désastre inévitable. Vous n'en sortirez pas. Vous serez obligé de capituler, ou vous serez rejeté en Suisse. Quelle que soit la direction que vous preniez pour sortir de Pontarlier, l'ennemi aura moins de chemin à faire sur vous pour vous barrer le passage. »
6. 26 janvier.

la conviction que la prolongation de la lutte, en nous ramenant la fortune, épuisera nos envahisseurs ; et, s'ils savaient bien qu'il faudra arroser de sang allemand chaque motte de terre française pour la conquérir et la garder, ils sentiraient l'impossibilité de s'acharner à la lutte et à l'extermination de la France. Donnons-leur, à force de constance dans les revers et d'activité dans l'organisation de nos forces, la conviction que nous resterons inflexibles dans la politique de la guerre à outrance et nous aurons gagné sur eux une grande victoire. Le printemps viendra, et ils n'auront pas réalisé le fruit de leurs conquêtes et, au milieu de l'Europe inquiète et jalouse, ils n'auront pas obtenu de sanction pour l'œuvre de la force. Nous les condamnerons à une occupation aussi ruineuse pour eux que pour nous ; nous n'aurons pas compromis l'intégrité de la France et, à la première occasion de conflit ou de trouble européen, nous serons l'allié nécessaire de tous ceux qui auront à se venger ou à se garder des prétentions germaniques...

Au moment de finir, nous recevons à l'instant une dépêche de Londres qui annonce votre retour de Versailles à Paris avec les conditions de la capitulation. La précision de la dépêche[1] ne laisse plus guère de doute dans mon esprit, et je reste muet devant une telle catastrophe. Le ballon que vous avez lancé ce matin, 27 janvier, est passé au-dessus de Niort et de Rochefort vers le milieu du jour[2]. Il est probable-

1. Dépêche du *Times*, Versailles, 24 janvier.
2. Le *Richard Wallace*, parti de la gare du Nord, le 27 janvier à 3 h. 30 du matin. « Ce même jour, 27 janvier, vers 2 heures de l'après-midi, le *Richard Wallace* fut aperçu aux environs de Niort s'approchant de terre. L'aéronaute, à qui l'on criait d'atterrir, lança des paquets de *Moniteur Officiel* et repartit dans les airs. On le vit plus tard au-dessus d'Angoulême, à une assez grande hauteur, et là encore, il jeta une foule de papiers. Puis, que se passa-t-il ? C'est un secret que jamais on ne saura. M. Lacaze a-t-il été foudroyé par une apoplexie, une mort subite ? On se perd en

ment allé à l'Océan, et nous sommes sans nouvelles officielles de vous. Tout, jusqu'à la nature, conspire contre la France. L'expiation est rude, le châtiment démesuré ; seul, le souffle de la Révolution peut encore nous sauver. C'est lui que j'appelle et que j'invoque ; c'est par lui seul que je compte surexciter ce qui reste encore dans le pays de vitalité et d'énergie.

LÉON GAMBETTA.

Jules Favre, ministre des affaires étrangères, à Délégation de Bordeaux[1].

(Recommandée.)

Versailles, 28 janvier 1871, 11 h. 15 m.

Nous signons aujourd'hui un traité avec M. le comte de Bismarck.

Un armistice de 21 jours est convenu.

Une Assemblée est convoquée à Bordeaux pour le 15 février.

Faites connaître cette nouvelle à toute la France.

Faites exécuter l'armistice et convoquer les électeurs pour le 8 février.

Un membre du Gouvernement va partir pour Bordeaux.

JULES FAVRE.

conjectures. Toujours est-il que vers 4 heures du soir, l'aérostat courait au-dessus de la Rochelle à une hauteur immense, poussé par les vents d'est vers l'Océan, dans l'immensité duquel il s'est perdu. » (STEENACKERS, *loc. cit.*, p. 456.)

1. Cette dépêche, arrivée à Bordeaux le 29 janvier, vers 3 heures du matin, fut aussitôt remise à M. Gambetta par M. Steenackers. Toute la journée du 29 se passa sans autre nouvelle. (Cf. STEENACKERS, *loc. cit.*, p. 563.) — M. Gambetta était rentré à Bordeaux en venant de Lille, le samedi 28 janvier à une heure.

Gambetta à Jules Favre, vice-président du gouvernement de la Défense nationale de Paris, à Versailles.

(Au besoin faire suivre.)

Bordeaux, le 30 janvier 1871.

J'ai reçu le télégramme par vous adressé à la délégation de Bordeaux, le 28 janvier, à 11 heures 15 minutes du soir, et parvenu à destination vers 3 heures du matin, le 29. Nous l'avons porté, sans commentaires, en le certifiant conforme, à la connaissance du pays tout entier[1]. Depuis lors nous n'avons rien reçu, et le pays est dans la fièvre. Il ne peut pas se contenter de ces trois lignes. Le membre du gouvernement dont vous annonciez l'arrivée, et dont vous ne nous avez pas dit le nom, n'est pas encore signalé par voie télégraphique ni autrement, aujourd'hui 30 janvier, à 2 heures. Cependant il nous est impossible, en dehors de l'exécution pure et simple de l'armistice pour les troupes, dont nous avons assuré le respect, de prendre les mesures administratives que comporte la convocation des électeurs, en l'absence de toutes explications de votre part et sans connaître au juste le sort de Paris.

LÉON GAMBETTA.

Le comte de Bismarck à M. Gambetta, à Bordeaux.

Versailles, 30 janvier, 12 h. 15 m. matin.

Monsieur,

Votre télégramme à M. Jules Favre, qui vient de quitter Versailles, lui sera remis demain matin, à Paris.

---

1. Une dépêche circulaire du 29 janvier, 2 heures du soir, avait averti les chefs de corps, en train de faire cesser les hostilités. (FREYCINET, loc. cit., p. 313.)

Sous le titre de renseignements [1], j'ai l'honneur de vous communiquer ce qui suit :

L'armistice conclu le 28 durera jusqu'au 19 février. La ligne de démarcation séparant les deux armées part de Pont-l'Évêque, en Calvados, traverse le département de l'Orne, laisse à l'occupation allemande la Sarthe, l'Indre-et-Loire, le Loir-et-Cher, le Loiret, l'Yonne, entre à travers le territoire composé de la Côte-d'Or, du Doubs, du Jura, réserve le Nord, le Pas-de-Calais et le Havre intacts.

Les avant-postes partagent à dix kilomètres de la ligne. Armistice des forces navales; les captures faites après le 28 seront à rendre.

Les hostilités continuent devant Belfort et dans le Doubs, le Jura et la Côte-d'Or, jusqu'à entente.

Assemblée nationale à convoquer; reddition de toutes les fortifications de Paris; armée de Paris prisonnière de guerre, sauf effectif nécessaire pour maintenir sûreté intérieure. La garde nationale reste armée.

Les troupes allemandes n'entreront pas en ville pendant l'armistice. Paris ravitaillé. Circulation libre pour les élections.

J'ajoute que les forts ont été occupés aujourd'hui même par nos troupes et je crois que les élections sont fixées au 8; la réunion de l'Assemblée à Bordeaux au 12. Épuisement absolu des vivres à Paris. Population réduite aux provisions de l'armée allemande. L'Assemblée décidera question de guerre ou condition de paix.

Signé : De Bismarck

TEXTE DE LA CONVENTION D'ARMISTICE

Entre M. le comte de Bismarck, chancelier de la Confédération germanique, stipulant au nom de Sa Majesté l'Empereur d'Allemagne, roi de Prusse, et M. Jules Favre, ministre des affaires

1. « On remarquera cette magnanimité du ministre allemand nous renseignant après que le malheur était consommé et qu'il n'était plus temps d'y parer. » (Freycinet, *loc. cit.*, p. 310.)

Le texte de la convention d'armistice fut communiqué au général Chanzy, en son quartier général, le 30 janvier au soir, par le prince Frédéric-Charles. La Délégation de Bordeaux publia ce texte, dès qu'il lui fut communiqué (1er février), dans le *Moniteur Universel* (n° du 2 février).

M. Gambetta fit accompagner cette publication de commentaires que nous reproduisons plus loin.

étrangères du Gouvernement de la Défense nationale, muni des pouvoirs réguliers, ont été arrêtées les conventions suivantes :

ARTICLE PREMIER. — Un armistice général, sur toute la ligne des opérations militaires en cours d'exécution entre les armées allemandes et les armées françaises, commence pour Paris aujourd'hui même, et pour les départements dans un délai de trois jours. La durée de l'armistice sera de vingt et un jours à dater d'aujourd'hui, de manière que, sauf le cas où il serait renouvelé, l'armistice se terminera partout le 19 février à midi.

Les armées belligérantes conservent leurs positions respectives qui seront séparées par une ligne de démarcation. Cette ligne partira de Pont-l'Évêque, sur les côtes du département du Calvados, se dirigeant sur Lignières, dans le nord-est du département de la Mayenne, en passant entre Briouze et Fromentel, en touchant au département de la Mayenne à Lignières. Elle suivra la limite qui sépare le département de celui de l'Orne et de celui de la Sarthe, jusqu'au nord de Morannes, et sera continuée de manière à laisser à l'occupation allemande les départements de la Sarthe, d'Indre-et-Loire, de Loir-et-Cher, du Loiret, de l'Yonne, jusqu'au point où, à l'est de Quarré-les-Tombes, se touchent les départements de la Côte-d'Or, de la Nièvre et de l'Yonne.

A partir de ce point, le tracé de la ligne sera réservé à une entente qui aura lieu aussitôt que les parties contractantes seront renseignées sur la situation actuelle des opérations militaires en exécution dans les départements de la Côte-d'Or, du Doubs et du Jura. Dans tous les cas, elle traversera le territoire composé de ces trois départements, en laissant à l'occupation allemande les départements situés au nord; à l'armée française, ceux situés au midi de ce territoire. Les départements du Nord et du Pas-de-Calais, les forteresses de Givet et de Langres, avec le terrain qui les entoure, à une distance de dix kilomètres, et la péninsule du Havre jusqu'à une ligne à tirer d'Étretat, dans la direction de Saint-Romain resteront en dehors de l'occupation allemande.

Les deux armées belligérantes et leur avant-postes, de part et d'autre, se tiendront à une distance de dix kilomètres au moins des lignes tracées pour séparer leurs positions.

Chacune des deux armées se réserve le droit de maintenir son autorité dans le territoire qu'elle occupe, et d'employer les moyens que ses commandants jugeront nécessaires pour arriver à ce but.

L'armistice s'applique également aux forces navales des deux pays, en adoptant le méridien de Dunkerque, comme ligne de démarcation, à l'ouest de laquelle se tiendra la flotte française, et à l'est de laquelle se retireront, aussitôt qu'ils pourront être avertis, les bâtiments de guerre allemands qui se trouvent dans les eaux occidentales.

Les captures qui seraient faites après la conclusion et avant la ratification de l'armistice seront restituées, de même que les prisonniers qui pourraient être faits, de part et d'autre, dans les engagements qui auraient lieu dans l'intervalle indiqué.

Les opérations militaires sur le terrain des départements du Doubs, du Jura et de la Côte-d'Or, ainsi que le siège de Belfort, se continueront, indépendamment de l'armistice, jusqu'au moment où l'on sera mis d'accord sur la ligne de démarcation dont le tracé à travers les trois départements mentionnés a été réservé à une entente ultérieure.

ART. 2. — L'armistice ainsi convenu a pour but de permettre au Gouvernement de la Défense nationale de convoquer une assemblée librement élue, qui se prononcera sur la question de savoir si la guerre doit être continuée ou si la paix doit être faite.

L'Assemblée se réunira dans la ville de Bordeaux. Toutes facilités seront données par les commandants des armées allemandes pour l'élection et la réunion des députés qui la composeront.

ART. 3. — Il sera fait immédiatement remise à l'armée allemande, par l'autorité militaire française, de tous les forts formant le périmètre de la défense extérieure de Paris, ainsi que de leur matériel de guerre. Les communes et les maisons situées en dehors de ce périmètre, ou entre les routes, pourront être occupées par les troupes allemandes jusqu'à une ligne à tracer par des commissaires militaires.

Le terrain restant entre cette ligne et l'enceinte fortifiée de la ville de Paris, sera interdit aux forces armées des deux parties.

La manière de rendre les forts et le tracé de la ligne mentionnée formeront l'objet d'un protocole à annexer à la présente convention.

ART. 4. — Pendant la durée de l'armistice, l'armée allemande n'entrera pas dans la ville de Paris.

ART. 5. — L'enceinte sera désarmée de ses canons, dont les affûts seront transportés dans les forts à désigner par un commissaire de l'armée allemande.

ART. 6. — Les garnisons, armée de ligne, garde mobile et marine des forts et de Paris, seront prisonnières de guerre, sauf une division de douze mille hommes que l'autorité militaire dans Paris conservera pour le service intérieur.

Les troupes prisonnières de guerre déposeront leurs armes, qui seront réunies dans les lieux désignés et livrées suivant règlement par commissaires.

Suivant l'usage, ces troupes resteront dans l'intérieur de la ville, dont elles ne pourront pas franchir l'enceinte pendant l'armistice.

Les autorités françaises s'engagent à veiller à ce que tout individu appartenant à l'armée ou à la garde mobile reste consigné dans l'intérieur de la ville.

Les officiers des troupes prisonnières seront désignés par une liste à remettre aux autorités allemandes. A l'expiration de l'armistice, tous les militaires appartenant à l'armée consignée dans Paris auront à se constituer prisonniers de guerre de l'armée allemande, si la paix n'est pas conclue jusque-là. Les officiers prisonniers conserveront leurs armes.

Art. 7. — La garde nationale conservera ses armes; elle sera chargée de la garde de Paris et du maintien de l'ordre.

Il en sera de même de la gendarmerie et des troupes assimilées employées à un service municipal, telles que garde républicaine, douaniers et pompiers. La totalité de cette catégorie n'excédera pas trente-cinq mille hommes.

Tous les corps de francs-tireurs seront dissous par une ordonnance du gouvernement français.

Art. 8. — Aussitôt après la signature des présentes, et avant la prise de possession des forts, le commmandant en chef des armées allemandes donnera toutes facilités aux commissaires que le gouvernement français enverra, tant dans les départements qu'à l'étranger, pour préparer le ravitaillement et faire approcher de la ville les marchandises qui lui sont destinées.

Art. 9. — Après la remise des forts et après le désarmement de l'enceinte et de la garnison, stipulés dans les articles 5 et 6, le ravitaillement de Paris s'opérera librement par la circulation sur les voies ferrées et fluviales.

Les provisions destinées à ce ravitaillement ne pourront être puisées dans les terrains occupés par les troupes allemandes, et le gouvernement français s'engage à en faire l'acquisition en dehors de la ligne de démarcation qui entoure les positions des armées allemandes, à moins d'autorisation contraire donnée par le commandant de ces dernières.

Art. 10. — Toute personne qui voudra quitter Paris devra être munie de permis réguliers, délivrés par l'autorité militaire française et soumis aux visas des avant-postes allemands.

Ces permis et visas seront accordés de droit aux candidats de la députation en province et aux députés à l'Assemblée.

La circulation des personnes qui auront obtenu l'autorisation indiquée ne sera admise qu'entre six heures du matin et six heures du soir.

Art. 11. — La ville de Paris paiera une contribution municipale de guerre de la somme de deux cent millions de francs (200,000,000 fr.). Ce paiement devra être effectué avant le quinzième jour de l'armistice. Le mode de paiement sera déterminé par une commission mixte, allemande et française.

Art. 12. — Pendant la durée de l'armistice, il ne sera rien distrait des valeurs publiques pouvant servir de gage au recouvrement des contributions de guerre.

Art. 13. — L'importation dans Paris d'armes, de munitions ou de matières servant à leur fabrication, sera interdite pendant la durée de l'armistice.

ART. 14. — Il sera procédé immédiatement à l'échange de tous les prisonniers de guerre qui ont été faits par l'armée française depuis le commencement de la guerre.

Dans ce but, les autorités françaises remettront, dans le plus bref délai, des listes nominatives des prisonniers de guerre allemands aux autorités militaires allemandes à Amiens, au Mans, à Orléans et à Vesoul. La mise en liberté des prisonniers de guerre allemands s'effectuera sur les points les plus rapprochés de la frontière. Les autorités allemandes remettront en échange, sur le même point et dans le plus bref délai possible, un nombre pareil de prisonniers de guerre français, de grades correspondants, aux autorités militaires françaises.

L'échange s'étendra aux prisonniers de condition bourgeoise, tels que les capitaines de navire de la marine marchande allemande et les prisonniers français civils qui ont été internés en Allemagne.

ART. 15. — Un service postal pour des lettres non cachetées sera organisé entre Paris et les départements, par l'intermédiaire du quartier général de Versailles.

En foi de quoi, les soussignés ont revêtu les présentes conventions de leur signature et de leur sceau.

Fait à Versailles, le 28 janvier 1871.

Signé: DE BISMARCK; JULES FAVRE.

Aussitôt après avoir pris connaissance des deux documents qui précèdent, M. Gambetta adressa à M. Jules Favre, ministre des affaires étrangères, la dépêche qu'on a lue plus haut, et fit insérer au *Moniteur* les deux notes officielles suivantes :

Deux points principaux ressortent de ces deux documents : le premier, c'est qu'à Versailles aucune stipulation n'a été entamée sur le fond, sur les questions de paix ou de guerre, qui demeurent réservées à l'Assemblée convoquée à Bordeaux; le second, c'est que, entre l'armistice tel qu'il a été d'abord annoncé par la dépêche datée de Versailles et signée Jules Favre, et l'armistice tel qu'il est entendu dans les conventions dont le texte a été communiqué par le prince Frédéric-Charles, et qui est analysé par M. de Bismarck dans sa dépêche de cette nuit, il y a une divergence grave en ce qui touche l'armée de l'Est.

La dépêche datée de Versailles et signée Jules Favre dit, à propos de l'armistice :

« Un armistice de vingt et un jours est convenu. »

Et plus loin :

« Faites exécuter l'armistice. »

Le texte de la convention communiqué au général Chanzy par le prince Frédéric-Charles dit, à propos de l'armistice, en ce qui touche les propositions de l'armée de l'Est :

« A partir de ce point, le tracé de la ligne sera réservé à une entente qui aura lieu aussitôt que les parties contractantes seront renseignées sur la situation actuelle des opérations militaires en exécution dans les départements de la Côte-d'Or, du Doubs et du Jura. Dans tous les cas, elle traversera le territoire composé de ces départements, en laissant à l'occupation allemande les départements situés au nord, et à l'armée française ceux situés au midi de ce territoire. »

Et plus loin :

« Les opérations militaires, sur le terrain des départements du Doubs, du Jura et de la Côte-d'Or, ainsi que le siège de Belfort, se continueront, indépendamment de l'armistice, jusqu'au moment où l'on se sera mis d'accord sur la ligne de démarcation dont le tracé à travers les trois départements susmentionnés a été réservé à une entente ultérieure. »

La dépêche de M. de Bismarck dit sur le même sujet :

« Les hostilités continuent devant Belfort et dans le Doubs, le Jura et la Côte-d'Or. »

Aussitôt que la dépêche datée de Versailles et signée Jules Favre a été reçue à Bordeaux, comme elle annonçait un armistice, sans dire s'il était général ou partiel, et, comme elle enjoignait de le faire exécuter immédiatement, les ministres de la guerre et de la marine ont envoyé des instructions et des ordres aux généraux en chef des diverses armées, aux chefs de corps et aux chefs des stations navales, pour que l'armistice fût exécuté ; les généraux en chef et les chefs de corps se sont conformés, sur toute l'étendue du territoire, à ces ordres et instructions, et l'armistice a été exécuté par nos diverses armées depuis quarante-huit heures.

Au contraire, sur différents points, et notamment dans l'Est, les armées prussiennes, dont les chefs connaissaient sans doute mieux que la Délégation de Bordeaux la stipulation de la convention de Versailles, ont continué leurs mouvements et pris possession de diverses positions, malgré

la résistance légitime de nos chefs de corps et malgré la
discussion qu'ils ont élevée sur le caractère général et non
particulier de l'armistice.

La Délégation de Bordeaux qui n'a, comme on le sait,
reçu jusqu'à présent, sur la convention de Versailles, qu'un
seul document officiel français, c'est-à-dire le télégramme
daté de Versailles et signé Jules Favre, a le droit et le devoir de porter ces faits à la connaissance du pays, afin de
faire porter sur qui de droit la responsabilité qui incombe à
ceux qui n'ont pas fait connaître la convention dans toute
sa teneur, et qui ont entraîné des erreurs d'interprétation
dont les conséquences, au point de vue de notre héroïque
armée de l'Est, peuvent être irréparables pour la France.

———————

Pour bien se rendre compte des funestes effets de l'armistice sur les destinées de l'armée de l'Est, il faut remarquer
qu'au moment où la convention a été signifiée à la Délégation de Bordeaux, un double mouvement stratégique avait
lieu. D'un côté, l'armée de l'Est opérait sa retraite; de
l'autre, l'armée de Garibaldi, renforcée à cinquante mille
hommes, commençait une puissante diversion sur les derrières de l'ennemi en se portant à Dôle et vers la forêt de
Chaux. Si ce dernier mouvement se terminait aussi heureusement qu'il avait débuté, les forces prussiennes pouvaient
se trouver dans une situation très critique, car elles se trouvaient prises, comme on dit vulgairement, entre deux feux.

C'est à ce moment que la notification de l'armistice a eu
lieu. Aussitôt l'armée de l'Est a suspendu son mouvement,
et l'armée de Garibaldi s'est arrêtée à trois kilomètres de
Dôle, que l'ennemi avait déjà presque entièrement évacué.
Pendant les deux jours qui ont suivi, et tandis que nos généraux parlementaient avec l'ennemi pour dissiper ce qui
semblait un malentendu évident, l'ennemi, de son côté, continuait d'avancer, occupait les positions les plus importantes,
se rendait maître des positions vers Bourg et Lyon, et
envoyait des renforts considérables à Dôle, Mouchard, et sur
tous les points que menaçait naguère Garibaldi.

Quand la vérité se fit et que le texte fatal fut connu, il

était trop tard. Nos armées, après le temps perdu, se trouvèrent dans l'impossibilité de reprendre leur ancien plan, et c'est ainsi que l'armée de Garibaldi, d'une part, dut évacuer Dijon et se retirer sur Mâcon, et que l'armée de l'Est, d'autre part, s'est vue obligée de se retirer sur le territoire suisse. Un fait qui montrera mieux que tous les commentaires l'influence de ces deux jours si malheureusement perdus, c'est que le 24ᵉ corps, qui formait l'aile gauche de l'armée, et n'avait conséquemment pas sur les troupes une avance de deux journées de marche, a pu cependant, malgré l'arrêt du mouvement de Garibaldi, échapper à la poursuite de l'ennemi.

Gambetta à Jules Favre, ministre des affaires étrangères.

(Voie de Versailles pour Paris.)

Bordeaux, le 31 janvier 1871.

L'ajournement inexplicable, et auquel votre télé-gramme ne faisait aucune allusion, des effets de l'ar-mistice en ce qui touche Belfort et les départements de la Côte-d'Or, du Doubs et du Jura, donne lieu aux plus graves complications [1].

Dans la région de l'Est, les généraux prussiens poursuivent leurs opérations sans tenir compte de l'armistice, alors que le ministre de la guerre, croyant pleinement aux termes de votre impérative dépêche, ordonnait à tous les chefs de corps français d'exécu-ter l'armistice et d'arrêter leurs mouvements, ce qui

---

1. Cf. FREYCINET, *loc. cit.*, p. 306 et suiv.—Le général Clinchant venait d'adresser à M. Gambetta la dépêche suivante :

« Pontarlier, 30 janvier 5 h. 27 soir.— Je n'ai pas encore reçu de réponse officielle du général de Manteuffel ; mais, d'après une lettre apportée par un parlementaire prussien pendant une conférence près de Fresne, il paraîtrait que le général de Manteuffel ne vou-drait pas reconnaître cet armistice pour l'armée de l'Est, disant qu'il ne concerne que les armées du Nord et de Paris. » Le géné-ral Garibaldi fournit des dépêches analogues.

a été observé religieusement pendant quarante-huit heures. Il faut sur-le-champ fixer l'application de l'armistice à toute la région de l'Est et réaliser, comme c'est votre devoir, cette entente ultérieure dont parle la convention du 28 janvier. Entre temps, nous autorisons les généraux français à conclure directement une suspension d'armes d'une durée nécessaire pour nous faire parvenir et vous communiquer le tracé des lignes de démarcation arrêtées ou proposées par eux.

Je vous prie de me faire prompte réponse [1].

LÉON GAMBETTA.

1. On trouvera plus loin ch. V) les documents relatifs à la démission de M. Gambetta. Quant à l'armée de l'Est, comme on l'a vu, elle était perdue. Les trois dépêches suivantes résument l'historique lamentable de son entrée en Suisse :

Guerre à général Clinchant, à Pontarlier. — Général Garibaldi, Dijon, faire suivre.

Bordeaux, 31 janvier, 9 h. 55 matin.

D'après le texte officiel de l'armistice que nous recevons à l'instant, il fait une exception que rien ne nous avait fait prévoir. Les opérations militaires sur le terrain des départements du Doubs, du Jura et de la Côte-d'Or se continueront indépendamment de l'armistice, jusqu'au moment où les deux puissances belligérantes se seront mises d'accord sur le tracé d'une ligne de démarcation entre les armées dans lesdits départements. Veuillez, en conséquence, continuer les hostilités à votre appréciation, avec tous les moyens d'action dont vous disposez.

Général Clinchant à guerre, Bordeaux.

Verrières-Française, le 1er février, 2 h. 10 soir.

Tout ce que vous écrivez à Jules Favre, je l'ai tenté inutilement près de Manteuffel; il m'a même refusé suspension d'armes de 36 heures pour que les gouvernements puissent élucider la question. L'ennemi ayant continué les hostilités malgré mes protestations, et menaçant de couper ma retraite, même vers la Suisse, ce qui entraînerait la perte de l'armée et de tout le matériel, j'ai dû me rendre à la dure nécessité de franchir les frontières.

Le matériel a presque effectué son passage à l'heure qu'il est. Le général Billot couvre la retraite avec trois divisions du 18e corps.

Je vous enverrai aujourd'hui le texte de la convention que j'ai conclue avec la Suisse.

Ordre du jour du général Clinchant.

Soldats de l'armée de l'Est,

Il y a peu d'heures encore, j'avais l'espoir, j'avais même la certitude de vous conserver à la défense nationale. Votre passage jusqu'à Lyon étant assuré à travers les montagnes du Jura.

Une fatale erreur nous a fait une situation dont je ne veux pas vous laisser ignorer la gravité. Tandis que notre croyance en l'armistice, qui nous avait été notifié et confirmé à plusieurs reprises par notre gouvernement, nous recommandait l'immobilité, les colonnes ennemies continuaient leur marche, s'emparaient des défilés déjà en nos mains et coupaient ainsi notre ligne de retraite.

Il est trop tard aujourd'hui pour accomplir l'œuvre interrompue. Nous sommes entourés par des forces supérieures; mais je ne veux livrer à la Prusse ni un homme, ni un canon. Nous irons demander à la neutralité suisse l'abri de son pavillon; mais je compte, dans cette retraite vers la frontière, sur un effort suprême de votre part : défendons pied à pied les derniers échelons de nos montagnes, protégeons les défilés de notre artillerie et ne nous retirons sur un sol hospitalier qu'après avoir sauvé notre matériel, nos munitions et nos convois.

Soldats, je compte sur votre énergie et votre ténacité. Il faut que la patrie sache bien que nous avons tous fait notre devoir jusqu'au bout et que nous ne déposons les armes que devant la fatalité!

Pontarlier, 31 janvier.

CHAPITRE V

DÉPÊCHES AUX MEMBRES DE LA DÉLÉGATION
DE TOURS-BORDEAUX

Besançon, 18 octobre 1870, 4 h. 59. — *Intérieur, à directeur général personnel Intérieur, Tours.* — Reçu votre dépêche, content de savoir que rien de nouveau ni de grave ne s'est produit. Ici situation meilleure que je ne m'attendais à la trouver. A Marseille, situation assez tendue, mais je crois que les mesures prises seront d'un bon effet pour calmer les esprits. Nous partons ce soir [1].

L. Gambetta.

Besançon, 18 octobre 1870, 11 h. 20 soir. — *Intérieur et Guerre à délégué du ministre Intérieur près la Guerre. Tours.* — Il faut réorganiser d'urgence l'armée de l'Est, et pour cela, toutes affaires cessantes, avisez à trois choses principales : il faut trouver cinq généraux de brigade et les envoyer immédiatement sous Besançon. Au cas où on ne trouverait pas de colonels pour en faire des généraux de brigade, il faudrait prendre des lieutenants-colonels à qui l'on donnera le commandement de brigades. Il faut deux régiments de cavalerie. Il y a certainement dans les dépôts du sud et du sud-ouest de quoi les constituer. Quant à l'encadrement et à l'embrigadement des mobiles qui forment à peu près tout l'effectif de Cambriels, il y est procédé dès à présent et sur place.

Prenez note pour les armes qu'il faut dix mille chassepots, et qu'en canons, il faudrait constituer quatre nouvelles

1. Pour Tours.

batteries ou tout au moins le matériel pour les organiser à Besançon. Si les affûts manquent, envoyez les pièces tout de même, nous ferons faire les affûts ici. A raison de l'importance de la place et de la base d'opérations, il faut accumuler des vivres en plus grande quantité. Pour l'habillement, voyez si on peut obtenir trente mille pantalons rouges et autant de capotes. Les hommes gaspillent beaucoup de cartouches, faute de gibernes; il faudrait dix mille cartouchières en cuir petit modèle.

Je vous le répète, je veux une réponse aujourd'hui même à Besançon m'assurant que vous avez donné des ordres conformes et que vous allez en presser l'exécution.

Je vous accuse réception de votre dépêche qui m'a calmé; d'ailleurs les choses ici ne sont point aussi mauvaises que nous pouvions le craindre.

L. GAMBETTA.

TOURS, 10 décembre 1870, 1 h. 20 soir. — *Ranc à Leven, chef cabinet Justice. Bordeaux.* — Glais-Bizoin est parti pour le Mans avec Kératry [1].

Il serait urgent de lui envoyer ordre de se rendre à Bordeaux sans retard.

RANC.

TOURS, 11 décembre 1870, 7 h. 25. — *Intérieur à directeur Masure, Bordeaux.* — Nous sommes rentrés à Tours ce matin revenant du quartier général de Josnes [2]. Nous avons tout laissé en aussi bonne situation que possible. Nous nous sommes arrêtés à Tours pour prendre communication des dépêches, mais nous repartons dans la matinée pour Bourges, par Poitiers et Châteauroux.

Je vous ferai savoir, au cours de la journée, où il faudra m'écrire.

Dites-moi comment tout se passe depuis votre arrivée. Y

1. Après l'évacuation d'Orléans par le général d'Aurelle et la retraite du général Chanzy.

2. « Le ministre de l'intérieur et de la guerre était arrivé le 9, à six heures du soir, au grand quartier général de Josnes, où il passa la nuit. Il put ainsi assister à une partie de la bataille et se rendre compte de la vigueur avec laquelle l'armée nouvelle résistait à l'ennemi de la France. » (CHANZY, *loc. cit.*, p. 142.)

a-t-il beaucoup de dépêches? Y a-t-il surtout beaucoup
d'affaires nouvelles?

L. GAMBETTA.

BOURGES, 12 décembre 1870, 8 h. 30 matin. — *Guerre à
directeur général des télégraphes, Bordeaux.* — Nous sommes
arrivés à Bourges ce matin à 7 heures. Nous allons prendre
un peu de repos, et ensuite commencer nos affaires[1]. Adressez-moi ici toutes dépêches utiles.

GAMBETTA.

BOURGES, 12 décembre 1870, 11 h. 50 matin. — *Intérieur
et Guerre à M. de Roussy, délégué des Finances, Bordeaux.* —
Il s'est produit quelque chose d'analogue à ce qui est
arrivé au Mans. Veuillez donc donner l'ordre formel au trésorier-payeur général du Cher, qui a quitté Bourges, laissant tous les services en souffrance pour se rendre à Saint-
Amand, de rentrer immédiatement à Bourges où je le
recevrai demain. Un tel départ ne peut s'expliquer que par
de déplorables concessions à la panique irréfléchie de quelques gens que les fonctionnaires devraient ramener au sentiment juste des situations bien plutôt que de les imiter et
de leur donner le mauvais exemple.

L. GAMBETTA.

BOURGES, 12 décembre 1870, 2 h. 35 soir. — *Intérieur et
Guerre à Freycinet délégué de la Guerre, Bordeaux.* — J'ai
commencé à m'enquérir de la situation ici. J'ai trouvé les
troupes dans un détestable état de désorganisation. J'ai
retrouvé ici l'intendant Friand. J'ai ordonné une pointe sur
Vierzon qui est en train de s'exécuter[2]. Ce mouvement me
parait avoir perdu beaucoup de son importance, depuis la
dernière nouvelle de Chanzy[3]. Je crois donc que ce qui importe le plus, c'est de trouver un bon point de concentration où cette armée pourra se refaire, être reconstituée

---

1. La réorganisation des 15e, 18e et 20e corps de l'armée de la
Loire. (Cf. FREYCINET, p. 219 et la dépêche du 11 décembre à
Jules Favre, p. 181.)
2. Cf. CHANZY, *loc. cit.*, p. 163.
3. Retraite sur la ligne du Loir.

avec un nouvel endivisionnement et un nouvel embrigadement. Cette opération terminée on dirigera alors la nouvelle armée vers l'Est, où elle agira séparément, espérons-le,
avec quelque vigueur, car ce ne sont pas les éléments qui
manquent, l'armée n'a rien perdu de son artillerie.

Où en êtes-vous avec les mobilisés disponibles? Ne les
faites pas partir s'ils ne sont pas en bon état au point de
vue de l'équipement et de l'habillement. Écrivez-moi là-dessus aujourd'hui même.

Bressolles se plaint de ce que vous le négligez. Qu'y a-
t-il de fondé dans ces plaintes? pressez-le, mais aidez-le.

J'ai passé des ordres dans le Calvados pour que l'on ne
retarde en rien nos opérations sur Carentan.

Le temps est ici très mauvais pour des recrues. Tenez
prêts pour la reconstitution de l'armée des effets d'habillement, souliers, pantalons, etc.

                                    L. GAMBETTA.

BOURGES, 12 décembre 1870, 5 h. 45 soir. — *Intérieur et
Guerre à directeur-adjoint du personnel, Bordeaux.* —,Veuillez
adresser la dépêche suivante au sous-préfet de Saint-Malo[1].

« Je lis à Bourges une dépêche que vous adressez à
M. Thiers, au sujet de bâtiments chargés d'approvisionnements prussiens, en cas d'occupation du Havre ou de Dieppe.
Cette communication est du plus haut intérêt. Je voudrais
pouvoir vous féliciter de l'avoir portée à la connaissance du
gouvernement de la défense nationale.

« Pourquoi faut-il que j'aie à vous rappeler que vous avez
manqué à vos devoirs de la manière la plus grave en vous
permettant d'entretenir une personne, qui n'est pas votre
chef hiérarchique, de questions que vous n'avez le droit de
traiter qu'avec les ministres de la République dont vous êtes
fonctionnaire?

« Un si complet oubli de toutes les convenances est absolument inadmissible, et je manquerais moi-même à mes
devoirs envers le Gouvernement dont je suis membre, si je
ne vous demandais immédiatement votre démission.

« Je vous prie de me l'envoyer par le télégraphe.

                                    « L. GAMBETTA. »

1. M. Henri Merlin.

Cherchez immédiatement un homme intelligent et sûr, à
qui vous confierez la préfecture de Saint-Malo. Adressez-moi
une dépêche ce soir même à cet égard. Au besoin, demandez à l'un de vos attachés au ministère de l'intérieur d'aller
occuper le poste de Saint-Malo afin qu'il n'y ait aucun
retard dans le remplacement du sous-préfet actuel [1].

                                      L. GAMBETTA.

BOURGES, 12 décembre 1870, 8 h. 52 soir. — *Intérieur à
directeur adjoint du personnel, Bordeaux.* — J'ai reçu vos
dépêches sur votre installation. Je compte sur vous tous,
sur votre bon accord, votre activité. Je suis content de voir
que les préfets ne vous ont rien envoyé de trop difficile. Ne
laissez aucune dépêche sans réponse. Prenez le registre pour
voir les précédentes. Tenez bien ce registre au courant. Je
vous ai envoyé une dépêche pour le sous-préfet de Saint-
Malo. Faites-moi savoir ce que vous aurez fait. Ma journée
s'est passée en informations de tous genres. Demain je
prendrai des décisions. Si vous trouvez dans les journaux
étrangers quelques nouvelles intéressantes, adressez-les-
moi. Il doit s'être passé quelque chose à Paris.

                                      L. GAMBETTA.

BOURGES, 12 décembre 1878, 8 h. 53 soir. — *Intérieur à
directeur général des télégraphes, Bordeaux.* — Notre journée
s'est passée en informations et enquêtes. Demain nous verrons le parti qu'il est possible de tirer de tous ces éléments. Jamais voyage ne fut plus utile. Tout ce que je
veux, c'est de remettre les choses en bon état, mais il y a
fort à faire. Ecrivez-moi bien exactement, surtout touchant
Paris.

                                      L. GAMBETTA.

BOURGES, 12 décembre 1870, 8 h. 56 soir. — *Guerre à
Freycinet, Bordeaux.* — Je vous remercie de vos dépêches
où je trouve la preuve de votre inépuisable activité. J'approuve toutes vos mesures, mais il faut agir tout d'abord avec
prudence et expérimenter la chose sur une première échelle
par voie de tiercement ou par régiment, chaque bataillon

1. Voir p. 275 la dépêche du 13 décembre, 11 h. 57 du soir.

ayant une origine distincte. Je n'ai rien engagé sur l'opération de l'Est; c'était une simple indication pour vous [1]. Je laisse se prononcer le mouvement sur Vierzon, mais je l'arrêterai là, car les 15e, 18e et 20e corps sont en véritable dissolution [2]; c'est encore ce que j'ai vu de plus triste. Je suis obligé de prendre les choses à la base, j'en aurai pour quelque temps mais je ne quitterai pas sans avoir réglé la situation. J'ai reçu ce soir le général Clinchant, j'attends demain matin Billot et je vais le mettre en demeure. Envoyez *Moniteur* à Jauréguiberry.

Les renseignements que je reçois me prouvent que les forces de Frédéric sont dirigées en grande partie sur Chanzy. Il a changé sa base d'opération fort à propos. Ah! quel brave général! Activez Cherbourg, continuez à servir Bressolles et comptez sur moi.

BOURGES, 12 décembre. — *Ministre Guerre à Freycinet, Bordeaux.* — Je vous autorise à procéder aux nominations proposées par Genl. Faites-le immédiatement et avisez-le par le télégraphe [3].

BOURGES, 12 décembre. — *A M. de Freycinet, délégué de la Guerre à Bordeaux.* — Donnez-moi des explications sur la mesure prise à l'égard du colonel Deshorties [4]. Suspendez jusqu'à réponse.

1. Réponse au télégramme n° 5364 de M. de Freycinet Bordeaux, 11 décembre 1870, 9 h. 30 matin.
2. Cf. Dépêche de Chanzy à Bourbaki, Taley, 11 décembre 1870. « Le mouvement qu'il est possible et indispensable de faire pour rétablir, coûte que coûte, notre situation, est le suivant : marcher de Bourges sur Vierzon, pousser le gros de la première armée par Romorantin sur Blois; prendre position entre la Loire et le Cher pour intercepter les communications de l'ennemi entre Orléans et son armée engagée sur Tours, de façon à couper cette dernière de sa base d'opération. » — « Le ministre répondit que la première armée, qui se constituait, n'était point encore en état d'entreprendre une opération importante. » (CHANZY, *loc. cit.*, p. 15.)
3. Nominations des colonels Quinquandon et Lafay pour commandement supérieur et instruction « d'un camp à construire ». (Dépêche du 11 décembre.)
4. « Je regrette, répondit M. de Freycinet (Bordeaux, 13 décembre, 4 h. 20 soir), que le déplacement de M. Deshorties ait

Bourges, 12 décembre. — *Ministre Intérieur à directeur des télégraphes Bordeaux.* — J'ai commencé à voir les choses de près ici. Il y a beaucoup à faire, mais les éléments existent. C'est un travail de réorganisation complet. La situation n'est pas mauvaise, mais le temps est gris, triste, glacial et mauvais pour des recrues. Envoyez-moi exactement toutes nos dépêches utiles. Dites à Crémieux que j'ai reçu sa dépêche dont je le remercie. Dites-nous si l'on sait quelque chose de Paris.

Bourges, 12 décembre 1870. — *Ministre intérieur à M. Ranc, directeur sûreté générale à Poitiers. Bureau restant.* — Ma journée s'est passée en enquêtes et en demandes de renseignements; nous verrons à statuer demain. Il y a beaucoup à faire ici. Je vous assure que je pensais bien avoir à travailler, mais pas autant. Tout Frédéric-Charles paraît s'être jeté sur ce brave Chanzy. Son mouvement s'est effectué juste à point. N'avez-vous rien entendu dire de Paris? Il doit s'y être passé quelque chose, si l'on en juge d'après les mouvements de l'ennemi.

Bourges, 12 décembre 1870. — *A directeur sûreté générale, Poitiers. Bureau central.* — Je suis arrivé à Bourges ce matin à 6 heures. J'ai commencé à voir les choses de près ici. Il y a beaucoup à faire, mais les éléments existent. Un mouvement a été ordonné sur Vierzon; mais ce qui est utile avant tout, c'est un travail de réorganisation complète qui me retiendra ici quelques jours, pendant lesquels vous pourrez venir me rejoindre.

Prévenez-moi en m'écrivant par le télégraphe.

Bourges, 13 décembre 1870. — *Ministre intérieur à directeur de la sûreté générale, à Poitiers.* — Je pars pour le quartier général de Billot, je reviendrai ce soir à 7 heures. Ici tout paraît aller un peu mieux, le temps est meilleur et le moral des troupes semble se refaire. A demain ma résolution définitive à Bourges.

fait naître un nuage dans votre esprit. Tous les jours je déplace des généraux sans vous en référer; il ne m'est pas venu à l'esprit de faire exception pour ce lieutenant-colonel, d'autant plus que jusqu'ici vous ne m'avez paru attacher à cet officier qu'une médiocre importance et j'ajoute celle qu'il a réellement. »

Bourges, 13 décembre 1870, 10 h. 30. — *Gambetta à Freycinet. Bordeaux.* — Je vais aller voir Billot à son quartier général. Faites passer vos mobilisés à Chanzy ou ailleurs, mais non à la deuxième armée de la Loire. Je suis débordé par les détails de l'enquête. Je me résumerai ce soir. En ce qui touche le camp de Conlie et les réclamations de Kératry, maintenez fermement Marivault à la tête. Pressez l'enquête, qu'on me dise où on en est, et réorganisez-moi tout cela sur un fort pied. J'ai appris qu'on avait ajourné le camp de Nevers, pour cause de voisinage de l'ennemi. C'est une faute, il fallait le mettre au sud de Nevers, entre l'Allier et la Loire. Prenez note de ceci et agissez[1].

Il faut s'occuper de réorganiser au point de vue de l'habillement les 15e et 18e corps. Faites fournir des chaussures et culottes. Friand est ici. Tout doit aller vite.

Bourges, 13 décembre 1870, 11 h. 30. — *Intérieur et Guerre à délégué Freycinet, Bordeaux.* — Vous m'avez adressé une dépêche du Havre à laquelle vous me demandez de faire réponse directe. Je m'en acquitterais bien volontiers si, connaissant le chiffre exact des troupes du Havre, placées sous le commandement de Briand, je pouvais apprécier la mesure qui leur enlève quatre mille hommes. Adressez-moi le relevé complet et je répondrai. J'approuve votre détermination d'avoir laissé provisoirement ces quatre mille hommes au Havre, où il doit y avoir une certaine effervescence.

Le préfet du Calvados[2] m'écrit des dépêches bien éloquentes. Je n'y veux pas répondre. Mais si vous le jugez à propos, faites-lui donc connaître l'intérêt suprême qu'il y a pour nous à garantir la ligne de Carentan, et calmez son appréhension par quelques bonnes paroles.

Il paraît que de Nevers on a demandé à Toulon des fusées appartenant à la marine, par votre intermédiaire ; on me prie de vous rappeler cette demande et d'insister pour qu'il y soit donné suite.

1. Freycinet, *loc. cit.*, p. 216 : « La position de Clamecy jouait un peu le même rôle (qu'Autun) de boulevard de notre territoire. »
2. M. Achille Delorme.

Je vous prie instamment de passer une nouvelle dépêche aux préfets sur les fuyards. Faites-vous rendre compte par le télégraphe des mesures prises dans le sens de la circulaire que vous lui avez écrite, ce qui a fait ici très bon effet; elle a été affichée, mais il ne faut pas qu'elle reste à l'état de lettre morte.

Faites-moi savoir au juste où en est Bressolles? Comment va son organisation? Je vous dirai, à ce propos, que mon intention n'a jamais été de vous demander de me tenir au courant de toutes les mutations que vous opérez dans le personnel, surtout quand il s'agit des employés supérieurs ou subalternes. Mais le cas de Deshorties m'a paru un peu exceptionnel, et c'est pourquoi je vous en ai dit un mot. A-t-il accepté, oui ou non[1]? Cette affaire nous occupe tous les deux plus qu'il ne faudrait. Je n'ai pas besoin de vous dire qu'il n'y a nul nuage entre vous et moi, mais j'aurais autant aimé que la chose se fît en ma présence; et d'ailleurs, cessez de vous en occuper.

Que penseriez-vous du lieutenant-colonel Laperche comme chef d'état-major général de la première armée? On le ferait colonel. Tout le monde le recommande ici comme un officier des plus capables.

L. GAMBETTA.

BOURGES, 13 décembre 1870, 11 h. 10 soir. — *Intérieur à directeur des télégraphes, Bordeaux.* — Notre visite au général Billot sera bonne au point de vue des résultats. Toutefois ce sera la journée de demain qui sera décisive pour la réorganisation de cette armée. Je suis content des éléments que j'ai trouvés : il y a beaucoup à faire, mais il y a des moyens de le faire.

Le directeur et l'inspecteur de Bourges sont fort occupés comme vous pensez bien. Ils n'ont ici qu'un seul fil; à chaque minute ils se trouvent débordés. N'y aurait-il aucun moyen de leur venir en aide? Je suis d'ailleurs satisfait de leurs services. Ici, comme ailleurs, vos employés sont excellents.

1. De se rendre à l'armée du général Bressolles comme chef d'état-major.

J'approuve votre détermination relativement au câble. Il y a là un intérêt majeur.

Nous attendons Ranc demain. Il nous a annoncé son arrivée.

Je ne puis dire encore quand je quitterai Bourges.

Je dois vous dire que d'une dépêche du préfet de Clermont [1], il semble résulter qu'il pourrait bien avoir des pigeons à sa disposition. Je vais m'en assurer; mais écrivez de votre côté à votre inspecteur. Nous prendrons les mesures nécessaires. Il va sans dire que le préfet ne serait en aucune manière à blâmer en tout ceci. Vous savez de qui lui viendraient les pigeons, s'il en a.

L. GAMBETTA.

Bourges, 13 décembre 1870, 11 h. 55 soir. — *Ministre Intérieur et Guerre à délégué Freycinet, Bordeaux.* — N'oubliez pas de nommer Eugène Brisson intendant du camp de Nevers, malgré toute autre nomination.

Après avoir vu le 18e corps aujourd'hui je suis un peu plus satisfait; quelques jours de repos suffiront à le remettre en état. J'ai un peu réconforté tout le monde, mais c'est le 15e et le 20e qui seront difficiles à remettre sur pied; voici ce que je vous prie d'expédier des bureaux au quartier général après y avoir réfléchi :

> 15e corps, général Borel ;
> 18e — — Billot;
> 20e — — Clinchant, que je nomme

général de division.

En gardant momentanément Bourbaki, vous enverrez Crouzat commander Tours ou toute autre division militaire qui vous plaira, en ayant soin de le faire suivre par de Varaigne. Je ne peux pas déterminer Bourbaki, malgré mes instances, à garder ses positions et à ne pas se retirer sur Saint-Amand. Je n'ai pas encore pris de parti décisif. Je délibère encore.

Où est le quartier général de Garibaldi [2]?

L. GAMBETTA.

Bourges, 13 décembre 1870, 11 h. 57 soir. — *Intérieur et Guerre à directeur général personnel, Bordeaux.* — Vous avez

---

1. M. Girot-Pouzol.
2. Il était à Autun.

dû avoir eu communication de la dépêche contenant les explications fournies par le sous-préfet de Saint-Malo[1]. Il prétend m'avoir envoyé une dépêche en même temps qu'à mon collègue Fourichon. Recherchez cette dépêche, soit chez vous, soit au télégraphe. Il va sans dire que si elle se retrouve, l'incident sera vidé au profit du sous-préfet. Si, au contraire, elle ne se retrouve pas, il faudra maintenir sa révocation.

M. Henri Vogeli est-il parti? Il en sera quitte peut-être pour un déplacement. Avertissez-le par le télégraphe de la situation nouvelle[2].

Notre journée s'est bien passée. J'ai fait une visite au quartier général Billot. Il y a de sérieux éléments de réorganisation ici. Il nous faudrait quatre ou cinq jours de beau temps. Aujourd'hui tout allait déjà mieux.

Je vous renouvelle à tous l'expression de mon désir de vous voir tous bien d'accord. Envoyer bien exactement votre circulaire de guerre aux préfets.

Je vous ai demandé hier des nouvelles exactes de la presse étrangère. Ici nous sommes comme si nous étions en Chine.

L. GAMBETTA.

BOURGES, 13 décembre 1870. — *Ministre Intérieur à directeur des télégraphes, Bordeaux.* — Nous partons pour le quartier général de Billot; nous en serons revenus ce soir à 7 heures. Ici tout paraît aller un peu mieux, le temps est meilleur et le moral des troupes se refait. A demain nos résolutions définitives. Vous pouvez et devez toujours envoyer vos dépêches à Bourges. Je vais envoyer au colonel Deshorties une dépêche signée Pontlevoy, qu'il ne peut remettre qu'au destinataire et communiquer à personne.

BOURGES, 13 décembre 1870. — *Ministre Guerre à Freycinet à Bordeaux.* — Pour la reconstitution du camp de Nevers dont je vous ai parlé dans une dépêche antérieure, nommez pour intendant du camp M. Eugène Brisson, banquier à Bourges.

1. Dépêche du 13 décembre, 11 h. 30 matin.
2. M. Henri Vogeli avait été nommé sous-préfet de Saint-Malo le 12 décembre, avant l'arrivée des explications de M. Merlin.

BOURGES, 13 décembre 1870. — *Ministre Guerre à Freycinet,
Bordeaux.* — J'accepte les deux décrets dans les termes que
vous venez d'expliquer dans votre dernière dépêche. Vous
verserez les mobilisés ordinaires dans les mobiles; les mobilisés anciens militaires dans les régiments.

Quoique vous ayez disposé de M. Deshorties sans me
prévenir, à raison de l'importance du service, je vous prie
de lui dire en mon nom de se rendre à Lyon. Je m'approprie
votre ordre et je compte qu'il va y obéir. Je ne pense pas
avant demain rien arrêter sur le travail de la composition
de la deuxième armée de la Loire. Toutefois l'ennemi paraît
se replier sur Orléans, sur rive droite; mais sur votre
gauche, au contraire, il paraît prononcer son mouvement sur
Tours. Je vous prie de n'avoir pas de préoccupation plus
constante que de renforcer l'armée du général Chanzy.
C'est notre meilleur ami et notre meilleur général. Il faut
tout lui prodiguer.

BOURGES, 13 décembre 1870. — *Intérieur et Guerre à Freycinet délégué de la Guerre, à Bordeaux.* — Il est indispensable
que nos armées soient éclairées au loin par les soins du ministre de la Guerre. Envoyez donc chaque jour aux commandants des corps d'armée le travail fait par M. Cuvinot,
du bureau des reconnaissances, indiquant les positions pré-
sumées et l'effectif des forces ennemies, en même temps que
quelques indications sur l'origine des renseignements fournis et sur les intentions de l'ennemi.

BOURGES, 14 décembre 1870, 3 h. 40 soir. — *Intérieur à
directeur adjoint personnel, Bordeaux.* — En fait d'instruction
à donner à M. Laurier[1], je n'ai qu'à le prier de rentrer en
France le plus tôt possible. Son concours à Bordeaux me
serait très utile et il se rendrait mieux compte par lui-
même du véritable état des choses. Donnez la présente
dépêche au courrier qui part pour Londres, et ajoutez-y tous
les renseignements qu'elle comporte.

LÉON GAMBETTA.

1. M. Laurier négociait à Londres l'emprunt [Morgan.

BOURGES, 14 décembre 1870, 3 h. 41 soir. — *Guerre à Frey-cinet, Bordeaux.* — J'apprends avec un plaisir bien vif la retraite de l'ennemi dégageant Le Havre [1]. Je vous prie de faire donner des ordres pour que l'on poursuive les Prussiens sur leurs derrières. Il y a un certain nombre de traînards que l'on pourrait ramasser facilement. Tout ce que j'apprends ici démontre que leurs armées sont fatiguées et démoralisées. Il faut en profiter.

Faites-moi envoyer des nouvelles de Paris, quelles qu'elles soient et d'où que vous les tiriez.

LÉON GAMBETTA.

BOURGES, 14 décembre 1870, 6 h. 15 soir. — *Intérieur à préfet Gironde, Bordeaux* [2]. — Je reçois votre seconde dépêche et vous remercie vivement des renseignements que vous me donnez. Vous avez toute ma confiance, et je me repose entièrement sur vous et la démocratie républicaine de Bordeaux du soin de mettre à néant toutes les menées et toutes les intrigues dont vous me parlez. Je n'ai pas besoin de vous recommander de veiller à tous les détails de ces mesquines affaires, où cependant rien n'est à négliger. Notre directeur de la sûreté générale va venir ici. Il repartira immédiatement pour Bordeaux, pour vous porter mes instructions et vous prêter son concours.

Écrivez-moi sur Paris, si vous avez quelques nouvelles sûres.

En attendant l'arrivée de M. Rane, s'il se produisait quelque chose à Bordeaux, il faudrait agir avec autant de vigueur et de décision que de prudence.

L. GAMBETTA.

1. Le 12 décembre, M. Laurier avait télégraphié de Londres que Le Havre allait être attaqué. L'attaque n'eut pas lieu, mais la marche en avant, prescrite par M. Gambetta, ne fut pas davantage exécutée. Le 14, le secrétaire général, M. Leplieux, télégraphiait à M. Gambetta : « Malgré le désir presque général ici d'une marche en avant vers Rouen, toutes les forces sont encore au Havre, faute, dit-on, d'être suffisamment éclairées sur les intentions de l'ennemi. » Et, de même, le 16 : « Toute l'armée du Havre est encore dans la ville. Il est à craindre que la résolution du commandant Monchez de rester au Havre, ne cause protestation violente. » — Cf. *in finem*, dépêche de M. Gambetta à M. de Freycinet, Bourges, 14 décembre, sans indication d'heure.

2. M. Allain-Targé.

Bourges, 14 décembre 1870, 7 h. 45 soir. — *Guerre à délégué Freycinet, Bordeaux.* — Passez circulaire aux préfets leur enjoignant de ramasser tous les fuyards et traînards, de les recevoir en petits groupes sous la conduite d'un officier ou sous-officier et de les diriger : ceux qui se trouvent à la droite de Tours sur la première armée de la Loire, soit Nevers; ceux qui se trouvent à la gauche de Tours sur la deuxième armée, soit Angers ou Le Mans. Vous prendrez les mesures nécessaires pour que ceci se passe promptement et avec ordre. J'ajoute qu'il faut se faire remettre immédiatement l'effectif par compagnie, exiger que les appels soient faits chaque jour sous la responsabilité des chefs de corps, de telle sorte que le chiffre des manquants soit quotidiennement connu. En outre, exigez que toutes les fois qu'un corps est en marche, cette marche ait été réglée d'avance par un ordre de mouvement détaillé, rendre les chefs responsables devant les cours martiales dont je vous prie de me faire connaître la composition; elles existent mais ne fonctionnent pas. Il faut punir rigoureusement les officiers de tout corps qui ne font pas leur devoir. Exigez des généraux qu'ils parlent souvent à l'armée par les ordres qui seront lus à trois appels, pour exprimer leur satisfaction ou leur mécontentement sur tel ou tel point.

Je désire que dès demain toutes ces instructions soient exécutées surtout à la première armée de la Loire.

LÉON GAMBETTA.

Bourges, 14 décembre 1870. — *A directeur général du télégraphe.* — Voici le texte d'une dépêche que vous ferez passer le plus tôt possible à Paris par pigeon, soit en chiffres, soit en clair, suivant votre appréciation, l'important est qu'elle arrive; je vous prie d'y donner tous vos soins.

Suit la dépêche datée : « Bourges, 14 décembre 1870. — *Gambetta à Jules Favre et Trochu.* » — Cf. page 181.

Bourges, 14 décembre 1870. — *A M. de Freycinet, Bordeaux.* — M. Seignobos, capitaine-adjudant-major au 12e bataillon de marche de chasseurs à pied, 4 ans de grade, blessé à Freschviller, à nommer chef de bataillon.

BOURGES, 14 décembre 1870. — *A M. de Freycinet, Bordeaux*. — Je crois que je tiens la réorganisation de l'armée de la Loire, ses chefs et ses nouvelles positions; attendez dépêches ce soir.

BOURGES, 14 décembre 1870. — *Guerre à Freycinet, Bordeaux*. — Mon cher Freycinet, on n'ira pas à Saint-Amand; on se concentrera de Melun à Bourges, de Bourges à Nérondes, couvrant Nevers. Les troupes que j'ai vues exténuées par des marches forcées, sans ordre, ont besoin d'être reposées et reconstituées entre le Cher et le canal du Berry. Friand est plein d'activité, quelques jours suffiront et alors on pourra prendre une vigoureuse offensive. De même qu'on est convenu qu'on n'irait pas plus loin et qu'on livrera s'il le faut une bataille, tout le monde est remonté, même Bourbaki[1].

Voici l'ordre : Borel reste chef d'état-major général; je l'ai fait sonder, il ne voulait pas du 15ᵉ corps. — Clinchant, prend le 20ᵉ, Billot reste au 18ᵉ; Clinchant est, je crois, nommé général de division, mais il désire que son nom ne figure pas encore au *Moniteur*. Il respire la vengeance et chauffe Bourbaki. Il faut lui trouver un chef d'état-major J'ai nommé le lieutenant-colonel Lepeutre colonel; je suis obligé de garder Colomb pour le 15ᵉ corps, car j'ai vu de Pilatrie : il est impossible pour un grand commandement. Il faudra le remplacer chez Chanzy, je lui envoie Cérès. Nous pourrons même par Tours, dit Bourbaki, rejoindre la 2ᵉ armée de la Loire. Néanmoins je tiendrais beaucoup à nous porter dans l'Est sur les derrières de l'ennemi en ramassant tout sur notre passage. Je vais rester ici jusqu'à ce que tout soit en bonne voie; en attendant, faites étudier pratiquement la question d'une offensive dans l'Est. Puis j'irai trouver Garibaldi et Bressolles. Je vous remercie de toute l'activité que vous déployez dans la Normandie et je vous engage à presser la poursuite des Prussiens sur Rouen, si tant est qu'ils soient en retraite.

Donnez-moi le quartier général de Garibaldi, faites passer par l'intérieur aux préfets la circulaire sur le cantonnement,

---

1. Cf. sur le plan d'opération proposé par le général Bourbaki FREYCINET, *loc. cit.*, p. 220.

afin de prévenir les conflits. Vous chercherez une division
militaire pour Crouzat, rien pour Des Paillières, et vous
débarrasserez 20ᵉ corps de De Varaigne.

BOURGES, 15 décembre 1870. — 6 h. 35 soir. — *Guerre à
délégué Freycinet, Bordeaux.* — J'ai écrit ce matin à l'Intérieur pour vider la question des fusils[1]. Je suis bien étonné
de tout ce que vous me dites, et d'apprendre en même
temps qu'il n'y a que 10,000 hommes dans les dépôts.

Ici l'armée commence à se refaire, les fuyards et les
débandés ont rejoint en grand nombre. Il faut renouveler la
circulaire aux préfets en enjoignant aux maires d'employer
la garde nationale à l'arrestation des fuyards, et il faut aussi
les envoyer le plus tôt possible au général Chanzy ; on m'a
dit que les fuyards s'étaient dirigés sur leurs dépôts ; ce
serait absurde : il faut les faire rejoindre immédiatement.

Je vous engage à remplacer vivement le général Sol qui
s'est conduit indignement[2]. Je viens de lui passer l'ordre de
se porter immédiatement en avant d'Amboise[3]. Il faudrait
quelqu'un pour s'assurer de l'exécution de cet ordre.

Vous jugez inexactement la situation de la première
armée de la Loire. A l'heure qu'il est, il faut activer le travail de réorganisation et se préparer à prendre l'offensive
dans l'Est, ce qui dégagerait tout le monde, aussi bien
Chanzy que Paris. Tel est du moins mon sentiment.

                              LÉON GAMBETTA.

BOURGES, 15 décembre 1870, 7 h. 35 soir. — *Intérieur à
directeur général des télégraphes, Bordeaux.* — Nous avons
encore bien employé notre journée. L'amélioration de la

---

1. En réponse à la dépêche de M. de Freycinet, Bordeaux,
14 décembre, 11 h. 20 : « Je vais attirer votre attention sur une
situation grave. Vous m'avez fourni une note de laquelle il résul-
tait qu'au 15 décembre je toucherai cent et quelques mille fusils,
pendant que l'intérieur de son côté en toucherait plusieurs cen-
taines de mille. Je suis loin d'avoir touché le chiffre annoncé ; il
m'en manque près de la moitié. »

2. Le général Sol avait quitté précipitamment la ville de Tours.
« Le capitaine d'un navire, lui avait écrit M. de Freycinet le 14,
quitte son poste le dernier ; vous avez quitté Tours le premier.
Rentrez-y d'urgence, si ce n'est déjà fait. »

3. Dépêche du 15 décembre 1870, 6 h. soir

température a beaucoup fait pour remettre les troupes et
ranimer leur moral. Cela va bien. Nous aurons là une belle
armée avec des chefs de choix, tous jeunes et pleins d'ardeur. On peut beaucoup en attendre. Je ne sais pas encore
quel jour je m'éloignerai d'ici, ne voulant partir qu'au moment où je serai tout à fait tranquille. Nous allons tous à
merveille. De votre côté, continuez à bien vous tenir. La
réaction dont vous me parlez ne doit pas vous inquiéter,
si vous savez bien prendre vos mesures. Écrivez-moi souvent : donnez-nous des nouvelles de Paris, c'est ce à quoi je
tiens le plus, vous le savez.

LÉON GAMBETTA.

Bourges, 15 décembre 1870, 8 h. 55. — *Gambetta à
Freycinet, Bordeaux.* — Mon cher ami, je tiens à donner au
colonel Thoumas une preuve de ma gratitude[1], et je vous
prie de lui annoncer que vous et moi sommes heureux de
lui tenir parole; mettez-donc au *Moniteur* la nomination de
général de brigade pour services exceptionnels durant la
guerre à la direction d'artillerie.

Si j'avais le temps, je vous ferais une longue lettre sur
toutes les affaires, mais j'ajourne tout cela à mon retour,
bien que je ne quitte pas encore d'ici.

LÉON GAMBETTA.

Bourges, 15 décembre 1870, 11 h. 10. — *Intérieur et
Guerre à préfet, Bordeaux.* — Le directeur général de la
sûreté publique, qui vient d'arriver, me dit qu'il a donné
ordre à MM. Delaxaux et Goulet, commissaires de police
spécialement attachés au service de la sûreté, de se tenir
à votre disposition et de vous considérer comme leur supérieur immédiat. Utilisez donc leurs services dans vos affaires intérieures. Il vous a recommandé hier de veiller, mais
n'exagérez rien. C'est un court moment à passer. Tenez-moi
cependant au courant de tous les incidents; si les bonnes

---

1. « Le colonel Thoumas nous a fourni à ce jour 88 batteries
ordinaires et 20 batteries de montagne. Avant le 31 décembre, il
nous aura fourni plus que les 100 batteries convenues, sans compter
celles de montagne. » (Freycinet à Gambetta, 15 décembre,
7 h. soir.)

nouvelles de Paris se confirmaient, vous verriez vite la fin de tout ceci. M. Ranc partira incessamment pour aller vous rejoindre.

LÉON GAMBETTA.

BOURGES, 15 décembre 1870. — *Gambetta à Cendre, Bordeaux.* — J'invite Cendre à se transporter immédiatement au ministère de l'intérieur et à se faire présenter le registre des délivrances d'armes aux mobilisés et m'en faire immédiatement état.

En outre, où sont les 100,000 fusils que nous devions recevoir au 15 décembre[1] ?

Je donne ordre à Cendre de voir Freycinet, la commission d'armement, et les autres services engagés, afin d'arriver exactement à savoir ce qu'il y a de disponible, de besoins, de déficit. Réponse.

BOURGES, 15 décembre 1870. — *Gambetta à Freycinet, Bordeaux.* — J'approuve entièrement les mesures que vous venez de prendre pour parer au mouvement tournant sur la droite de Chanzy ; renforcez-le autant que vous pourrez[2]. Combinez toutes les ressources d'Angers et de Poitiers. Il y a dans cette dernière ville deux compagnies de disciplinaires. Chanzy dit qu'il saura en tirer parti. Il y a aussi la ligne Pontificale venue là pour se refaire ; elle doit être refaite maintenant, il faudrait l'utiliser.

J'ai écrit à Chanzy pour lui dire que nous étions de tout cœur avec lui[3].

BOURGES, 16 décembre 1870, 2 h. 35 soir. — *Intérieur et Guerre à délégué affaires étrangères, Bordeaux.* — Mon cher monsieur de Chaudordy, je m'empresse de vous remercier

1. Cf. Dépêche à Freycinet, même date, 6 h. 35 soir.
2. « La droite du général Chanzy, établie vers Saint-Amand et Château-Renault, est menacée d'être tournée par un corps prussien parti de Blois. Prenez toutes les troupes qui peuvent être mises en route à Angers, embarquez-les par le chemin de fer pour Tours où vous vous rendrez vous-même le plus tôt possible... Le général de Curten est chargé de rallier à Poitiers quelques troupes. » (*Guerre à général Ferri Pisani à Angers, communication à Chanzy et Gambetta, Bordeaux, 15 décembre.*)
3. Dépêche du 15 décembre, 6 h. 10 matin.

de l'obligeance avec laquelle vous avez transmis vos récentes nouvelles de Paris[1]. Je continuerai à demeurer ici jusqu'à ce que l'entreprise que j'ai tentée, de réorganiser la première armée de la Loire, soit menée à bonne fin et jusqu'à ce qu'il soit possible d'entrevoir une phase nouvelle dans nos affaires, grâce à l'offensive que cette armée ne peut tarder à reprendre. Il y a ici des éléments excellents qu'il s'agit de mettre en œuvre et de pousser en avant, c'est à quoi je me suis attaché depuis mon arrivée. Cette armée n'a subi que d'insignifiantes pertes matérielles; ce qu'il faut lui rendre, c'est le moral et la confiance. Je crois y être parvenu dans la mesure de mes forces; un succès ou deux feraient plus que moi, j'en serais bien heureux. C'est une affaire de temps, je le sais; malheureusement, le temps nous presse et il faut agir. Nous y sommes décidés tous. Pour toutes ces raisons je ne puis prévoir encore l'époque précise à laquelle je pourrai rentrer à Bordeaux, je ne pense cependant pas être en mesure de le faire d'ici une semaine au moins. Mais je me ferais un plaisir de vous prévenir si mes dispositions changeaient d'ici là. Pour toutes communications que vous auriez à me faire, je vous prie d'employer le télégraphe, chiffre des inspecteurs; je vous répondrai en toute hâte; adieu, cher monsieur, je vous prie de croire à tous mes sentiments de sincère estime et d'affection.

Léon Gambetta.

Bourges, 16 décembre 1870, 6 h. 15 soir. — *Gambetta à Freycinet, Bordeaux.* — Il résulte des renseignements que je reçois qu'il vous arrive assez d'armes pour armer d'urgence les hommes du camp de Conlie; en tout état de cause, je m'explique.

1° Au point de vue physique, je voudrais avoir l'opinion d'un homme de la science médicale.

2° Au point de vue militaire, il est impossible de renvoyer ces hommes chez eux, il faut prendre les plus avancés et les donner au général Jaurès; ceux qui ne seraient pas

_____

1. Lettre du 15 décembre, 11 h. 50 soir. — M. de Chaudordy avait transmis à M. Gambetta deux dépêches de M. Jules Favre portant la date du 9 décembre.

armés, les diriger en bon ordre sur un autre point de concentration en Bretagne;

3° Au point de vue financier, il est bien regrettable qu'on
ait fait des dépenses considérables en pure perte ; il ne faut
se résigner à cette triste extrémité que s'il est bien établi
qu'on ne peut agir autrement.

Je vous demande instamment communication du rapport
de la commission d'enquête. Veuillez aussi faire diriger de
Varaigne au génie à la disposition du général Véronique.

LÉON GAMBETTA.

BOURGES, 16 décembre 1870, 7 h. 16 soir. — *Guerre à
Freycinet, Bordeaux.* — Quand le préfet de Nîmes a présenté
des observations sur la nomination de M. Bérard, il fallait
y renoncer absolument. Je ne connais pas M. Bérard; s'il
est un obstacle politique, il faut se priver momentanément
de ses services. J'annonce sa révocation au préfet du Gard.
Ainsi, c'est chose terminée [1].

LÉON GAMBETTA.

BOURGES, 16 décembre 1870, 7 h. 21 soir. — *Gambetta à
Freycinet, Bordeaux.*—Je connais Malardier [2] depuis dix ans,
c'est un républicain éprouvé et c'est avec le plus ferme
propos de le mettre en évidence que je l'ai signifié au préfet. Veuillez communiquer ceci aux réclamants.

LÉON GAMBETTA.

BOURGES, 16 décembre 1870, 9 h. 15 soir. — *Guerre à
Freycinet, Bordeaux.* — Qu'est-ce que l'incident nouveau
dont vous entretient une dépêche de M. Gauckler qui passe
sous mes yeux? Qu'est-ce que ce conflit entre le capitaine

---

1. M. Bérard, avocat, avait été nommé administrateur-intendant
du camp de Montpellier. Le préfet, M. Laget, protesta contre
cette nomination « qui avait, écrivait-il (dépêche du 13 décembre),
soulevé une indignation générale, à cause de la déplorable réputation de cet homme, de ses manœuvres pour échapper à la
mobilisation ». — M. Gambetta télégraphia à M. Laget, en même
temps qu'à M. de Freycinet, pour lui annoncer qu'il rapportait la
nomination de M. Bérard.

2. Nommé président civil du camp de Nevers

de vaisseau Pradier et le général Garibaldi[1]? Ne vous rappelez-vous donc pas que j'ai toujours eu à cœur d'éviter tout ce qui peut être un ennui, une contrariété pour le général Garibaldi. Arrangez-moi cette affaire au plus vite en lui donnant ce qu'il demande. A chaque instant, je vois de nouvelles difficultés se présenter. Serait-ce parce que je ne suis pas à côté de vous pour les résoudre? Vous me connaissez bien, cependant, et vous savez mieux que personne comment je comprends que les affaires soient menées. Écrivez à Garibaldi cette nuit même.

LÉON GAMBETTA.

BOURGES, 16 décembre 1870, 10 h. 17 soir. — *Intérieur à directeur général télégraphe, Bordeaux.* — Merci de votre bonne dépêche[2]. J'attends les messagers venant de Paris; aussitôt après avoir entendu leur rapport, je vous enverrai une dépêche pour le gouvernement. Les choses se réparent ici à vue d'œil et d'ici à quelques jours vous entendrez parler de nous. Cigares exquis. Soyez toujours gais, et de bonne composition[3]. Salut et fraternité, à vous, au préfet, et à tout notre monde.

LÉON GAMBETTA.

1. Cf. Dépêche du général Bressolles, Lyon, 18 décembre : « J'ai vu Pradier, il ne m'a parlé d'aucun dissentiment avec Garibaldi. Il s'est contenté de me dire qu'Autun avait été mal fortifié... »

2. Dépêche du 16 décembre, 7 h. soir : « Je vais tâcher de relier le Havre directement avec l'Angleterre dans le cas d'un investissement. Notre grand câble commencera sa pose après-demain dans la nuit, et il nous rendra, je l'espère, les services que nous en attendons. »

3. C'est cette dépêche qui a été si sottement exploitée par la presse réactionnaire. L'explication est pourtant bien simple : M. Gambetta, dans l'effroyable labeur auquel il s'était attelé jour et nuit, — on peut s'en rendre compte rien qu'en parcourant ce volume, — avait l'habitude de se promener une heure par jour, après son déjeuner, en fumant un cigare. M. Steenackers, qui avait reçu des cigares d'un de ses amis, en avait envoyé une boîte à M. Gambetta, et celui-ci le remerciait, voilà tout. Quant à la phrase : « Soyez gais et de bonne composition », pour la comprendre, il suffit de se reporter à ce que M. Ranc a écrit dans le *Voltaire* du 1er janvier 1884 : « Gambetta a été, on l'a dit, l'âme de la défense. Ceux-là seuls qui ne l'ont pas quitté pendant ces longs jours d'espérances toujours trompées et toujours renaissantes pourront savoir à quel point cette expression est vraie. Il animait tout, il enflammait tout. Cette force, par sa seule expansion,

Bourges, 16 décembre 1870, 12 h. 57 soir. — *Gambetta à Freycinet, Bordeaux.* — Il ne faut évacuer le camp de Conlie sous aucun prétexte [1]. J'ignore de quelles conditions physiques on veut parler; s'il y a des malades, il faut les évacuer seuls. Le Mans peut être menacé, mais fort loin d'être attaqué. Je ne comprends rien à pareille panique et je vous prie de donner des instructions énergiques, et au besoin d'envoyer un homme résolu pour les appliquer.

LÉON GAMBETTA.

Bourges, 16 décembre. — *Guerre à Freycinet, Bordeaux.* — Quant à Espivent, j'y suis absolument étranger comme vous pouvez le vérifier. En ce qui touche Colomb, je vous ai prévenu de l'irrégularité que j'allais commettre par suite de la nécessité du remplacement immédiat de Martin des Pailllères; j'ajoute qu'il est absurde d'envoyer au feu un vieillard comme Espivent et d'enlever à ses troupes, qu'il a l'habitude de conduire, le général Bonnet.

Cherchez un poste pour Crouzat, soit dans l'artillerie, soit dans une division; il partira soit ce soir, soit demain matin.

Bourges, 16 décembre. — *Gambetta à Cendre, Bordeaux.* — J'ai reçu l'état que vous avez dressé; il me semble que la situation d'armement, si tout ce qui est porté est exact, n'est pas trop mauvaise.

Toutefois je désirerais savoir si vous avez communiqué avec M. de Freycinet et quelles observations il vous a faites. Le chiffre des armes distribuées à la garde nationale est considérable; malheureusement une grande partie a été inutilisée; il faudrait trouver un moyen pour que les fusils qui sont évacués par la garde nationale des pays envahis soient

créait des forces autour d'elle. Jamais découragé, il n'admettait pas qu'on le fût à côté de lui. Combien de fois ne nous est-il pas arrivé à nous tous, les jours de mauvaises nouvelles, — et ils étaient fréquents, — d'arriver près de lui désespérés! Au bout de quelques minutes, sa vaillance nous gagnait, et on retournait avec un nouveau ressort, avec une nouvelle ardeur, à son poste de combat ou de travail. » — Voir encore pour l'explication de ces mots : « Soyez toujours gais… » la dépêche adressée à M. Laurier et datée de Bourges, 17 décembre, 9 h. 25 soir (p. 289).

[1]. Le général Marivault, commandant du camp, en avait demandé l'évacuation (15 décembre); M. de Freycinet avait aussitôt avisé le ministre de la guerre.

repris et distribués aux mobilisés; pour cela il faudrait s'entendre avec les divers chefs de service au courant de ces évacuations.

Voulez-vous vous informer tant à l'Intérieur qu'à la Guerre si on a expédié partout la circulaire relative au cantonnement des troupes.

BOURGES, 16 décembre 1870. — *Gambetta à Freycinet, Bordeaux.* — 1° Avez-vous reçu démission d'Arbellot[1]. 2° Au cas où vous l'auriez reçue, il serait peut-être utile de nommer Meyère commandant du département de la Haute-Marne et général de brigade au titre auxiliaire. Cette combinaison parait avoir été arrêtée de concert avec les autorités civiles et militaires de Langres.

J'ai nommé par décret du 29 décembre le lieutenant-colonel Laperche, aide de camp du général Bourbaki, au grade de colonel et le général Clinchant au grade de général de division.

BOURGES, 16 décembre 1870. — *Gambetta à Crémieux, Bordeaux.* — A la 1re question : L'armée de la Loire est divisée en deux armées depuis la déplorable évacuation d'Orléans, 1° Bourbaki, 2° Chanzy, effectif de 120 à 110,000 hommes de chaque côté. — A la 2e question : La 2e s'est battue depuis le 30 jusqu'au 16 inclusivement sur la rive droite de la Loire, de Beaugency à Fréteval, appuyée sur Vendôme avec retraite sur le Mans; la 1re en position de Melun à Bourges et de Bourges à Nevers, prête à reprendre l'offensive. Nous sommes allés hier jusqu'à Gien avec le corps de la Nièvre, les Bavarois en déroute. — A la 3e question : Perdu près de 20,000 hommes tués, blessés ou disparus. — A la 4e et à la 5e question : Elle se reforme en pleine activité derrière la Loire et le Cher. Mais ce travail réclame encore près d'une semaine. — A la 6e question : La 2e armée seule est vivement poursuivie par les forces réunies de Frédéric-Charles et du duc de Mecklembourg. — A la 7e question : Elle a eu affaire à plus de 250,000 hommes.

Je compte que ceci est assez catégorique.

BOURGES, 17 décembre 1870, 4 h. 20 soir. — *Gambetta à*

---

1. Pour les incidents relatifs au général d'Arbellot, cf. les dépêches de M. Gambetta au préfet de la Haute-Marne.

Cazot, Intérieur, Bordeaux [1].— Mon cher Cazot, dites-moi au juste ce qu'on a depuis deux mois levé d'hommes, ce qu'il doit y avoir en ligne ou dans les dépôts; ce qui reste de mobilisés du premier ban, afin que je puisse exactement juger la situation. La fin de l'année implique la votation du nouveau budget. Voyez Crémieux et sachez si on est résolu à la dissolution générale des conseils généraux [2]. Ici les choses se remettent.

LÉON GAMBETTA.

BOURGES, 17 décembre 1870, 6 h. 55 soir. *Guerre à délégué de Freycinet, Bordeaux.* — Maintenez mon ordre en ce qui touche le commandement de Varaigne [3]. Il a déjà perdu deux généraux [4], et je tiens à garder le troisième.

BOURGES, 17 décembre 1870, 8 h. 40 soir. — *Gambetta à Freycinet, Bordeaux.* — Je vous remercie de votre dépêche et de votre activité. Ici les choses sont en bonne voie et quand vous aurez reçu mon courrier demain matin, vous trouverez qu'il y a encore de rudes coups à porter aux Prussiens.

LÉON GAMBETTA.

BOURGES, 17 décembre 1870, 9 h. 25 soir. — *Intérieur à directeur général Laurier, Bordeaux.* — Qu'est-ce que la question de Luxembourg dont tu parles dans ta dépêche de ce soir [5]? Nous ne savons rien de ce qui se passe ou ce

1. M. Cazot répondit le soir même, 8 h. 15 : « Le premier ban des mobilisés a produit 510,000 hommes. Défalcation des non-valeurs, on peut compter sur 500,000. Peu sont en ligne; la plupart attendent l'ordre de partir. »
2. Réponse de M. Cazot, le 18 décembre : « Crémieux voterait la dissolution des conseils généraux, s'il était autorisé par une lettre de vous à mettre votre signature au bas du décret. »
3. Cf. dépêche du 13 décembre, 11 h. 55 soir. Le général Bourbaki avait demandé à maintenir le général de Varaigne dans ses fonctions de chef d'état-major du 20e corps.
4. Comme chef d'état-major du général Crouzat et du général d'Aurelles.
5. Il s'agissait de la déclaration de M. de Bismarck qui avait reproché au gouvernement grand-ducal d'avoir violé la neutra-

qui se dit en Europe, j'ai cependant demandé des nouvelles
tous les jours. Il faudrait veiller à ne pas nous laisser ainsi
dans l'ignorance de tout ce qui arrive. J'ai dit qu'il fallait
être gai. Cela ne signifie point qu'il soit prescrit de rire
hors de propos, mais simplement qu'il faut rester maître
de soi-même, dans les circonstances difficiles.

LÉON GAMBETTA.

BOURGES, 17 décembre 1870, 10 h. soir. — *Gambetta à
Freycinet, Bordeaux*. — Mon cher ami, je reçois une dépêche
très grave du camp de Conlie[1]; malgré le crève-cœur que
j'en éprouve, il faut sauver les hommes; choisir un meilleur
emplacement, armer au plus vite avec le chargement des
derniers navires les 40,000 hommes qu'on dit être là réunis
et que l'absence d'armes décourage; prévenir Chanzy à
cause du matériel de marine qui se trouve au camp et voir
s'il ne lui serait pas possible d'en profiter.

Enfin, faites pour le mieux, même en avouant que je
me suis trompé.

LÉON GAMBETTA.

BOURGES, 17 décembre 1870. — *A directeur des télégraphes,
Bordeaux*. — Ranc parti ce soir porteur de dépêches importantes, doit arriver demain matin par la ligne de Limoges.
Il faudra le faire attendre à la gare vers dix heures pour
ne pas perdre une minute. Ici, tout semble bien marcher :
je ne sais pas ce qui se passe du côté du Mans, et de l'héroïque
Chanzy[2]. Écrivez-moi plus souvent que vous ne faites. S'il
venait des plis de Paris, il faudrait voir s'ils sont chiffrés,
et les faire déchiffrer avant de me les envoyer.

Dans les cinq lettres qui m'ont été apportées, il n'y avait
aucune communication du gouvernement.

J'ai également vu M. Larmanjat qui n'avait rien pour
moi; je vous renvoie cet ingénieur qui est chargé du ravi-

---

lité; le chancelier, dès lors, ne se croyait plus obligé de respecter
les traités qui le constituaient. L'Angleterre intervint. (VALFREY,
II, 129. — MULLER. p. 311. — SOREL, II, 119.)

1. Dépêche du général Marivault.
2. Le général Chanzy continuait sa marche de Vendôme au
Mans. Le 17, le général Gougeard avait été attaqué à Droué.
(CHANZY, *loc. cit.*, p. 212.)

taillement, avec ses quatre pigeons. Il aura ordre de les laisser à la préfecture de Poitiers.

BOURGES, 17 décembre. — *A Freycinet, Bordeaux.* — Quand M. Laperche a été nommé par moi colonel, sur la demande du général Bourbaki, j'ignorais que son élévation au grade de lieutenant-colonel fût si récente.

Il y a lieu de revenir sur cette nomination et de ne la faire qu'à titre provisoire. J'aimerais même mieux qu'elle fût rapportée, si c'est possible; mais il faut que je voie le général. Pour l'instant, contentez-vous de la première solution, et ne mettez rien au *Moniteur.*

Le général de Pointe de Gerigny qui commande à Nevers et qui a repris Gien, a été nommé par moi, hier au soir[1], 16 décembre 1870, au grade de général de division, pour sa belle conduite et, malgré son grand âge, il est maintenu à son poste.

Toutes les troupes appartenant au 17e corps qui se trouvaient à la 1re armée de la Loire ont été renvoyées, conformément à la demande du général Chanzy, à leurs corps de Salbris sur Blois, par Romorantin, pour rejoindre la 2e armée par la forêt de Marchenoir; quant au général Cérès il n'a jamais paru dans aucun corps placé sous les ordres du général Bourbaki.

Veuillez avertir Chanzy de toutes ces dispositions.

BOURGES, 17 décembre 1870. — *A directeur adjoint au personnel, Bordeaux.* — Veuillez remettre à Isambert la présente dépêche qui contient celle du préfet du Nord, annonçant le succès de Faidherbe dans le Nord, c'est de cette manière qu'il faudra annoncer cette affaire dans la presse et non autrement.

Léon Gambetta à préfets et sous-préfets de la République.

Je reçois la dépêche suivante :

« SAINT-QUENTIN, 12 décembre 6 h. soir.—*Général commandant l'armée du Nord à M. Testelin et au général Farre à Lille*[2].

1. Dépêche de M. Gambetta au général de Pointe, à Nevers, 16 décembre, 7 h. 20.
2. Cf. FAIDHERBE, *loc. cit.*, p. 32.

—« Hier 11, des troupes de la 1re division de l'armée du Nord,
« général Lecointe, ont enlevé un convoi prussien entre
« Chauny et La Fère. Une centaine de prisonniers dont
« 4 officiers.

« Le soir du même jour les troupes de la même division
« ont surpris un train sorti de La Fère vers Ham. On a tué
« 2 hommes qui éclairaient la voie, malheureusement le
« train a pu faire marche en arrière et retourner à La Fère.
« Aujourd'hui 12, nous coupons complètement la voie entre
« Tergnier et Chauny et entre La Fère et Laon.

« *Signé :* Faidherbe,

« *P. C. C. le préfet du Nord,*

« P. Legrand. »

Bourges, 17 décembre. — *Ministre de la guerre à Freycinet,
Bordeaux.* — Le mouvement de diversion que nous allons
tenter vous sera longuement expliqué dans un rapport
détaillé que nous vous envoyons par messages. Il m'était
impossible de vous l'expliquer télégraphiquement.

Répondez-moi au sujet de Crouzat qui, en qualité d'artilleur, fera très bien à Lyon.

Bourges, 17 décembre. — *Ministre de la guerre à Freycinet,
Bordeaux.* — J'approuve la destination que vous avez donnée à Varaigne, je crois que c'est le lieutenant-colonel
Meyère qu'il faut nommer à Langres avec le grade de général
de brigade au titre auxiliaire et le titre de commandant
du département. Meyère remplissait les fonctions de chef
d'état-major avec D'Arbellot, et je crois qu'il a été convenu
entre les autorités civiles et militaires que ce serait Meyère
qui continuerait la défense. Renseignez-vous donc directement auprès de Meyère et faites ainsi qu'il vous dira.

Vous pouvez donner le commandement des mobilisés de
Seine-et-Marne à Paul de Jouvencel, à la condition que
vous trouverez le moyen de ramener les mobilisés et leur
chef le plus tôt possible sur le théâtre de la guerre.

Recommandez au colonel Thoumas de s'assurer que les
deux batteries de 12 demandées par Bressolles et qui lui
ont été accordées de Toulouse sont bien parties ce matin
comme il était convenu.

Écartez tous les obstacles qu'elles pourraient rencontrer sur leur route et faites tout pour qu'elles arrivent lundi matin au plus tard. Tout ceci se rattache à un plan dont je vous donnerai bientôt connaissance par l'envoyé de Steenackers qui doit retourner ce soir à Bordeaux.

BOURGES, 17 décembre 1870. — *Ministre guerre à Freycinet, Bordeaux.* — Vous me parlez de faire de Crouzat le commandant d'une des divisions du 19e corps. Cela me semble impossible, puisque Crouzat a commandé un corps dans l'armée. Je voudrais employer Crouzat au commandement de l'une des divisions territoriales les plus importantes, par exemple Bordeaux ou Lyon qui m'irait mieux parce que l'on pourrait par là donner satisfaction au préfet du Rhône qui représente dans l'une de ses dépêches que le général Lasserre ne saurait convenir à Lyon en l'absence du général Rivière que vous donnez à l'armée de Bressolles; voyez donc si vous ne pourriez pas mettre Crouzat à Lyon. Cette combinaison m'agréerait extrêmement. Nous avons été obligés de garder ici le général Colomb qui commande aujourd'hui le 15e corps en remplacement de Des Paillières. Colomb n'a d'ailleurs jamais appartenu à l'armée de Chanzy. Chanzy n'en a pas moins besoin d'un bon général. Il faut le lui trouver à tout prix. Cherchez-le, car nous n'en avons pas ici.

BOURGES, 18 décembre 1870, 10 h. 45 matin. — *Guerre à délégué Freycinet, Bordeaux.* — Je vous accuse réception de toutes vos dépêches et vous remercie de votre ponctualité. J'ai peur que dans l'affaire du camp de Conlie, il ne se glisse quelque peu de passion. Je ne sais si je me trompe, il y a là des exagérations évidentes. J'ai vu ici un officier, aide de camp du général Trochu, qui vient de passer par Conlie et qui ne m'a pas fait sur l'emplacement et la constitution matérielle de l'installation du camp un rapport aussi défavorable que je m'y attendais, après les dépêches que j'avais reçues. Il dit cependant que la boue est si forte que les exercices sont impossibles. Pour cette raison seule, j'admets parfaitement qu'on étudie la question de la translation du camp, mais je vous prie de faire procéder à toute cette opération avec sagesse et lenteur. Je ne veux pas que le camp de Conlie puisse devenir un

embarras pour nous moins que pour personne, et, si je
vois clair, je m'aperçois qu'à Nantes déjà et bientôt à Bordeaux on s'agitera fort autour de cette question. Je vous
recommande spécialement votre correspondance avec Marivault. Mettez-y tous vos soins. N'envoyez à Conlie que des
hommes de confiance. Enfin ne perdez pas de vue qu'il ne
faut pas que l'on puisse quelque jour mettre en avant l'affaire de Conlie, s'il y a eu vraiment erreur, pour attaquer
l'institution du camp que je considère comme l'un des
actes les plus importants de notre administration [1].

Léon Gambetta.

Bourges, 18 décembre 1870, 11 h. 20 matin. — *Guerre à
délégué Freycinet, Bordeaux.* — J'ai reçu deux dépêches de
Caen sur les événements de Bernay et de Lisieux [2]. Il pourrait y avoir eu là collision et troubles, à l'occasion du retrait
des troupes qui a été ordonné récemment. Je voudrais bien
connaître ce que vous savez de ces événements. Quel est le
général qui a été blessé [3]? Comment les troubles ont-ils
éclaté? A première vue, il me semble que c'est l'émeute de
la lâcheté. Voilà des gens qui s'insurgent parce qu'on ne les
défend pas, et qui ne songent pas à se défendre eux-mêmes.
Les fonctionnaires civils ne paraissent pas non plus très
bien comprendre leurs devoirs, je désire leur dire leur fait [4];
mais je ne puis le faire qu'après avoir été mis au courant
par vous. Renseignez-moi dans la journée.

Léon Gambetta.

Bourges, 18 décembre 1870. — *A délégué Freycinet, Bordeaux.* — Reçu à l'instant votre dépêche concernant l'organisation des deux corps d'armée du Nord [5]. Il va sans dire

1. Décret du 23 novembre.
2. L'annonce de la retraite du général Lauriston sur les lignes
de Carentan avait provoqué une collision à Bernay et la démission du conseil municipal de Lisieux.
3. Le commandant Guilhermy.
4. M. de Freycinet, dans sa réponse à M. Gambetta, signale à
la sévérité du ministre l'attitude « gênante » du préfet du Calvados, M. Achille Delorme.
5. 22e et 23e corps d'armée, sous le commandement des généraux Lecointe et Paulze d'Ivoy, avec le général Farre comme
chef d'état-major général. (Cf. Faidherbe, *loc. cit.*, p. 35.)

que je donne mon autorisation et mon acceptation pour les choix proposés par le général Faidherbe, en vue de la composition de ces divers corps. Toutefois je vous prie de réserver les avancements dans la marine, car il est bien certain qu'il ne m'appartient pas à moi, ministre de la guerre, de les donner, mais je les ferai obtenir. En attendant, il faut leur donner dans l'armée le grade équivalent. Il faut nommer Faidherbe général commandant en chef les deux corps[1], prévenir Bressolles du numéro de son corps d'armée, et pousser ce dernier en avant, sans tenir compte des lamentations habituelles de la ville de Besançon.

BOURGES, 18 décembre 1870. — *Gambetta à délégué Freycinet, Bordeaux.* — Reçu votre dépêche ; j'attends de Serres ; je vous remercie de la manière supérieure dont vous avez écrit au camp de Conlie, à Lisieux et à Lyon, très bien. Crémer me semble très menacé, surveillez ce côté-là.

BOURGES, 18 décembre 1870. — *Gambetta à Crémieux, Bordeaux.* — Donnez ordre à Franqueville de faire immédiatement procéder, par l'intermédiaire de l'ingénieur en chef de Bourges qui a fait des études, à la préparation du matériel nécessaire pour rétablir, quand besoin sera, la circulation sur le pont de Gien. Ici les choses vont mieux.

BOURGES, 18 décembre 1870. — *Gambetta à général d'artillerie Thoumas, Bordeaux.* — Les généraux de la 1re armée de la Loire réclament pour leurs transports des objets de rechange pour les chassepots, tels que aiguilles, ressorts à boudins, etc. Je compte sur votre zèle habituel pour prompte expédition.

BOURGES, 18 décembre 1870. — *A directeur général des télégraphes, Bordeaux.* — Nous avons reçu une dépêche du chef du cabinet des dépêches nous annonçant qu'un ballon[2] est tombé à Beaune, nous avons eu également une dépêche de M. de Chaudordy, mais nous voudrions bien savoir s'il ne serait pas possible d'avoir ici les ballonniers tombés à Beaune.

1. Cette nomination fut faite aussitôt.
2. Le *Davy*, parti de la gare d'Orléans, le 18.

Ils me donneraient des nouvelles fraîches de Paris[1]. Ici tout est en bonne voie, cela va marcher, je l'espère; nous attendons votre messager; il vient de nous écrire de Montluçon. Je suis bien aise de savoir que vous allez bien à Bordeaux.

Maintenons-nous tous ensemble et nous réussirons.

BOURGES, 18 décembre 1870. — *A délégué Freycinet, Bordeaux.* — Vous avez dû recevoir une lettre du préfet de Tours qui contient des renseignements fort bien pris et des indications très précises auxquelles il faut, je crois, se conformer. Nommez donc Lhéritier colonel de la 18e légion de gendarmerie s'il n'y a pas d'autres obstacles. Faites aussi une enquête sur la conduite du général Sol qui doit être puni s'il a commis trop de fautes.

J'approuve ce que vous aurez fait dans l'affaire du Calvados et je vous remercie d'avoir si bien dit et nettement remis en leur place préfets et généraux; nous sommes pleinement d'accord. J'attends M. de Serres.

BOURGES, 18 décembre 1870. — *A préfet, Bordeaux.* — Merci, mon cher préfet, de vos excellents renseignements si exactement et si bien pris dans toutes les directions. J'écris à Bordeaux pour que l'on se conforme aux indications contenues dans votre dépêche de ce soir, et pour que l'on nomme M. Lhéritier colonel de la 18e légion de gendarmerie. Continuez à vous tenir bien au courant. Ici tout va de mieux en mieux; mais il y a encore à faire, ce qui vous explique pourquoi je reste.

BOURGES, 19 décembre 1870, 1 h. 15 soir. — *Gambetta à Freycinet, Bordeaux.* — J'ai lu le rapport sur l'affaire du camp de Conlie[2]. C'est déplorable de gaspillage. Il faut nommer une commission des comptes, et faire rendre compte à Kératry et à Carré-Kérisouët, car il est impossible de ne pas arrêter un compte avant l'évacuation, si elle

---

1. Réponse de M. Steenackers : « L'aéronaute descendu à Beaune arriva avec un sac de dépêches dans lequel il n'y a pas une miette pour vous. Il n'avait avec lui aucun pigeon. »

2. Rapport au ministre de la guerre sur l'armée de Bretagne et le camp de Conlie par le général Haca, 5 décembre 1870.

doit avoir lieu. En outre, je partage les conclusions du rapport et je vous engage à les faire exécuter.

LÉON GAMBETTA.

BOURGES, 19 décembre 1870, 1 h. 25 soir. — *Gambetta à*
Freycinet, à Bordeaux. — Estancelin[1] vous a-t-il fait demander la place de vice-président du camp de Cherbourg;
avez-vous d'autres candidats? Il ne faut pas du préfet de la
Manche[2]. J'ai vu M. de Serres. Le plan est fort bon, mais
tardif puisque le nôtre était en voie d'exécution. De Serres
est allé trouver Bourbaki, voir s'il est possible de revenir
et de se diriger sur Chagny. J'attends son retour.

LÉON GAMBETTA.

BOURGES, 19 décembre 1870, 2 h. 30 soir. — *Gambetta à*
de Freycinet, Bordeaux. — Ai reçu très graves nouvelles du
côté de Crémer, qui paraît s'être assez mal conduit. Ric-
cioti aurait repris position; si vous nommez quelqu'un à sa
place, choisissez Bourras de préférence à un autre et tenez-
moi au courant.

LÉON GAMBETTA.

BOURGES, 19 décembre 1870, 3 h. 20 soir. — *Intérieur et*
Guerre à délégué affaires étrangères, Bordeaux. Chiffrée. —
Cher monsieur, j'ai reçu vos deux importantes dépêches;
l'une de 6 h. 30 matin, l'autre de 7 h. du soir, la seconde
modifiant certainement les vues contenues dans la première. Je me hâte de vous envoyer une réponse. Il me
paraît impossible, en l'état, de mettre à profit les bonnes
intentions de la Russie pour faire des propositions préliminaires de paix[3]. Ce serait nous engager trop et trop vite.

Il faut s'en tenir à l'acceptation de la conférence, si telle
est toujours votre opinion, en réservant l'intégrité de toutes
les questions à examiner[4]. La situation matérielle et mo-

1. M. Estancelin était alors commandant en chef des mobilisés
de Normandie. M. Gambetta était fort mécontent de l'attitude et
de la conduite de ce personnage.
2. M. Lenoël.
3. Négociations Okounew.
4. Cf. Dépêche Chaudordy aux agents diplomatiques de la
France à l'étranger, Bordeaux, 19 décembre 1870.

rale de Paris, l'état de nos ressources militaires nous permettent de tenter une grosse affaire militaire sous quelques jours.

Nous voilà bien d'accord quoique en style télégraphique. Je voudrais bien aussi être auprès de vous, afin de nous entendre et de vous remercier de vos bonnes paroles.

Bien cordialement à vous,

LÉON GAMBETTA.

Bourges, 19 décembre 1870, 9 h. 9 soir. — *Gambetta à De Freycinet, Bordeaux.* — Je reçois une bonne réponse de Crémer à ma dépêche. Ne prenez aucune mesure à son sujet, malgré les plaintes du préfet, nous verrons bien. De Serres va rentrer; je m'en tiens à votre plan et vais hâter de ramener mon monde.

LÉON GAMBETTA.

Bourges, 19 décembre 1870, 10 h. 41 soir. — *Intérieur et Guerre à directeur général du personnel, Bordeaux.* — Je viens de lire votre circulaire aux préfets[1]. Je l'approuve de tous points, j'en loue surtout la fermeté et l'excellent esprit politique, c'est comme cela qu'il faut penser, et qu'il faut parler, quand on le peut. Vous venez de prouver par cette circulaire que nul ne manie mieux que vous la bonne et forte langue du patriotisme et de la sérieuse politique; encore une fois, c'est parfait. Ici nous continuons à préparer nos affaires, nous espérons tirer un grand parti de nos mécomptes d'il y a quinze jours. Il faut rebondir sous le coup de la mauvaise fortune. Je suis très tranquille de votre côté, parce que je sais que vous ne ferez rien sans vous consulter les uns les autres et sans m'en référer. Tous ensemble, unis et forts, nous verrons bien si nous ne parviendrons pas à réduire au silence nos calomniateurs, qui ne sont que les complices de nos ennemis.

LÉON GAMBETTA.

Bourges, 19 décembre 1870, 11 h. 22 soir. — *Gambetta à de Freycinet, Bordeaux.* — De Serres est de retour. Tout est

1. En date du 19 décembre.

convenu et arrangé pour l'exécution du plan qu'il a apporté[1].
Approbation générale. Audibert est en ville. On va tout
régler.

LÉON GAMBETTA.

BOURGES, 19 décembre 1870, 11 h. 45 soir. — *Gambetta à
directeur intérieur, Bordeaux.* — Je lis dans le journal *la
France*, daté du 19, une dépêche de Bordeaux 17 décem'.··
avec ma signature :

« Dijon, après une bataille entre les Prussiens et i··
troupes de Garibaldi, a été évacué par l'ennemi. »

Je n'ai jamais envoyé pareille dépêche, faites une enquête sévère. Il circule depuis quelque temps un certain
nombre de dépêches mensongères, fabriquées par les Prussiens; vous devriez vérifier si le chiffre convenu les précède.
Celle-ci est un pur mensonge; hélas! les Prussiens, se con-
centrent à Dijon. Répandez-le et faites-le savoir au public.

LÉON GAMBETTA.

BOURGES, 19 décembre. — *Gambetta à Freycinet, Bordeaux.* — Envoyez des cartes à l'état-major des divisions
du 15ᵉ corps.

BOURGES, 19 décembre. — *Gambetta à Freycinet, Bordeaux.* — Je n'ai pas reçu les propositions concernant le·
15ᵉ corps. Il est douteux que vous en ayez eu connaissance
vous-même : je tiens à ce que immédiatement ces propositions soient ratifiées et expédiées par le *Moniteur* au 15ᵉ corps.
En outre, pour sortir de la difficulté touchant au commandement du 15ᵉ corps et du 17ᵉ, il n'y a qu'une seule chose
à faire : rappeler par le télégraphe et par mon ordre le
général de Colomb au 17ᵉ corps, en le nommant général
de division à titre définitif; et en appelant aussi par le télégraphe et par mon ordre au commandement du 15ᵉ corps
M. le général Martineau-Deschenez qu'on me semble systématiquement avoir oublié. Vous avez à pourvoir également
au commandement de la 3ᵉ division du 18ᵉ corps en remplacement du général Peytavin que vous mettrez en non-

1. M. de Serres apportait le plan de l'expédition de l'Est. (Cr.
FREYCINET, *loc. cit.*, p. 222 et sq.)

activité. Tout ceci doit être fait aujourd'hui. Prévenez Chanzy [1] que vous lui envoyez M. de Colomb.

BOURGES, 19 décembre 1870. — *Gambetta à Freycinet, Bordeaux.* — Je reçois une dépêche d'un commandant de gendarmerie d'Alger, Casanova, qui se plaint d'être victime de mesures de rigueur prises contre lui; il prétend que sa conduite est irréprochable, il demande enquête. Fixez-moi d'un mot.

BOURGES, 19 décembre. — *A directeur général des télégraphes, Bordeaux.* — Conservez pour une bonne occasion les numéros du *Journal officiel* que vous vouliez m'envoyer. Faites-moi adresser le *Moniteur* de Bordeaux avec d'autres journaux. Je ne sais encore quand je partirai, mais cela ne peut tarder maintenant.

Dites à Legoff de m'envoyer par dépêche les détails qu'il me promet sur son plan financier, malgré ce quo ces promesses ont de chimérique.

Demain matin je dicterai une dépêche pour Paris. Elle vous sera portée par l'aéronaute. Comme elle sera développée, il n'est pas urgent que je vous l'envoie par télégraphe. Mais il sera bon de la faire chiffrer dès que vous l'aurez reçue, et de la faire partir dans le plus bref délai.

Notre journée a été assez bonne. Le temps n'est pas tout à fait au beau, mais bon pour remettre les troupes. Écrivez-moi souvent.

BOURGES, 19 décembre 1870. A *Freycinet, Bordeaux.* — Annoncez à Colomb qu'il est général de division à titre définitif et à colonel Desplatz (15e corps) qu'il est colonel à titre définitif. Nommez aussi Rebillard général de division (15e corps, 2e division), à la place de Martineau-Deschenez.

Vous avez oublié de prévenir M. Malardier de sa nomination au camp de Nevers.

BOURGES, 19 décembre 1870. — *A directeur général des télégraphes.* — L'aéronaute du *Parmentier,* ballon qui est tombé à Gourganson (Marne), vient d'arriver ici. Il m'a

1. Le général Chanzy venait d'arriver au Mans.

remis des lettres que j'ai immédiatement déposées entre les mains du directeur des postes, des plis pour vous que je vous enverrai demain avec l'aéronaute, et quatre pigeons qu'il va porter à la préfecture de Poitiers en s'en allant à Bordeaux. Il est parti de Paris dans la nuit de vendredi à samedi. Tout allait bien à Paris. Nous avons du reste des nouvelles plus récentes par le ballon le *Davy*.

Bourges, 19 décembre 1870. — *A Freycinet, délégué de la guerre, Bordeaux.* — Dans la dépêche que je vous ai envoyée ce matin, relativement au remplacement de Colomb par Martineau, j'ai omis de vous recommander au grade de général de division le général Rebillard (15e corps) à la place de Martineau. — Je l'ai vu aujourd'hui, il m'a paru décidé.

La question Casanova est vidée du moment que le général Lallemand l'a traitée.

Bourges, 20 décembre 1870, 10 heures matin. — *Guerre à délégué Freycinet, Bordeaux.* — Opposez le refus le plus catégorique à la prétention dissimulée de M. de Kératry de se retrouver à la tête du commandement militaire de la Bretagne après l'édifiante aventure de Conlie. La prétention du prétendu comité de Nantes est de tous points inadmissible[1].

J'ai d'ailleurs des avis très précis, sur ce point, des autorités civiles du pays.

Léon Gambetta.

Bourges, 20 décembre 1870, 10 h. 30 matin. — *Gambetta à M. Crémieux, Justice, Bordeaux.* — Nous touchons au terme de la réorganisation. Les troupes sont rassemblées et prêtes à marcher. Mais tous les efforts et les dépenses qu'ils entraînent sur la surface entière du pays, exigent des ressources. On m'apprend des bureaux de la guerre qu'on nous fait des difficultés péremptoires pour faire face à nos plus indispensables marchés. Il est cependant impossible et insoute-

1. Après la retraite du général Chanzy de Vendôme sur le Mans, le comité républicain de Nantes et le journal *le Phare de la Loire* avaient demandé que M. de Kératry fût nommé commandant supérieur des gardes nationales bretonnes et chargé spécialement de la défense de la Bretagne. Le préfet Fleury avait écrit à ce sujet au ministre : « L'opinion générale est contraire à cette nomination et considère Kératry comme un brouillon. »

nable d'arrêter ou d'entraver la défense pour la question financière. Il faut passer outre, dût-on recourir aux extrêmes procédés de la première République. Je vous prie de réunir votre conseil financier et d'aviser, il y a urgence.

Votre dévoué,

GAMBETTA.

BOURGES, 20 décembre 1878, 11 h. 5 matin. — *Intérieur à directeur général du personnel, Bordeaux.* — Vous recevrez peut-être à Bordeaux M. Maxime Genteur, ancien secrétaire général de la préfecture du Loiret. Je vois, par un billet qu'il a laissé ici, que son intention est d'aller se mettre à la disposition du gouvernement de la Défense nationale, ainsi, dit-il, que cela a été convenu entre moi et lui. Je tiens à vous dire qu'il n'a rien convenu de pareil entre M. Genteur et moi, qu'il aura sans doute pris la courtoisie avec laquelle je l'ai accueilli lors de sa visite pour une acceptation de ses offres de services. Je n'ai rien accepté! Guidez-vous sur ces indications pour lui faire à Bordeaux la réception que ses propositions pourront comporter.

LÉON GAMBETTA.

BOURGES, 20 décembre 1870, 1 h. 15 soir. — *Gambetta à Freycinet, Bordeaux. Chiffrée.* — Je partirai ce soir pour Lyon, où je serai demain matin. C'est donc là que vous m'enverrez, à partir de 6 heures ce soir, toutes vos dépêches.

J'ai besoin de voir par moi-même où en est Bressolles dont les promesses me paraissent assez douteuses. Je veux cependant qu'il concoure à notre grande action, lui ou un autre; préparez-vous donc à faire l'impossible pour satisfaire aux diverses demandes que je vais vous adresser.

Il serait bon de penser aussi au remplacement, à Bourges, du général Mazure, vieux, fatigué et impropre à un poste aussi important. Cherchez et vous trouverez. Il y a ici un excellent préfet avec lequel le général n'a aucun rapport.

GAMBETTA.

BOURGES, 20 décembre 1870, 2 h. 15 soir. — *Intérieur à directeur sûreté générale, Bordeaux.* — Merci de votre excellente dépêche. Je vois comme vous la situation, quoique à distance; vous savez d'ailleurs que vous possédez toute ma confiance. Voyez si vous avez le moyen d'empêcher la publication de ma dépêche relative à Bressolles : à Paris, ils n'ont pas été bien avisés ni bien malins ; je les tance d'importance.

Tout va très bien ici ; gardez pour vous et nos amis que nous serons à Lyon demain matin pour presser Bressolles.

LÉON GAMBETTA.

BOURGES, 20 décembre 1870, 3 h. 50 soir. — *Gambetta à Crémieux, Justice, Bordeaux.* — Comme complément à la dépêche de ce matin, je crois que le moment est venu avec la fin de l'année pour prononcer la dissolution en masse des conseils généraux.

La mesure est attendue et au point de vue des votes de budget 1871, comme au point de vue purement politique, il n'est plus possible de continuer vie et légalité aux pires assemblées de l'Empire, le foyer même de toute conspiration bonapartiste, tous issus de la pression administrative. Mais vous savez mieux que nous les motifs ; nous sommes d'accord ; l'opportunité seule nous séparait. Je la crois venue et j'insiste pour que cette satisfaction soit donnée à la fois aux droits du suffrage universel et à l'opinion républicaine.

L. GAMBETTA.

BOURGES, 20 décembre 1870, 6 h. 20 soir. — *Ministre à sûreté générale, Bordeaux.* — Commission a été donnée à M. de Bourgoing de former une compagnie d'éclaireurs à cheval, dans la Nièvre où il avait, à ce qu'il paraît, des éléments tout prêts. Mais il n'a pas et ne peut avoir le droit de former un régiment, de faire des réquisitions et surtout de s'associer tout un personnel qui excite à bon droit les susceptibilités de l'opinion. Assurez-vous de ces règlements, et s'il y a lieu empêchez-les. J'y mettrai bon ordre, en retirant la commission à M. de Bourgoing et en donnant un autre chef à sa compagnie. Faites usage de ma dépêche auprès du ministère de la guerre, si vous le jugez à propos.

LÉON GAMBETTA.

BOURGES, 20 décembre 1870, 7 h. 10 du soir. — *Gambetta à Laurier, Intérieur, Bordeaux.* — Je reçois de Lecesne[1] une dépêche fort grave sur les refus qu'il éprouve pour le paiement des crédits ouverts et les conséquences désastreuses pour la Défense nationale d'aussi stupides parcimonies. Il faut en finir, et si on ne veut pas donner d'argent pour la guerre, le déclarer vite; nous aviserons: vois cela par toi-même et sur l'heure.

GAMBETTA.

BOURGES, 20 décembre 1870, 8 h. 12 soir.— *Intérieur à directeur général personnel, Bordeaux.* — Je pars pour Lyon dans une heure. Je m'y rends dans le but de donner une impulsion vigoureuse au mouvement de Bressolles. J'y serai demain matin.

C'est à la préfecture qu'il faudra m'adresser les dépêches et communications. Vous pourrez annoncer mon déplacement demain, quand je vous aurai envoyé ma première dépêche de Lyon.

Je demande que l'on m'envoie tous les jours un résumé des nouvelles de l'extérieur et de la politique en général. Il faudra y joindre aussi les journaux.

J'attends des explications sur la dépêche insérée dans la *France* et sans doute aussi dans d'autres feuilles. J'ai vu une dépêche de Toulouse annonçant la démission en masse du Conseil municipal à cause du désarmement de la garde nationale sédentaire pour armer la garde mobilisée. A première vue le préfet me paraît avoir bien compris l'affaire, en refusant la réélection. Agissez avec prudence, mais soutenez le préfet aussi longtemps qu'il le faudra pour maintenir son crédit. Écrivez-moi à cet égard.

Nous avons à Caen un autre préfet, Achille Delorme, qui se lamente, qui pérore dans ses dépêches. Il faudrait lui écrire après avoir pris l'avis de M. de Freycinet qui a déjà eu l'occasion de lui parler un langage tout à fait sensé et politique. La persistance de Delorme à se plaindre sans motifs est des plus fâcheuses.

Il faudra m'écrire aussi sur la question des conseils généraux et surtout sur la question des finances.

1. Dépêche de M. Jules Lecesne, président de la commission d'armement, Bordeaux, 20 décembre, 1 h. 35 soir : « La commission est de nouveau paralysée. On lui refuse le paiement des crédits décrétés... »

Les nouvelles sont bonnes au point de vue des fatigues de l'ennemi. Courage donc et persévérance, telle doit être notre devise à tous.

LÉON GAMBETTA.

BOURGES, 20 décembre 1870, 8 h. 20 soir. — *Guerre à délégué Freycinet, Bordeaux.* — J'approuve votre réserve au sujet des propositions venues de Nantes [1]. Continuez. Je vous recommande toujours de renforcer exclusivement Chanzy. En ce qui touche les propositions de la première armée de la Loire que vous avez fait ratifier, c'est très bien. Pour la place de Langres, les objections de Véronique sont de nulle valeur. Passez outre et nommez Méyère, ainsi que c'est convenu. Puisque je suis sur un tel sujet, je vous préviens que les rapports qui me viennent de toutes parts et surtout de Bordeaux me font juger très sûrement, car j'ai l'instinct de ces choses, que le maintien de Loverdo est désormais impossible. L'hostilité qu'il provoque pourrait s'étendre plus loin; il y a lieu de couper court à tous ces embarras et de lui trouver un successeur, ce dont je vous charge. Ce sera à la fois une mesure juste et habile. J'ai d'ailleurs contre lui une série de griefs qu'il est inutile de développer.

De Serres a produit ici le meilleur effet, et je lui ai remis les pouvoirs nécessaires pour tout diriger. Je sais en quelle étroite communion il est avec vous et je m'en rapporte à votre zèle commun.

Je vais à Lyon où les derniers événements de Beaune ont accusé une vive émotion, et j'espère, au point de vue militaire comme au point de vue politique, régler promptement la situation. Surveillez bien du côté de Tours, Pisani a l'air d'avoir besoin d'être tenu de près. Je vous écrirai de Lyon demain matin à la première heure. Amitiés.

LÉON GAMBETTA.

BOURGES, 20 décembre 1870, 8 h. 30 soir. — *Gambetta à Freycinet, Bordeaux.* — Je crois que quelques chefs de camp, notamment celui de Nevers, mettent en réquisition les chevaux pour cavalerie et artillerie. Est-ce que les camps doivent faire de la cavalerie? Passez donc une circulaire pour fixer

---

1. Au sujet de M. de Kératry.

les véritables œuvres des camps, et ensuite tracez les pouvoirs des commandants afin de prévenir conflits avec généraux commandant divisions territoriales.

LÉON GAMBETTA.

BOURGES, le 20 décembre 1870. — *A délégué Freycinet, Bordeaux.* — Il y a deux vices dans l'armée qu'il est nécessaire de réprimer rigoureusement: l'évacuation abusive et l'ivrognerie. Pour y parvenir voilà les mesures à prendre:

1° Organiser un service de contrôle et d'inspection médicales, visitant les troupiers et ambulances civiles et ayant pleins pouvoirs pour renvoyer à l'armée, par les soins de la gendarmerie, tout soldat dont la maladie n'est pas constatée;

2° Obliger tous les officiers à coucher avec leur troupe et marcher avec elle quand elle est en marche, les rendre responsables de toute absence de leurs hommes non régulièrement constatée;

3° Faire des appels réitérés pour constater les présences;

4° Faire les distributions de vivres aussi près que possible des bivouacs, afin d'éviter aux troupes des courses inutiles et les occasions de stationnement;

5° Expulser des derrières de l'armée les marchands de vins et de liqueurs;

6° Faire ramasser par la gendarmerie les ivrognes, les mettre pendant 8 jours consécutifs aux grand'gardes ou aux avant-postes les jours du combat, et les fusiller s'ils lâchent pied;

7° Les jours de bataille, défendre aux soldats de quitter le rang pour secourir leurs camarades blessés, sous les peines les plus sévères.

Faites un ordre énergique dans ce sens à tous les chefs de corps sans omettre aucune des prescriptions ci-dessus mentionnées. — Je ne crois pas qu'on exécute mon ordonnance sur le rôle de la gendarmerie dans chaque armée.

LYON, 21 décembre 1870, 11 heures du matin. — *Intérieur à directeur général des télégraphes, Bordeaux.* — Nous sommes arrivés à Lyon, ce matin à 5 heures; nous nous sommes couchés et nous nous relevons pour travailler. J'ai reçu déjà un certain nombre de dépêches auxquelles je vais répondre. Faites en sorte que les retards qui se produisaient à Bourges dans l'envoi des dépêches, — car elles mettaient souvent plus de 4 heures, — ne se produisent plus ici. Je crois du reste que la chose est facile, car la position centrale est meilleure. Je ne dis pas cela pour faire des reproches à qui que ce soit, personne n'en mérite. Il est probable qu'à Bourges, il n'y avait qu'un fil. Je vous écrirai dans la journée, s'il y a lieu. Dites à Pierre Deschamps, arrivé par ballon *Davy*, que je ne puis lui donner à présent une destination, et qu'il attende quelques jours.

LÉON GAMBETTA.

Lyon, 21 décembre 1870, 11 heures du matin. — *Intérieur à directeur général personnel, Bordeaux.* — Nous sommes arrivés ce matin ainsi que vous avez pu l'apprendre hier par une dépêche du préfet; il y a ici quelque effervescence. Ne vous alarmez point; c'est une crise à traverser. Veuillez continuer à faire dresser immédiatement un état exact de tous les mobilisés disponibles du Midi. Vous avez bien fait de demander cet état aux préfets par dépêches. Il me le faut dans vingt-quatre heures. Écrivez jeudi.

LÉON GAMBETTA.

Lyon, 21 décembre 1870, 12 h. 20 soir. — *Gambetta à Laurier, Intérieur, Bordeaux.* — Le crime commis hier a indigné la population, on cherche activement les assassins pour que justice exemplaire et expiatoire soit faite.

J'ai reçu ici communication par l'entremise de Legoff d'un plan financier qui me semble très praticable. Il faut en causer avec lui promptement et me faire connaître son sentiment.

L. GAMBETTA.

Lyon, 21 décembre 1870, 2 h. 30 soir. — *Guerre à délégué Freycinet, Bordeaux.* — Je lis ici des dépêches relatives aux démêlés du général Pradier avec l'état-major de Garibaldi. J'ai cependant passé des dépêches très concluantes [1]. Il ne faut à aucun prix susciter des embarras à Garibaldi. Que peut nous faire M. Pradier, en ce moment-ci surtout ?

1. Cf. dépêches aux généraux.

Réglez donc cette affaire. Vous dites qu'il est facile d'enlever de là M. Pradier. Enlevez-le et avertissez Gauckler immédiatement. Voilà qui est entendu une fois pour toutes. Il faut aussi que Garibaldi remonte à Autun pour notre combinaison.

LÉON GAMBETTA.

Lyon, 21 décembre 1870, 2 h. 30. — *Intérieur et Guerre à Justice, Bordeaux.* — Je fais le nécessaire ici pour arriver à une prompte et éclatante répression du crime commis hier ; nous comptons y arriver prochainement. L'émotion a été vive, mais nullement dangereuse. J'ai reçu les magistrats, l'instruction se poursuit ; il faut que la répression soit exemplaire, elle le sera.

Cher collègue, je demande que mon nom soit écrit au décret qui prononcera la dissolution des conseils généraux arrêtée entre nous.

L. GAMBETTA.

Lyon, 21 décembre 1870, 3 h. 45 soir. — *Guerre à délégué Freycinet, Bordeaux.* — Vous pouvez nommer le contre-amiral Martin au commandement du camp de Sathonay près Lyon, et le diriger immédiatement sur cette ville. Le corps de Bressolles est loin d'être formé en dehors des forces détachées à Chagny. Crémer a très bien fait son devoir, jusqu'ici il me semble que c'est ce que nous avons de mieux, il n'y faut pas toucher ; peut être faudra-t-il donner plus d'importance à son commandement. Quant aux généraux, de la 1re division Lasserre, de la 2e Bousquel, c'est absurde, il n'y a qu'à voir. Ce sont des choix dont il faut se débarrasser en toute hâte. Voyez si avec les capitaines de vaisseau Bruat, de Poisdeloue, et le capitaine de frégate Pallu de La Barrière, nous ne ferions pas mieux. Mais ne comptez pas encore sur ce qui est à Lyon. Il faudra renforcer avec Lyon en hommes et artillerie ce qui se trouve à Chagny et faire filer Crémer avec les corps francs Rossa et Bourras sur Dôle et Gray, en se faisant appuyer par De Rolland. J'attends dans un instant Bressolles. Mais je ne suis rien moins que satisfait. C'est encore Loverdo qui avait choisi ces généraux [1].

GAMBETTA.

1. Cf. Dépêche ci-dessus du 20 décembre, 8 h. 20 soir.

LYON, 21 décembre 1870, 4 h. 50 soir. — *Gambetta à Frey-cinet, Bordeaux.* — Je viens de recevoir le général Bressolles. Je l'ai trouvé disposé à marcher, mais un peu épais. N'importe. Il pourrait, coûte que coûte, se mettre en mouvement samedi ou dimanche, avec tout son monde de Lyon. Il lui manque cependant bien des choses, celles qu'il réclame et celles que je réclame. Un intendant Pourtois qui arrive mais qui demande qu'on lui conserve M. Allemand son officier d'administration, qu'on a mandé à Bordeaux, plus un intendant de 2e ou 3e classe en remplacement de M. Eudes dont il ne veut pas. En outre il a besoin de harnais pour l'artillerie, de cartouches Remington dont on lui envoie 500,000 ce qui est insuffisant; il faudrait doubler. Il a reçu 3,140 Remington; il lui en faudrait encore 7,000 au minimum. En fait d'artillerie il est assez faible, 2 batteries de 12, 4 batteries de 4, 4 de montagne. Peut-on le renforcer? j'en doute. Je le presse vivement d'organiser son parc de réserve, mais l'important, le capital, c'est de lui trouver des divisionnaires.

Comme je vous l'ai écrit, Bousquet et Lasserre sont impossibles. Au besoin vous ferez quelque chose de Cremer. Le brave Ceiler est très grièvement blessé; il faut pour le récompenser le nommer chef d'escadron à titre définitif dans l'armée régulière. Je lui ai dit de se considérer comme prêt à partir et de hâter ses préparatifs. Quand vous trouverez le moment opportun, vous m'aviserez. Les deux chefs d'escadron d'artillerie qu'on lui a annoncés ne sont pas arrivés. Il faut donner un ordre immédiat. Faites l'impossible et écrivez-moi.

L. GAMBETTA.

LYON, 21 décembre 1870, 5 h. 20 soir. — *Gambetta à M. de Serres, ingénieur, Nevers.* — Mandez-moi où vous en êtes. J'attends avec impatience de vos nouvelles. La Compagnie d'Orléans a-t-elle pris toutes ses dispositions?

LÉON GAMBETTA.

LYON, 21 décembre 1870, 11 h. 15 du soir. — *Gambetta à Crémieux, Justice. Bordeaux.* Personnelle. — Je suis arrivé le matin vers 6 heures; venu dans un but exclusivement militaire et afin de donner des ordres de mouvements combinés avec l'armée de Bourbaki ; j'ai trouvé la ville sous le coup de l'horrible crime d'hier[1], dont je pense que d'actives recherches ont déjà fait connaître les principaux coupables. Je ne resterai guère que le temps de régler les affaires du Midi, et je reviendrai, toutefois je l'espère, non sans de bonnes nouvelles.

Je vous recommande bien la question pécuniaire ; qu'on ne nous laisse pas en souffrance. Croyez que nos affaires, malgré des revers immérités, se remettent à force de travail et de persévérance. Si la France, comme elle doit, s'obstine à la lutte, nous changerons en désastres l'insolente fortune des Prussiens.

LÉON GAMBETTA.

LYON, 21 décembre 1870. — *A directeur général des télégraphes, Bordeaux.* — Il faut attendre l'arrivée du messager qui est parti hier seulement et qui a dû passer par Poitiers pour déposer les pigeons, ce qui a dû le retarder; la dépêche qu'il a emportée n'est pas très longue, écrivez à Poitiers à David pour savoir s'il y est arrivé.

LYON, 21 décembre 1870. — *A délégué Guerre, Bordeaux.* — Quand je vous ai renvoyé le rapport sur l'affaire de Conlie je vous ai fait observer qu'il fallait une reddition de comptes pour mettre ma responsabilité à couvert. Je vous disais de constituer une commission des comptes devant laquelle on appellerait MM. de Kératry et Carré-Kérisouet. Il la faut. — Faites appeler le général Hacca, demandez-lui une note plus précise que le rapport et faites instruire rigoureusement sur cette déplorable affaire. Il faut que le gaspillage, s'il y en a, soit bien établi à la charge de ceux qui s'en sont rendus coupables.

LYON, 21 décembre 1870.—*Gambetta à Freycinet, Bordeaux.* — La première institution était la bonne, mais puisqu'à Paris on a rétabli, en la modifiant, la médaille militaire, il faut faire comme à Paris, et par mesure générale porter à la connaissance de l'armée que la médaille militaire est rétablie et que les mentions honorables obtenues jusqu'ici seront converties en médailles militaires.

1. L'assassinat du commandant Arnaud.

LYON, 21 décembre 1870. — *Gambetta à Freycinet, Bordeaux.* — Peut-on envoyer au général Frapolli à la place de M. Cassan, absolument inerte malgré sa bonne volonté, M. Harmand détaché actuellement comme aide à l'armée des Vosges. Par décret du 21 décembre courant sont nommés dans le corps du général Frapolli : M. François Pais au grade provisoire de colonel d'infanterie; M. de Mossonorie au grade provisoire de chef d'escadron.

Par décret du 18 décembre M. de Piolenc est nommé sous-lieutenant d'infanterie, armée auxiliaire, et détaché auprès du général de Pointe de Gevigny; M. des Isnards Suze est nommé sous-lieutenant armée auxiliaire, et détaché auprès du général Duval.

LYON, 21 décembre 1870. — *Gambetta à Cazot, Intérieur, Bordeaux.* — Je vous remercie de votre activité. Prenez tout le monde [1]. Exemptez les maires. Prenez les adjoints s'il y a lieu. — J'ai écrit au sujet de la nouvelle décision du comité des finances. Elle ne saurait tenir. Dites-moi ce que je peux prendre net de mobilisés d'ici à quinze jours dans toute la région du Midi.

LYON, 21 décembre 1870, 10 h. 50. — *Gambetta à Freycinet, Bordeaux.* — Dans les mesures à prendre contre l'ivrognerie vous avez omis de mettre en jeu la responsabilité des chefs. Il y a lieu aussi de recommander aux chefs de corps de prescrire aux officiers de coucher avec leurs troupes.

A Bourges, j'ai appris qu'au 15e corps les hommes, principalement les zouaves et les mobiles, vendaient à vil prix des souliers et des tentes qui leur avaient été récemment distribués; en conséquence, je vous prie de prescrire à tous les chefs de corps de faire faire des revues fréquentes d'effets et de chaussures principalement quelques jours après les distributions, et de traduire devant les cours martiales tout homme auquel il manquera quelque effet. Les officiers de compagnie ne s'occupent pas assez du détail de leurs compagnies, faites-leur rappeler ces prescriptions du service intérieur.

GAMBETTA.

1. Pour la mobilisation. — M. Cazot avait demandé à ce sujet des instructions au ministre de l'intérieur.

Lyon, 22 décembre 1870. — A *Directeur général du personnel, Bordeaux.* — Veuillez immédiatement prévenir les préfets et sous-préfets à qui des circulaires ont été renvoyées par vous et par la Justice au sujet de l'affaire de Lyon, que les circulaires sont confidentielles et destinées à les éclairer sur ce déplorable incident. Mais au lieu de les inviter à faire afficher partout vos dépêches, dites-leur de ne pas grossir cet événement. C'est déjà trop que l'émotion d'ici sans en exciter ailleurs. Comment n'avez-vous pas empêché cette trop longue circulaire du garde des sceaux? Il est déjà tard pour empêcher l'affichage. Empêchez-le au moins dans les villages, écrivez aux préfets à la réception de la présente.

Lyon, 22 décembre. — *Gambetta à Laurier et Crémieux.* — Voilà déjà plus de dix départements où les protestations les plus vives s'élèvent contre l'ordre ministériel qui défend aux trésoriers généraux de payer sans crédit et leur interdit d'obéir aux réquisitions des intendants ou des préfets, c'est absurde, on ne peut plus marcher. Exemple : dans l'Orne, les achats de la remonte et l'organisation des hôpitaux temporaires sont impossibles par le refus du trésorier de payer à l'intendant général Saint-Exupéry les 20.000 francs nécessaires. Si vous voulez continuer ainsi, dites-le, mais je vais renoncer à aller plus loin. Réponse.

Lyon, 22 décembre 1870, 5h. 45 soir. — *A délégué Freycinet, à Bordeaux.* — Je m'aperçois depuis hier, à l'échange des dépêches, que la Compagnie d'Orléans ne fait en rien son service. L'embarquement des troupes se fait mal ou ne se fait pas du tout, faute de matériel. Mettez ce matériel en interdit et faites le conduire par un employé nommé par vous; ou nous n'arriverons pas. Le tout par mon ordre sans préjudice des poursuites.

Lyon, 22 décembre 1870. — *A délégué Freycinet, Bordeaux.* — En l'absence d'Audibert à Clermont, ai fait venir son inspecteur général, lui ai parlé sévèrement. Je suis en effet prêt à déposséder la Compagnie au profit de l'État; m'a affirmé que le matériel avait été envoyé dans la journée, lui en demande la preuve. Expliquez-vous et j'agirai sans miséricorde.

Lyon, 22 décembre. — A *Directeur général du personnel,* — J'ai à vous remercier de votre grande dépêche de ce matin. C'est bien comme cela que je comprends le résumé quotidien de la journée et je vous demande de le continuer. Je ne vois pas quelle réponse comportent les divers points traités dans cette dépêche, à part les finances au sujet desquelles j'ai déjà écrit dans la journée. Quant à la question des conseils généraux il faut insister auprès de MM. les membres de la délégation. J'ai envoyé à M. Crémieux une dépêche contenant autorisation de mettre ma signature au bas du décret, c'est une mesure sur laquelle il n'y a pas à hésiter.

Ici, vous connaissez l'emploi de notre journée par la dépêche du préfet. Je crois que ces solennelles funérailles ont produit le meilleur effet sur le moral de la population et je m'applaudis vivement d'avoir cédé à l'inspiration que j'ai eue d'assister avec le conseil municipal et le reste des autorités à cette imposante démonstration.

Au point de vue militaire je fais tout pour mettre en œuvre. Je vous rappelle à ce propos qu'il est absurde et dérisoire en même temps de penser que les opérations de la guerre peuvent s'accomplir avec des moyens et surtout des formalités de finances, comme ceux qui sont employés à Bordeaux. J'ai déjà appelé votre attention sur l'urgence qu'il y a de rapporter les mesures qui interdisent aux agents des finances de payer sur réquisition. J'insiste de nouveau sur ce point. Tout est entravé par là. Il faudrait renoncer à la guerre si cette mesure était maintenue. Rien n'est plus essentiel que de faire droit sur ce point aux réclamations des préfets et des intendants. Elles pleuvent de tous côtés. Je recommande cette affaire à votre attention.

Je tiens compte de ce que vous me dites au sujet des menées nouvelles qui ont pour objet d'entourer la délégation d'une sorte de conseil consultatif[1]. C'est la même intrigue

1. Dépêche de M. Laurier à M. Gambetta, Bordeaux, 21 décembre, 11 h. soir : « Rien de nouveau, si ce n'est une certaine agitation tendant à imposer l'idée qu'il faudrait adjoindre au gouvernement une sorte de conseil d'État. » — M. Ranc, le même jour, avait informé M. Gambetta de cette intrigue : « Vous voyez le thème d'ici! Gambetta est aux armées, le gouvernement sans lui est trop faible, il faut le réconforter moyennant Grévy, Duprat, Pierre Lefranc... »

sous une forme nouvelle. Je compte sur votre vigilance, sur votre fermeté et je compte aussi que vous ne vous exagérerez point ce mouvement qui me paraît n'avoir jusqu'à présent qu'une importance insignifiante.

LYON, 22 décembre. — *Gambetta à Steenackers, Bordeaux.* — Merci. Ne peux préciser retour avant bonne besogne qui est en bon train. Si vous avez communication urgente, envoyez, toujours bienvenu; le télégraphe marche ici très bien.

LYON, 23 décembre 1870, 2 h. 30 soir. — *Gambetta à Cazot, Bordeaux.* — Je reçois ici M. le préfet de l'Isère. Je suis étonné qu'on ait prononcé la dissolution de la commission des hospices de Vienne, mesure qu'il est d'ailleurs tout prêt à prendre et à appliquer; mais il est nécessaire en pareille matière de suivre les voies régulières et hiérarchiques. Pourquoi s'en est-on écarté à cette occasion? Expliquez-moi brièvement ces choses.

Au sujet de la nomination des officiers d'artillerie, veuillez vous entendre au plus tôt avec M. Lévy pour qu'il n'y ait pas de retard.

LYON, 23 décembre 1870, 6 h. 17 soir. — *Gambetta à Freycinet, Bordeaux.* — Quand vous m'aurez fait connaître le successeur de Loverdo, j'écrirai la lettre demandée [1]; en ce qui touche d'Aurelles de Paladines, après ce qu'il a fait, il n'en faut plus. La combinaison que vous proposez sur les trois groupes me paraît impraticable et voici comment je comprends les choses.

Aussitôt le mouvement commencé, Bourbaki prend le commandement suprême de toutes les troupes régulières, 18e, 20e et 24e corps; il faut même que vous vous préoccupiez de la situation des forces de De Pointe à Nevers. Mais il est impossible, tout en initiant Garibaldi à nos mouvements et en l'y faisant coopérer, de le placer sous un commandement quelconque. Je suis sûr d'ailleurs que pour Bourbaki, comme pour Garibaldi, c'est la plus utile combinaison.

LÉON GAMBETTA.

1. « Vous seriez bien bon, avait écrit M. de Freycinet à M. Gambetta, le 21 décembre, pour me mettre à l'aise vis-à-vis de Loverdo, de m'adresser une dépêche à lui destinée, dans laquelle vous indiqueriez les motifs qui nécessitent ce changement. »

LYON, 23 décembre, 9 h. 25 soir. — *Gambetta à Crémieux et à Freycinet, Bordeaux*[1]. — Mon cher collègue, c'est au moment où les Prussiens épuisés tentent leur dernier effort, où nous pouvons, nous devons espérer de sortir glorieusement de l'immense lutte, que l'argent nous est refusé. Je vais protester par un appel public à la France. Je suis résolu à tout, nous saisirons s'il le faut la Banque et nous émettrons du papier d'État. Je ne peux admettre qu'on nous refuse les moyens de sauver le pays et la République. Avisez et répondez-moi, car je suis prêt à tout tenter plutôt que de subir ces obstacles[2].

LYON, 23 décembre, 9 h. 26 soir. — *Gambetta à Freycinet, Bordeaux. Extrême urgence.* — Je lis avec stupeur votre dépêche sur les finances. Je vous prie de faire largement nos évaluations pour janvier. Il importe que ces dépenses soient prévues avec la plus grande ampleur, et j'écris au gouvernement pour le mettre en demeure ou je fais un éclat. Allez de ma part trouver M. Crémieux. Nous déposséderons s'il le faut la Banque de France et nous marcherons sans toutes ces résistances qui perdent la France.

LÉON GAMBETTA.

LYON, 23 décembre. — *Gambetta à Freycinet, Bordeaux.* — Je suis étonné de ne pas recevoir d'indications précises des troupes de Bressoles et leur direction exacte; j'ai écrit hier à ce sujet à De Serres, pas de réponse.

En ce qui touche l'affaire Pisani, il fallait aller vite pour

---

1. M. Laurier avait télégraphié le 21 à M. Gambetta : « Le ministère des finances de Paris ajoute à nos embarras. Roussy et M. Cuvier ont télégraphié à Paris pour avoir l'autorisation d'un nouveau prêt de 100 millions que nous ferait la Banque. Paris nous a écrit par ballon des lettres qui prouvent qu'il a reçu la dépêche. Il est muet sur l'autorisation du prêt de 100 millions qui était le principal de l'affaire. De là, refus de M. Cuvier... Si la réponse n'arrive pas, il vous faudra passer outre et violer la Banque de France. »

2. M. Laurier répondit le même soir à 11 h. 50 : « Si la Banque ne cède pas, nous passerons outre... Sois en repos, je ne te laisserai pas mourir à la peine et la France périr, pour une question d'argent. »

que la position de Chanzy ne fût pas comprise et que ses ordres fussent exécutés. Quant à la demande passée à Mazure pour batteries j'y suis absolument étranger. Ce doit être De Serres qui les a demandées, de même qu'il a passé les ordres sur les chemins de fer. Je ne peux administrer d'ici, mais je veux être au courant.

LYON, 23 décembre. — *Gambetta à Freycinet.* — J'ai reçu votre dépêche au général de Besançon. J'avais demandé hier le colonel Bizot de la place, homme sûr et qui m'a donné les renseignements les plus précis. Il est impossible de tirer de Besançon plus de 4 à 5,000 hommes, lesquels sont déjà occupés, et très efficacement, à défendre l'importante ligne qui va de Dôle à Montbéliard et couvre une importante base d'opérations derrière laquelle il faudrait accumuler des mobilisés pour les former, mais il faudrait au moins un mois. On a négligé ce côté depuis trop longtemps; heureusement, information prise, Belfort est muni de toute manière pour huit mois et se défend très heureusement. Les 30,000 hommes d'investissement n'ont pas encore pu établir de batteries. Belfort est donc en sûreté, mais nous ne pouvons tirer de Besançon, dont j'ai en main l'effectif détaillé, un secours pour le mouvement proprement dit. Ce mouvement marche d'ailleurs avec une lenteur désespérante; presque rien n'est embarqué. Tous les généraux se plaignent cette fois justement de l'absence de matériel. Cette marche en chemin de fer sera plus longue qu'à pied.

Au sujet des mobilisés je vous dirai que la mesure que vous m'avez proposée de prendre dans leurs rangs les anciens militaires désorganiserait les légions déjà formées. Il y a lieu de réfléchir avant d'employer cette mesure.

Répondez-moi. — Les divers officiers annoncés à Bressolles et promis ne sont pas arrivés.

LYON, 23 décembre — *Gambetta à Freycinet.* — Il y a à Lyon la 1re légion alsacienne qui serait prête à partir si elle avait des remingtons; la 2e est en voie de formation. Envoyez à préfet du Rhône 5,000 fusils Remington ou au moins 3500 dès que vous les aurez. A-t-on armé le camp de Conlie? Combien sont armés? On ne me dit rien de la commission des comptes qui est chargée de liquider les comptes de Kérisouet et de Kératry.' — Répondez[1].

LYON, 23 décembre. — *Intérieur à Cazot, secrétaire général, Bordeaux.* — Veuillez me dire immédiatement par dépêche spéciale ce que vous avait fait pour les mobilisés de l'Ardèche. Que leur avez-vous promis, en effet, d'habillement, d'équipement, de petits effets de campement?

Demandez des renseignements à M. May. Qu'avez-vous donné? Combien y a t-il d'hommes à prendre? Le préfet se plaint de la lenteur avec laquelle on a procédé avec lui. Qu'y a-t-il de fondé dans ces plaintes?

LYON, 23 décembre 1870. — *Intérieur à Cazot, secrétaire général, Bordeaux.* — Le préfet de l'Ardèche dit qu'il vous a adressé une demande afin d'être autorisés, pour se procurer de l'argent, à s'appliquer les fonds dits cotisations communales, et il ajoute qu'il n'a reçu de vous aucune réponse. Avez-vous reçu cette demande? L'avez-vous examinée? Quel est votre avis à ce sujet? Quelle objection avez-vous à y faire? N'oubliez pas, je vous prie, que la question financière est des plus graves[2].

LYON, 23 décembre 1870. — *A Maurice Lévy, délégué spécial, Bordeaux.* — J'approuve complètement que vous preniez les devants pour arriver à constituer promptement les cadres de l'artillerie départementale. J'ai écrit à M. Cazot pour qu'il vous prête son concours le plus actif pour cet objet.

LYON, 23 décembre. — *Gambetta à Crémieux et à délégué Finances[3].* — Veuillez faire donner ordre immédiat au tré-

1. M. de Freycinet répondit le lendemain qu'il avait constitué une commission des comptes de trois membres.
2. M. Cazot répondit qu'il avait autorisé le préfet de l'Ardèche.
3. En réponse à la dépêche suivante :

BORDEAUX, 22 décembre 1870, 5 h. soir. — N° 5,811. *Guerre à Gambetta, Lyon.* — Voici la lettre en date d'hier, que nous recevons du délégué des finances :

« Monsieur le ministre,

« J'ai l'honneur de vous prier de me faire connaître l'évaluation de vos dépenses pour le mois de janvier prochain. Il importe que

sorier général de Niort de payer sur-le-champ les 59,800 francs qui sont nécessaires pour payer la première partie des fournitures. J'attends réponse.

LYON, 23 décembre 1870. — *Gambetta à Freycinet, Bordeaux.* — J'ai vu hier le colonel Bigot, chef d'état-major du général Rolland. Il m'a signalé les besoins suivants de la place de Besançon auxquels je vous prie de pourvoir d'urgence. Envoyez trois, ou au moins deux, des capitaines d'artillerie Vapuchon, Boyenval et Rossigneux et un officier supérieur d'artillerie. Envoyez également un général ou un colonel d'infanterie qui est indispensable. Parmi les 35 pièces du camp de Conlie, choisissez 20 à 25 pièces du même calibre et envoyez-les à Besançon avec un modèle de projectile qui s'y rapporte. La place est en état de fondre des projectiles si on lui donne des modèles. Donnez au 3e bataillon de la Loire, composé d'ouvriers employés à Besançon, le titre de bataillon de génie. Enfin il paraît indispensable de prescrire la construction d'un fort ouvrage en terre sur le point culminant des monts Boncour, ouvrage qui sera construit par

ces dépenses soient réduites au strict nécessaire et je vous prie de m'adresser ce renseignement dans le plus bref délai possible. Je crois devoir appeler en outre votre attention sur les recommandations suivantes nécessitées par la situation du Trésor : restreindre et ajourner autant que possible les ordonnancements, ne plus demander des paiements d'urgence ou par voie de réquisition avant l'ouverture de crédits réguliers. J'ai donné des instructions dans ce sens aux trésoriers généraux. Agréez, etc.

« *Le directeur général délégué du ministre des finances.* »

Comme confirmation de ces instructions voici une dépêche de Niort, 22 décembre, 5 h. 10 soir :

« Receveur général des Deux-Sèvres refuse de payer le mandat de 59,900 francs avant vingt jours. L'artillerie nous doit plus de 10,000 francs. Envoyez immédiatement, par dépêche, ordre au receveur général de nous verser montant de notre première fourniture, 59,900 francs. Faute de cela nous arrêtons, faute d'argent, les travaux de harnachement et quatre cents ouvriers partent de nos ateliers dimanche matin. Pour les autres livraisons accepterons des bons du Trésor. CARRIDE. »

« Si les errements du délégué des Finances ne sont pas immédiatement changés, il est absolument impossible de continuer la guerre. On se croirait en Chine !

« C. DE FREYCINET. »

la garnison et qui coûtera 200,000 francs environ. Ne vous arrêtez pas aux objections du service du génie.

Lyon, 23 décembre. — *Gambetta à Freycinet, à De Serres, Beaune, Autun, Chagny, faire suivre.* — Je reçois à l'instant dépêche du général Bourbaki venant de Nevers à 1 h. 30. Elle contient des reproches très justes sur les retards de l'embarquement contre lesquels M. de Serres, sur mes observations, avait protesté à Bourges, et aussi des observations très fondées sur la dissémination du 15e corps. Je désire qu'on porte remède à ces deux griefs [1].

Lyon. — *Gambetta à Freycinet, Bordeaux.* — Je réponds à votre dépêche sur les opérations en jeu. Vous me dites que vous m'avez expédié ce que je vous ai demandé. J'ai chargé ce matin un ingénieur de vérifier les chargements en gare et de procéder aux remises. Vous me dites qu'il faut que Bressolles aille à Besançon. J'avais toujours cru que c'était à Dôle et non à Besançon qu'il devait se rendre. J'avais demandé il y a deux jours à De Serres et à vous un ordre détaillé des mouvements, je n'ai rien reçu. Vous me questionnez également dans la question du commandement, je vous ai déjà répondu hier, que, sauf Garibaldi, j'approuvais Bourbaki commandant à la fois 18e, 20e, 24e corps. Quant aux instructions aux généraux il est bien entendu qu'elles ne peuvent partir que de Bordeaux où on a l'ensemble de tous les renseignements. Bref, après le déplorable retard que nous éprouvons, je vous prie de passer ou faire passer par de Serres les ordres de départ à Bressolles. J'en surveillerai l'exécution. De Serres a suspendu depuis deux jours la circulation de tous les trains sur la ligne de Lyon, c'est fort bien, mais il n'est encore passé aucun train militaire. Il faudrait mettre plus d'ordre dans tout cela, je mande Bressolles pour qu'il soit en état de partir dimanche avec le monde qui lui reste ici, déduction faite des 1,800 hommes qu'il a à Chagny. Le capitaine Bruat et les officiers d'artillerie ne sont pas arrivés. Réponse.

1. Sur ces retards, l'une des causes de l'insuccès de la marche de Bourbaki sur l'Est, cf. FREYCINET, *loc. cit.*, p. 224.

Lyon, 23 décembre 1870. — *Gambetta à Freycinet.* — Par décret du 20 décembre j'ai nommé chef d'escadron d'état-major le capitaine Celler, grièvement blessé à l'affaire de Nuits.

Lyon, 24 décembre 1870. — *Gambetta au général Thoumas, Bordeaux.* — Le parc de réserve du 24e corps ne peut partir parce qu'il manque le harnachement (400); envoyez d'urgence et faites accompagner par un soldat. A ce propos je me rappelle qu'on n'a pas encore reçu les cartouches Remington ni les fusils expédiés le 12. Il faudrait toujours faire accompagner les envois. La gare a été fouillée et on n'a rien trouvé jusqu'à présent.

Lyon, 24 décembre. — *Gambetta à secrétaire général Cazot, Bordeaux.* — Je vous remercie de votre bonne dépêche[1]. Je compte sur votre diligence, votre ponctualité. Je ne veux être trompé ni d'un jour ni d'une heure. Multipliez-vous, le moment est aux plus grands efforts. Car, si je ne me trompe, l'ennemi chancelle.

Lyon, 24 décembre 1870. — *Guerre à délégué Freycinet.* — J'approuve complètement l'esprit de la dépêche de vous que je viens de lire et qui est partie de Bordeaux à 10 h. 57 minutes. J'approuve aussi la question que vous avez raison de vouloir poser à Bourbaki. Je vous autorise à la poser en mon nom et je vous prie de me faire connaître la réponse qu'il vous aura faite.

Lyon, 24 décembre. — *Gambetta à Freycinet, Bordeaux.* — J'ignore ce qu'est le ravitaillement Comorgues[2]. Je crois qu'il y a là-dessous une forte surprise. Avisez Cézanne que je suis contre, persuadé que les approvisionnements faits par lui doivent suffire. En conséquence faites venir la Camargue et Cézanne, qu'il exhibe ses pouvoirs, et mandez également Dumoutier et s'il y a suffisance même en présence d'une mission de Paris qui serait tout à fait superflue, refusez de rien faire.

1. Sur l'état des mobilisés dans plusieurs départements.
2. M. Comorgues, intendant à Rennes, avait reçu des instructions de Paris par ballon pour une opération de ravitaillement.

Lyon, 24 décembre 1870. — *Ministre guerre à M. de Fran-queville, directeur des chemins de fer à Bordeaux.* — Je reçois une dépêche du général Thoumas où je lis ce qui suit :

« Les cartouches Remington sont parties accompagnées par nos agents, un employé d'artillerie et par un brigadier de gendarmerie, mais on n'écoute pas nos agents dans les gares. Il me semble indispensable de prendre une mesure générale à cet égard. »

Je ne dois rien ajouter à ces quelques lignes du général Thoumas et j'ai la conviction qu'il suffira qu'elles passent sous vos yeux pour que les mesures générales dont il parle soient immédiatement prises par vous. Je dirai seulement que ce n'est pas au moment où le pays tout entier a la conscience de la nécessité d'un effort vigoureux et suprême pour terminer enfin la crise où nous nous débattons, qu'il peut dépendre d'une administration publique quelconque que cet effort soit entravé. Les plaintes contre les chemins de fer sont fréquentes. Malheureusement elles sont trop souvent fondées. Les hauts fonctionnaires en qui l'État a mis sa confiance qui ne craindraient pas l'absolue obliga-tion qui leur est imposée par les circonstances de seconder la résistance nationale, encourraient la plus grande respon-sabilité devant l'histoire. Je n'ai nul ordre, nulle injonction, nulle recommandation à donner en ces matières, mais j'ac-complis un devoir en rappelant ici ce que nous devons tous à la France et je suis sûr d'être écouté et compris.

Lyon, 24 décembre. — *A Jules Cazot.* — Je vous remercie de votre patriotique activité. J'ai écrit à Freycinet de vous voir afin d'utiliser ces précieuses ressources et de pousser vivement ce Midi sur l'ennemi [1]. Nous le tenons.

Lyon, 24 décembre. — *Gambetta à Freycinet, Bordeaux.* — J'ai reçu votre dépêche de 12, 15 hier au soir. Au sujet de Conlie il ne faut pas 3 mois pour vérifier l'état de gestion. Il faut huit jours en travaillant comme il convient. D'ailleurs il est impossible de bien s'entendre de loin et il y a bon

1. Dépêche de M. Cazot, 24 décembre, 8 h. 10 soir : « Mon in-tention serait de faire passer à la guerre, dès qu'ils seront prêts, les 145,000 hommes de la région du Midi. »

nombre de questions que je ne peux résoudre nettement à distance. Je ne vous méconnais point[1], mais certainement dans le grand nombre de questions que nous traitons en style télégraphique il en est qui sont mal posées et mal résolues. Je reçois de bonnes dépêches de Serres. Ici Bressoles peut partir, mais il lui manque 400 harnais nécessaires à son parc de réserve. Il n'a pu ou n'a su se les procurer, il faut tâcher d'aviser avec général Thoumas et au plus vite.

Je n'ai rien décidé du tout au sujet du point sur lequel il fallait le diriger, sur Dôle ou Besançon. Je vous invitais simplement à lui faire passer l'ordre par De Serres et j'en surveillerai l'exécution.

Lyon, 24 décembre 1870. — *Ministre guerre à délégué Freycinet.* — Vous avez dû recevoir une dépêche du général Chanzy vous demandant la nomination du capitaine de Boisdeffre[2] au grade de chef d'escadron d'état-major. Je crois que cette nomination doit être faite. Veuillez l'expédier dans le plus bref délai et en prévenir le général Chanzy.

Lyon, 24 décembre 1870. — *Gambetta à intérieur, Bordeaux.* — Je vois d'ici qu'il y a conflit entre Boysset et Morin. Il faut que Morin ait raison[3]. Je remercie Cazot de sa dépêche et je le prie de faire connaître à Freycinet les chiffres qu'il m'a fournis sur les mobilisés. Tout va bien.

Lyon, 24 décembre. — *Gambetta à Freycinet, Bordeaux.* — Je vois passer depuis deux jours déjà des dépêches du Havre sur un mouvement en avant sur Rouen. Vous êtes-vous rendu compte de la situation, et qu'en pensez-vous ?

Lyon, 25 décembre. — *Gambetta à Crémieux, Freycinet et*

---

1. Réponse à la phrase finale de la dépêche de M. de Freycinet, 24 décembre, 12 h. 15 matin : « Je reçois à l'instant vos dépêches sur les finances. A la bonne heure ! voilà du bon Gambetta ! Votre fidèle et peut-être un peu méconnu, C. DE FREYCINET. »

2. « Le 22 décembre, le capitaine d'état-major de Boisdeffre, parti de Paris le matin avec le ballon *le Lavoisier*, qui avait atterri à Beaufort, apportait au général en chef les communications verbales du général Trochu. » (CHANZY, *loc. cit.*, p. 235.)

3. Pour le conflit entre M. Frédéric Morin, préfet de Saône-et-Loire, et M. Boysset, voir ch. VII.

Laurier. — Qui donc a formé un conseil d'enquête pour juger Bazaine[1]? L'enquête est faite, personne ne m'a consulté. Je m'y oppose formellement et vous prie d'arrêter les choses. Réponse immédiate.

. En réponse à cette dépêche, MM. de Freycinet, Laurier et de Loverdo écrivirent aussitôt à M. Gambetta :

CHALON-LYON, 25 décembre, 3 h. soir. — *De Serres à Gambetta, urgent et confidentiel.* — Prière faire insérer aux journaux une note dans le sens suivant :

« L'attaque vigoureuse de Nuits par des forces considérables ennemies[2], quoique bien soutenue par nos armes, avait amené le gouvernement, pour rassurer le pays, à renforcer les troupes qui couvrent la Côte-d'Or, la vallée de la Saône et Lyon par des détachements importants tirés de l'armée de la Loire. Ces énergiques mesures ont été superflues, l'ennemi ayant arrêté sa marche en avant sans conserver Nuits et aujourd'hui on a pu même faire revenir à leur point de départ les troupes tirées de Bourges et de Nevers. »

Signé : DE SERRES.

BORDEAUX, 25 décembre 1870, 4 h. 45 soir. — *Laurier à Gambetta, Lyon.* — Je reçois la dépêche en conseil.

La note insérée au *Moniteur* est très probablement l'œuvre de Loverdo.

D'accord avec le conseil, j'envoie une contre-note. C'est entendu et arrangé.

LAURIER.

BORDEAUX, 25 décembre 1870, 4 h. 50 soir. — *Guerre à Gambetta, Lyon.* — L'affaire du conseil d'enquête pour maréchal Bazaine a été arrêtée dès hier et un avis en ce sens a été envoyé au *Moniteur.* Vous recevrez incessamment des explications sur les origines de cette affaire aussitôt que

. 1. Le *Moniteur universel* du 25 avait publié une note, sans signature, annonçant que le conseil d'enquête relatif aux capitulations de Strasbourg et de Metz était définitivement constitué et ainsi composé : *président,* le maréchal Baraguey-d'Hilliers ; *membres,* les généraux Foltz, de Martimprey et Pourcet.

2. Le 18 décembre.

Loverdo, qui m'a assuré l'avoir autrefois traitée avec vous, me les aura fournies.

C. DE FREYCINET.

BORDEAUX, 25 décembre 1870, 6 h. 25 soir. — *Général Loverdo à Gambetta, Lyon.* — Le conseil d'enquête pour juger Bazaine a été convoqué pour obéir à la décision que vous avez rendue le 3 novembre 1870. En vous écrivant, j'ai sous les yeux votre signature, qui est au bas du rapport qui vous a été soumis, conformément aux prescriptions des ordonnances.

Qui a signé une capitulation devant l'ennemi doit passer devant un conseil d'enquête, dont la composition varie, en raison du grade de l'inculpé ; et c'est l'avis de ce conseil, qui permet ensuite au ministre d'ordonner, s'il y a lieu, un conseil de guerre.

Pour la composition de ce conseil d'enquête, on a suivi les indications que vous avez données, indications que vous m'avez renouvelées à moi-même, quand il s'est agi de décider si l'on n'en convoquerait pas un, à propos de la capitulation et de l'évacuation d'Orléans. Pour fixer vos souvenirs à cet égard, je vous rappelle que Randon manquant, vous vous êtes décidé pour Baraguay-d'Hilliers comme président.

Quant aux quatre autres membres, ce sont exactement les quatre premiers que je vous ai proposés ce jour-là. Respectueux dévouement.

DE LOVERDO.

LYON, 25 décembre. — *Guerre à Freycinet.* — Reçu votre dépêche sur le service médical. J'en accepte les propositions[1]. Insistez auprès du docteur Robin pour qu'il soit mis au poste dont vous me parlez. Je viens de passer une dépêche au sujet d'un prétendu conseil d'enquête pour juger Bazaine. Vraiment je ne saurais rien comprendre à de telles façons d'agir ; comment peut-on faire de telles choses sans m'avertir, sans me consulter ? Comment avez-vous pu laisser passer ces choix, cette proposition sans m'en rien

---

1. Formation d'une sous-direction spéciale à la guerre chargée de tous les services médicaux de l'armée. M. de Freycinet, dans sa dépêche, avait proposé de placer à la tête de ce service le Dr Charles Robin.

dire? Je vous prie de vous y opposer de la manière la plus énergique. Personne ne réclame cette enquête qui est inutile, qui remet tout en question, là où l'opinion générale est faite. Il faut désavouer ce conseil.

Il tombe ici depuis ce matin une neige qui me désespère. Insistez de la manière la plus vive auprès des chefs de corps pour que la mesure du cantonnement soit appliquée avec une extrême énergie. C'est pour nous un point essentiel. Les Prussiens vont beaucoup souffrir. Tâchons de ne point nous laisser entamer par la température et ce sera bien pour nous et mal pour eux. Répondez-moi, je vous prie, mon impatience est extrême.

Lyon, 25 décembre 1870. — *A Freycinet, délégué de la Guerre.* — J'approuve les ordres que vous donnez au 15e corps. Il faut préciser tous les jours. Loverdo a menti, je ne lui ai parlé qu'une seule fois de réunir un conseil d'enquête et c'était l'affaire D'Aurelles. Je suis indigné, et si j'étais à Bordeaux, je m'expliquerais. En attendant, j'ai exigé démenti au *Moniteur.* Voyez Laurier. Je puis être débarrassé de Loverdo [1].

Lyon, 25 décembre 1870. — *Gambetta à Laurier, Bordeaux.* — Je reçois ta dépêche sur le décret touchant la Banque [2]; tout cela est insuffisant. Prenons-le d'ici à huit jours; il faut prendre une mesure décisive qui nous donne douze fois plus. La France ne peut dépendre de l'esprit de routine. — La neige est ici affreuse, un pied; cela nous gêne beaucoup et, si je pouvais, je viendrais vous décider à la seule mesure financière qui puisse assurer une victoire certaine si on cesse de liarder.

Lyon, 25 décembre. — *Gambetta à Freycinet.* — Je n'entends plus parler du capitaine Bruat et je n'ai pas encore vu

1. Le général de Loverdo donna sa démission le jour même « pour raison de santé ».
2. Dépêche de M. Laurier, 15 décembre, 5 h. 45 soir : « A force, à force, nous avons obtenu par décret les 100 millions de la Banque, mais sous la condition expresse que c'est le dernier argent qu'elle nous donne, sauf bien entendu la négociation d'une grande combinaison avec Paris; mais n'oublie point que Paris ne répond pas. »

M. Compagnie dont on me fait l'éloge de tous côtés. Veuillez
en parler à M. Crémieux si cela est nécessaire, pour qu'il
fasse une demande auprès de M. Fourichon.

Lyon, 25 décembre 1870. — *Guerre à Freycinet, Bordeaux.*
— Depuis quelques jours, je lis un grand nombre de
dépêches signées Bordone. Cet homme, vous le savez, est
chef d'état-major de Garibaldi.

Vous n'ignorez pas tout ce qu'on en dit, et il y a lieu de
procéder avec lui sans se départir des règles de la prudence.

C'est lui qui signe toutes les dépêches, c'est lui qui commande, taille, tranche, fait tout auprès de Garibaldi. Je fais
d'abord une première remarque, c'est que les dépêches signées
Bordone sont écrites dans une forme souvent inacceptable.
Nul ne parle et n'écrit comme lui. On dirait vraiment qu'il
est omnipotent, il donne des ordres aux préfets, il prescrit
des mesures, il ordonne des arrestations. Il n'y a rien enfin
qu'il ne fasse partout, chez lui comme hors de chez lui. De
pareilles façons d'agir ne peuvent engendrer que de graves
abus, et je tiens encore une fois à vous mettre en garde
contre des prétentions démesurées que nous ne pouvons
accepter.

Pour prendre un exemple, il se targue d'une dépêche 5136
que vous avez adressée au général Frappoli et à l'intendant
Baillehache. Je ne désapprouve point cette dépêche qui
réserve les droits de Garibaldi, ce à quoi je tiens essentiellement. Mais le chef d'état-major Bordone en prend texte
pour donner des ordres au général Frappoli, pour lui prendre
son monde à Chambéry, pour lui adresser des injonctions
blessantes, pour le vexer et le molester en termes qui
dépassent toute mesure. Vous n'ignorez pas que le général
Frappoli a été commissionné par le gouvernement pour
former une légion à part qui n'a rien à voir avec les affaires
de Garibaldi. Le général Frappoli, homme de mérite et de
cœur, ne peut être à la merci de l'importance momentanée
de Bordone, et je voudrais, quand vous écrirez à Bordone,
que vous lui fissiez sentir que s'il veut continuer de mériter
la faveur bienveillante qu'à la considération de Garibaldi
on lui a témoignée, son premier devoir est de laisser
M. Frappoli tranquille, libre dans ses fonctions qui sont
indépendantes de celles de M. Bordone. C'est ce qui

aurait dû être recommandé spécialement dans l'affaire des officiers Vais et Massonneri que le général Frappoli avait engagés et que M. Bordone veut aujourd'hui traduire en cour martiale. De même pour l'affaire du comité de Marseille que M. Bordone dissout, quand il est notoire que ce comité fonctionne pour Frappoli et non plus pour Bordone.

Avisez donc à réduire les prétentions de M. Bordone. Je n'ignore pas les ménagements que la situation comporte, mais il y a moyen de ramener M. Bordone à son véritable rôle et je vous prie, avec votre habileté accoutumée, de n'y pas manquer.

LYON, 25 décembre 1870. — A *Jules Cazot, secrétaire général.* — Vous avez dû recevoir à Bordeaux une dépêche du préfet de la Loire vous demandant de ne point procéder à la nomination de M. du Treuil de Reims, commandant les mobilisés de la Loire. Conformez-vous à ce désir du préfet qui paraît y attacher une grande importance.

LYON, 26 décembre 1870. — A *Freycinet, délégué de la Guerre.* — A la suite d'une enquête que j'ai faite à Lyon sur la conduite du général Mazure pendant les événements d'octobre, j'ai reconnu qu'il était indispensable de faire rentrer dans la réserve cet officier général. Veuillez donc chercher un homme solide pour le remplacer. Toutefois, je vous prie de le laisser à Bourges jusqu'à ce que vous m'ayez proposé un officier général qui soit à la hauteur de la position.

LYON, 26 décembre. — A *directeur général Laurier.* — C'est très bien. Je te remercie de ton activité, mais il faut fixer un délai de réponse à Paris passé lequel on agira sans hésitation [1].

La neige disparaît et nous reprenons nos affaires sur lesquelles il convient de garder le plus entier silence. Tiens-moi toujours au courant et compte sur moi.

LYON, 26 décembre 1870. — A *délégué Freycinet.* — J'ai l'intention, aussitôt que notre mouvement sera terminé, de

1. M. Laurier proposait un emprunt d'un milliard à la Banque de France. « Si Paris, écrivait-il, ne répond pas, nous passerons outre. »

détacher du Midi tous les mobilisés qui sont prêts et qui sont en grand nombre. Je vous aviserai au fur et à mesure pour la destination qu'il convient de donner à ceux qui seraient prêts à entrer en ligne. Prenez vos dispositions et référez-moi sur tout cela. J'ai fait déblayer les voies de chemins de fer dans toutes les directions. Je vous remercie de ce que vous me dites sur Brual et Commagny[1]. Il est bien entendu que Loverdo ne sera pas nommé général de division, sous aucun prétexte, après ce qu'il a fait. Le Bouedec ne peut commander qu'une brigade.

LYON, 26 décembre 1870. — *Gambetta à Lévy, Intérieur, Bordeaux.* — Je vous loue fort de votre initiative et je vous autorise pleinement à installer à Cette au lieu de Bordeaux l'atelier pyrotechnique pour l'artillerie des mobilisés. Il va sans dire que Scheurer-Kestner est l'homme du choix que j'aurais voulu faire. Marchez et faites-moi, quand vous pourrez, un état de nos productions.

LYON, 26 décembre. — *A délégué Freycinet.* — J'ai reçu votre dépêche sur général Bourbaki et aussi sa réponse; bien que soyons très contrariés par la neige, nos affaires s'accomplissent. A ce propos j'ai reçu de Serres qui est excellent pour l'organisation des jeunes troupes; il faut donc le mettre à même de constituer à nouveau une division soit dans l'Ouest, soit à Besançon, si vous suivez mon idée d'accumuler des forces pour les organiser.

LYON, 26 décembre. — *A directeur général des télégraphes* (confidentiel et personnel). — Mon cher ami, tu sais si je t'aime, t'apprécie et serais aise de t'en donner un public témoignage; dès lors il m'est presque facile de te dire, comme je me le dirais à moi-même, ce qu'il convient d'éviter malgré toutes les bonnes apparences[2]. Certaine-

1. Le général Thibaudin qui allait rejoindre la division Bressolles.
2. M. Crémieux avait proposé la nomination de M. Steenackers comme chevalier de la Légion d'honneur pour services exceptionnels rendus dans l'organisation et la fonction des postes d'observation devant l'ennemi et la création de la télégraphie militaire. (Dépêche du 25 décembre.)

ment le personnel presque militaire et très méritant que
tu diriges avec tant de supériorité trouverait dans la déco-
ration décernée à son chef une marque plus frappante de
la valeur des récompenses qu'on lui donne, mais quel que
soit le prix d'une semblable raison, je n'y peux souscrire
en si haute et si délicate occurrence, car tu as noué avec nous
une solidarité éclatante et indissoluble; tu fais partie de
nous-mêmes et dès lors tu ne peux, sur un point qui plus
tard prendra une grande importance théorique et pratique
dans le gouvernement républicain, créer un précédent qui
te serait, comme à nous-mêmes, une gêne pour la pleine
application des mœurs et institutions républicaines. Je n'ai
point d'ailleurs besoin d'insister sur un sentiment qui te
prouve mieux que toutes les plus brillantes démonstrations
à quel degré je te considère et te tiens comme un frère
d'armes, d'opinion et de cœur, en exigeant de toi une conduite conforme à la mienne. Je t'embrasse.

LÉON GAMBETTA.

Lyon, 27 décembre. — A délégué Freycinet. — Envoyez le
plus tôt possible au général Chanzy des cartes détaillées du
pays qu'il occupe entre Poitiers et Azour, principalement la
carte à 1/32000e de l'État-major. Les cartes demandées doivent comprendre le pays compris entre les deux parallèles
qui passent par Poitiers et Azour.

Lyon, 27 décembre 1870, 1 h. 55 matin. — Gambetta à
Ranc, Intérieur, Bordeaux, extrême urgence. Confidentielle et
intime. Chiffre des préfets. — Demandez-le à Steenackers et
traduisez vous-même. J'ai à vous charger d'une opération
délicate et qu'il faut réussir pour le salut de la République.

J'ai en mains la preuve écrite de la présence à l'armée
du général Chanzy d'un personnage qu'il s'agit à tout prix
d'arrêter et de déposer en lieu sûr, sous garde absolument
sûre[1]. Ce personnage, qui se fait appeler colonel Lutherod et
a été autorisé en dehors de moi à suivre les opérations de
l'armée, n'est autre que le prince de Joinville. Ce n'est pas

1. Quelques heures après avoir envoyé cette dépêche, M. Gambetta recevait la lettre du général Chanzy, portée par le commandant Marois, qui demandait les instructions du ministre au sujet
du prince de Joinville.

à vous qu'il est nécessaire d'expliquer l'importance de cette capture, tant au point de vue de l'ordre public que des ramifications criminelles qu'elle nous permettra de découvrir et de punir. — Mais il faut procéder dans le plus grand mystère, l'arrêter sans bruit, sans prévenir Chanzy, et le conduire à Belle-Isle-en-Mer en vertu des pleins pouvoirs que je vous délègue expressément à cet effet. Pour cela rendez-vous au Mans avec vos agents les plus sûrs, aidez-vous du préfet dévoué[1], faites chauffer là une locomotive, allez à Belle-Isle et attendez mes ordres ou ma visite. Vous pouvez télégraphier à Challemel qui me transmettra là où je serai[2].

LÉON GAMBETTA.

LYON, 27 décembre 1870, 10 h. 52 soir. — *Gambetta à Freycinet, Bordeaux.* — J'ai donné ma parole au comman-

---

1. M. Lechevalier.
2. Voir pour l'historique de cet incident la lettre de M. Gambetta au général Chanzy, portant la même date que la dépêche à M. Ranc. Le prince de Joinville quitta l'armée du Mans le 29 décembre, après la réception des instructions du ministre de la guerre par le général Chanzy. — M. Ranc, interrogé sur cet incident, déposa en ces termes devant la commission d'enquête sur les actes du Gouvernement de la défense nationale :
« J'avais reçu d'un citoyen du Mans une lettre qui me désignait un colonel américain comme étant un espion prussien; en me donnant son signalement on me parlait de sa surdité que l'on croyait feinte. L'idée m'était venue que c'était probablement le prince de Joinville. Le lendemain je recevais une dépêche de M. Gambetta, qui était à Lyon et qui me prévenait que M. le prince de Joinville devait être au Mans sous le nom d'un colonel américain. Je suis parti de Bordeaux, je suis venu au Mans avec un commissaire de police. Je prévins le préfet; je fis faire des recherches le plus secrètement possible; je ne voulais pas que du bruit pût se produire autour de cette affaire. Au bout de deux jours, j'appris que l'on croyait que M. le prince de Joinville habitait un hôtel sous le nom d'un colonel américain. J'envoyai le commissaire de police qui m'avait accompagné, inviter ce personnage à passer à la préfecture. M. le prince de Joinville se rendit immédiatement à la préfecture et me dit : « Je suis le prince « de Joinville ». Je lui répondis : « Monsieur, jusqu'à ce que j'aie « reçu des ordres du Gouvernement, veuillez considérer cette « chambre comme la vôtre. » Il répliqua : « J'y suis bien forcé! »
« Il est resté là quatre ou cinq jours entièrement libre dans la préfecture. Je le priai seulement de ne pas se montrer à la grille du jardin, de peur que quelqu'un ne le reconnût; j'aurais été fâché que le bruit de son arrestation se répandît dans la ville,

dant Valentin de la 1re légion; je le nomme colonel de
cette légion. Cherchez une compensation pour le capitaine
Collard, du 32e de ligne. Je préviens Bressolles de cette
décision. J'appelle votre attention sur l'état-major du
4e corps qui est tout à fait insuffisant. Il y a en tout
pour l'état-major général et pour celui des trois divisions
le lieutenant-colonel Deshorties et le capitaine L'Avignon,
les autres officiers sont étrangers au service d'état-major
ou incapables provisoirement de le remplir d'une manière
satisfaisante. Le 24e corps n'a pas de généraux de brigade
commandant les brigades d'infanterie; il importe qu'au
moins son état-major soit bien constitué.

LÉON GAMBETTA.

M. Gambetta quitta Lyon le 27 décembre et arriva le 28
à Bordeaux où il retrouva les membres de la Délégation.

LETTRE A M. LITTRÉ

Bordeaux, 7 janvier 1871.

Mon cher et vénéré concitoyen,

Vous m'avez autorisé à faire appel à votre concours
pour telle œuvre qui pourrait se présenter dans le

cela aurait donné lieu aux attaques violentes de la part des journaux modérés, et d'un autre côté, j'aurais eu une manifestation
populaire me reprochant justement de trop bien le traiter et me
demandant l'égalité dans la détention.

« Je télégraphiai à M. Gambetta, et, au bout de cinq ou six
jours, je dis à M. le prince de Joinville que je devais le faire
reconduire à Saint-Malo. Je ne l'ai pas fait conduire par des gen-
darmes ni par des agents de police, comme le disent les honnêtes
journaux dont je parle; je l'ai fait accompagner par le secrétaire
général de la préfecture du Mans, le fils d'un de vos collègues,
M. Joigneaux.

« M. le prince de Joinville m'a remercié avec une certaine
effusion des soins que j'avais eu de lui; je lui dis que je l'avais
traité seulement comme je désirais qu'on traitât les républicains
quand on les arrêtait. »

gouvernement de la République. Je vous demande la permission d'user de cette autorisation.

Nous venons de rouvrir à Bordeaux l'École polytechnique. La plupart des cours seront professés par les titulaires eux-mêmes, qui se trouvaient absents de Paris au moment du blocus et qui n'ont pas pu y rentrer. Il est toutefois un cours pour lequel nous manquons de professeur, et c'est à nos yeux un des plus importants. C'est le cours d'histoire et de géographie, que de cruelles expériences viennent de nous apprendre à ne plus dédaigner.

A la cérémonie de réouverture de l'École j'ai eu l'occasion de prononcer un discours où je me suis appliqué à grandir, à exalter le rôle de la science dans le monde ; où je me suis, autant que j'ai pu, inspiré des grands principes de la philosophie moderne, et où j'ai tâché de ramener l'École polytechnique à l'ancien esprit de sa constitution, qui est l'esprit même de la Révolution française. C'est pour cette raison que j'ai mis le cours d'histoire générale au premier rang, et je vous demande, mon cher concitoyen, en souvenir des illustres fondateurs de l'École polytechnique, les contemporains de Michel-François Littré, votre vénérable père, qui avait de si fortes et de si justes idées sur l'éducation publique, de vouloir bien distribuer aux jeunes gens des générations nouvelles un enseignement substantiel et solide, qui complète et développe leurs intelligences trop absorbées par des études exclusivement professionnelles.

Par là, la réouverture de l'École polytechnique prendrait son véritable caractère. Votre enseignement marquerait un retour vers les vrais principes, et la République, fidèle à sa tradition, pourrait se féliciter d'avoir remis l'élite de la jeunesse française entre les mains de « l'instituteur », suivant la belle expression de la Convention nationale, le plus capable et le plus digne de la former, et de l'initier à la connaissance des faits et des lois sur lesquels reposent les sociétés modernes.

Veuillez agréer, mon cher et illustre concitoyen, mes plus affectueux respects.

LÉON GAMBETTA.

M. Gambetta quitta Bordeaux le 16 janvier pour se rendre au camp de Laval et, de là, à Lille. Le ministre de l'intérieur et de la guerre adressa de Lille à la délégation les dépêches suivantes :

LILLE, 21 janvier 1871, 4 h. 40 soir. — *Gambetta, ministre intérieur et guerre, aux membres de la délégation, à directeur général personnel, à directeur sûreté générale, à directeur télégraphie, à délégué Freycinet, Bordeaux.* — Je viens d'arriver à Lille après avoir quitté Laval jeudi soir à 11 heures. A Saint-Malo, le préfet maritime de Cherbourg avait mis à ma disposition l'aviso *l'Hirondelle*, qui m'a mis ce matin à Boulogne. J'ai entrepris ce long voyage qui me tiendra éloigné de vous pendant quelques jours de plus que je ne pensais, parce que j'ai cru bon de venir montrer aux populations du Nord depuis longtemps séparées du reste de la France, que le reste de la France ne cesse pas de compter sur elles, sur leur patriotisme et leur persévérance. En outre, je désirais depuis longtemps voir l'armée du Nord et son général en chef Faidherbe. Après avoir visité les autres armées, je devais à cette armée que la fortune semble vouloir éprouver à son tour, de lui témoigner que le Gouvernement veille sur elle. Pour toutes ces raisons, je crois mon voyage utile.

J'arrive à l'instant et je trouve comme toujours une population qui a besoin d'être remontée, encouragée, soutenue, je vais m'y appliquer. Je ne sais combien de temps ma présence sera nécessaire. Mais à la suite de l'échec éprouvé par Faidherbe, échec qu'il ne faut pas s'exagérer, je crois qu'il y aura beaucoup à faire.

Je vous remercie tous des nouvelles que vous m'avez envoyées, nous sommes dans l'attente et dans l'anxiété au sujet de Paris qui a fait une sortie continuant hier. Je vous écrirai ce soir après ma journée.

Vu père de Mazure, va très bien.

LÉON GAMBETTA.

LILLE, 21 janvier 1871, 5 h. 35 soir. — *Intérieur et guerre à Chaudordy, délégué Affaires étrangères, Bordeaux.* — *Chiffrée.*—J'ai à cœur de vous remercier de vos dépêches quotidiennes, surtout de celles qui contiennent des renseignements de guerre ; celle que vous m'avez fait tenir du ministre de France à Bruxelles est intéressante à tous égards. J'en tiendrai compte, mais je vous dirai franchement que je voudrais voir le ministre de France à Bruxelles commencer par se défier du système particulier qu'il paraît avoir adopté. Il signale avec beaucoup de raison les menées bonapartistes, mais il semble ne pas voir qu'il est entouré de créatures de l'ancien pouvoir. Je vous signalerai particulièrement le vice-consul de Mons qui se promène publiquement avec Granier de Cassagnac et qui se désigne lui-même par là au mépris des Montois. Je vous demande sa révocation immédiate.

J'aurais bien des choses à ajouter, mais je réserve tout cela pour nos entretiens. Préparez-vous cependant à m'accorder beaucoup.

LÉON GAMBETTA.

LILLE, 21 janvier 1871, 6 h. 30 soir. — *Intérieur à directeur général personnel, Bordeaux.* — Nous avons reçu, par Laval, une dépêche où il est question de diverses affaires intérieures, j'y réponds.

Télégraphiez, en mon nom, à Spuller, préfet Haute-Marne, qu'il apprécie si le sous-préfet de Langres doit être remplacé. Préfet Spuller doit être parti pour Langres maintenant.

Dites à directeur de sûreté générale, que Brousseau, envoyé par Trochu, est un messager qui se disait officiel, mais au résumé un simple messager. J'écris au préfet de la Loire au sujet de Baragnon. Je vous prie de donner tous vos soins à l'exécution des circulaires relatives au remplacement des anciens fonctionnaires. Je vous recommande la préfecture du Doubs : j'y attache beaucoup d'importance. Avez-vous reçu une dépêche du préfet du Calvados sur la nomination de Carnot en Normandie ; y avez-vous répondu?

LÉON GAMBETTA.

LILLE, 21 janvier 1871, 7 h. 37 soir. — *Intérieur à directeurs généraux intérieur, Bordeaux.* — Je n'ai reçu que ce

soir à Lille la dépêche sur la sortie de Paris. Je hâterai
mon départ le plus possible, mais en l'état et vu la nécessité de prendre la mer, je ne peux assigner de date précise
à mon départ. J'ai, d'ailleurs, beaucoup à faire ici depuis
l'échec de Faidherbe. Je m'en remets donc à vous, et compte
que vous ferez bien en me tenant au courant. Prévenez
Freycinet. Nous n'avons pas encore, à l'heure qu'il est, de
détails nouveaux sur la seconde journée de la sortie.

LÉON GAMBETTA.

LILLE, 22 janvier 1871, 12 h. 5 matin. — *Guerre à délégué
Freycinet, Bordeaux.* — Je reçois votre dépêche de 5 heures
et demie du soir. Vous savez maintenant où je suis et pour
quelles causes je suis revenu ici. Je ne reviens pas sur ce
sujet. Comptez sur la grande hâte avec laquelle je ferai ici
le nécessaire pour repartir le plus tôt possible ; mais ma présence était indispensable, d'après ce que j'ai pu voir, et y
fera quelque bien.

Quant à l'affaire Charette, je vous prie de faire savoir, à
qui de droit, que l'idée de ce grand commandement régional ne me paraît pas réalisable.

Je veux bien que l'on pense à donner à M. de Charette
un corps de mobilisés à commander, mais quant à l'investir
d'une autorité aussi vaste que celle dont on a parlé, voilà
ce qui ne se peut admettre. Vous avez dû voir déjà certaines
dépêches du préfet d'Angers qui s'effraye du commandement donné à Cathelineau, jugez de ce que seraient ses réclamations.

Écrivez en ce sens. La commission que M. de Charette a
reçue de vous est d'ailleurs suffisante.

Un ballon vient de tomber dans le Nord. Les aéronautes
sont dirigés sur Lille. Je vous enverrai des nouvelles aussitôt que j'en aurai. Mon impatience est égale à la vôtre.

Je vous remercie de votre dévouement ; j'y compte toujours et vous prie, mon cher ami, de croire à tous mes sentiments [1].

LÉON GAMBETTA.

---

1. Cette dépêche répond à celle de M. de Freycinet du 21, 2 h.
soir. Voir cette dépêche à sa date.

LILLE, 22 janvier 1871, 11 h. 5 matin. — *Intérieur à directeur général télégraphes, Bordeaux.* Je vous envoie à traduire immédiatement la dépêche suivante[1], qui m'est envoyée par des aéronautes, tombés hier près de Reims. Vous me la renverrez traduite en chiffre des préfets.

J'ai vu, avec quelque regret, que vous avez pris mon absence en mauvaise part. Vous devez savoir pourtant que j'ai presque toujours raison d'obéir à mes inspirations. Celle qui m'a poussé ici était excellente. Ma présence ici a produit un bien que vous ne soupçonnez pas. Croyez-moi, j'ai bien agi, je vous promets de partir aussitôt que possible.

LÉON GAMBETTA.

LILLE, 22 janvier 1871, 10 h. 50 soir. — *Intérieur et guerre à directeur général et à délégué Freycinet, Bordeaux.* — Nous avons passé toute la journée sans recevoir aucune dépêche de vous. Je n'ai donc rien à vous répondre, puisque vous ne m'avez rien dit. J'ai vu le général Faidherbe, je l'ai trouvé tel que je l'attendais, confiant dans le succès final. C'est une affaire de huit jours pour refaire ses troupes. Je dois le revoir demain. Cléray est revenu ici de Cherbourg. Il m'a donné des détails sur Paris. Je l'emmènerai avec moi à Bordeaux, quand je partirai. Je ne puis encore assigner de date précise, mais je ferai mon possible pour abréger mon séjour.

LÉON GAMBETTA.

1. Voici la dépêche en question :

PARIS, 20 janvier 1871, 1 h. 30 matin. — *Commissaire du Gouvernement à directeur général, Bordeaux.* — Reçu aujourd'hui la dépêche officielle, 2e série, n° 13, et 8 feuilles de dépêches privées, 2 dépêches réponses, 2 dépêches mandats. Tout cela est trop fin, confus, et nous donnera un mal énorme. Les précédentes étaient dix fois meilleures avec leurs 111 points. Dépêche Gambetta, si parfaitement juste, m'a narré et il y a complètement deviné la situation. Enfin, aujourd'hui, on s'est décidé à agir. Attaque sur l'occident, entre (1 groupe faux) et Bougival. Résultat insignifiant et qui dans quelques heures se réduira peut-être à rien. Je crois que nous sommes perdus, à moins d'une révolution à Paris contre les incapables, les vieux généraux, et les intrigants, et les lâches.

Le commissaire du Gouvernement,

E. MERCADIER.

LILLE, 23 janvier 1871, 7 h. 35 soir. — *Intérieur à directeur général personnel, Bordeaux.* — Je ne trouve pas que la question financière dont nous étions convenus à mon départ avance beaucoup. Je désirerais bien la trouver résolue à mon retour.

Je quitte Lille ce soir pour Saint-Malo et Laval, vous pouvez m'adresser les dépêches à Saint-Malo où je les prendrai à mon passage. Au sujet de la préfecture de Besançon, le choix que vous me proposez me paraît médiocre. Cherchez encore.

Écrivez aux préfets qu'ils aient à préparer immédiatement leurs opérations des conseils de revision du contingent de 1871 en choisissant deux notables pour remplacer les conseillers généraux et d'arrondissement exigés par la loi. Faites-vous rendre compte.

LÉON GAMBETTA.

LILLE, 23 janvier 1871, 7 h. 35 soir. — *Guerre à délégué Freycinet, Bordeaux.* — Je vous remercie des mesures que vous avez prises et des nouvelles que vous me transmettez. Évidemment partout où les mobilisés sont mauvais, il faut les verser dans les dépôts ordinaires sans toutefois les noyer. A ce propos, je vous prie de fixer immédiatement le jour des conseils de revision pour le contingent de 1871, en enjoignant aux préfets de choisir deux notables pour remplacer les conseillers généraux et d'arrondissement dans le conseil de revision et d'activer la mesure, en se montrant d'une sévérité extrême pour les cas de dispense.

. Vauguyon peut être excellent, mais employé ailleurs. Il faut le soustraire à un milieu où il est trop connu et mal noté. Les mobilisés ne sont pas mauvais partout, comme vous venez de le voir à Dijon, tout est dans la question du commandement et des officiers. Ici les affaires se réparent, et dans une semaine nous serons à flot. Je pars ce soir pour retourner vers Bordeaux, mais je m'arrêterai forcément à Laval et à Angers. J'apprécie fort les mouvements du 25e corps, mais je suis fort inquiet du côté de l'Est. Veillez et faites veiller de Serres. Je vous transmettrai les propositions de récompense qui m'ont été soumises par l'intendant Richard que j'ai nommé inspecteur général à titre provisoire. M. Jaubal (Jules) est nommé intendant de première classe; M. Borsari, capitaine au 75ᵉ de ligne, est nommé chef de bataillon. Ce sont les seules désignations que je vous indique aujourd'hui, j'apporterai le travail d'ensemble. Envoyez-moi maintenant toutes vos dépêches à Saint-Malo, où je les trouverai en arrivant à Laval. M. Jules Farinaux, garde mobilisé à Lille, a été décoré de la Légion d'honneur.

LÉON GAMBETTA.

LILLE, 24 janvier 1871, 8 h. 35 soir. — *Ministre guerre à délégué Freycinet, Bordeaux.* — *Chiffrée.* — Je vous ai déjà écrit au sujet de Charette. Je ne demande pas mieux que de déférer aux désirs du général Chanzy et de donner à M. de Charette un commandement important de mobilisés, cinq ou six mille hommes. Mais je ne crois pas bon de constituer un grand commandement régional pour M. de Charette. Nous aurions là des tiraillements considérables, et après l'expérience que nous avons déjà faite en Bretagne, ce n'est pas le cas de recommencer. Faites connaître cette opinion au général le plus promptement possible.

LÉON GAMBETTA.

LETTRE A MADAME BOSACK-HANKÉ

Bordeaux, le 27 janvier 1871.

Madame,

Vous me pardonnerez de vous prendre une minute de vos larmes et de la douleur qui possède votre âme depuis la cruelle nouvelle, mais je tiens comme un devoir sacré de venir dire la pensée tout entière du Gouvernement sur votre glorieux mari [1].

M. le général Bosack-Hanké avait généreusement offert son épée à la République française. Il lui donné sa vie, comme s'il avait été un de ses enfants, et c'est ainsi que nous le considérions nous-mêmes. Il viendra des jours meilleurs où nous pourrons nous

---

1. Le général Bosack avait été tué au combat de Dijon, le 21 janvier 1871.

recueillir et rendre à tous ceux qui ont prodigué leur sang et leur vie pour la défense de la France, la justice méritée et payer la dette de reconnaissance que nous avons contractée envers ceux qui, au jour du péril, se sont réunis autour de notre drapeau sans tenir compte ni de leurs intérêts ni de leurs préférences.

Jusque-là, vous pouvez compter, Madame, sur mon dévouement pour honorer la mémoire de votre vaillant mari, et je vous prie de ne jamais hésiter à faire appel à mes souvenirs, car je serai bien heureux d'y répondre.

Veuillez recevoir, Madame, avec l'expression de mes sentiments de sympathique condoléance, l'assurance de mon profond dévouement,

LÉON GAMBETTA.

LETTRE DE DÉMISSION DE M. GAMBETTA A SES COLLÈGUES DE LA DÉLÉGATION DU GOUVERNEMENT[1]

Bordeaux, le 29 janvier 1871.

Messieurs et chers collègues,

J'ai l'honneur de remettre entre vos mains ma démission de membre de la Délégation et de ministre de l'Intérieur et de la Guerre.

Je ne me reconnaissais pas le droit de résister aux décisions venues de Paris, non plus que celui d'y prêter les mains. Le désaccord qui s'élève à la suite des démarches faites à Versailles est fondamental. Il est de ceux sur lesquels toute transaction est immorale. Je me retire donc et cesse de faire partie du Gouvernement. Il est bien entendu que je reste à votre

---

1. Cf. ch. IV, p. 262. — Cette lettre avait été remise par M. Gambetta entre les mains de M. Crémieux.

disposition pour tous les renseignements et informations qu'on voudrait réclamer de moi.

Veuillez agréer, mes chers collègues, l'expression
de mes sentiments d'affection et de dévouement personnel.

LÉON GAMBETTA.

LETTRE AU JOURNAL « LA GIRONDE »

Bordeaux, le 3 février 1871.

Monsieur le rédacteur,

Je trouve mon nom en tête de la liste des candidats
à l'Assemblée nationale dressée par le Comité républicain de la Gironde, et que publie ce soir votre esti-
mable journal. C'est assurément le droit incontestable
du Comité républicain de la Gironde de faire figurer
mon nom sur la liste de ses candidats; mais j'ai eu
l'occasion de déclarer à plusieurs membres du Comité
les motifs qui me portent à décliner cet honneur. Je
croyais leur avoir fait accepter les raisons de mon refus, et ce soir on publie mon nom, malgré ce refus.
Je regrette d'être obligé d'insister, et je vous prie,
monsieur le rédacteur, de publier dans le Journal
la Gironde que je n'accepte point de figurer sur la
liste insérée ce soir.

Veuillez agréer, etc.

LÉON GAMBETTA.

LETTRE CONFIRMATIVE DE LA DÉMISSION DE M. GAMBETTA
A SES COLLÈGUES DE LA DÉLÉGATION DU GOUVERNEMENT

Bordeaux, le 6 février 1871.

Messieurs et chers collègues,

M. le directeur général des télégraphes me com-
munique le décret rendu, le 4 février 1871, à Paris,
par les membres du gouvernement présents dans cette

ville, et qui a pour objet d'abroger le décret rendu par la délégation de Bordeaux, en date du 31 janvier. Ce décret, c'est ma révocation. Je vous l'annonçais ce ce matin, et nul de vous n'a osé dire que ce décret existe depuis le 4 février, signé de tous les membres du gouvernement. M. le directeur général des télégraphes a même l'ordre de le communiquer à tous les préfets.

Cela suffit, Messieurs.

En présence de ce fait, et pour les raisons que j'ai eu l'honneur de développer devant vous, me référant d'ailleurs à la lettre de démission que j'ai déposée entre les mains de notre collègue M. le garde des sceaux, le 29 janvier 1871, je crois devoir à ma dignité de vous informer que je me retire sur-le-champ, et sans plus ample discussion. Vous aurez à pourvoir aux services de la guerre et de l'intérieur.

Je vous présente l'expression de mes sentiments d'affection personnelle.

Léon Gambetta.

LETTRE DE LA MUNICIPALITÉ DE BORDEAUX A M. GAMBETTA

Bordeaux, le 7 février 1871.

Citoyen,

Au nom de l'ordre public, au nom de notre cité, dont la tranquillité est menacée, nous vous supplions, si vous persistez dans votre retraite, de communiquer votre décision à la population par une proclamation de nature à empêcher les troubles dangereux.

Que notre population sache que vous restez attaché au gouvernement de la Défense nationale par votre profond respect du maintien de l'ordre; que vous réprouvez énergiquement toute manifestation compromettante pour la tranquillité; que vous demandez le calme pendant les élections qui vont avoir lieu, et que l'Assemblée élue prononcera souverainement sur les grands intérêts de la patrie.

Dites cela, nous vous en supplions, dans ce langage si loyal auquel la République est habituée et qui lui inspire une si grande confiance, et vous aurez contribué à maintenir ce qu'il y a de plus respectable au monde : la paix dans la cité et dans la famille.

Nous l'attendons de vos vertus républicaines.

ÉMILE FOURCAUD, maire; J. M. FAGEL, CHEVALIER, Dr LUGEOL, II. GIBERT, STEUELIN, SIMIOT, adjoints.

RÉPONSE DE M. GAMBETTA A LA MUNICIPALITÉ DE BORDEAUX

Bordeaux, le 7 février 1871.

Monsieur le maire,

J'ai reçu ce matin la lettre que vous m'avez fait l'honneur de m'adresser au nom des membres de la municipalité de Bordeaux. Les sentiments que cette lettre exprime sont les miens, et, s'il y avait véritablement opportunité, — ce que je ne crois pas, — à sortir du silence que me commande la situation qui m'est faite, je n'hésiterais point, et, d'accord avec vous tous, représentants convaincus des idées républicaines à Bordeaux, je regarderais comme un devoir de vous prêter mon concours, vous pouvez en assurer nos amis. Mais il me paraîtrait injurieux et téméraire à la fois de considérer comme possibles des désordres auxquels je n'ai jamais cru, pour mon compte. Plusieurs verraient même dans une pareille démarche de ma part une prétention et, qui sait? par le temps d'interprétations sincères qui court, peut-être une provocation. Le parti le plus sage me paraît être de ne donner prise ni aux critiques des uns ni aux velléités des autres.

Veuillez recevoir, monsieur le maire et cher concitoyen, l'assurance de mes sentiments de fraternité républicaine.

LÉON GAMBETTA.

CHAPITRE VI

DÉPÈCHES ET CIRCULAIRES A TOUS LES PRÉFETS

Paris, 4 septembre 1870, 6 h. 15 soir. — *A Messieurs les préfets, sous-préfets, gouverneur général de l'Algérie, généraux et à toutes les stations télégraphiques de France.* — République Française. — Ministère de l'Intérieur. — La déchéance a été prononcée au Corps législatif. La République proclamée à l'Hôtel de Ville. Un gouvernement de défense nationale, composé de onze membres, tous députés de Paris, a été constitué et ratifié par l'acclamation populaire. Ces noms sont :

Arago (Emmanuel), Crémieux, Jules Favre, Jules Ferry, Gambetta, Garnier-Pagès, Glais-Bizoin, Picard, Pelletan, Rochefort, Jules Simon.

Le général Trochu est à la fois maintenu dans les pouvoirs de gouverneur de Paris, et nommé ministre de la guerre en remplacement du général Palikao.

Veuillez faire afficher immédiatement, et au besoin proclamer par le crieur public, la présente déclaration.

Pour le gouvernement de la Défense nationale.

L. GAMBETTA.

Paris, 4 septembre 1870, 9 h. 55 du soir. — *A Messieurs les préfets, sous-préfets, et gouverneur général de l'Algérie.* — Le général Trochu, gouverneur de Paris, a été nommé membre du gouvernement de la défense nationale installé à l'Hôtel de Ville.

Il prend le portefeuille de la guerre, et ses collègues lui ont décerné la présidence.

LÉON GAMBETTA.

PARIS, 5 septembre. — *Au préfet de police.* — Les prisonniers politiques doivent être mis en liberté immédiate. Nous télégraphions en ce sens.

PARIS, 5 septembre. — *Aux préfets.* — Messieurs, vous êtes invités à résigner vos fonctions entre les mains de : Rhône, M. Challemel-Lacour. — Dordogne, M. Guibert. — Bouches-du-Rhône, M. Labadie. — Hérault, M. Lisbonne. — Loire-Inférieure, M. Guépin. — Nièvre, M. Girerd. — Haute-Vienne, M. G. Perin. — Lot, M. Esménard de Mazet. — Côte-d'Or, M. d'Azincourt. — Loire, M. César Bertholon. — Bas-Rhin, M. Ed. Valentin. — Hautes-Pyrénées, M. Teirot. — Seine-Inférieure, M. Desseaux. — Puy-de-Dôme, M. Girot-Pouzol. — Gard, M. Laget. — Vosges, M. Georges. — Maine-et-Loire, M. Allain-Targé. — Finistère, M. Camescasse. — Ariège, M. Anglade. — Seine-et-Oise, M. Charton. — Aube, M. Liginer-Pougy. — Gironde, M. Larrieu. — Moselle, M. H. Didier. — Meurthe, M. Vautrin. — Nord, M. Testelin. — Pyrénées-Orientales, M. Pierre Lefranc. — Pas-de-Calais, M. Langlet. — Haut-Rhin, M. J. Grosjean. — Loiret, M. Péreira. — Manche, M. Lenoël. — Somme, M. Lardières. — Charente, M. Babaud-Laribière. — Sous-préfet de Saint-Amand (Cher), M. Rollet.

PARIS, 5 septembre. — *Aux préfets de Seine-et-Oise, Seine-et-Marne, Oise, Aisne.* — Faites immédiatement évacuer sur Paris toutes les récoltes ou denrées qui pourraient approvisionner l'ennemi qui s'approche. Celles qui resteront devront être brûlées.

PARIS, 5 septembre. — *Aux préfets.* — *Nouvelles militaires.* — Le corps entier du général Vinoy n'a pas donné et se replie en bon ordre sur Paris. — L'ordre le plus parfait n'a pas cessé de régner. La confiance est très grande et attestée par les cohésions de toute la presse. Le gouvernement est tout entier à l'œuvre de la défense nationle.

Paris, 5 septembre. — *Aux préfets Seine-et-Oise, Seine-et-Marne, Oise, Aisne.* — Faites procéder immédiatement au tirage au sort et à la revision, et dirigez les conscrits sur Paris.

CIRCULAIRE ADRESSÉE AUX ADMINISTRATEURS PROVISOIRES ET AUX PRÉFETS DES DÉPARTEMENTS DE LA RÉPUBLIQUE, PAR LE MEMBRE DU GOUVERNEMENT DE LA DÉFENSE NATIONALE, DÉLÉGUÉ AU MINISTÈRE DE L'INTÉRIEUR.

Monsieur le préfet, en acceptant le pouvoir dans un tel danger de la patrie, nous avons accepté de grands périls et de grands devoirs. Le peuple de Paris qui, le 4 septembre, se retrouvait, après une si longue absence, ne l'a pas entendu autrement, et ses acclamations veulent dire clairement qu'il attend de nous le salut de la patrie.

Notre nouvelle République n'est pas un gouvernement qui comporte les dissensions politiques, les vaines querelles. C'est, comme nous l'avons dit, un gouvernement de la défense nationale, une République de combat à outrance contre l'envahisseur.

Entourez-vous donc des citoyens animés, comme nous-mêmes, du désir immense de sauver la patrie et prêts à ne reculer devant aucun sacrifice.

Au milieu de ces collaborateurs improvisés, apportez le sang-froid et la vigueur qui doivent appartenir au représentant d'un pouvoir décidé à tout pour vaincre l'ennemi.

Soutenez tout le monde par votre activité sans limites, dans toutes les questions où il s'agira de l'armement, de l'équipement des citoyens et de leur instruction militaire.

Toutes les lois prohibitives, toutes les restrictions si funestement apportées à la fabrication et à la vente des armes ont disparu.

Que chaque Français reçoive ou prenne un fusil et

qu'il se mette à la disposition de l'autorité : La Patrie est en danger !

Il vous sera donné jour par jour des avis concernant les détails du service. Mais faites beaucoup par vous-même, et appliquez-vous surtout à gagner le concours de toutes les volontés, afin que, dans un immense et unanime effort, la France doive son salut au patriotisme de tous ses enfants.

Recevez, etc.

Le membre du gouvernement de la Défense nationale,
délégué au département de l'Intérieur,

LÉON GAMBETTA.

Paris, 6 septembre. — *Circulaire.* — Voici la proclamation adressée à l'armée, par le gouvernement, et que le *Journal officiel* publie ce matin. (Suit le texte.) — Faites immédiatement afficher au chef-lieu et dans toutes les places militaires de votre département.

Paris, 6 septembre 1870, 3 h. 52 soir. — P. — *A préfets Seine-et-Oise, Versailles, — Seine-et-Marne, Melun, — Oise, Beauvais, — sous-préfets Corbeil, Étampes, Mantes, Pontoise, Rambouillet, Coulommiers, Fontainebleau, Meaux, Provins, Clermont, Compiègne, Senlis.* — Les préfets organiseront immédiatement la défense du pays qu'ils administrent. Ils emploieront pour cet objet les gardes nationales sédentaires et mobiles, les pompiers et tous les hommes de bonne volonté qu'ils pourront armer. Les gardes forestiers des compagnie franches de Paris et des troupes de cavalerie concourront à la défense. Les préfets devront employer tous les moyens pour stimuler le zèle et le dévouement de leurs administrés. Ils sont investis du droit de réquisition absolue en ce qui concerne la défense.

Le président du gouvernement
de la Défense nationale, gouverneur de Paris,

TROCHU.

Le ministre de l'intérieur,

GAMBETTA.

PARIS, 6 septembre 1870, 4 h. 20 soir. — *Intérieur à préfets et gouverneur général Algérie.* — *Circulaire.* — République française. — Ministère de l'intérieur. — L'ennemi est en marche sur Paris. La défense de la capitale est assurée. Le moment est venu d'organiser celle des départements qui l'environnent. Des ordres sont expédiés aux préfets de la Seine, de Seine-et-Oise et de Seine-et-Marne pour réunir tous les défenseurs du pays. Ils seront appuyés par les compagnies franches de Paris et par les nombreuses troupes de cavalerie réunies aux environs. Les commandants des corps francs se rendront immédiatement chez le président du Gouvernement, gouverneur de Paris, pour y recevoir des instructions. Chaque citoyen s'inspirera des grands devoirs que la patrie lui impose.

Le gouvernement de la Défense nationale compte sur le courage et le patriotisme de tous.

PARIS, 6 septembre. — *Aux préfets, sous-préfets, maires — Nouvelles de la guerre.* — L'ennemi se rapproche de plus en plus de Paris. Nos troupes se replient vers la capitale. Le gouvernement et la population déploient une égale activité pour préparer la résistance. L'élection des officiers de la garde nationale se continue. Les armes sont distribuées au fur et à mesure de la formation des cadres. Sur toute l'étendue du territoire, la République a été acclamée avec enthousiasme.

PARIS, 6 septembre. — *Circulaire aux préfets.* — Poursuivre avec la plus grande activité les opérations de la revision.

PARIS, 6 septembre. — *Circulaire.* — Le corps du général Vinoy est arrivé intact à Paris, à 4 heures du soir. La défense de Paris continue à s'organiser avec la plus grande activité, grâce au concours de toute la population, et à l'ordre parfait qui règne.

PARIS, 6 septembre. — *Aux préfets de Seine-et-Oise, Seine-et-Marne, Oise. Sous-préfets de Corbeil, Étampes, Mantes, Pontoise, Rambouillet, Coulommiers, Fontainebleau, Meaux, Provins, Clermont, Compiègne, Senlis.* — Les préfets organise-

ı ont immédiatement la défense du pays qu'ils administrent.
Ils emploieront pour cet objet les gardes nationales sédentaires et mobiles, les pompiers et tous les hommes de
bonne volonté qu'ils pourront armer. Les gardes forestiers
des compagnies franches de Paris et des troupes de cavalerie concourront à la défense. Les préfets devront employer
tous les moyens pour stimuler le zèle et le dévouement de
leurs administrés. Ils sont investis du droit de réquisition
absolue en ce qui concerne la défense.

Paris, 6 septembre. — *Circulaire*. — Monsieur le préfet,
les opérations du tirage au sort et des conseils de revision,
pour la classe 1870, doivent être poursuivies avec la plus
grande activité. Elles étaient indiquées par l'ancienne administration pour les jours où nous sommes. A moins d'événements particuliers survenus dans votre département et qui
pourraient réclamer toute votre attention, veuillez procéder
vous-mêmes et faire procéder à ces opérations dans les
délais et suivant l'ordre indiqués par vos prédécesseurs.

Je saisis cette occasion de répéter que les questions de
recrutement, d'armement, de groupement de forces, doivent
avoir le pas sur toutes les autres, de quelque nature qu'elles
soient. Les autorités militaires doivent sentir en vous les
représentants d'un gouvernement qui n'a pas et ne saurait
avoir d'autres pensées que la lutte contre l'étranger et la
délivrance du sol national.

Rendez-moi compte, jour par jour, de tout ce que vous
aurez fait à cet égard, et tenez-moi au courant des dispositions de la population, à l'endroit de la guerre, et de la
résistance à l'ennemi.

Paris, 6 septembre. — *Circulaire*. — Envoyez rapport
immédiat, en termes très brefs et très précis, sur la situation de votre département.

CIRCULAIRE AUX ADMINISTRATEURS PROVISOIRES ET AUX PRÉFETS

Paris, le 7 septembre 1870.

Monsieur le préfet,

Fonctionnaire institué dans un jour d'extrême péril par un gouvernement qui s'est donné le nom de gouvernement de la défense nationale, votre caractère et votre conduite se trouvent par là même aussi nettement définis que le comportent les pressantes nécessités du salut public.

La défense du pays avant tout! Assurez-la, non seulement en préparant la mise à exécution, sans retards ni difficultés, de toutes les mesures votées sous le régime antérieur, mais en suscitant autour de vous les énergies locales, en disciplinant par avance tous les dévouements, afin que le gouvernement puisse les mettre à profit suivant les besoins du pays. Toute votre administration se réduit pour le moment à déterminer le grand effort qui doit être tenté par tous les citoyens en vue de sauver la France.

A cet égard, vous avez le droit de compter sur la ratification de toutes les mesures que vous aurez prises de ce suprême intérêt. Si, comme je n'en doute point, vous concentrez rapidement et tournez toutes les forces vives de la nation vers ce grand but, vous écarterez du même coup toutes les divisions, tous les conflits entre les diverses administrations, ce qui est d'une importance capitale dans une crise comme celle où nous sommes.

Pour ce qui est de vos relations avec l'ancien personnel du gouvernement déchu, maires, adjoints, conseillers municipaux et fonctionnaires, relevant exclusivement de l'ordre administratif, votre conduite est toute tracée dans les idées que je viens d'exposer. Ce qu'il faut à notre pays endormi et énervé depuis dix-huit ans, ce qui lui est nécessaire au jour de ce terrible réveil, c'est l'activité sans confusion, la vie, une vie régulière et organisée. Partout donc où se manifesteront des tendances à la propre initiative des citoyens assemblés dans leurs communes, encouragez-les en les réglant, si elles s'inspirent de l'esprit de patriotisme et de dévouement qui anime les représentants des pouvoirs publics.

Le gouvernement de la défense nationale a été composé, par le peuple, de ses propres élus : il représente en France le grand principe du suffrage universel. Ce gouvernement manquerait à son devoir comme à son origine s'il ne tournait pas dès l'abord ses regards sur les municipalités issues, comme ses membres, des urnes populaires. Partout où sont installés des conseils municipaux élus sous l'influence du courant libéral et démocratique, que les membres de ces conseils deviennent vos principaux auxiliaires. Partout, au contraire, où, sous la pression fatale du régime antérieur, les aspirations du citoyen ont été refoulées et où les conseils élus et les officiers municipaux ne représentent que des tendances rétrogrades, entourez-vous de municipalités provisoires et placez à leur tête les chefs qu'elles auront choisis elles-mêmes dans leur sein, si, dans leur choix, elles ont su obéir aux nécessités patriotiques qui pèsent sur la France.

En résumé, ne pensez qu'à la guerre et aux mesures qu'elle doit engendrer ; donnez le calme et la sécurité pour obtenir en retour l'union et la confiance ; ajournez d'autorité tout ce qui n'a pas trait à la défense nationale ou pourrait l'entraver ; rendez-moi compte de toutes vos opérations et comptez sur moi pour vous soutenir dans la grande œuvre à laquelle vous êtes associé, et qui doit nous enflammer tous du zèle le plus ardent, puisqu'il y va du salut de la patrie.

Recevez, etc.

LÉON GAMBETTA.

Paris, 7 septembre 1870, 11 h. 5 matin. — *Intérieur à préfets de tous les départements.* — Circulaire. — Plan de conduite vis-à-vis des conseils municipaux :

En premier lieu et en règle générale, s'efforcer de vivre avec les municipalités existantes et tirer d'elles tout le parti possible au point de vue de la défense. Révoquer les maires récalcitrants comme moyen d'influence sur les conseils, mais en seconde ligne.

Enfin suspendre, en dernier lieu, les conseils eux-mêmes, mais en ayant soin de référer immédiatement au ministre qui ratifiera après examen le rapport envoyé. *Confidentielle.*

Paris, 7 septembre 1870, 2 h. 25 soir. — *Intérieur à préfets.* — *Circulaire.* — Ayez soin de tenir d'une façon très exacte la comptabilité des crédits alloués pour la garde mobile. Ne mandatez que sur pièces justificatives que vous conserverez avec soin.

Vous ne perdrez pas de vue l'importance de ces recommandations et la nécessité de maintenir la plus grande régularité dans ce service. Dès que les mobiles sont mis à la disposition du ministre de la guerre, c'est lui qui pourvoit à leur solde. Vous aurez seulement à régler les marchés que vous avez passés.

Paris, 7 septembre. — Veuillez, je vous prie, résigner vos fonctions entre les mains de votre successeur : — Ain, M. Édouard Puthod. — Allier, M. Cornil. — Hautes-Alpes, M. Cyprien Chaix. — Aveyron, M. Louis Oustry. — Corrèze, M. Latrade. — Corse, M. D. F. Cecealdi. — Côtes-du-Nord, M. Viet-Dubourg. — Creuse, M. Martin Nadaud. — Drôme, M. Peignié-Crémieux. — Eure, M. Fléau. — Eure-et-Loir, M. Émile Labiche. — Haute-Garonne, M. Armand Duportal. — Gers, M. le docteur Montanier. — Indre, M. Charles Bigot. — Isère, M. Brillier. — Haute-Loire, M. A. Behagel. — Orne, M. Albert Christophle. — Pas-de-Calais, M. Langlet. — Basses-Pyrénées, M. Nogué. — Sarthe, M. Georges Lechevallier. —

Savoie, M. Eugène Guiter. — Seine-et-Marne, M. Hippolyte
Rousseau. — Deux-Sèvres, M. Amédée Ricard. — Tarn,
M. Frédéric Thomas. — Tarn-et-Garonne, M. de Freycinet.—
Var, M. Cotte.— Vaucluse, M. Poujade.—Vendée, M. Tilloy.
— Vienne, M. Léonce Ribert. — Yonne, M. Ribière.

PARIS, 17 septembre. — *Nouvelles de la guerre.* — Les
autorités du département de l'Aube font connaître qu'il n'y
a point de Prussiens dans ces parages.

C'est à Crespy-en-Valois, département de l'Aisne, et non
pas à Crespy (Oise), que l'ennemi a été vu.

Les dispositions des populations sous le coup de l'invasion
sont excellentes; à Paris, le comité de défense fonctionne
constamment.

Nouvelles de l'Intérieur. — La République a été acclamée
partout. A Paris, la confiance de la population est entière;
on a acquis la certitude qu'il y a des armes pour tout le
monde et la circulaire du ministre des affaires étrangères
a produit le plus grand effet.

PARIS, 7 septembre. — *Circulaire aux préfets et sous-
préfets.* — Nous apprenons que sur quelques points du territoire, la Société française de secours aux blessés, faisant
partie de l'Internationale a été entravée dans sa marche,
pour porter en tous lieux à nos soldats les soins qu'exige
leur état. Il importe que les soulagements puissent être prodigués, partout où elle les trouve, à celles des victimes de
nos champs de bataille que la marche des armées tient
éloignées ou dispersées. En conséquence, veuillez donner
avis utiles à tous les citoyens pour qu'ils aient à faciliter et
à favoriser par tous les moyens, la circulation des médecins,
infirmiers et autres délégués de la Société, et informez-les
que les membres ou auxiliaires de la Société, protégés qu'ils
sont, par la convention internationale de Genève, ont le
devoir de traverser toutes les lignes armées des belligérants
pour accomplir leur mission humanitaire; c'est grâce à cette
convention que nos blessés peuvent être secourus, même
sur le sol occupé par les lignes ennemies.

Le présent décret sera affiché, pendant toute la durée de
la guerre, aux portes des mairies de toutes les communes
de la République française.

PARIS, 8 septembre. — *Circulaire à préfets.* — L'ennemi s'avance sur Paris en trois corps d'armée; l'un est arrivé à Soissons, dans le département de l'Aisne; l'avant-garde de ce corps a sommé Laon qui a fermé ses portes et résiste. L'interruption des communications télégraphiques avec Épernay et Château-Thierry, fait croire que l'ennemi est sur ces deux points. Communications subsistent avec Mézières, Épinal, Mulhouse. On n'a aucune nouvelle du maréchal Bazaine. Le bruit de la mort du maréchal de Mac-Mahon n'est pas officiellement confirmé. A Paris, ordre parfait. Les habitants ont accueilli, avec de vives démonstrations de confiance, l'assurance donnée par le gouvernement que les approvisionnements étaient largement suffisants pour deux mois. Le préfet du Rhône mande que l'accord est établi entre lui et le comité qui avait d'abord pris la direction des affaires. Ordre parfait. M. Esquiros arrivé à Marseille est acclamé. Les opérations de revision se poursuivent dans tous les départements activement et avec ordre. La garde mobile demande à marcher. Plusieurs bataillons sont à Paris, ou en marche.

PARIS, 8 septembre 1870, 4 h. 20 soir. — *Intérieur à préfets.* — *Circulaire.* — Usez de toute votre influence pour maintenir l'ordre et la discipline chez les mobiles de votre département, faites-leur comprendre qu'ils sont soldats et qu'ils doivent obéissance et respect aux officiers nommés par le ministre de la guerre. C'est sur eux que repose un des premiers moyens de défense de la patrie, et tout changement actuellement apporté à l'organisation de la garde mobile en détruirait la force et la cohésion.

PARIS, 9 septembre. — *Aux préfets.* — *Circulaire.* — Si circulaire de Jules Favre aux puissances étrangères, insérée au *Journal officiel* du 7 septembre, n'a pas été affichée dans votre département, veuillez le faire immédiatement.

PARIS, 9 septembre. — *Circulaire aux préfets.* — Le ministre de l'intérieur vous prie de faire afficher dans toutes les communes de votre département l'extrait suivant de la convention de Genève :

ART. 5. — Les habitants du pays qui portent secours

aux blessés seront respectés et demeureront libres. Les généraux des puissances belligérantes auront pour mission de prévenir les habitants de l'appel fait à leur humanité et de la neutralité qui en sera la conséquence. Tout blessé recueilli et soigné dans une maison y servira de sauvegarde. L'habitant qui aura recueilli des blessés sera dispensé du logement des troupes, ainsi que d'une partie des contributions de guerre qui seraient imposées.

Art. 6. — Les militaires blessés ou malades seront recueillis ou soignés, à quelque nation qu'ils appartiennent.

Art. 7. — Un drapeau distinctif et uniforme sera adopté pour les hôpitaux, les ambulances et les évacuations ; il devra être en toute circonstance accompagné du drapeau national. Un brassard sera également admis pour le personnel, mais la délivrance en sera laissée à l'autorité militaire. Le drapeau et le brassard porteront croix rouge sur fond blanc.

Paris, 9 septembre. — L'esprit de la population de Paris se fortifie de jour en jour dans l'idée d'une résistance énergique ; sous ce rapport, il y a unanimité attestée aussi bien par la presse que par les orateurs des réunions populaires qui se tiennent chaque soir dans le plus grand ordre et roulent exclusivement sur la question de défense. D'un autre côté, la ferme résolution du gouvernement, son mâle langage, soutiennent tous les courages. La garde mobile des départements arrive. Casernée d'abord chez l'habitant, elle s'inspire du sentiment public et saura faire son devoir. La confiance est générale. La solde de la garde mobile, à Paris, est élevée à 1 fr. 50. — *Nouvelles militaires.* Le préfet de l'Aube mande que les Prussiens ont passé hier à Vitry, au nombre de 4,000 environ. Leurs éclaireurs ont fait de fortes réquisitions sur les communes voisines. Ils ne s'écartent pas notablement de la route de Paris ; jusqu'à présent ils n'ont pas pénétré dans l'Aube. Le commandant de la place de Langres informe que les mobiles ont pris cent Prussiens, des armes et des chevaux.

Paris, 9 septembre. — *Circulaire aux préfets.* — Il est contraire au principe du gouvernement d'intervenir dans la création de journaux officieux. Les actes de la préfecture n'ont pas besoin, pour être portés à la connaissance du public, d'un journal spécial.

Paris, 9 septembre 1870, 10 h. 35 soir. — P. — *Intérieur à préfets Doubs, Besançon; Haut-Rhin, Colmar; Haute-Saône, Vesoul; Vosges, Épinal.* — Le ministre de l'intérieur autorise les préfets du Doubs, du Haut-Rhin, de la Haute-Saône et des Vosges à mandater au nom de M. Keller, ancien député, jusqu'à concurrence de cent mille francs, pour pourvoir *à la solde* du corps des francs-tireurs qu'il va organiser. M. Keller, aura, à chaque demande de crédit, à indiquer aux préfets désignés plus haut la situation générale des dépenses effectuées et il en fournira état au ministère de l'intérieur.

Paris, 10 septembre. — *Circulaire aux préfets.* — Déjà sur plusieurs points du territoire des comités de défense se sont constitués spontanément afin de grouper les citoyens les plus marquants par leur esprit d'initiative et leur intelligence des besoins de la situation. Si vous pouvez par votre influence aider à la constitution de semblables comités dans votre département, ne vous privez pas de ce moyen tout naturel de prouver que l'esprit de résistance se généralise et s'accentue à mesure que, sous la garantie des institutions nouvelles, le pays se réveille. Il demeure toutefois entendu que les travaux et propositions de ces comités resteront soumis à l'approbation des autorités compétentes.

Paris, 10 septembre. — La solde exceptionnelle de 1 fr. 50 est accordée exceptionnellement aux gardes mobiles appelés à Paris par le gouverneur.

Paris, 10 septembre. — Veuillez, je vous prie, pour tout ce qui concerne la destination de la garde nationale mobile de votre département, vous adresser au ministre de la guerre.

Paris, 10 septembre. — De l'ensemble des renseignements militaires, il paraît résulter que les avant-gardes de l'armée prussienne en marche sur Paris arrivent par le nord-est. Ils sont proches de Compiègne et de Coulommiers.

A mesure que les Prussiens s'approchent, on sent grandir la résolution des habitants de Paris ; l'union est faite entre tous les partis. Toutes les volontés, toutes les activités sont consacrées à la formation, à l'armement, à l'exercice des bataillons de la garde nationale. Les mobiles affluent. Ils sont salués par des acclamations unanimes. Les mesures énergiques sont en voie d'exécution aux approches de la capitale.

PARIS, 11 septembre. — *Aux préfets et au gouverneur général de l'Algérie.* — Le mouvement de l'ennemi annoncé par la dépêche d'hier s'accentue de plus en plus. L'ennemi a envahi le département de Seine-et-Marne.

Toutes les résolutions du gouvernement portant à une défense énergique sont accueillies par la population parisienne avec une confiante satisfaction. Paris a l'esprit d'un immense camp.

Les mobiles des départements affluent : l'accueil qui leur a été fait partout les a vivement touchés.

La tranquillité publique est parfaite.

PARIS, 11 septembre 1870, 10 h. 12 soir. — *Intérieur à préfets. — Circulaire.* — Faites dresser immédiatement un tableau complet de tous les maires de votre département sur trois colonnes. La première portant ceux que vous pouvez conserver comme vous secondant dans l'œuvre de la défense nationale ; la seconde portant ceux qui décidément se montreraient disposés à entraver cette œuvre, la seule qui doive occuper tous les Français ; la troisième enfin portant les successeurs que vous pourrez me désigner comme étant capables de remplacer les maires dont vous ne pourriez utiliser le concours. Sur ce travail, auquel je vous prie de donner tous vos soins et que vous devrez entreprendre à l'unique point de vue de la défense nationale, je me prononcerai et ratifierai toutes révocations absolument nécessaires.

LE MINISTRE DE L'INTÉRIEUR AUX PRÉFETS

Paris, le 14 septembre 1870.

Monsieur le préfet,

Le Gouvernement, fidèle à sa mission, n'a jamais perdu de vue un seul instant le grand intérêt de la Défense nationale sur tout le territoire. Il est heureux de voir éclater les sentiments de patriotisme qui sont le gage de la résolution énergique de la France, et comptent au premier rang de ses ressources en face des éventualités de l'avenir. Mais c'est surtout dans des circonstances aussi périlleuses que celles où nous sommes, qu'il est juste de dire qu'il n'y a rien de fait tant qu'il reste quelque chose à faire : et il importe au plus haut degré de procéder sans retard à l'organisation et à la mobilisation des forces vives du pays : je veux parler de la garde nationale sédentaire dans toutes les communes.

Je vous prie donc, en conséquence, de vouloir bien ordonner à tous les maires de votre département d'inscrire sur les contrôles préparés à cet effet tous les citoyens de vingt et un à soixante ans, susceptibles de faire partie de la garde nationale de chaque commune, dans le plus bref délai. Enfin, les cadres constitués, vous aurez, de concert avec les officiers élus, à préparer aussitôt les éléments de compagnies détachées qui pourront être appelées, aux termes de la loi des 8 août, 28 mai et 13 juin 1851, à faire un service hors du territoire de la commune ou même un service de corps mobilisés, pour seconder l'armée de ligne dans les limites fixées par la loi.

Ces compagnies détachées, formées par les maires assistés des officiers de la garde nationale, seront de la sorte toutes prêtes, suivant les éventualités de la guerre et les besoins de la défense nationale, à être mises à la disposition de M. le ministre de la guerre, à qui revient la tâche de les utiliser, et qui aura sur elles toute l'autorité que confèrent les lois et les règlements militaires.

J'attends de vous l'exécution aussi prompte que possible des ordres ci-dessus consignés, avec un rapport complet sur les mesures de détail auxquelles l'exécution de ces ordres aura donné lieu.

Recevez, etc.

LÉON GAMBETTA.

PARIS, 15 septembre, 9 h. 20 du matin. — *Intérieur à préfets Manche, Saint-Lô.* — *Ille-et-Vilaine, Rennes.* — *Maine-et-Loire, Angers.* — *Mayenne, Laval.* — Nous ne voyons pas d'inconvénient à la réunion proposée, bien que nous croyons prématurée la formation de la ligue de l'Ouest, tant que les forces de chaque département ne sont pas organisées. Vous trouverez dans l'*Officiel* de ce jour la marche à suivre pour l'organisation de la garde nationale.

PARIS, 15 septembre, 5 h. soir. — *Circulaire.* — *Aux préfets.* — Veuillez immédiatement au reçu de la présente, me renseigner exactement sur l'état politique de votre département et notamment sur la nécessité de maintenir ou de remplacer les agents du régime déchu, appartenant à l'ordre administratif et dont l'influence est si considérable sur les populations.

Il est d'ailleurs recommandé à tous les préfets d'envoyer à mon département des rapports aussi fréquents que possible.

Je vous prie instamment de tenir compte de cette invitation.

PARIS, 15 septembre 1870, 5 h. 14 soir. — *Intérieur à préfets.* — *Circulaire.* — Je ne saurais trop vous recommander de respecter les compagnies données par le ministre de la guerre aux chefs des arsenaux, l'intérêt de la défense exige que les armes réservées pour les soldats et les gardes mobiles soient respectées.

PARIS, 16 septembre 1870, 10/2 matin. — *Intérieur à préfets.* — *Circulaire confidentielle.* — Depuis l'élection des nouveaux conseils municipaux les 6 et 7 août dernier, les maires actuellement en fonctions n'ont qu'un caractère absolument provisoire. C'est pour cette raison que dans mes premières instructions je vous ai autorisé à révoquer tous les maires qui ne vous prêteraient pas le concours sur lequel vous avez le droit de compter. Je confirme ces premières instructions et vous autorise de nouveau à révoquer tous maires qui ne sont pas décidés à vous seconder ou qui seraient trop compromis devant l'opinion. Constituez ainsi, partout où besoin sera, des municipalités provisoires capables de vous soutenir dans l'œuvre de la défense nationale et prêts à aller à l'affranchissement du suffrage universel dans les doubles élections qui se préparent, car il est probable qu'avant d'élire la Constituante, on renouvellera les conseils municipaux dans toute l'étendue de la République.

CIRCULAIRE AUX PRÉFETS DE LA RÉPUBLIQUE

18 septembre 1870.

Monsieur le préfet, un décret du gouvernement de la défense nationale, en date du 16 septembre courant, ordonne qu'il soit procédé dans toutes les communes de France à cette nouvelle élection des conseils municipaux, et porte que le nombre des conseillers à élire et le mode de l'élection sont réglés par la législation existante. Il est de mon devoir de vous faire connaître la pensée du Gouvernement au sujet de ces élections nouvelles, qui, dans les circonstances périlleuses où se trouve aujourd'hui le pays, sont destinées tout à la fois à témoigner des sentiments de résistance indomptable qui animent tous les Français contre l'ennemi, et de leur résolution énergique de fonder un gouvernement vraiment libre tout en défendant la patrie.

Je vous disais, dans une précédente circulaire, qu'au point de vue même de la défense nationale,

votre première tâche était de réveiller le pays de cette
longue torpeur de vingt années qui lui a été si fatale,
d'encourager en le réglant l'esprit d'initiative, de
susciter partout autour de vous les énergies locales et
de faire converger tous ces efforts disséminés vers le
grand but que nous poursuivons tous : la délivrance
du sol national. C'est pour satisfaire à ces besoins pri-
mordiaux de la France et pour vous seconder dans la
tâche qui vous a été assignée, que le gouvernement
de la défense a décrété l'élection de nouveaux conseillers municipaux dans toute l'étendue de la République.
Il importe que tous les citoyens se pénètrent de cette
idée, la seule juste et la seule féconde, que le salut
de la patrie ne peut être attendu que de la vigueur
et de la résolution de tous les Français.

Les conseils municipaux sont les premiers et les ·
plus naturels organes de cette volonté suprême de la
France : c'est pour cela que nous avons tous besoin,
à tous les degrés de la hiérarchie des pouvoirs, d'être
appuyés et secondés par des assemblées directement
issues du suffrage universel et librement élues au
milieu et sous l'influence des événements terribles
qui ont fondu sur notre pays par l'imprévoyance et
l'ineptie coupable du gouvernement déchu. Avec le
concours de telles assemblées, l'action du gouvernement de la défense nationale sera tout ensemble plus
facile et plus efficace; quand nous nous trouverons
associés aux représentants les plus immédiats des
populations, quelle force immense pour les pouvoirs
publics, et surtout quelle inébranlable sécurité pour
le pays !

Il faut considérer d'ailleurs, monsieur le préfet,
qu'un des premiers actes du gouvernement de la défense nationale, en prenant possession du pouvoir, a
été de convoquer le peuple français dans ses comices,
à l'effet d'élire une assemblée nationale qui puisse
porter en tous lieux, et en dépit de tous les désastres,

l'âme vivante de la patrie. La constitution de cette assemblée, appelée à raison même des circonstances, à faire face aux périls et aux responsabilités les plus redoutables, exige de la manière la plus impérieuse que l'élection de ses membres soit remise au pays rendu à lui-même, débarrassé des entraves de tout genre que le régime précédent avait imaginées pour asservir et corrompre le suffrage universel. De là la nécessité de constituer dans chaque commune de nouvelles municipalités, indépendantes de tous liens avec l'ancienne administration et pénétrées du sentiment de la grandeur et des difficultés de la situation présente, afin que les représentants du peuple apportent dans l'assemblée nouvelle les sincères résolutions de la France librement consultée.

: Enfin, les membres du gouvernement de la défense nationale ne peuvent oublier, dans le poste où les a placés la confiance du peuple de Paris, les idées et les principes à la défense desquels ils ont de tout temps dévoué leurs efforts et qui leur ont valu, pendant tant d'années, la confiance de la France libérale et démocratique. L'établissement de communes libres, la constitution de municipalités désormais soustraites à l'influence exagérée du pouvoir central, douées d'une vie propre et capables par leur initiative de refaire la France en refaisant ses mœurs publiques, ont toujours été au premier rang des justes réclamations de l'opinion démocratique, dont l'opposition se faisait honneur d'être l'organe. L'occasion se présente d'appliquer ces idées et ces principes, et de donner une satisfaction trop longtemps attendue à ces réclamations légitimes : pourquoi ne pas la saisir? Il est hors de doute que les conseils municipaux élus en août dernier, dans la plupart des communes, portent la marque de l'ancienne administration; que les choix qui ont été faits l'ont été trop souvent sous la pression d'anciennes influences dont le joug peut et

doit être aujourd'hui secoué, et que, dans tous les
cas, la liberté vaut mieux que la contrainte administrative pour assurer la sincère représentation des intérêts du pays ; pourquoi dès lors n'appellerions-nous
pas les citoyens à reviser des choix faits par eux sous
un régime aujourd'hui détruit et qui ne sont nullement en rapport avec les besoins nouveaux de la
France et des communes elles-mêmes ?

Considérez en effet que par l'extension nécessaire
et progressive des attributions des conseils municipaux
les fonctions des conseillers à élire auront une tout
autre importance que celle des conseillers récemment
élus. Nous voulons jeter les bases d'une véritable et
complète réorganisation des forces de la France ; il
nous faut des hommes pénétrés comme nous de cet intérêt supérieur ; nous voulons assurer, dans la mesure
conciliable avec la constitution même de la nation,
l'indépendance des corps municipaux, afin que l'activité, la vie, arrivent à circuler dans toutes les parties
du corps social ; n'y a-t-il pas nécessité d'appeler à
siéger dans les conseils des communes des hommes
qui, ne relevant plus exclusivement de l'autorité abusive des préfets, soient prêts à accepter la juste responsabilité qui revient aux membres de conseils élus
dans la plénitude de l'autorité du suffrage universel ?

Telles sont les considérations, monsieur le préfet,
qui ont déterminé le gouvernement de la défense nationale à procéder sans retard au renouvellement des
conseils municipaux dans toute la France. Je vous
prie de vous en bien pénétrer, et d'en faire le texte
des instructions et commentaires de tous genres qui
pourront vous être demandés pour l'exécution de
cette grave mesure. Je n'ai nul besoin de vous rappeler que, dans la pratique comme dans la théorie,
la liberté est le premier principe du Gouvernement et
de ses agents, et surtout la liberté électorale. Nous
appliquons aujourd'hui les idées que nous avons tou-

jours défendues; la France démocratique et libérale saura bien le reconnaître et y applaudir; et les républicains, portés au pouvoir par l'émotion populaire au milieu de périls qui vont sans cesse en grandissant, se devaient à eux-mêmes, aussi bien qu'à la noble cause qu'ils ont toujours servie, de ne pas abandonner ces idées, surtout en face d'un ennemi qui ose se vanter d'anéantir, avec la France, la démocratie moderne et ses principes.

Recevez, etc.

Le membre du gouvernement de la défense nationale,
délégué au département de l'intérieur,

LÉON GAMBETTA.

PARIS, 18 septembre, 2 h. 15 soir. — *Intérieur à préfets.* — *Circulaire.* — Il y a certainement lieu de reviser les listes électorales pour les élections de la future Assemblée constituante, ne fût-ce que pour réparer les omissions systématiques ou involontaires qui ont été commises dans ce travail : évitez autant que possible les retranchements, sauf, bien entendu, les décédés et les condamnés, et procédez sagement à des additions; l'*Officiel* de demain contiendra d'ailleurs des instructions précises et détaillées.

PARIS, 18 septembre 1870, 10 h. 45 soir. — *Intérieur à préfets Morbihan, Vannes; Puy-de-Dôme, Clermont-Ferrand; Indre, Châteauroux.* — L'élection ne désorganisera rien; dans la plupart des cas, les mobiles confirment les choix antérieurs et les officiers auront une nouvelle force.

TOURS, 20 septembre 1870, 1 h. 20 soir. — *Circulaire Gouvernement à préfets.* — Les membres du gouvernement provisoire de la défense nationale décrètent :

ARTICLE PREMIER. — Les conseils municipaux sont dissous.

ART. 2. — Les préfets sont autorisés à nommer les membres des bureaux électoraux qui doivent présider aux élections municipales et à celles de la Constituante. Ces membres rempliront les fonctions municipales jusqu'à ce que leurs successeurs soient nommés.

Tours, le 20 septembre 1870.

AD. CRÉMIEUX, AL. GLAIS-BIZOIN, L. FOURICHON.

Tours, 22 septembre 1870, 1 h. 5 du soir. — *Circulaire.* — *Intérieur à préfets et sous-préfets.* — Le gouvernement de la Défense nationale aux électeurs :

Électeurs,

En vous appelant aussi à la hâte dans vos comices, le gouvernement de la Défense nationale a voulu vous mettre en possession de l'exercice de la première de vos libertés si audacieusement violée pendant dix-huit ans par tous les agents serviles d'un pouvoir dont le chef, après s'être lâchement livré, a non moins lâchement livré notre brave armée aux Prussiens, nous laissant en face d'ennemis acharnés à la ruine de notre pays.

Autrefois l'élection des conseillers municipaux pouvait se faire d'après des considérations d'intérêt purement local; mais dans les circonstances actuelles, il est impossible qu'elle n'ait pas un caractère politique.

Ces élections seront la première signification faite à l'ennemi, que, mettant de côté toutes les opinions chères à chacun, nous nous donnons fraternellement la main pour conserver la seule forme de gouvernement qui nous donne la force de le chasser.

En 1848, M. Thiers disait à l'Assemblée législative avec l'accent d'une profonde vérité : « Conservons la République, c'est le gouvernement qui nous divise le moins. »

Aujourd'hui nous disons tous : « Conservons la République, c'est le seul gouvernement qui nous unisse devant l'étranger qui souille et dévaste notre sol. » — Quel est en effet le prétendant qui oserait s'asseoir actuellement sur un trône dont la chute a été si rapide et si ignominieuse?

Pour tout homme de bonne foi, ne serait-ce pas la guerre civile, c'est-à-dire la patrie livrée à l'étranger? Républicains de la veille, républicains du lendemain par la force des choses, amis des dynasties déchues, unissons-nous donc pour appeler au sein des conseils municipaux, les plus éclairés, les plus indépendants et les plus résolus à maintenir la République, gage à la fois d'union entre tous et de délivrance de notre pays.

CRÉMIEUX, GLAIS-BIZOIN, amiral FOURICHON.

Tours, 21 septembre 1870, 12 h. soir. — *Circulaire.* — *Gouvernement à préfets et gouverneur général Algérie.* — Faites afficher, publier et connaître de suite, par tous les moyens possibles, la proclamation suivante et le décret qui la suit :

A la France!

Avant l'investissement de Paris, M. Jules Favre, ministre des affaires étrangères, a voulu voir M. de Bismarck, pour connaître les dispositions de l'ennemi.

· Voici la déclaration de l'ennemi : La Prusse veut continuer la guerre et réduire la France à l'état de puissance de second ordre; la Prusse veut l'Alsace et la Lorraine jusqu'à Metz, par droit de conquête. La Prusse, pour consentir un armistice, a osé demander la reddition de Strasbourg, de Toul et du Mont-Valérien. Paris exaspéré s'ensevelirait plutôt sous ses ruines. A d'aussi insolentes prétentions, en effet, on ne répond que par la lutte à outrance.

La France accepte cette lutte et compte sur tous ses enfants.

Tours, le 24 septembre 1870.

Les membres délégués du gouvernement.

Vu la proclamation ci-dessus qui constate la gravité des circonstances, le gouvernement décrète :

1º Toutes les élections municipales et pour l'Assemblée constituante, sont suspendues et ajournées;

2º Toute élection municipale qui serait faite est annulée;

3º Les préfets pourvoiront par le maintien des municipalités actuelles ou par la nomination des municipalités provisoires.

Les membres délégués du gouvernement.

Tours, 9 octobre 1870, 3 h. soir. — *Circulaire.* — *Intérieur à préfets et sous-préfets.* — Garibaldi débarqué à Marseille le 7 à 10 heures du soir, reçu par autorités, foule immense, enthousiasme indescriptible. Est arrivé Tours le 9 à 7 heures matin. — Marche triomphale sur tout parcours, habitants des villes et villages encombraient gares. — Vivats et acclamations unanimes. Même accueil à son arrivée à Tours. Le général est à la préfecture, entre les membres du Gouvernement; il est acclamé par la foule qui a envahi jardin. — Gambetta, ministre de l'intérieur, parti de Paris par ballon, est descendu à Montdidier, arrivé à Tours aujourd'hui midi, a été acclamé à son entrée en gare.

Tours, 9 octobre 1870. — *Gouvernement à préfets et sous-préfets. Circulaire.* — Le gouvernement de la défense nationale :

Vu dépêche de la délégation de Tours, en date du 29 septembre, parvenue le 1er octobre au gouvernement, portant fixation au 16 octobre des élections pour l'Assemblée constituante;

Vu le décret du gouvernement en date du 23 septembre et le décret conforme de la délégation de Tours, ajournant lesdites élections;

Attendu que la résolution nouvelle[1] de la délégation de Tours ne peut être que le résultat d'une méprise;

1. Le décret du 1er octobre convoquant une Constituante pour le 16 du même mois.

Attendu que cette résolution nouvelle est en opposition avec le décret du gouvernement de la Défense nationale et que, d'ailleurs, elle est d'une exécution matériellement impossible dans vingt-trois départements, et nécessairement incomplète dans les autres;

Décrète :

ARTICLE PREMIER. — L'ajournement des élections générales est maintenu jusqu'au moment où elles pourront se faire sur toute la surface de la République :

ART. 2. — Toute opération accomplie en violation du présent décret sera nulle et de nul effet.

Fait à l'Hôtel de Ville de Paris, le 1er octobre 1870.

Général TROCHU, Jules FAVRE, GAMBETTA, Ernest PICARD, Emmanuel ARAGO, Jules FERRY, GARNIER-PAGÈS, Jules SIMON, PELLETAN, ROCHEFORT.

(Faites publier et afficher immédiatement le décret ci-dessus dans toutes les communes de votre département.)

TOURS, 10 octobre. — *A tous les préfets. Circulaire.* — Par décret de la délégation du gouvernement de la défense nationale établi à Tours, rendu sur l'initiative de M. Crémieux et vu les instructions du gouvernement de Paris, M. Léon Gambetta, ministre de l'intérieur, a été chargé de l'administration de la guerre que M. Crémieux avait reprise à la suite de la démission de l'amiral Fourichon.

C. LAURIER.

TOURS, 11 octobre. — *A tous les préfets. Circulaire.* — Afin d'activer la mise sur pied de guerre de toutes les forces régulières soumises à l'autorité militaire et d'imprimer une impulsion énergique à tout l'ensemble de l'administration de la guerre, je pense qu'il serait utile de placer, à titre de membre, d'un comité de la guerre qui serait établi dans chaque division, des hommes énergiques, administrateurs, organisateurs, capables de faire pénétrer l'esprit civil et civique dans les affaires militaires. Je vous prie de chercher autour de vous des notabilités de ce genre.

Vous ne devrez m'en désigner qu'une seule. Choisissez donc la plus éminente de toutes; c'est à la fois une affaire très importante et très délicate. Je vous prie de me répondre confidentiellement et par chiffres.

Tours, 12 octobre 1870, 4 h. 50 soir. — *Intérieur à préfets, Circulaire.* — Je vous invite à faire immédiatement afficher dans toutes les communes de votre département et à exécuter d'urgence le décret dont la teneur suit :

La délégation du gouvernement :

Vu les décrets des 12 et 16 septembre 1870; vu l'article 34 de la loi du 17 décembre 1814; vu l'ordonnance du 18 janvier 1817; vu le décret du 21 août 1870;

Considérant que dans les circonstances présentes, il est nécessaire d'une part d'empêcher le ravitaillement de l'ennemi, d'autre part d'assurer l'alimentation du pays; considérant que des mesures partielles et locales ont été déjà prises à l'effet d'atteindre ce but, spécialement sur la frontière de Dunkerque à Lanslebourg et sur la frontière maritime de Saint-Valéry à Dunkerque; considérant que ces mesures sont insuffisantes et ne répondent plus aux nécessités de la situation;

Décrète :

ARTICLE PREMIER. — Sont prohibés sur l'étendue de la République, la sortie, la réexportation d'entrepôt et le transit des bestiaux, de toutes sortes de viandes, des grains, des farines alimentaires de toutes sortes, du son et du fourrage.

ART. 2. — Les ministres de l'agriculture et du commerce et des finances sont chargés, chacun en ce qui le concerne, de l'exécution du présent décret, qui aura son effet à partir du jour où la publication en sera faite par les préfets de la manière prescrite par l'ordonnance du 18 janvier 1817.

Fait à Tours, le 12 octobre 1870.

Signé : L. GAMBETTA, CRÉMIEUX, GLAIS-BIZOIN, amiral FOURICHON.

Tours, 14 octobre. — *A tous les préfets.* — Pourriez-vous me désigner dans votre département, et par dépêche confidentielle, un homme sûr, intelligent, dont je pourrai faire un délégué de la guerre en province. Répondez-moi promptement, ne vous engagez à rien et faites très bonne désignation.

CIRCULAIRE AUX PRÉFETS

Tours, le 14 octobre 1870.

Monsieur le préfet,

L'achat et la distribution des armes occupent aujourd'hui l'une des premières places dans la sollicitude du pays. Pour mener à bonne fin l'une et l'autre de ces deux opérations, il est nécessaire de les centraliser. Tel a été l'un des premiers soins du gouvernement de la défense nationale.

Dès le 9 septembre 1870, un décret instituait une commission spéciale avec mission d'acheter, dans les limites des crédits qui lui seraient ouverts, des armes et des munitions de guerre pour le compte de l'État..

A ce besoin s'en ajoutait un autre : celui d'un contrôle efficace sur l'état et la qualité des armes et des munitions de guerre ainsi fournies par l'industrie privée. Ce fut l'objet d'un second décret, en date du 13 septembre 1870, qui commit M. le ministre des travaux publics pour prendre connaissance des opérations proposées par la commission. Ces mesures furent augmentées par un troisième décret, en date du 29 septembre dernier dont l'article 2 lui conféra la faculté de répartir les armes acquises ou transformées.

Toutefois, il n'a jamais été dans la pensée du gouvernement de déroger par cette disposition aux attributions du ministre de l'intérieur et du ministre de la guerre; ils ont conservé, chacun en ce qui le concerne, le droit de distribuer les armes, et la répartition dont il s'agit dans l'article 5 du dernier décret n'est autre chose qu'une opération purement matérielle confiée aux soins de la commission, conformément aux ordres des ministres compétents. Je crois devoir, monsieur le préfet, vous rappeler les dispositions et le but en vue duquel elles ont été combinées.

Il est arrivé, dans les derniers temps, que des préfets et des comités locaux de défense ont, en vertu de leur propre initiative, et en dehors de l'action du Gouvernement ainsi que de la commission qu'il a instituée, effectué ou tenté d'effectuer des achats d'armes, et entravé par là des opérations qui eussent été plus utilement faites si le soin en avait été laissé à la commission d'armement.

D'autres réclament tous les jours l'autorisation d'agir de même et vont jusqu'à demander qu'il soit fait, au profit de leur département ou de leur commune, distraction d'une certaine partie des crédits ouverts à la commission.

Il ne saurait être fait droit à ces réclamations sans les plus graves inconvénients.

Les offres faites par les spéculateurs s'adressent la plupart du temps à plusieurs préfets et comités locaux, après même qu'elles ont été adressées à la commission d'armement, de telle sorte qu'elles suscitent à l'État la plus déplorable concurrence à elle-même.

Elles ne sont pas seulement pour les fournisseurs un moyen de lucre, par suite de cette espèce de mise aux enchères; elles leurs fourniraient, si elles pouvaient réussir au gré de ce qu'ils désirent, le moyen d'échapper à ce contrôle sérieux, et le seul efficace, que le gouvernement de la défense nationale a voulu organiser en le concentrant entre les mains du ministre des travaux publics. Il est des réclamations d'une autre nature sur lesquelles je dois également appeler votre attention. La commission d'armement est saisie d'une foule de demandes ayant pour objet des distributions d'armes.

Les auteurs de ces demandes méconnaissent le rôle de la commission et le sens du décret du 29 septembre.

La commission ne peut opérer de répartitions d'armes qu'à la condition d'y être autorisée, soit par le ministre de l'intérieur, soit par le ministre de la guerre, seuls en situation, chacun dans les limites de sa compétence et de ses ressources, de distribuer les armes, suivant que l'exigent les besoins les plus pressants et les nécessités les plus immédiates de la défense.

Je vous invite donc, monsieur le préfet, à vous abstenir, ainsi que les comités locaux de défense, de toute opération qui serait de nature à entraver les opérations de la commission d'armement, et à vous adresser, pour demander des armes, aux ministres compétents.

Le ministre du gouvernement de la défense nationale,
délégué au département de l'intérieur,

LÉON GAMBETTA.

Par le ministre :

Le secrétaire du ministère de l'intérieur,

JULES CAZOT.

TOURS, 14 octobre 1870, 12 h. 5 soir. — *Intérieur aux préfets de Chambéry, Bourg, Nîmes, Nice, Annecy, Lons-le-Saulnier, Gap, Grenoble, Besançon.* — Faites rigoureusement servir le décret du gouvernement, prohibant l'exportation des céréales et autres denrées alimentaires; il y va du ravitaillement de l'ennemi : en temps de guerre cette question prime tout.

TOURS, 15 octobre. — *A tous les préfets.* — *Circulaire.* — De nombreuses modifications dans le personnel des préfectures, sous-préfectures, ayant eu lieu depuis l'établissement de la délégation du gouvernement à Tours jusqu'à son arrivée; je désire avoir des renseignements précis et certains à ce sujet.

Expédiez-moi donc par dépêche état exact et complet des secrétaires généraux, sous-préfets et conseillers de préfecture de votre département.

Dites-moi : 1° Quels sont les titulaires définitivement installés? Quels sont les administrateurs provisoires à confirmer? Y-a-t-il des vacances? Dans ce dernier cas, faites-moi des propositions avec discernement ou dites-moi si je dois pourvoir d'office?

Tours, 15 octobre. — *A tous les préfets.* — *Circulaire.* — Cessez envoyer états situation mobile si aucun changement. Adressez vite état objets en magasin inutiles à mobiles disponibles.

Tours, 17 octobre. — *Aux préfets et sous-préfets.* — *Circulaire.* — Des nécessités impérieuses ont imposé à M. Léon Gambetta, ministre de l'intérieur et de la guerre, le devoir de se rendre immédiatement à l'armée des Vosges qui a pour mission d'arrêter la marche des Prussiens sur Lyon.

L'absence de M. Gambetta sera de courte durée. On l'attend à Tours dans trois jours.

Tours, 20 octobre 1870, 7 h. 9 soir. — *Circulaire à préfets.* — Modifiant mes décisions précédentes, je dispense du service mobilisé, au même titre que les maires, les adjoints et les présidents des commissions municipales.

Tours, 21 octobre. — *Intérieur aux préfets de la République.* — Envoyez état exact des gardes mobilisés de votre département. Nombre pouvez-vous fournir habillement, équipement? Dans quel délai? A quel prix? Si ne pouvez, ferai l'avance; passerai marchés à votre compte.

Réponse urgente.

Tours, 23 octobre 1870, 8 h. 10 soir. — *Justice aux procureurs généraux.* — *Circulaire.* — Les licenciés en droit pourront être admis à la prestation du serment d'avocat, sur la simple présentation d'un certificat des secrétaires des Facultés, constatant leurs titres.

Veuillez envoyer à vos parquets des instructions précises pour atteindre les marchands faisant des achats pour ravitailler l'armée ennemie.

Envoyez dans le plus bref délai possible la liste complète de tous les magistrats ayant fait partie en 1852 des commissions mixtes.

Tours, 23 octobre. — *Aux préfets et sous-préfets.* — *Circulaire.* — Veuillez prévenir tous les maires de toutes vos communes que la résistance à l'ennemi est plus que jamais à l'ordre du jour; que tout le monde doit faire son devoir, notamment les magistrats municipaux qui ne peuvent faire moins que les gardes nationaux mobilisés. Après les héroïques exemples donnés par des villes ouvertes telles que Châteaudun, Saint-Quentin et autres, par des villages exclusivement gardés par des compagnies de pompiers, il est d'absolue nécessité que chaque ville, chaque commune paie sa dette à la Défense nationale, que tout le monde se pénètre du devoir imposé à la France. Les villes et communes qui se rendraient sans avoir tenté de résistance seraient dénoncées aux pays par le *Moniteur*.

TOURS, 25 octobre 1870, 11 h. 45 matin. — *Intérieur à préfets de Seine-Inférieure, Rouen; Eure, Orne, Sarthe, Loir-et-Cher, Nièvre, Yonne, Aube, Haute-Marne, Jura, Doubs et Somme.* — On demande souvent instructions relatives à la destruction des ponts, travaux d'art sur les routes et chemins de fer. Après avoir pris avis du génie, je dois faire savoir, d'une manière générale, que l'on abuse un peu de la destruction des ponts. On arrête assez peu par là la marche de l'ennemi, et on se prépare à soi-même de grandes difficultés. La décision à prendre doit être laissée uniquement à l'autorité militaire.

LÉON GAMBETTA.

TOURS, 26 octobre 1870, 6 h. 45, soir. — *Intérieur et guerre à préfet et à procureur général Gironde, à préfet et à procureur général Poitiers, à préfet et à procureur général Toulouse.* — *Chiffrée.* — Je vous donne l'ordre de faire arrêter le général Boyer qu'on m'annonce être parti hier soir de Poitiers pour Bordeaux et Toulouse avec sa famille, wagon réservé.

Assurez-vous par tous moyens possibles de sa personne et dirigez-le sur Tours, sous bonne escorte.

LÉON GAMBETTA.

(Prière aux préfets d'envoyer aux procureurs généraux copie de la présente dépêche, après l'avoir déchiffrée.)

Tours, 26 octobre 1870. — *Intérieur à préfet Haute-Garonne et à préfet Bordeaux.* — *Chiffrée.* — Réponse immédiate au sujet du général Boyer. Prévenez les préfets des départements voisins. Il faut que le général soit arrêté. Prenez mesures nécessaires.

LÉON GAMBETTA.

Tours, 26 octobre. — *Aux préfets de la République.* — Envoyez états de commandes pour mobilisés, avec prix et délais de livraison. Envoyez état de ce que vous ne pouvez fournir en habillement grand et petit équipement, campement. Petit équipement peut être pris en dehors de 60 francs sur masse individuelle des hommes. Envoyez par courrier ordinaire copie traités et état ressources industrielles locales. Réponse très urgente. Il faut en trois semaines avoir fini.

CIRCULAIRE DU MINISTRE DE L'INTÉRIEUR ET DE LA GUERRE AUX DIRECTEURS DES COMPAGNIES DE CHEMINS DE FER

Tours, le 26 octobre 1870.

Monsieur le directeur,

Il importe que le service des chemins de fer soit partout organisé dans les conditions que commandent l'état de guerre et l'investissement de Paris. Les communications d'une extrémité à l'autre de la France ne pouvant plus avoir lieu par Paris, et devant forcément être établies par diverses lignes d'embranchement, chacune des Compagnies de chemins de fer devra mettre tout de suite en communication directe sur ces lignes un nombre suffisant de trains de voyageurs et de marchandises pour éviter désormais que les transports de la guerre aient jamais à subir un séjour de plus d'*une heure* aux gares de bifurcation dans son propre réseau. Quant aux gares de jonction, de réseau à réseau, le séjour n'y devra pas excéder *deux heures*. Tel est l'objet de l'arrêté que je viens de prendre de concert avec mon collègue des travaux publics, et dont j'ai l'honneur de vous adresser ci-joint un exemplaire.

La gravité des circonstances exige que tous les transports de la guerre soient exécutés avec *la plus grande célérité*. Il est rappelé qu'aux termes des réquisitions les remises de ce service doivent être expédiées dans le délai le plus court et avoir *la priorité* sur tous les autres transports. Les Compagnies doivent retarder et même suspendre, au besoin, tout ou partie du service ordinaire pour assurer la parfaite régularité des services de la guerre.

Toutefois, vous devrez maintenir le service des postes, soit en conservant les trains qui lui sont spécialement affectés, soit en introduisant dans les trains spéciaux de la guerre les bureaux ambulants et les courriers de la poste.

En prévision des transports de la guerre, un service de jour et de nuit doit être organisé sur toutes vos lignes.

Lorsqu'une ligne de chemin de fer a été coupée par l'ennemi, et que dès lors le service ne peut plus s'effectuer sans interruption par chemin de fer, la Compagnie doit donner son concours le plus dévoué au gouvernement et prendre toutes les dispositions en son pouvoir pour suppléer à l'interruption de la voie par des moyens de transport quelconques.

Les compagnies ne devront dans aucun cas refuser les transports de la guerre, mais indiquer seulement à l'autorité militaire, les éventualités auxquelles ces transports sont exposés. C'est à l'administrateur de la guerre à apprécier le parti qu'elle devra prendre en pareil cas.

Je vous prie de me faire connaître dans le délai de trois jours les mesures que vous aurez prises en exécution des mesures prescrites par la présente circulaire, et de m'adresser le plus tôt possible les tableaux et les graphiques de vos nouveaux services.

Vous voudrez bien m'indiquer, dans le plus bref délai, quelles sont à ce jour les sections de vos lignes sur lesquelles le service des trains a dû être suspendu par suite de la présence de l'ennemi, et donner des ordres pour que je sois exactement prévenu à l'avenir, par télégraphe, de tout changement de cette nature qui viendrait à se produire.

Veuillez aussi recommander à vos chefs de gare de m'adresser directement tous les renseignements certain qu'ils pourront recueillir au sujet des mouvements et des forces de l'ennemi.

Je ne doute pas, monsieur le directeur, que le Gouvernement ne trouve dans votre patriotisme le concours le plus empressé pour lui faciliter l'exécution de l'œuvre nationale qu'il a entreprise.

Recevez, etc.

LÉON GAMBETTA.

TOURS, 28 octobre. — *Aux préfets de la République.* — Envoyez d'urgence états de vos mobilisés; nombre, délais de livraison; — prix pour habillement, campement, équipement. Ce que vous procurez directement par marchés passés par vous, ce que je dois commander pour vous en votre nom. Répondez.

TOURS, 28 octobre. — *Aux préfets et sous-préfets.* — *Circulaire.* — Je suis informé que les décrets et actes du Gouvernement ne parviennent pas à la connaissance des populations. Veuillez prendre toutes mesures pour que le pays soit toujours informé de ce qui est fait pour la défense nationale. Multipliez les affiches. Faites publier au son de caisse les actes, circulaires, décrets et décisions de nature à attester la vigilance et l'énergie du pouvoir. Il y a là un grand intérêt politique. Dites-moi quelles mesures vous aurez prises.

TOURS, 28 octobre. — *Aux préfets.* — Il m'arrive de plusieurs côtés des nouvelles graves, mais sur l'origine et la véracité desquelles, malgré mes actives recherches, je n'ai aucune espèce de renseignements officiels.

Le bruit de la capitulation de Metz circule. Il est bon que vous ayez la pensée du Gouvernement sur l'annonce d'un pareil désastre. Un tel événement ne pourrait être que le résultat d'un crime, dont les auteurs devraient être mis hors la loi. Je vous tiendrai au courant ; mais restez convaincu, quoi qu'il arrive, que nous ne nous laisserons pas abattre par les plus effroyables infortunes, et par ce temps de capitulations scélérates, il y a une chose qui ne peut ni ne doit capituler, c'est la République Française.

Tours, 29 octobre 1870, à 4 heures du soir. — *Intérieur et guerre à préfets et procureurs généraux.* — *Circulaire confidentielle. Chiffrée.* — Redoublez de vigilance ; partout où vous rencontrerez le maréchal Bazaine ou un officier de son état-major, faites-le arrêter et diriger immédiatement sur Tours sous bonne escorte.

GAMBETTA.

Tours, 31 octobre. — *Aux préfets.* — *Circulaire.* — Vous êtes autorisés à saisir, arrêter et détenir les maréchaux Bazaine, Canrobert et Lebœuf et le général Frossard. Aussitôt que mainmise aura été faite sur leur personne, vous constituerez une cour martiale au chef-lieu de votre département et vous les livrerez à la justice du pays.

Tours, 2 novembre. — *Aux préfets.* — Chargez immédiatement deux membres du comité de défense choisis parmi les ingénieurs ou industriels, ou à défaut deux hommes compétents de votre choix, de dresser l'état de tous les établissements de votre département où l'on peut fabriquer des armes ou des pièces d'armes, avec indication de la production possible de chacun d'eux en qualité et quantité, et ce, dans le délai de trois jours. Répondez télégraphiquement rue Chaptal, 5, à secrétaire de la commission d'étude des moyens de défense.

Tours, 2 novembre 1870, 1 h. 20 soir. — *Circulaire.* — *Directeur général des télégraphes à bureaux.* — Jusqu'à nouvel ordre n'acceptez plus pour Marseille et les Bouches-du-Rhône ni dépêche officielle ni dépêche privée.

Tours, 2 novembre 1870, 6 h. 15 soir. — *Intérieur à inspecteurs et directeurs du télégraphe, Bordeaux, Toulouse, Montpellier, Nîmes.* — A dater de la réception de la présente dépêche, et jusqu'à nouvel ordre, vous refuserez d'une façon absolue toute dépêche de quelque nature qu'elle soit, qui vous sera présentée par le bureau de Marseille. Les communications télégraphiques sont absolument interdites entre vous et Marseille. Si quelque délégué de la Ligue du Midi venait à requérir de vous une transmission quelconque, vous refuserez absolument le service. Les communications avec Marseille seront rétablies, soit en vertu de mes ordres, soit en vertu des instructions qui vous seront transmises de la part de M. Gent, par l'intermédiaire de Lyon.

Tours, 2 novembre. — *Aux préfets.* — A la suite de profondes émotions publiques causées à Paris par les tristes événements militaires des derniers jours et par la proposition d'armistice apportée par M. Thiers, le gouvernement de l'Hôtel de Ville vers 2 heures de l'après-midi dans la journée du 31 octobre a été l'objet d'une sérieuse tentative ayant pour but de constituer un comité de salut public. Cette tentative a échoué. Je ne connais pas encore les détails de ces événements qui ont amené le gouvernement de Paris à consulter la population assiégée tout entière sur la question et dans les formes indiquées dans le décret dont suit la teneur. Vous userez de cette communication dans la mesure qui vous paraîtra opportune. Je m'en rapporte à votre sagacité. Vous me tiendrez au courant des impressions qu'elle aura faites sur vous et sur les populations qui vous entourent. La réponse du peuple de Paris à la question posée par le gouvernement aura lieu dans la journée du jeudi 3 novembre.

Décret. — Le gouvernement de la défense nationale,
« Considérant qu'il importe à la dignité du Gouvernement et au libre exercice de sa mission de défense de savoir s'il a conservé la confiance de la population parisienne;
« Considérant, d'autre part, que d'une délibération des maires des vingt arrondissements municipaux de la ville

de Paris légalement convoqués à l'Hôtel de ville dans la matinée du 31 octobre, il résulte qu'il est opportun de constituer régulièrement les vingt municipalités des vingt arrondissements;

« Décrète :

« Le scrutin sera ouvert, le jeudi 3 novembre, sur la question suivante :

« La population de Paris maintient-elle *oui* ou *non* les pouvoirs du Gouvernement de la défense nationale? »

« Prendront part au vote tous les électeurs de la ville de Paris et des communes réfugiés à Paris qui justifieront de leurs droits électoraux.

« Il sera procédé, le samedi 5 novembre, à l'élection d'un maire et de trois adjoints pour chacun des arrondissements municipaux de la ville de Paris.

« Les électeurs inscrits sur les listes électorales à Paris prendront seuls part au vote.

« Le vote aura lieu par scrutin de liste pour chaque arrondissement et à la majorité absolue des suffrages.

« En cas de second tour, le nouveau scrutin aura lieu le 7 novembre.

« Fait à l'Hôtel de ville, le 1ᵉʳ novembre 1870.

> « *Signé :* Général Trochu, Jules Favre, Em. Arago, Jules Ferry, Garnier-Pagès, Eug. Pelletan, E. Picard, J. Simon.
>
> *Pour copie :* L. Gambetta. »

Tours, 3 novembre 1870, 6 h. 30 du soir. — *Guerre à préfet Var, Draguignan et à préfet Gard, Nîmes.* — Un corps d'environ 10,000 hommes se réunit à Avignon sous le commandement du général de division Lallemand. Il est destiné à rétablir l'ordre troublé momentanément à Marseille. Je vous informe pour que vous secondiez cet officier général dans les mesures qu'il doit prendre.

> Léon Gambetta.

Tours, 4 novembre 1870, 1 heure. — *Justice à procureurs généraux près les cours d'appel.* — *Circulaire.* — Le garde des sceaux, ministre de la justice, apprend avec un dou-

loureux étonnement que des magistrats ont été arrêtés et
mis en prison, soit sur mandat, soit sans mandat de justice.
L'arrestation est fondée sur ce que ces magistrats auraient
fait en 1851 et 1852 partie des commissions mixtes, qui ont
laissé de si détestables traces de leurs décisions. Ces arrestations sont illégales et le garde des sceaux donne l'ordre
de mettre immédiatement en liberté ceux qui sont arrêtés
sous une pareille inculpation. — Leur conduite à cette
époque désastreuse constitue un crime. La prescription les
couvrirait depuis 1862 et par conséquent leur arrestation
serait frappée d'illégalité. Le garde des sceaux, sur des
réclamations faciles à comprendre de la part d'honorables
citoyens victimes du coup d'État, a fait demander la liste
des magistrats qui ont siégé dans les commissions. C'est à
lui qu'il appartient de proposer au Gouvernement les mesures qu'il croira convenables à l'égard de ceux des membres
de ces odieuses commissions qui sont encore sur leur siège.
Mais aucun citoyen, aucune autorité n'a le droit que n'aurait d'ailleurs, après 22 ans de silence, aucun pouvoir
constitué, d'exercer une violence quelconque sur leur personne. Le garde des sceaux rappelle aux fonctionnaires, qui
par excès de zèle se livreraient à des actes illégaux, que
l'article 75 de la Constitution de l'an VIII est aboli. Il est
d'ailleurs très résolu à ne pas laisser violer la loi par les
fonctionnaires de la République. La République, c'est le
règne de la loi.

Le garde des sceaux ministre de la justice, membre et
représentant de la Défense nationale,

Signé : AD. CRÉMIEUX.

Veuillez communiquer cette circulaire à toutes les autorités judiciaires et civiles.

TOURS, 11 novembre 1870. — *Aux préfets.* — *Circulaire.* —
L'armée de la Loire, sous les ordres du général d'Aurelle
de Paladines, s'est emparée hier, 10 novembre, d'Orléans
après une lutte de deux jours. Nos pertes tant en tués qu'en
blessés n'atteignent pas 2,000 hommes; celles de l'ennemi
sont plus considérables. Nous avons fait plus d'un mille de
prisonniers et le nombre augmente par la poursuite. Nous
nous sommes emparés de deux canons modèle prussien, de

plus de vingt caissons chargés de munitions et tout attelés et d'une grande quantité de fourgons et de voitures d'approvisionnement. La principale action s'est concentrée autour de Coulmiers dans la journée du 9. L'élan des troupes a été remarquable malgré le mauvais temps.

Il y a lieu d'espérer que cette première opération militaire ouvre une ère meilleure pour la France. Nos ressources en hommes sont immenses, le patriotisme est partout réveillé et le pays doit se montrer prêt aux plus grands sacrifices. Nous avons été trop éprouvés par la fortune pour nous laisser égarer par des illusions nouvelles. Nous avons repris l'offensive; c'est un grand point. Cette offensive signifie qu'au lieu de déplacer notre base d'opérations pour la mettre en arrière, nous la reportons en avant. Avec de la résolution, de la prudence, de l'énergie, et surtout en restant unis sur le terrain de la lutte à outrance contre l'envahisseur, la République sauvera la France.

TOURS, 14 novembre. — *Aux préfets.* — Faites publier immédiatement le décret suivant :

La délégation du Gouvernement,

Considérant que les effets de commerce souscrits avant la guerre à la différence des effets souscrits après la guerre déclarée l'ont été dans l'ignorance d'un événement inattendu qui a jeté tout à coup la perturbation dans le commerce et rendu sinon impossibles du moins très difficiles les moyens de libération;

Décrète :

ARTICLE PREMIER. — Jusqu'au 15 décembre prochain aucun protêt ne pourra être fait, aucune poursuite exercée pour les effets de commerce souscrits avant le 15 août dernier.

ART. 2. — Tous les effets de commerce souscrits postérieurement au 15 août dernier demeurent soumis au décret du 5 novembre, dont toutes les dispositions non contraires à l'Article premier sont maintenues.

Fait à Tours, le 14 novembre 1870.

Signé : CRÉMIEUX, GLAIS-BIZOIN, FOURICHON, L. GAMBETTA.

TOURS, 16 novembre 1870, midi. — *Circulaire.* — *Intérieur à préfets.* — Prévenez les journaux qu'ils ne doivent insérer aucune dépêche Havas, ni aucune communication quelconque, quelle qu'en soit l'origine, soit sur le camp d'Orléans, soit sur les mouvements, forces ou situations de nos troupes.

Tours, 17 novembre. — *Aux préfets de la République.* — *Circulaire.* — Veuillez faire afficher dans vos communes la note suivante :

Le nommé Triau (Justin), habitant de la commune de Lutz, hameau de Baigneau (Eure-et-Loir), convaincu d'espionnage, a été condamné à la peine de mort par l'une des cours martiales du 16e corps d'armée.

Ce jugement a reçu son exécution le 15 du courant, à 7 heures du matin.

Le membre du gouvernement de la Défense nationale,
ministre de l'intérieur et de la guerre.

Signé : LÉON GAMBETTA.

Tours, 18 novembre. — *Aux préfets.* — *Circulaire.* — Les préfets et sous-préfets sont invités par le ministre de l'intérieur et de la guerre à diriger sur Tours par train spécial et sans aucun retard toutes personnes descendues en ballon venant de Paris.

Tours, 19 novembre. — *Aux préfets.* — *Circulaire.* — Sachez au plus vite s'il est possible d'établir dans votre département des ateliers où se confectionneraient les souliers et les vêtements indispensables à nos soldats.

L'État vous enverrait les draps et les cuirs nécessaires. Répondez d'urgence mais après examen sérieux, car les délais fixés le seraient sous votre responsabilité personnelle.

Tours, 21 novembre. — *Sûreté générale à préfets, sous-préfets et procureurs généraux.* — *Circulaire.* — Diriger immédiatement sur Tours, sous escorte, un employé des postes descendu à Luzarches avec le ballon *Uhrich,* se rendant probablement à Clermont-Ferrand porteur de pigeons. Interdiction absolue de lui laisser lancer un seul pigeon. Les pigeons doivent arriver à Tours au complet.

Tours, 22 novembre 1870, 1 h. du matin. — *Intérieur aux préfets de Seine-et-Oise, Marne, Yonne et Aube.* — Dirigez immédiatement sans retard vos mobilisés sur Nevers où nous formons un camp d'instruction. Ils devront être adressés au général de Pointe de Juvigny.

Faites réponse dans laquelle vous me direz les mesures que vous aurez prises, le nombre de vos hommes, et le délai dans lequel vous les aurez dirigés sur Nevers.

La situation particulière dans laquelle vous vous trouvez m'est connue. Je ne vous en fais pas moins part de la décision que nous venons de prendre afin que vous preniez de votre côté toutes les mesures nécessaires pour en assurer l'exécution.

Arrangez-vous de manière que vos administrés répondent dans leur patriotisme à l'appel que vous leur adressez.

LÉON GAMBETTA.

Tours, 23 novembre. — *Circulaire.* — Par mesure exceptionnelle, et à raison des circonstances de la guerre, je vous autorise à ne me soumettre qu'à titre de régularisation les marchés en cours d'exécution pour garde mobilisée qui ont été passés antérieurement à la réception de ma circulaire du 7 novembre. Postérieurement à cette date, les arrêtés devraient m'être soumis et recevoir mon approbation avant d'être définitifs.

Le secrétaire général,

Signé : JULES CAZOT.

Il faut ajouter à ceci une rectification, le marché sera rendu non point exécutoire par l'approbation du ministre, il l'est sans cette approbation, seulement le ministre mettra simplement : « Vu pour régularisation. » Il faut que la responsabilité du préfet reste entière.

Tours, 23 novembre. — *Aux préfets.* — *Circulaire.* — Les commandants supérieurs des gardes nationales mobilisées, dès qu'ils sont en campagne, rentrent immédiatement sous la direction des généraux commandants les divisions militaires, à moins de décision précise et contraire du ministre de la guerre. Communiquez la présente dépêche aux généraux placés à la tête des divisions ou subdivisions.

Tours, 24 novembre 1870, 6 h. 35 soir. — *Sûreté générale à préfets et sous-préfets.* — *Circulaire.* — Par ordre du ministre de l'intérieur et de la guerre, je vous renouvelle l'instruction de requérir et diriger sur Tours tous pigeons voyageurs apportés de Paris en ballon. Les aérostiers ne devront pas lâcher un seul pigeon, tous appartenant au service public dirigé par M. Steenackers, directeur des télégraphes et postes. Cet ordre ne souffre pas d'exception.

Tours, 27 novembre 1870. — *Aux préfets.* — *Circulaire.*

Chers collaborateurs,

Aidez-nous à l'œuvre la plus sainte, la plus française.

Nous avons en Prusse un nombre immense de nos braves soldats prisonniers sans avoir été vaincus, livrés, si loin de la patrie, à toutes les privations, à l'affreuse misère : point de vêtements, point de chaussures dans un climat humide et glacé; point d'argent, pas d'approvisionnement; ils endurent dans le désastreux exil tous les tourments, même les tortures de la faim. Dites dans votre département à nos chers concitoyens que nous les appelons au secours de nos frères, de nos enfants. Que les offrandes se multiplient, que chacun verse son tribut patriotique. Vous, chers compatriotes, que la fortune a favorisés, quelques dons que vous ayez déjà prodigués pour nos blessés, pour nos prisonniers, ouvrez encore les trésors de votre bienveillance, et jetez l'or à pleines mains. Et vous, chers compatriotes, qui ne pouvez prendre une modeste offrande que sur votre pénible labeur, venez aussi déposer votre obole, témoignage de vos généreux sentiments.

Nous vous prions, chers collaborateurs, de fonder des comités sur tous les points de notre département qu'il vous plaira de choisir.

Adressez-vous aux femmes toujours prêtes pour les œuvres de bienfaisance. Que les fonds soient versés ensuite chez le trésorier-payeur général, qui vous fera savoir le montant des sommes reçues par lui et dont nous fixerons la destination.

LÉON GAMBETTA, AD. GLAIS-BIZOIN,
AD. CRÉMIEUX, L. FOURICHON.

CIRCULAIRE AUX PRÉFETS

Tours, le 28 novembre 1870.

Monsieur le préfet,

Le décret du 2 novembre, dans son article 6, dispose que la République viendra au secours des familles laissées sans appui par le départ de leurs soutiens appelés sous les drapeaux.

Lorsque le gouvernement de la défense nationale a pris cet engagement, il avait à sa disposition les moyens de le réaliser dans une large mesure : des crédits spéciaux, s'élevant ensemble à la somme de 50 millions, avaient été successivement ouverts, une commission de secours et des comités départementaux institués pour en opérer la distribution. 35 millions sont restés à la disposition du ministre des finances. Sur les 15 millions restant, la délégation de Tours, par l'intermédiaire du ministre de l'intérieur, a réparti 600,000 francs; de telle sorte que 14,400,000 francs restent à sa disposition.

Mais les préoccupations de la défense nationale n'ont pas détourné le gouvernement de l'intérêt que lui inspire la situation des classes ouvrières, éprouvées par la mauvaise saison et le ralentissement des travaux industriels et agricoles. Pendant qu'il organise des armées pour repousser l'invasion, il a songé à ceux que l'âge ou les infirmités ne permettent pas d'appeler sous les drapeaux et qui, dans une situation normale, vivent de leur travail.

Par décret du 28 novembre 1870, un crédit de 6 millions vient d'être ouvert au ministère de l'intérieur pour l'organisation de travaux d'utilité communale, qui donneront aux ouvriers sans travail les moyens d'existence indispensables. Déjà un grand nombre de communes, malgré les sacrifices considérables qu'elles se sont imposés pour la défense nationale, ont organisé des travaux de cette nature, soit à l'aide de fonds communaux, soit à l'aide de souscriptions ou d'avances offertes par de généreux citoyens. Le Gouvernement désire venir en aide surtout à celles qui témoigneront, par leurs propres efforts, de l'intérêt qu'elles portent à la classe ouvrière.

Vous voudrez bien, monsieur le préfet, porter à la connaissance des administrations municipales cette pensée du Gouvernement. Vous les engagerez à vous signaler leurs besoins et le concours qu'elles peuvent offrir, tant sur les ressources communales que par des souscriptions particulières. Vous me transmettrez leurs demandes au fur et à mesure qu'elles vous parviendront.

Vos propositions seront présentées sous la forme d'un tableau, suivant le modèle ci-dessous (1); vous

1.   DÉPARTEMENT D

Désignation des communes.	Population.	Nombre d'ouvriers nécessiteux à occuper.	Valeur du principal des quatre contributions directes.	Nombre de centimes extraordinaires supportés en 1870.	Sommes votées pour la défense nationale.	Nature et emplacement des travaux à effectuer.	Dépense à faire.	Montant des ressources créées en exécution du décret du 4 novembre 1870.		Subvention demandée sur les fonds de l'État.
								Par les communes.	Par les particuliers.	

voudrez bien y joindre une note justifiant la demande faite.

Vu la modicité relative du crédit, vous ne devrez réclamer les secours de l'État que pour les communes où les secours seront indispensables, et en les limitant au strict nécessaire.

Je dois ajouter, monsieur le préfet, que le Gouvernement attache la plus grande importance à ce que toutes les ressources créées dans le but de venir en aide aux ouvriers, soient employées de la manière la plus productive. Insistez auprès des administrations municipales pour un choix convenable dans la nature des travaux et sur la nécessité de leur bonne confection.

Quant à la nature des travaux, le meilleur emploi à faire des sacrifices de la commune et de l'État, serait l'application de ces sacrifices à la construction des chemins vicinaux, commencés en vertu de la loi du 14 juillet 1868. Ces travaux ont été décidés avec toutes les garanties qui en assurent l'utilité pour le pays. Le Gouvernement y contribuera d'autant plus volontiers, que les opérations de la caisse des chemins vicinaux ont dû être provisoirement suspendues.

Quant à l'exécution, la loi du 18 juillet 1837 charge les maires de la direction de tous les travaux communaux, au point de vue administratif et financier.

En ce qui touche spécialement les chemins vicinaux, l'article 11 de la loi du 21 mai 1836 y a pourvu par la création d'agents possédant les connaissances techniques nécessaires pour appliquer les procédés les plus avantageux au point de vue de la solidité et de l'économie.

Pour que chacun conserve la part de responsabilité qui lui incombe, il faut, une fois les questions de tracé et de dépenses résolues par l'administration municipale, que les agents spéciaux conservent toute indépendance pour les détails de confection et pour la réception. Les maires devront d'ailleurs comprendre que leur contrôle sera d'autant plus efficace qu'ils interviendront moins dans le mode d'exécution. J'ai cru devoir insister sur cette séparation des attributions, parce qu'elles présentent des garanties que supprime trop souvent la confusion qui existe dans la direction des travaux.

J'espère que les communes tiendront à s'associer aux efforts du Gouvernement pour soulager les misères inséparables de la guerre, tout en assurant l'exécution des travaux utiles.

Vous ne perdrez pas de vue, cependant, monsieur le préfet, que la défense nationale est le suprême intérêt comme elle est le suprême devoir. C'est elle qui doit avoir la première place dans les préoccupations du pays, et, s'il arrivait que des communes, par leurs sacrifices pour le salut de la patrie, fussent dans l'impossibilité de pourvoir aux dépenses qui sont l'objet de la présente circulaire, ce sont celles-là surtout qui devraient compter sur les subventions du Gouvernement.

Recevez, monsieur le préfet, l'assurance de ma considération très distinguée.

Le membre du gouvernement de la défense nationale,
ministre de l'intérieur et de la guerre,

LÉON GAMBETTA.

Par le ministre,

Le secrétaire général,
délégué au ministère de l'intérieur,

JULES CAZOT.

TOURS, 30 novembre. — *Aux préfets et aux procureurs de la République.* Vous êtes autorisés à arrêter partout où vous le rencontrerez le maréchal Bazaine et les officiers de son état-major.

TOURS, 30 novembre. — *Aux préfets de la République. —*
Circulaire. — Je crois qu'il y aurait intérêt, à l'entrée d'une

campagne d'hiver, à distribuer aux gardes mobilisés autant que possible une capote au lieu de vareuse. Toutefois, ne le faites que si vous pouvez sans perdre de temps. S'il vous est impossible d'y arriver, il faudrait au moins distribuer à vos gardes mobilisés un tricot de laine et une ceinture de flanelle.

Tours, 30 novembre. — *Aux préfets et sous-préfets.* — *Circulaire.* — Je vous engage à apporter la plus grande réserve dans la publication des dépêches de guerre qui vous viennent d'autorités autres que le Ministère; souvent dans ces communications à la presse locale se trouvent des détails que nous croyons prudent d'élaguer pour la bonne réussite des opérations. Notre discrétion devient vaine quand les journaux les plus rapprochés des lignes ennemies font les révélations que nous évitons.

Dans les communications que vous faites au gouvernement, il est inutile de donner des détails sur les positions de nos troupes qui nous sont connues puisqu'elles résultent de nos ordres. Attachez-vous surtout à transmettre à la Guerre ce qui pourrait venir à votre connaissance des mouvements, des positions ou des forces de l'ennemi.

Tours, 1er décembre 1870, 8 heures du soir. — *Intérieur à préfets, sous-préfets et généraux.* — La délégation du gouvernement a reçu, aujourd'hui 1er décembre, la nouvelle d'une victoire remportée sous les murs de Paris pendant les journées des 28, 29 et 30 novembre. Cette nouvelle avait été apportée à Tours par le ballon le *Jules Favre*, descendu près de Belle-Isle-en-Mer. A quatre heures, M. Gambetta, membre du gouvernement, s'adressant à la foule réunie dans la cour de la préfecture, a confirmé en ces termes la grande et heureuse nouvelle :

(Voir le texte de cette allocution, chap. III, p. 59-64.)

Tours, 2 décembre. — *Aux préfets et sous-préfets.* — *Circulaire.* — La qualité de maire ou d'adjoint ne constitue pas dans la pensée du gouvernement une exception à la règle générale qui impose la mobilisation. Je suis informé d'ailleurs que dans les communes administrées par des maires et adjoints sujets à la mobilisation cette mesure

indispensable pour assurer la défense du pays rencontre
une sérieuse opposition dans les populations. Beaucoup de
gens disent : Quand le maire partira, nous partirons; c'est
là une objection qu'il importe de lever. Je voudrais avoir
votre avis sur cette question qui est délicate puisqu'elle
risque de désorganiser l'administration dans un certain nombre de communes. J'incline à penser qu'il y aurait lieu de
trouver des maires non sujets à la mobilisation à seul fait
de faire cesser ces réclamations souvent justifiées.

J'attends votre réponse. Faites-moi connaître aussi dans
quelles dispositions vous aurez trouvé les maires à cet égard.

TOURS, 2 décembre. — *Aux préfets et sous-préfets. Circulaire.* — Faites afficher dans toutes vos communes, sous
votre signature, l'avis suivant :

« Au moment où la défense nationale doit se livrer à un
immense et suprême effort sur toute l'étendue du territoire, le gouvernement de la République invite les gardes
nationaux sédentaires de toutes les communes appelés à
prendre part à des combats contre l'ennemi de quelque importance qu'ils soient, à se considérer comme soldats et à
s'inspirer de tous les devoirs de la vie militaire. Le premier
service que les gardes nationaux doivent rendre, c'est de se
montrer prévoyants pour eux-mêmes. Ils ne devront quitter leurs foyers qu'avec leurs armes en bon état, leurs munitions soigneusement mises à l'abri, et pourvus de chaussures de route ou de chasse susceptibles de résister à de
longues marches et d'un sac contenant des provisions et des
vivres. Ceux de nos concitoyens qui voudraient faire de
leur fortune ou de leur aisance un noble et patriotique
usage penseront à leurs voisins plus pauvres en les aidant
de leur bourse et de leurs conseils. Il s'établira ainsi entre
tous les habitants d'une même commune une confraternité
militaire qui contribuera puissamment à la bonne attitude
des troupes, et les précautions qui n'auraient coûté à l'initiative individuelle aucun effort seront pour l'administration
de l'intendance un concours et un soulagement précieux. »

MM. les préfets sont invités d'ailleurs à prendre toutes
mesures dans le sens de l'avis plus haut et à rendre compte
au ministre de l'intérieur et de la guerre.

Tours, le 6 décembre 1870.

Monsieur le préfet,

En portant à votre connaissance le décret du 28 novembre dernier, qui ouvre un crédit de six millions destiné à procurer du travail aux ouvriers sans ouvrage, j'ai appelé votre attention sur la nécessité de consacrer à des travaux réellement utiles, les ressources créées par les communes et par les particuliers, ainsi que les subventions de l'État.

Je crois utile de vous adresser de nouvelles recommandations à ce sujet. Il est arrivé trop souvent, en effet, que les communes, uniquement préoccupées d'assurer des moyens d'existence aux ouvriers, n'ont pas recherché suffisamment les meilleurs résultats à obtenir dans l'intérêt général.

Le gouvernement de la Défense nationale, en associant dans sa pensée le désir de soulager les souffrances des classes nécessiteuses aux devoirs que lui impose le salut de la patrie, doit exiger que les sacrifices demandés au pays ne restent pas stériles.

Vous n'admettrez donc aucune des subventions sans que la nature et le but des travaux soient bien nettement déterminés; vous devez aussi vous assurer de la possibilité de terminer, dans un délai assez rapproché, les ouvrages entrepris, afin d'éviter l'aspect déplorable de travaux inachevés, et, par suite, de dépenses non utilisées.

Tout en ayant égard à la situation particulière des communes, aux sacrifices consentis dans l'intérêt de la Défense nationale, aux sommes votées pour l'exécution des travaux, je n'admettrai d'autres demandes que celles qui se présenteront dans les conditions qui précèdent.

Mais il ne suffit pas que les travaux entrepris aient un caractère d'utilité incontestable : il faut également, ainsi que je vous l'ai déjà fait connaître, que la bonne exécution et l'économie de ces travaux soient garanties par la direction d'hommes spéciaux, et que, pour éviter des abus trop fréquents, les dépenses soient constatées par une comptabilité rigoureusement exacte.

En ce qui concerne les chemins vicinaux, dont je vous

ai recommandé le choix pour l'établissement des ateliers, une instruction générale, approfondie par une commission composée d'hommes compétents, vous a été adressée il y a trois mois. Elle renferme toutes les indications nécessaires pour l'établissement d'une comptabilité régulière, et ses prescriptions devront être appliquées à partir du 1er jan-1871. Vous voudrez bien donner avis de cette décision à l'agent voyer en chef de votre département, pour qu'il prenne, dès à présent, les dispositions nécessaires.

C'est au moment où le salut du pays réclame le concours de tous les efforts. de toutes les ressources, qu'il importe d'exiger des garanties dont l'absence a trop souvent favo-risé, sinon la dilapidation, du moins le mauvais emploi des sommes demandées aux populations.

Les sacrifices consentis par les communes dans l'intérêt de la défense nationale ont nécessairement restreint les ressources consacrées à leurs travaux particuliers. Ce n'est qu'avec une stricte économie, qu'à l'aide d'un ordre rigou-reux, qu'elles pourront rétablir l'équilibre de leur budget.

Une comptabilité régulière, tenue d'après des bases bien déterminées, est la condition essentielle pour y parvenir. Faites-le comprendre à tous les citoyens chargés de diriger, de surveiller et de contrôler les dépenses communales ou départementales.

Vous voudrez bien m'accuser réception de la présente cir-culaire.

Recevez, monsieur le préfet, l'assurance de ma considé-ration très distinguée.

Pour le ministre de l'intérieur :

*Le secrétaire général délégué
au ministère de l'intérieur,*

Jules Cazot.

Tours, 6 décembre. — *Aux préfets et sous-préfets.* — *Circu-laire.* — Je suis informé que les bruits les plus alarmants sont répandus sur la situation de l'armée de la Loire.

Démentez hardiment toutes ces mauvaises nouvelles, col-portées par la malveillance dans le but de provoquer le découragement, la démoralisation. Vous serez strictement dans le vrai en affirmant que notre armée est dans ce moment dans d'excellentes positions, que son matériel est intact et renforcé, qu'elle se dispose enfin à reprendre la lutte contre l'envahisseur.

Que chacun soit ferme et fort; que tous ensemble nous fassions un grand, un suprême effort, et la France sera sauvée.

TOURS, 7 décembre. — *Aux préfets.* — *Circulaire.* — Le décret sur les camps doit être exécuté ; il importe au salut de la patrie que les citoyens appelés loin de leurs foyers à un service nécessaire mais pénible ne souffrent pas des intempéries de la saison; il faut donc que vos gardes nationaux mobilisés soient en état lors de leur départ. Pour arriver à ce résultat, stimulez l'activité de vos fournisseurs, faites appel au patriotisme et au travail de tous. Faites-moi savoir quand vos mobilisés seront en possession de leurs objets d'habillement, d'équipement et de campement. Il faut que j'aie une réponse exacte avant trois jours.

TOURS, 7 décembre 1870, 12 h. 10 soir. — *Circulaire intérieur aux préfets et aux généraux.* — Le colonel Frappoli est autorisé à recruter par enrôlements volontaires un corps d'étranger, qui prendra le nom de la légion de l'Étoile.

Prêtez-lui le concours et l'appui de votre administration.

TOURS, 8 décembre. — *Aux préfets.* — *Circulaire.* — La translation du siège du gouvernement de Tours à Bordeaux a été décidée aujourd'hui. Elle aura lieu dans la journée de demain. Continuez à adresser vos dépêches à Tours jusqu'à demain soir 9 décembre à minuit. Ne soyez pas inquiet de cette translation qui a uniquement pour but d'assurer la parfaite liberté des mouvements stratégiques des deux armées composées avec l'armée de la Loire.

La situation militaire, malgré l'évacuation d'Orléans, est bonne, et le général Chanzy depuis deux jours lutte avec succès contre Frédéric-Charles et le refoule. Nos ennemis jugent eux-mêmes leur situation critique, j'en ai la preuve. Patience et courage, nous nous tirerons d'affaire, ayez de l'énergie; réagissez contre les paniques, défiez-vous des faux bruits, et croyez en la bonne étoile de la France.

Mes collègues se rendent à Bordeaux, je pars demain

matin pour l'armée de la rive gauche de la Loire entre Meung et Beaugency.

BORDEAUX, 11 décembre 1870, 10 h. — *Guerre à préfet Calvados, à général commandant à Caen, à général Sol à Tours, à général commandant Alençon.* — Sous aucun prétexte et à moins d'ordre formel, donné directement par M. le ministre Gambetta, les troupes dirigées à destination de Cherbourg, Carentan, ne doivent être ni arrêtées ni détournées.

Le gouvernement traduira en cour martiale toute personne, quel que soit son rang, qui entravera l'exécution de cet ordre. En ce qui vous concerne personnellement, faites toutes diligences pour rechercher toutes les troupes qui auraient pu être ainsi détournées et dirigez-les sans aucun délai sur Cherbourg.

FREYCINET.

BOURGES, 19 décembre. — *A tous les préfets et sous-préfets.* — *Circulaire.* — Depuis quelques jours les fausses nouvelles sont répandues avec une persistance et une malignité incroyables. Certains journaux, empressés à les reproduire ou à les commenter, semblent obéir à un mot d'ordre. Je ne saurais trop vous engager à tenir les populations en garde contre de pareilles manœuvres qui n'ont d'autre but que de dérouter l'opinion et d'énerver la fibre patriotique. Il faut que les départements imitent la confiance et la fermeté d'âme de Paris, que les messages prussiens introduits dans ses murs ne réussissent même pas à émouvoir. Le gouvernement de la République tient à honneur de ne rien cacher de la vérité. Tenez donc pour certain que les nouvelles de guerre qui ne vous sont point directement communiquées par nos bulletins quotidiens sont apocryphes. Lorsque nous gardons le silence c'est qu'il n'y a aucun fait accompli à signaler. Quant aux mouvements stratégiques, tout le monde comprendra la réserve que nous devons garder. Soyons patients, calmes et courageux. A Paris comme sur les rives de la Loire, la situation est bonne. Si l'œuvre de la résistance nationale n'est entravée par aucune défaillance, si tous les citoyens, au lieu de se laisser aller à des paniques inexplicables, savent élever leurs résolutions à la hauteur des circonstances, l'heure de la revanche sera prochaine.

Telle est notre inébranlable foi. Aidez-nous à la faire partager par les populations en réagissant contre les faux bruits qui, dans les circonstances actuelles, sont une véritable conspiration contre la patrie.

BOURGES, 19 décembre 1870, 9 h. 6 soir. — *Gambetta aux préfets Charente, Haute-Savoie, Gironde, Maine-et-Loire, Puy-de-Dôme, Ariége. — Circulaire.* — Je vous donne l'ordre de faire rechercher activement dans toutes les communes les mobiles, soldats et officiers, qui, à la suite des derniers événements ont regagné leurs foyers sans être grièvement blessés, et de les diriger au besoin par les soins de la gendarmerie sur leurs corps respectifs.

Vous auriez soin, pour ceux des officiers qui n'auraient aucune blessure, de les déférer à la cour martiale.

L. GAMBETTA.

BOURGES, 20 décembre. — *Aux préfets de la République — Circulaire.* — Faites-moi savoir d'urgence quand les mobilisés seront absolument habillés, équipés, campés, complètement en état de partir dans de bonnes conditions sanitaires. Je tiens à ce qu'ils aient tous une couverture et, s'il est possible, une chaude capote, tout au moins un tricot de laine pour la remplacer. Ont-ils des havresacs, des grandes gamelles, grands bidons, grandes marmites, petits bidons, petites gamelles, tentes, etc. Ont-ils des souliers? Avisez-moi de ce qui leur manque et de ce que vous ne sauriez leur procurer. J'attends votre réponse d'urgence.

BOURGES. — *A tous les préfets et sous-préfets de la République. — Circulaire.* — Les informations que le Gouvernement vient de recevoir de Paris lui permettent de démentir de la manière la plus catégorique les bruits de désordre dans la rue et de répression violente dont certains journaux se sont faits les propagateurs.

Les seuls faits regrettables qui puissent être signalés sont des infractions à la discipline militaire qui ne forment d'ailleurs qu'une infime exception parfaitement circonscrite, et qui ont entraîné la dissolution de deux bataillons de la garde nationale, celui des tirailleurs de Belleville et celui des volontaires du 147e.

· M. Flourens a été envoyé devant un conseil de guerre, à raison de faits auxquels la politique est étrangère, sous la prévention d'une usurpation d'insignes et de commandement militaires. Un certain nombre de volontaires de Belleville sont traduits devant la même juridiction, pour désertion en présence de l'ennemi.

Il ne s'est produit, ni à l'occasion de ces faits particuliers, ni en aucune autre circonstance, aucun symptôme de discorde civile; l'esprit d'union et de patriotisme n'a fait au contraire qu'aller en s'exaltant.

BOURGES, 21 décembre. -- A *tous les préfets*. —*Circulaire*. — La circulaire des finances aux trésoriers généraux de ne faire de paiement que sur crédits ouverts ne s'applique pas à la garde nationale mobilisée.

Les trésoriers en ont été avertis par le délégué des finances. Pour le reste, les préfets doivent se mettre en règle en faisant ouvrir les crédits nécessaires, sans cela le service des finances devient impossible. Pour plus amples renseignements, je vous télégraphierai demain.

· BOURGES, 21 décembre. — A *tous les préfets*. — *Circulaire*. — M. Gambetta, ministre de l'intérieur et de la guerre, poursuivant la tâche qu'il s'est donnée de se rendre compte par lui-même de l'état de nos forces militaires, a quitté Bourges pour se rendre à l'armée de Lyon.

21 décembre. — A *tous les préfets*. — *Circulaire*. — Une dépêche du préfet du Rhône vient d'informer le Gouvernement qu'un épouvantable forfait a été commis hier à Lyon. Un des chefs de bataillon de la garde nationale de la Croix-Rousse, républicain éprouvé, a été saisi sous un prétexte futile, et fusillé par une bande de misérables, probablement stipendiés par les ennemis de la République et de la France; l'exécution a eu lieu après un simulacre de jugement, ce qui ajoute, si c'est possible, à l'odieux du crime.

La dépêche du préfet qui apporte les détails disait :

« Lyon est consterné et indigné, mais tranquille; l'ordre ne sera plus troublé. »

· A la réception de la dépêche, M. les garde des sceaux, ministre de la justice, a donné l'ordre de poursuivre énergiquement les coupables; de son côté, M. le ministre de l'intérieur et de la guerre télégraphie de Lyon à ses collègues du Gouvernement :

« Le crime commis hier a indigné la population, on recherche activement les assassins pour que justice exemplaire et expiatoire se fasse. »

22 décembre. — *A tous les préfets et sous-préfets. — Circulaire. —* Les circulaires de l'intérieur et de la justice sur l'évènement de Lyon sont confidentielles, et destinées à vous éclairer sur ce déplorable incident.

C'est là un événement accidentel et qu'il ne faut pas grossir. C'est pour éviter le grossissement et le parti qu'en pourraient tirer les ennemis de la République que je vous ai télégraphié. Ne faites donc pas afficher les dépêches partout où elles ne l'auront pas été.

22 décembre. — *A tous les préfets. — Circulaire. —* Il ne s'agit pas le moins du monde de supprimer vos crédits, mais de les régulariser, sans quoi vous devez comprendre que le service des finances devient impossible. Donc, demandez-nous par dépêches les ouvertures et les régularisations dont vous avez besoin. Les affaires militaires ne doivent pas rester et ne resteront pas en souffrance.

Lyon, 22 décembre 1870, 4 h. 30 soir. — *Intérieur à préfets Angers, Maine-et-Loire, et le Mans, Sarthe. —* Je reçois une dépêche de M. Raoul de Boisdeffre, capitaine d'état-major envoyé de Paris en ballon près du général Chanzy. Il est porteur de six pigeons. Veuillez lui faire porter ses pigeons à Poitiers, où se trouvent tous ceux de l'administration télégraphique. Cette condition est absolue, et je renouvelle à cet égard toutes les prescriptions antérieures.

Après ce voyage, M. de Boisdeffre pourra se rendre au Mans, auprès du général Chanzy; mais dites-lui que je le mande auprès de moi et faites-le venir le plus tôt possible.

Bordeaux, 22 décembre 1870, 8 h. soir. — *Intérieur à préfets. — Circulaire. —* Après avoir pris l'avis des préfets, le Gouvernement, confirmant ses instructions des 15 et 20 octobre, maintient à l'égard des maires et présidents de commissions municipales l'exemption de service de la garde nationale mobilisée. Quant aux adjoints, la circulaire du 15 demeure seule applicable. Ils sont soumis à la mobilisation, à moins qu'ils ne remplissent par intérim les fonctions vacantes de maire.

Le secrétaire général,

CAZOT.

23 décembre. — *A tous les préfets.* — *Circulaire.* — Envoyez-moi exactement, et par dépêche télégraphique, le nombre des mobilisés que vous pouvez mettre immédiatement en marche, en bon état d'habillement, d'équipement et de campement.

BORDEAUX, 23 décembre 1870, 2 h. 50 soir. — *Délégué Guerre à De Serres, Autun ; Bourbaki, Nevers ; Gambetta, Lyon.* — L'ensemble des dépêches que je reçois et que je collationne sur la carte, me confirme que la concentration des Prussiens s'effectue plutôt à l'ouest d'Auxerre qu'à l'est ; il semblerait même y avoir une tendance à renforcer les environs de Montargis, comme si l'ennemi croyait à la marche d'abord projetée sur cette direction. On en peut induire, avec une grande probabilité, que les mouvements en cours de la part de nos forces, ne rencontreront pas d'autres obstacles que ceux qui existent actuellement, mais à la condition qu'on ne perdra pas de temps.

FREYCINET.

28 décembre. — *A tous les préfets.* — *Circulaire.* — Donnez à vos artilleurs de la mobilisée le même uniforme qu'aux gardes ; vous ajouterez : 1° la double bande rouge au pantalon ; 2° le cuir au pantalon. Faites adjudication d'urgence.

28 décembre. — *A tous les préfets.* — *Circulaire.* — Il faut que vos gardes nationaux mobilisés soient en parfait état d'habillement, équipement, campement, sans retard. Pour arriver à ce résultat à jour fixé, et que vous m'indiquerez, employez tous efforts.

30 décembre. — *Circulaire.* — Répondez nettement aux questions suivantes : Quel est l'effectif de vos mobilisés ?

Quel est l'état de leur habillement, équipement, campement ; est-il suffisant, mais chaud ? Sont-ils concentrés au chef-lieu du département ? Sont-ils exercés ; quel est le degré de leur instruction militaire ? Quel est votre avis sur le cadre d'officiers et de sous-officiers ? Vous devez répondre à ces diverses questions sans aucun retard et par dépêche télégraphique, et hâtez à jour fixé les concentrations où vous ne les avez pas encore ordonnées ; je vous demande ces renseignements et vous rends responsable de leur exactitude, vu l'urgence des opérations.

31 décembre. — *A tous les préfets et sous-préfets.* — *Circulaire.* — Un officier adresse à la guerre le télégramme suivant :

« J'ai voyagé hier avec Ducoux, ancien préfet de police, ancien représentant du peuple, sorti en ballon. Les attaques des Prussiens à Avron ont été glorieusement repoussées. Carnage de Prussiens, 7 à 8,000 tués. Le même soir les mobiles donnaient un concert au profit des pauvres. Paris est magique, régénéré, antique. Si quelqu'un osait y parler de capitulation, il serait fusillé sur place. Paris peut tenir largement fin février. »

Du Nord le général Faidherbe télégraphie qu'il a commencé ses opérations et qu'il a parcouru le pays autour d'Arras sans rencontrer de troupes ennemies.

4 janvier. — *A tous les préfets.* — *Circulaire.* — Pressez l'instruction de vos mobilisés, préparez-les à faire école de tir, montage, démontage, entretien des armes. Hâtez école de peloton. Recevrez ordres détaillés. Veillez à vêtements chauds.

9 janvier. — *A tous les préfets.* — *Circulaire.* — Je vous demande de m'établir par dépêche télégraphique et à raison de la nécessité d'approvisionner de munitions conformes les mobilisés déjà en route, un tableau en deux sections comprenant : 1° la nature des fusils dont étaient armés les mobilisés déjà partis ; 2° la nature des fusils dont sont armés les mobilisés actuellement et ultérieurement disponibles.

BORDEAUX, 9 janvier 1871, 10 h. 30 soir. — *Intérieur à préfets.* — *Circulaire. Chiffrée.* — Ne vous hâtez pas de pré-

parer vos propositions pour la formation des commissions
départementales. D'autres intérêts appellent vos soins, et il
sera temps de vous en occuper si de nouveaux sacrifices
doivent être demandés aux départements.

JULES CAZOT.

BORDEAUX, 10 janvier 1871, 7 h. 45 soir. — *Intérieur et
Guerre à préfets, sous-préfets, généraux, intendants et inspecteurs du télégraphe. — Circulaire.* — Je rappelle à tous les
fonctionnaires que la franchise télégraphique ne peut et ne
doit être requise que pour les dépêches traitant exclusivement des questions de service public.

Tout ce qui, dans les télégrammes, a trait à des intérêts privés (de famille, d'affaires commerciales, industrielles
ou autres) doit être rigoureusement soumis à la taxe par
les soins des agents du télégraphe.

GAMBETTA.

11 janvier. — *A tous les préfets. — Circulaire.* — Par ordre
du Gouvernement, veuillez dresser une liste des fonctionnaires des finances qui se sont gravement compromis sous
le gouvernement déchu et dont vous jugez que le remplacement immédiat est indispensable. Vous nous ferez parvenir cette liste au plus tôt. Mêmes recommandations pour
les fonctionnaires de l'instruction publique.

13 janvier. — *A tous les préfets. — Circulaire.* — Faites-
moi savoir d'urgence par dépêche s'il vous serait possible,
avec vos ressources locales, de fournir aux gardes nationaux mobilisés du premier ban des hommes mariés l'habillement, l'équipement et le campement nécessaires. Ces
fournitures devraient être faites dans le délai d'un mois
aux prix réglementaires. Vous donneriez à nos gardes
nationaux mobilisés la tenue uniforme de l'infanterie; toutefois, à défaut de draps garance et gris de fer bleuté, vous
accepterez des draps bleu noir, gris foncé et marengo.
Faites-moi savoir si la matière première seule vous manque,
l'État vous la fournirait et vous la confectionneriez. Ces
renseignements seront donnés sous votre responsabilité.

13 janvier. — *A tous les préfets. — Circulaire chiffrée et
confidentielle.* — Conformément aux instructions que vous

venez de recevoir de M. le ministre de l'instruction publique de Paris, vous êtes autorisé à faire au point de vue
politique républicain dans le personnel des instituteurs,
tous les changements que vous jugerez utiles. Pour les inspecteurs et recteurs, vous voudrez bien nous en référer, en
nous envoyant des rapports, avec pièces à l'appui, s'il y a lieu.

Ceci est absolument confidentiel et doit rester tel entre
vous et le ministre de l'intérieur.

13 janvier. — *A tous les préfets et sous-préfets.* — Je vous
adresse la protestation solennelle contre le bombardement
de Paris, signée par tous les membres du gouvernement
de la Défense nationale. Je vous invite à la faire afficher à
triple exemplaire, dans chaque commune de votre département et à la faire publier dimanche à l'issue des offices,
à son de caisse avec tout l'appareil désirable. Vous pouvez
la faire précéder et suivre de telle proclamation que vous
jugerez convenable. Vous me rendrez compte de l'effet
produit.

Bordeaux, 14 janvier 1871, 3 h. 50 soir. — *Intérieur à
préfets Nord, Lille; Pas-de-Calais, Arras; Seine-Inférieure,
Rouen.* — Le baron de Malortie, sujet hanovrien, expulsé
du territoire de la République, s'est embarqué le 2 janvier à Saint-Malo pour se rendre en Angleterre.

Je vous transmets son signalement, pour le cas où il cher-
cherait à rentrer en France en se servant d'un passeport
sous un autre nom que le sien, peut-être sous le nom d'Hof-
mann : 36 ans, taille 1m,90, cheveux blonds, longs, partagés
au milieu de la tête, sourcils blonds, front étroit, yeux gris,
nez moyen, bouche moyenne, barbe blonde et longue,
visage ovale, teint clair.

RANC.

Bordeaux, 14 janvier, 6 h. 30 soir. — *A tous les préfets.*
— *Circulaire.* — Le ministre de l'intérieur et de la guerre a
décidé qu'il ne serait plus formé de compagnies de francs-
tireurs à compter de ce jour. Vous voudrez donc me faire
connaître de suite l'état des corps en formation dans votre
département dont la constitution serait assez avancée pour
qu'ils puissent être remis dans un délai très prochain à

l'autorité militaire. La formation de tous les autres corps
devra être suspendue et les quelques volontaires qui en
font déjà partie seront ou licenciés ou versés dans l'armée
active ou l'armée auxiliaire.

C. LAURIER.

15 janvier. — *A tous les préfets et sous-préfets.* — *Circulaire.*
(*Confidentielle et chiffrée.*) — Pour compléter ma dépêche
confidentielle concernant la révocation des fonctionnaires
des finances et de l'instruction publique, veuillez, en m'a-
dressant des demandes de révocation, me faire parvenir en
même temps la liste des personnes proposées en remplacement avec notes à l'appui.

Vous comprendrez facilement qu'en finances surtout nous
ne pouvons, sous peine d'entraver le service, prononcer de
destitution sans remplacement immédiat, et que nous pourrions ici ne pas avoir ce qu'il nous faudrait sous la main.

16 janvier. — *A tous les préfets.* — *Circulaire.* (*Confidentielle
et chiffrée.*) — En même temps que vous me désignerez
les révocations dans les emplois des finances, faites-nous
des propositions pour le remplacement. Vous ne devez
nous proposer que des hommes de la moralité la plus
éprouvée et la plus notoire.

18 janvier. — *Aux préfets de l'Allier, Ariége, Aude, Aveyron, Cantal, Charente, Charente-Inférieure, Corrèze, Creuse,
Drôme, Gers, Gard, Isère, Loire, Haute-Loire Loire-Inférieure,
Basses-Pyrénées, Pyrénées-Orientales, Savoie, Haute-Savoie,
Deux-Sèvres, Var et Vaucluse.* — Faites-moi savoir quand
le reste de votre contingent de mobilisés sera en état. Il
importe que vous considériez le 20 février comme une date
extrême pour la remise à l'autorité militaire. Répondez-
moi par dépêche.

18 janvier. — *A tous les préfets.* — *Circulaire.* — 1° Avez-
vous pris des mesures, et quelles sont-elles, pour faire
rejoindre leurs corps aux mobilisés réfractaires?

2° Quel est l'effectif approximatif des mobilisés du premier
ban des hommes mariés? Combien y a-t-il parmi eux d'anciens militaires? Vos listes sont-elles prêtes?

Vous répondrez d'urgence à ces questions et par dépêche.
Je vous rappelle que tant que dans votre département il
restera des mobilisés non encore remis à l'autorité militaire,
je tiens à l'observation la plus rigoureuse de ma circulaire
sur les exercices et de l'envoi du rapport que je vous ai
demandé.

BORDEAUX, 19 janvier 1871, 4 h. 40 soir. — *Sûreté générale
aux préfets.* — *Circulaire chiffrée.* — Faites saisir dans tous
les bureaux de poste, les numéros du journal *le Drapeau*.
Donnez des instructions dans ce sens, une fois pour toutes.

21 janvier. — *Aux préfets Hérault, Indre, Isère, Haute-
Loire, Lot, Lot-et-Garonne, Manche, Morbihan, Puy-de-Dôme,
Hautes-Pyrénées, Pyrénées-Orientales, Charente-Inférieure,
Vendée, Gers, Saône-et-Loire.*
Dans votre réponse à ma circulaire du 18 janvier vous ne
m'avez pas indiqué le chiffre des anciens militaires compris ·
dans le premier ban des mobilisés mariés.
Faites-le-moi connaître au plus tôt.

21 janvier. — Je vous rappelle qu'il est indispensable que
vous avertissiez avec la plus grande régularité de l'arrivée
de vos contingents mobilisés, le préfet et les généraux commandant soit la division, soit le camp sur lesquels ces contingents sont dirigés.

CIRCULAIRE AUX PRÉFETS

Bordeaux, le 28 janvier 1871.

Monsieur le préfet,

La situation de la République et de la France touche
à sa période de crise la plus aiguë. Un événement
d'un portée morale incalculable est sur le point de se
produire, Paris va être rendu. Bien que les esprits
clairvoyants aient pu déjà, depuis quelque temps,
envisager cette cruelle issue, dont le caractère véritable reste entouré de nuages qu'un examen ultérieur

et impartial pourra seul dissiper, la masse générale
du pays en sera vivement frappée et probablement
découragée fortement.

Je n'ai, par suite d'accidents atmosphériques, aucune
donnée officielle venue du Gouvernement sur la réalité
de la capitulation. Mais la multiplicité et la précision
des informations de source étrangère ne me laissent
malheureusement plus aucun doute.

Jules Favre s'est rendu à Versailles, pour traiter
exclusivement de la reddition de Paris. Quelles conditions lui aura-t-on faites, et quel accueil Paris aura-
t-il fait lui-même aux prétentions prussiennes? Ce
sont là des points sur lesquels je ne possède aucun
renseignement. Il peut s'être accompli, dans notre
héroïque capitale, des événements de la plus haute
gravité. Nous ne pouvons tarder à être fixés. Si le
silence se prolongeait trop longtemps, mes résolutions
sont prises, et je n'hésiterais pas à prendre les mesures que me paraissent dicter les intérêts inséparables de la France et de la République.

Mais, comme je tiens particulièrement à ce qu'il
n'y ait entre nous ni incertitude ni désaccord, je vous
adresse la dépêche même que j'ai expédiée au gouvernement de Paris sur la crise actuelle [1]. Elle suffira, je pense, pour vous exposer complètement mes
sentiments et mes projets, en même temps qu'elle
vous montrera une fois de plus que j'en use avec vous
comme avec un conseiller intime.

En conséquence, je vous adresserai, aussitôt les
événements connus, un appel au pays pour annoncer
la préparation de l'Assemblée dont il est question
dans la dépêche que je vous envoie. Jusque-là vous
prendrez vos mesures, et je m'en rapporte à votre
prudence et à votre sagesse politiques pour tirer
de ces communications confidentielles et tout à fait

1. Voir la dépêche du 27 janvier.

personnelles le parti qui vous paraîtra le meilleur.

Recevez, monsieur le préfet, l'assurance de ma considération très distinguée.

LÉON GAMBETTA.

DÉPÊCHE-CIRCULAIRE AUX PRÉFETS ET SOUS-PRÉFETS

Bordeaux, le 29 janvier 1871, 12 h. 40 m. soir.

Monsieur,

La délégation du Gouvernement, établie à Bordeaux, qui n'avait, jusqu'ici, sur les négociations entamées à Versailles, que des renseignements fournis par la presse étrangère, a reçu cette nuit le télégramme suivant qu'elle porte à la connaissance du pays dans sa teneur intégrale :

DÉPÊCHE TÉLÉGRAPHIQUE

M. Jules Favre, ministre des affaires étrangères à Délégation, à Bordeaux.

(Recommandée)

Versailles, le 28 janvier 1871, 11 h. 15 m. soir.

« Nous signons aujourd'hui un traité avec M. le
« comte de Bismarck.

« Un armistice de vingt et un jours est convenu.

« Une Assemblée est convoquée à Bordeaux pour
« le 15 février.

« Faites connaître cette nouvelle à toute la France.

« — Faites exécuter l'armistice, et convoquez les élec-
« teurs pour le 8 février.

« Un membre du Gouvernement va partir pour Bordeaux.

« *Signé :* Jules Favre. »

Un décret, qui sera ultérieurement publié, fera connaître les mesures prises pour assurer l'exécution des dispositions ci-dessus.

La délégation du gouvernement
de la Défense nationale,

Léon Gambetta, Al. Glais-Bizoin,
Ad. Crémieux, L. Fourichon.

(*Confidentiel et chiffré.*) Je vous écrirai aujourd'hui même pour vous faire connaître mes résolutions personnelles.

Gambetta.

Bordeaux, 29 janvier, 6 h. 5 soir. — *A préfets et sous-préfets.* — Je vous ai mandé ce matin, en vous envoyant les dépêches venues de Versailles, que je vous ferai connaître ma résolution personnelle. La voici. J'ai décidé de maintenir le *statu quo* jusqu'à l'arrivée du personnage qui est annoncé de Paris. Cette arrivée est imminente puisqu'il a pu partir de Paris dès la nuit dernière. Aussitôt après l'entrevue et les explications que j'aurai eues avec lui, vous serez avisé des déterminations politiques auxquelles je me serai arrêtées. En attendant, restez ferme et confiant.

Gambetta.

29 janvier. — *Aux préfets et sous-préfets.* — Continuez d'exercer d'une façon continuelle les mobilisés qui sont encore dans votre département. Tout retard serait une faute grave dans le temps de répit que des circonstances douloureuses nous commandent d'utiliser immédiatement pour la Défense du pays.

30 janvier 1871. — *Circulaire aux préfets et sous-préfets.* — Le ministre de l'intérieur et de la guerre a fait passer ce

matin à M. Jules Favre à Versailles, une dépêche pour lui
demander de sortir du silence gardé par le gouvernement
de Paris et de faire connaître le nom du membre du gouvernement dont l'arrivée était annoncée ainsi que les
motifs qui peuvent expliquer son retard. Il a réclamé en
même temps des détails précis sur la situation générale et
sur le sort de Paris.

LACRIER.

30 janvier. — *Aux préfets et sous-préfets. — Circulaire.* —
Depuis la dépêche qui vous a été envoyée dans l'après-midi
et par laquelle on demandait à Versailles des renseignements prompts et précis sur la nature, l'étendue et la portée des arrangements conclus, aucune nouvelle officielle
n'a été reçue. On ne sait rien de plus que ce matin; toutefois les avis de l'étranger portent qu'à Versailles on n'a
rien engagé sur le fond même de la paix. L'occupation des
forts de Paris par les Prussiens semble indiquer que la capitale a été rendue en tant que place forte. L'armée et la
garde mobile devront déposer leurs armes. La garde
nationale sédentaire conserve les siennes. La convention
qui est intervenue porte exclusivement l'armistice qui
semble surtout avoir pour objet la formation et la convocation d'une assemblée. La politique soutenue et pratiquée
par le ministre de l'intérieur et de la guerre est toujours la
même : guerre à outrance, résistance jusqu'à complet épuisement. Employez donc toute votre énergie à maintenir le
moral des populations. Le temps de l'armistice va être mis
à profit pour renforcer nos trois armées en hommes, en
munitions, en vivres. Les troupes seront astreintes à une
discipline sévère à laquelle il faudra donner tous vos soins
de concert avec vos chefs militaires. Elles devront être
exercées tous les jours de longues heures pour s'aguerrir.
Les conseils de revision devront continuer; et tout le travail d'organisation, d'équipement, bien loin d'être interrompu, devra être poursuivi avec une extrême vigilance. Il
faut à tout prix que l'armistice nous profite, et nous pouvons faire qu'il en soit ainsi. Enfin il n'est pas jusqu'aux
élections qui ne puissent et doivent être mises à profit. Ce
qu'il faut à la France, c'est une Assemblée qui veuille la
guerre et qui soit décidée à tout pour la faire. Le membre

du Gouvernement qui est attendu arrivera sans doute demain matin. Le ministre s'est fixé un délai qui expire demain à trois heures. Vous recevrez demain une proclamation aux citoyens avec l'ensemble des décrets et des mesures qui, dans sa pensée doivent parer aux nécessités de la situation actuelle. Donc, patience, fermeté, courage, union et discipline; vive la République !

Signé : Laurier.

. 30 janvier. — *Aux préfets.* — *Circulaire.* — Dans la séance du 30 janvier, le conseil municipal de Bordeaux a adopté à l'unanimité la délibération suivante qui a été immédiatement transmise au gouvernement :

« En présence des événements qui se produisent, le conseil municipal de Bordeaux proteste contre toutes conditions de paix qui ne sauvegarderaient pas complètement l'honneur national.

« Il adjure la délégation de Bordeaux de rester à son poste et de continuer à préparer avec la plus grande énergie la guerre à outrance. Vive la République! »

C. Laurier.

CIRCULAIRE AUX PRÉFETS ET SOUS-PRÉFETS

Bordeaux, le 31 janvier 1871, 12 h. 35 m. matin.

Mon cher collaborateur,

Depuis la dépêche qui vous a été envoyée dans l'après-midi [1], et par laquelle on demandait à Versailles des renseignements prompts et précis sur la nature, l'étendue et la portée des arrangements conclus, aucune nouvelle officielle n'a été reçue. On ne sait rien de plus que ce matin; toutefois, les avis de l'étranger portent qu'à Versailles on n'a rien engagé sur le point même de la paix. L'occupation des forts de Paris par les Prussiens semble indiquer que la capitale a été rendue en tant que place forte, l'armée et la garde

---

1. Voir la dépêche du 30 janvier.

mobile devront déposer les armes, la sédentaire conserve les siennes. La convention qui est intervenue porte exclusivement sur l'armistice, qui semble avoir surtout pour objet la formation et la convocation d'une Assemblée.

La politique soutenue et pratiquée par le ministre de l'intérieur est toujours la même : guerre à outrance, résistance jusqu'à complet épuisement. Employez donc toute votre énergie à maintenir le moral des populations.

Le temps de l'armistice va être mis à profit pour renforcer nos trois armées en hommes, en munitions, en vivres. Les troupes seront astreintes à une discipline sévère, à laquelle il faudra donner tous vos soins, de concert avec les chefs militaires. Elles devront être exercées tous les jours pendant de longues heures pour s'aguerrir. Les conseils de revision devront continuer, et tout le travail d'organisation, d'équipement, bien loin d'être interrompu, devra être poursuivi avec une extrême vigilance. Il faudra à tout prix que l'armistice nous profite, et nous pouvons faire qu'il en soit ainsi. Enfin, il n'est pas jusqu'aux élections qui ne puissent et doivent être mises à profit. Ce qu'il faut à la France, c'est une Assemblée qui veuille la guerre et soit décidée à tout pour la faire.

Le membre du Gouvernement qui est attendu arrivera sans doute demain matin. Le ministre s'est fixé un délai qui expire demain à trois heures. Vous recevrez demain une proclamation aux citoyens avec l'ensemble des décrets et des mesures qui, dans sa pensée, doivent parer aux nécessités de la situation actuelle.

Donc patience, fermeté, confiance, union et discipline. Vive la France! vive la République une et indivisible!

Salut fraternel,

LÉON GAMBETTA.

BORDEAUX, 31 janvier 1871, 9 h. 50 matin. — *Intérieur et Guerre à préfets, sous-préfets, maires, généraux, intendants, procureurs de la République et inspecteurs du télégraphe.*

Les exigences de la correspondance télégraphique officielle devenant chaque jour plus impérieuses et fréquentes; d'autre part, l'administration des télégraphes ne disposant pas d'un personnel ni de moyens de communication suffisants pour faire face au service écrasant qu'elle a mission d'assurer, je dois vous prier de libeller vos télégrammes toujours clairement, mais aussi brièvement que possible; de vous interdire personnellement toutes correspondances ayant un caractère privé, enfin de refuser rigoureusement votre visa à toute dépêche qui n'aurait pas pour objet l'armement, l'équipement, le ravitaillement ou, pendant la période électorale, un intérêt électoral. J'autorise les inspecteurs des télégraphes à refuser les dépêches qui ne présenteraient pas l'un de ces caractères.

LÉON GAMBETTA,

CIRCULAIRE AUX PRÉFETS

Bordeaux, le 31 janvier 1871, 6 h. soir.

Monsieur le préfet,

Aucune réponse n'a encore été faite à la dépêche qui a été envoyée hier à Versailles à M. Jules Favre[1], et dont communication vous a été faite. La seule réponse reçue par la délégation est de M. de Bismarck. Il en résulte que l'armistice conclu le 28 durera jusqu'au 19 février.

La ligne de démarcation séparant les deux armées part de Pont-l'Évêque, traverse le département de l'Orne, laisse à l'occupation allemande la Sarthe, l'Indre-et-Loire, le Loir-et-Cher, le Loiret, l'Yonne, traverse la Côte-d'Or, le Doubs et le Jura. Le Nord, le Pas-de-Calais et le Havre restent intacts. Les opérations

1. C'est toujours à la dépêche du 30 janvier qu'il est fait allusion.

dans la Côte-d'Or, le Doubs et le Jura, et le siège de Belfort, continuent jusqu'à une entente ultérieure.

Reddition de toutes les fortifications de Paris, l'armée de Paris prisonnière de guerre, moins une division conservée pour le service intérieur. La garde nationale reste armée. Les troupes allemandes n'entreront pas dans Paris pendant l'armistice. Paris ravitaillé. Circulation libre pour les élections. M. de Bismarck ajoute que les forts ont été occupés hier par l'armée allemande.

D'autre part, le général Chanzy a reçu hier du prince Frédéric-Charles communication du texte de la convention de Versailles.

L'article 1er dit que l'armistice commencera à Paris le jour même; dans les départements dans un délai de trois jours. Cet armistice s'applique aux forces navales, et les prises faites après le 28 janvier seront rendues.

Il sera procédé à l'échange de tous les prisonniers de guerre faits depuis le commencement de la guerre par l'armée française. Paris paiera une contribution de 200 millions.

De tout cela il résulte que rien n'a été stipulé sur les questions de paix ou de guerre, qui demeurent réservées à l'Assemblée convoquée à Bordeaux; d'autre part, que, entre l'armistice pur et simple, annoncé par la dépêche de Versailles signée « Jules Favre », et la convention communiquée par le prince Frédéric-Charles et analysée par M. de Bismarck, il existe une divergence grave en ce qui touche les opérations dans l'Est.

Comme la dépêche signée «Jules Favre» annonçait l'armistice, sans indiquer de délai et sans dire s'il était général ou partiel, et enjoignait de le faire exécuter immédiatement, les ministre de la guerre et de la marine ont envoyé aussitôt des instructions et des ordres aux généraux en chef, chefs de corps, commandants de stations navales, pour faire respecter l'armistice, et l'exécution de ces ordres a commencé depuis quarante-huit heures.

Cependant les armées prussiennes, sans doute mieux instruites des termes de la convention, ont continué leurs mouvements et pris des positions, malgré la résistance et les protestations de nos chefs de corps.

La délégation, qui n'a, on le sait, reçu sur la convention de Versailles d'autre document officiel français que le télégramme de Versailles signé « Jules Favre », a le droit et le devoir de porter ces faits à la connaissance du pays, afin de faire porter sur qui de droit la responsabilité qui incombe à ceux qui n'ont pas fait connaître la convention dans toute sa teneur, et ont entraîné des erreurs d'interprétation dont les conséquences, au point de vue de notre héroïque armée de l'Est, peuvent être irréparables pour la France.

Recevez, monsieur le préfet, l'assurance de ma considération très distinguée,

LÉON GAMBETTA.

BORDEAUX, 1er février 1871. — A MM. général Loysel, au Havre; Chanzy, Laval; Jancigny, Poitiers; Mazure, Bourges; Pourcet, Bordeaux; De Pointe, Nevers; Garibaldi, Dijon; Faidherbe, Lille. — A mesure que nos troupes se retirent en dedans de la ligne de démarcation que leur assigne la convention signée par Jules Favre, elles devront emmener les dépôts d'armes, de munitions, les conscrits, les mobilisés appelés déjà par la loi; en un mot tout ce qui appartient à la guerre. Cette mesure devra s'exécuter sans éclat et avec promptitude.

BORDEAUX, 1er février 1871, 8 h. 30 soir. — Directeur de sûreté générale aux commissaires spéciaux de police de : Ferney, Bellegarde, Culoz (Ain); — Nice, Menton, Isola, Fontan (Alpes-Maritimes), Marseille (Bouches-du-Rhône); — Pontarlier Doubs); — Brest (Finistère); — Saint-Malo (Ille-et-Vilaine); —

*Saint-Nazaire (Loire-Inférieure); — Baizieux, Valenciennes,
Armentières, Feignies, Jeumont, Dunkerque, Tourcoing, Anor,
Blancmisseron, Ghyvelde (Nord); — Boulogne, Calais (Pas-de-
Calais); — Hendaye, Biarritz (Basses-Pyrénées); — Bourg-
Madame, Port-Vendres, Le Perthuis, Saint-Laurent-de-Cerdans,
Saint Jean-de-Luz (Pyrénées-Orientales); — Saint-Michel (Sa-
voie); — Saint-Julien (Haute-Savoie); — Dieppe (Seine-Infé-
rieure). — Aux commissaires centraux de police du Havre (Seine-
Inférieure), et de Cherbourg (Manche).* — Je vous renouvelle
l'ordre d'exercer la plus active surveillance. Vous devrez me
prévenir, et cela par télégramme, de tout personnage politique habitant actuellement l'étranger et rentrant en France.
Ceci sous votre responsabilité.

Vous m'accuserez réception de la dépêche.

A. RANC.

BORDEAUX, 2 février 1871, 10 h. 30 soir. — *Intérieur
aux préfets. — Circulaire.* — Citoyens, je reçois le
télégramme suivant :

« Versailles, 6 h. 40 soir. — A M. Léon Gambetta,
Bordeaux. — Au nom de la liberté des élections sti-
pulées par la convention d'armistice, je proteste
contre les dispositions émanées en votre nom (*sic*),
pour priver du droit d'être élus à l'Assemblée des
catégories nombreuses de citoyens français.

« Des élections faites sous un régime d'oppression
arbitraire ne pourront pas conférer les droits que la
convention d'armistice reconnaît aux députés librement élus. — Bismarck. »

Nous disions, il y a quelques jours, que la Prusse
comptait, pour satisfaire son ambition, sur une Assemblée où, grâce à la brièveté des délais et aux difficultés de toute sorte, auraient pu entrer les complices
et les complaisants de la dynastie déchue, les alliés
de M. de Bismarck.

Le décret d'exclusion rendu le 31 janvier déjoue
ces espérances. L'insolente prétention qu'affiche le
ministre prussien d'intervenir dans la constitution

d'une Assemblée française est la justification la plus
éclatante des mesures prises par le gouvernement de
la République.

L'enseignement ne sera pas perdu pour ceux qui
ont le sentiment de l'honneur national.

Léon Gambetta.

2 février. — *A tous les préfets et sous-préfets.* — *Circulaire.*
— En exécution du décret de la délégation de Bordeaux
sur l'inéligibilité de certains individus à l'Assemblée nationale, vous empêcherez, en vous reportant aux lettres insé-
rées au *Moniteur*, années 1852, 1857 et 1863 et années
intermédiaires, dans toute l'étendue de vos départements
et arrondissements respectifs, la publication, l'affichage et
la distribution de tous bulletins, affiches, professions de
foi, circulaires, avis émanant de personnes comprises et
visées dans les articles 1 et 2 dudit décret d'inéligibilité en
date du 31 janvier. Rendez-moi compte de tous incidents
pouvant se rapporter à cet objet.

3 février. — *A tous les préfets et sous-préfets.* — *Circulaire
confidentielle.* — Quelques journaux parlent d'un décret électoral qui aurait été rendu à Paris. Nous ne connaissons pas
ce document. Les décrets électoraux signés à Bordeaux le
31 janvier, et notamment celui sur l'inéligibilité des anciens
fonctionnaires de l'Empire et les anciens candidats officiels
ont été faits pour la province; ce sont les seuls que vous
devez reconnaître et faire exécuter. Je n'ai pas besoin d'a-
jouter que, surtout après la dépêche de M. de Bismarck, il
ne pourra venir à la pensée d'un seul Français de ne pas
respecter le décret sur l'inéligibilité. C'est un devoir auquel
nul fonctionnaire de la République ne voudra se soustraire.

Bordeaux, 3 février 1871, 4 h. 25 soir. — *Intérieur à préfets
Chambéry et Montauban.* — Les bulletins de vote désignant
des personnes frappées d'inéligibilité politique ne sont nuls
qu'à l'égard de ces candidats.

Le secrétaire général,
Jules Cazot.

BORDEAUX, 3 février 1871, 4 h. 30 du soir. — *Intérieur à préfets.* — *Circulaire.* — Le *Moniteur* publiera demain matin une circulaire sur les élections de l'Assemblée nationale ; elle développera les dispositions des trois décrets de la délégation du 31 janvier. Attendez-la pour donner des instructions aux maires.

PARIS, 4 février 1871, 10 h. 20 du matin. — *Intérieur à tous les préfets de la République.* — *Circulaire.* — Les décrets du 29 janvier sur l'éligibilité sont maintenus dans leur intégrité. Le décret de Bordeaux du 31 janvier est rapporté.

PARIS, 4 février 1871, 10 h. 30 matin. — *Le ministre de l'intérieur à préfet de Lille et à préfet de Clermont-Ferrand.* — Transmettez à vos collègues avec lesquels vous pouvez communiquer la dépêche suivante :

« Le décret du 31 janvier est rapporté de Bordeaux. »

Le ministre,

HEROLD.

PARIS, 4 février 1871. 10 h. 32 matin. — *Intérieur à préfet Lille et Clermont-Ferrand.* — Transmettez à vos collègues avec lesquels vous pouvez communiquer la dépêche suivante :

« Veuillez m'adresser aussi promptement que possible les listes des candidats qui se présentent dans votre département. Elles sont indispensables aux votes de l'armée de Paris. Veuillez aussi m'envoyer les noms des sous-préfets de votre département. Veuillez signer la réponse de votre propre nom. »

Le ministre par intérim,

HEROLD.

BORDEAUX, 4 février 1871, 2 h. 50 soir. — *Intérieur à préfets, sous-préfets et inspecteurs des télégraphes.* — Je vous rappelle que vous devez présenter à la taxe tous vos télégrammes d'intérêt privé. Ceux qui ont pour objet votre candidature personnelle sont de ce nombre.

Je donne formellement l'ordre aux inspecteurs du télégraphe de n'accepter ces derniers qu'autant que vous en aurez acquitté la taxe. Vous comprendrez la nécessité de cette mesure.

L. GAMBETTA.

DÉPÊCHE-CIRCULAIRE AUX PRÉFETS ET AUX MAIRES

Bordeaux, le 4 février 1871.

Monsieur,

M. Jules Simon, membre du gouvernement de Paris, a apporté à Bordeaux l'annonce d'un décret électoral qui serait en désaccord sur un point avec le décret rendu par le gouvernement siégeant à Bordeaux.

Le gouvernement de Paris est investi depuis quatre mois, coupé de toutes communications avec l'esprit public; de plus, il est à l'état de prisonnier de guerre. Rien ne dit que, mieux informé, il ne fût pas tombé d'accord avec le gouvernement de Bordeaux; rien ne dit non plus qu'en dehors de la mission de faire procéder aux élections, donnée en termes généraux à M. Jules Simon, il ait entendu régler d'une façon absolue et définitive le cas particulier des incompatibilités.

Dans ces circonstances, le gouvernement de Bordeaux croit devoir maintenir son décret. Il le maintient malgré les remontrances et l'ingérence de M. de Bismarck dans les affaires intérieures du pays; il le maintient au nom de l'honneur et des intérêts de la France.

Un membre du gouvernement de Bordeaux part aujourd'hui même pour porter à la connaissance du gouvernement de Paris le véritable état de choses.

La délégation du gouvernement
de la Défense nationale,

LÉON GAMBETTA, AL. GLAIS-BIZOIN,
AD. CRÉMIEUX, L. FOURICHON,

BORDEAUX, 5 février 1871, 7 h. 10 soir. — *Intérieur à préfets.* — *Circulaire.* — Je porte à votre connaissance que je viens d'être appelé par mes collègues au poste de ministre de l'intérieur. Je me joins à Gambetta pour vous dire que le premier intérêt de la République en ce moment est de procéder aux élections le 8 février avec le plus grand calme. Rien n'est changé aux instructions que vous avez reçues. Faites seulement savoir que le suffrage universel peut agir dans la plénitude de son droit, sans aucune exclusion ni catégorie.

Vive la République !

EMMANUEL ARAGO.

BORDEAUX, 5 février 1871, 2 h. 40 soir. — *Intérieur et Guerre à préfets Lille et Clermont-Ferrand.* Je suis prévenu qu'une dépêche signée « le ministre de l'intérieur, Herold » a été envoyée de Paris pour vous prier d'aviser vos collègues que les décrets du 29 janvier sur l'éligibilité sont maintenus dans leur intégrité et que le décret de Bordeaux du 31 janvier est rapporté. — Cette dépêche venue par voie allemande et signée Herold, sans la discuter, nous paraît parfaitement apocryphe. En conséquence, n'en tenez nul compte.

BORDEAUX, 5 février 1871, 12 h. 20 soir. — *Justice à procureurs généraux Aix, Agen, Amiens, Alger, Bourges, Besançon, Bastia, Caen, Chambéry, Dijon, Douai, Havre, Rennes, Riom, Montpellier, Nîmes, Pau, Toulouse, Limoges, Lyon, Grenoble, Poitiers, Metz, Orléans, Nancy, Paris.* — Vous connaissez le décret du Gouvernement qui déclare l'inéligibilité des sénateurs, conseillers d'État, préfets et candidats officiels de l'ancien régime. Veuillez donner à vos substituts des instructions immédiates pour assurer l'exécution de ce décret.

Vous aurez en conséquence à empêcher la distribution et l'affichage de toute espèce d'écrits aux candidatures des personnes déclarées inéligibles.

Le chef de cabinet,

LEVEN.

DÉPÊCHE-CIRCULAIRE AUX PRÉFETS
ET AUX SOUS-PRÉFETS

Bordeaux, le 6 février 1871.

Monsieur,

Malgré les objections graves et résistances légitimes que soulevait l'exécution de la convention de Versailles, je m'étais résigné, pour donner comme je le disais, un gage incontestable de modération et de bonne foi, et pour ne pas quitter mon poste sans en avoir été relevé, à faire procéder aux élections.

Vous connaissez, monsieur le préfet, par les divers documents qui vous ont été transmis, quels devaient être la nature et le caractère de ces élections. Je persiste à croire qu'il en peut sortir, malgré les difficultés matérielles de toutes sortes dont nous accable l'ennemi, une Assemblée fière et résolue. Le décret qui, selon moi, satisfait à la fois à un besoin de justice, à l'égard des coopérateurs responsables du régime impérial et à un sentiment de prudence vis-à-vis des intrigues étrangères, a excité une injurieuse protestation de M. de Bismarck.

Depuis lors, à la date du 4 février 1871, les membres du gouvernement de Paris ont, par une mesure législative, rapporté notre décret. Ils ont, de plus, envoyé à Bordeaux MM. Garnier-Pagès, Eugène Pelletan, Emmanuel Arago, cosignataires du décret d'abrogation, avec mandat de le faire appliquer.

Le gouvernement de Paris avait d'ailleurs passé directement des dépêches à plusieurs préfets des différents départements pour l'exécution du décret du 4 février.

Il y a là tout à la fois un désaveu et une révocation du ministre de l'intérieur et de la guerre.

La divergence des opinions au point de vue exté-

.rieur et intérieur se manifeste ainsi de manière à ne laisser aucun doute.

Ma conscience me fait un devoir de résigner mes pouvoirs de membre d'un gouvernement avec lequel je ne suis plus en communion d'idées ni d'espérances.

J'ai l'honneur de vous informer que j'ai remis ma démission aujourd'hui même.

En vous remerciant du concours patriotique et dévoué que j'ai toujours trouvé en vous pour mener à bonne fin l'œuvre que j'avais entreprise, je vous prie de me laisser vous dire que mon opinion profondément réfléchie est, qu'à raison de la brièveté des délais et des graves intérêts qui sont en jeu, vous rendrez un suprême service à la République en faisant procéder aux élections du 8 février, vous réservant, après ce délai, de prendre telles déterminations qui vous conviendront.

Je vous prie d'agréer l'expression de mes sentiments fraternels.

LÉON GAMBETTA.

BORDEAUX, 6 février 1871, 3 h. 30 soir — *Gouverneur à préfets, sous-préfets et maires.* — J'ai reçu de la main de MM. E. Arago, Garnier-Pagès et E. Pelletan, membres du gouvernement de la Défense nationale, qui arrivent à l'instant de Paris, et je m'empresse de vous faire connaître par voie télégraphique le décret suivant, avec ordre de faire publier et afficher immédiatement dans toutes les communes de France :

« Le gouvernement de la Défense nationale,

« Vu un décret, en date du 31 janvier émané de la délégation du gouvernement de Bordeaux, par lequel sont frappés d'inéligibilité diverses catégories des citoyens éligibles aux termes des décrets du gouvernement du 29 janvier 1871 ;

« Considérant que les restrictions imposées au choix des électeurs par le susdit décret sont incompatibles avec le principe de la liberté du suffrage universel.

Le décret sus-visé rendu par la délégation du Gouvernement est annulé. Les décrets du 29 janvier 1871 sont maintenus dans leur intégrité.

Fait à Paris, le 4 février 1871.

> *Signé :* Garnier-Pagès, J. Favre, général Trochu, Ernest Picard, Jules Ferry, Em. Arago, Eug. Pelletan.

A Bordeaux, le 9 février 1871.

> *Le membre du Gouvernement,*
> Jules Simon.

Bordeaux, 6 février 1871, 11 h. 20 soir. — *Délégation du gouvernement à préfets et sous-préfets Var, Alpes-Maritimes et Indre.* — La dissidence qui s'est produite par la question des incompatibilités ne doit pas mettre en péril la paix publique. Vous en répondez et nous en répondons tous. Au nom de la Patrie, soyons unis. Faites faire les élections dans la paix et dans la conciliation. Là est le salut.

> Gambetta, Laurier, Arago.

CHAPITRE VII

DÉPÊCHES DU MINISTRE DE L'INTÉRIEUR
ET DE LA GUERRE
AUX PRÉFETS DE DIVERS DÉPARTEMENTS[1]

AIN

TOURS, 15 octobre. — *A M. Puthod, préfet.* — Faites rigoureusement observer le décret du Gouvernement prohibant l'exportation céréales et autres denrées alimentaires. Il y va du ravitaillement de l'ennemi. En temps de guerre, cette question prime tout.

22 octobre. — Je vous autoriserai à dissoudre conseil général quand vous m'aurez envoyé un bon projet d'arrêté de dissolution, fortement motivé par des considérations locales puissantes. Avisez donc à adresser ce projet; mais ne faites rien auparavant.

19 novembre 1870. — Ce que j'ai fait pour la nomination de MM. Cremer et Crévisier est définitif. Il ne me semble pas du tout nécessaire que M. Cremer commande le département, quoi que vous en disiez, et si M. Cremer ne peut

---

1. La collection complète des dépêches de M. Gambetta aux préfets forme un registre grand in-quarto de 1 500 pages. (Voir *préface*, p. III.) La publication intégrale de ces dépêches, lettres, ordres de service, etc., eût compris deux volumes gr. in-8. Nous avons procédé à un choix parmi ces documents, ne publiant que les dépêches qui offrent un intérêt historique ou qui contribuent à donner une idée de la merveilleuse activité du ministre.

s'arranger avec le général actuel, eh bien nous verrons à
nous passer de ses services.

BORDEAUX, 7 janvier 1871. — Vous devez en ce moment
vous occuper de la nomination de votre commission départementale, si j'ai gardé le souvenir d'une conversation que
j'ai eue avec vous à Lyon. Je suis bien aise de vous dire que
vous méconnaîtriez vos intérêts les plus sérieux, si vous
vous borniez à faire de votre commission départementale un
conseil de finances ; il faut qu'on y sente l'esprit républicain ;
par conséquent, dans les choix que vous allez faire, con-
sultez plutôt les intérêts de la démocratie que vos convenances administratives.

AISNE

PARIS, 5 septembre 1870. — *Au préfet.* — Révoquez en le
flétrissant M. Bosquet, commissaire de police à Château-
Thierry, qui a abandonné son poste. Je vous autorise à charger M. Canivet, son prédécesseur, de ses fonctions.

PARIS, 8 septembre 1870. — On signale une grande agglomération de paysans gardant, dans les bois de Villers-Cot-
terets, une certaine quantité de bétail, que, d'après les
renseignements reçus sur le parcours, on peut évaluer à
30.000 bœufs et plus de 150.000 moutons. Je vous prie de
prendre les mesures qui vous paraîtront le plus convenables.

TOURS, 11 octobre. — *A Anatole de La Forge, préfet[1].* — Le
Gouvernement ne saurait trop vous féliciter de votre admirable conduite. Continuez, résistez, et vive la République !

L. GAMBETTA.

ALLIER

PARIS, 9 septembre. — *A M. Cornil, préfet.* — Il est contraire aux principes du Gouvernement d'intervenir dans la
création des journaux officieux. Les actes de la préfecture
n'ont pas besoin, pour être portés à la connaissance du public,
d'un journal spécial.

1. Après le combat du 10 octobre.

Tours, 6 décembre. — Soyez impitoyable pour toute réception de marchés, notamment pour celle des marchés J. Meyer. Ne craignez pas de refuser les fournitures tout entières, si elles ne sont pas identiques aux types revêtus du cachet ministériel. Soyez certain que les départements de l'intérieur et de la guerre aviseront pour ne pas vous laisser au dépourvu.

Lyon, 18 janvier 1871. — Ne laissez pas désorganiser vos gardes nationales mobilisées. Je comprends l'intérêt qu'il y a de ne pas arrêter la fabrication des appareils de guerre et des équipements, mais j'entends que vous teniez fortement la main à ce que les usines et les fabriques ne contiennent pas des ouvriers de rencontre, des réfractaires déguisés. Vous vous ferez produire par les industriels et les établissements une liste exacte des mobilisés auxquels des sursis ont été accordés, vous ne les confirmerez qu'à titre temporaire jusqu'à ce que moralement ces ouvriers aient été remplacés par d'autres ne tombant pas sous la loi militaire. Vous mettrez terme aux abus criants. Quant aux camps, ils ne vous enlèvent vos soldats que momentanément. Vous vous opposerez de la façon la plus formelle à ce que vos mobilisés entrent dans les corps francs.

ALPES (BASSES-)

Rien d'important.

ALPES (HAUTES-)

Rien d'important.

ALPES-MARITIMES

Paris, 12 septembre. — A M. P. Baragnon, commissaire extraordinaire à Nice. — Les ambassadeurs ne peuvent connaître les préfets, et nous nous étonnons de votre démarche près de M. de Malaret, avec qui vous n'avez pas qualité pour communiquer. Je vous recommande de considérer que vous n'avez de pleins pouvoirs que sur les fonctionnaires de l'ordre administratif[1].

TOURS, 15 octobre. — *Au préfet.* — Je ne comprends pas que vous me posiez la question contenue dans votre dépêche. Auriez-vous oublié les horreurs du siège de Strasbourg, la dévastation systématique de plus de vingt de nos départements et l'humiliation profonde que la France et tous ses enfants éprouvent à sentir le Prussien chez nous? Non, pas de Prussiens, cet hiver. Donc agissez en conséquence.

31 octobre. — *Au préfet.* — Invitez M. Haussmann à s'éloigner du territoire de la République. Faites-lui comprendre que sa présence dans les circonstances actuelles offre de grands inconvénients et que, s'il ne quitte pas volontairement la France, vous vous verrez contraint de l'expulser par arrêté.

ARDÈCHE

15 décembre 1870. — *A M. Chalamel, préfet.* — Je reçois votre lettre relative au *Journal d'Annonces.* Je comprends l'émotion que la violence de pareilles attaques vous a causée, mais aussi légitime que soit cette émotion, je ne puis vous autoriser à entrer dans la voie dangereuse des procès de presse; la polémique doit rester absolument libre, et la République se doit à elle-même de vivre au milieu de l'agitation des partis. Si le rédacteur d'un journal commet des actes de rébellion ou de conspiration contre le gouvernement établi, s'il se livre à des appréciations ou à des indiscrétions nuisibles à la défense, déférez-le aux tribunaux militaires et faites appel contre lui à la répression légale. Frappez l'homme, mais respectez le journal.

ARDENNES

Rien d'important.

1. M. Pierre Baragnon avait télégraphié la veille à M. Jules Favre : « Je demande des éclaircissements sur agglomérations troupes à Malaret, à Florence. » Ce préfet fut remplacé le 8 octobre par M. Blache qui fut lui-même remplacé, quinze jours plus tard, par M. Marc Dufraisne.

ARIÈGE

21 octobre. — *A M. Anglade, préfet.* — J'ai lu votre dépêche sur le conseil général de l'Ariège. La dissolution des conseils généraux et d'arrondissement est toujours une grave affaire. J'apprécie vivement les raisons que vous me faites valoir. Néanmoins, je vous engage à faire tous vos efforts pour nous éviter à l'un et à l'autre cette grave mesure. Je ne la prononcerai que lorsque vous m'aurez dit qu'elle est devenue absolument nécessaire.

AUBE

Paris, 5 septembre. — *Aux membres de la commission municipale de Troyes.* — Le Gouvernement tiendra compte de votre vœu. Je vous félicite de votre patriotique initiative.

Paris, 5 septembre 1870. — Faites couper les ponts à tout prix, malgré la résistance des misérables qui veulent livrer la France à l'étranger.

Paris, 8 septembre. — *A M. Lignier-Poagy, préfet.* — Agissez énergiquement dans l'esprit de la circulaire diplomatique d'hier pour avoir une vraie paix. Inspirez le plus ardent patriotisme. Tenez votre monde en haleine. Le ministre de la guerre enverra des ordres à bref délai. Félicitations pour votre célérité.

8 septembre. — Agissez énergiquement à tout prix. Faites sauter les ponts. La faiblesse de l'administration serait un encouragement à la lâcheté de certains habitants.

15 septembre. — Je vous prie de donner les ordres nécessaires pour que l'autorité militaire obtienne le concours le plus entier de l'administration, à l'effet d'exécuter trois ouvrages nécessaires à la défense du pays. Au sujet des gués dont l'existence vous paraît rendre inutile la destruction des ponts, je crois devoir vous faire observer que, dans la saison actuelle, les gués existant aujourd'hui peuvent disparaître demain. Et que d'ailleurs ces gués ne sont pas longtemps praticables aux lourdes voitures d'artillerie. Je vous invite donc à prêter le concours le plus entier à l'autorité militaire en ce qui concerne tous ouvrages utiles à la défense.

Tours, 25 octobre 1870. — *Au préfet.* — On demande souvent instructions relatives à la destruction des ponts et ouvrages d'art sur les routes et chemins de fer. Après avoir pris avis du génie, je dois faire savoir d'une manière générale qu'on abuse un peu de la destruction des ponts. On arrête assez peu par là la marche de l'ennemi et on se prépare à soi-même de grandes difficultés. La décision à prendre ne doit être laissée uniquement qu'à l'autorité militaire locale.

29 octobre. — La délibération du conseil général de l'Aube, qui a voté un emprunt de 900,000 francs pour la Défense nationale, est approuvée.

7 novembre 1870. — Ce n'est pas sans motif et sans avoir délibéré que le Gouvernement a décidé qu'il ne devrait plus y avoir de différence entre villes ouvertes et villes fermées au point de vue de la résistance. C'est une guerre à outrance que nous faisons aujourd'hui, et depuis Paris jusqu'au dernier des villages il faut que cette résistance soit réelle et efficace. En conséquence je ne puis admettre que les conseils municipaux de Troyes et de Brienne aient pris une délibération pour déclarer leur résistance impossible ou inutile. Ce n'est pas aux conseils municipaux qu'il appartient de statuer sur une pareille question. C'est aux comités militaires, et votre devoir à tous consiste à faire exécuter les décisions du comité militaire. Je vous prie donc de dissoudre immédiatement par arrêté fortement motivé les deux conseils municipaux de Troyes et de Brienne. Si vous ne le faites point, je serai obligé de flétrir ces deux conseils municipaux au *Moniteur* et de les dissoudre.

18 novembre. — Restez le plus longtemps possible au milieu de vos populations et soutenez leur moral; et si vous pouvez pénétrer sur un point de votre territoire, cherchez à vous y montrer. Les fonctionnaires de la République doivent tenir à honneur de durer devant l'ennemi.

AUDE

4 janvier 1871. — *A M. Raynal, préfet.* — Activez autant que possible, malgré le manque d'armes, l'instruction de vos mobilisés. Faites passer des uns aux autres les quelques fusils que vous avez en votre possession. Que chaque peloton s'exerce séparément deux ou trois heures par jour. N'y aurait-il aucun moyen d'améliorer votre cadre d'officiers en remplaçant tout au moins les plus insuffisants? Répondez d'urgence.

AVEYRON

5 janvier 1871. — *A M. Oustry, préfet.* — Je me suis informé de source certaine que vous avez dans votre département un grand nombre de réfractaires pour la mobilisée. Il y en aurait pas moins de 37 p. 100. Je tiens compte de l'exagération de ces rapports. Mais si peu qu'il y en ait, il faut absolument prendre des mesures pour les faire rallier leurs bataillons. Je vous engage à trouver autour de vous des hommes énergiques pour les racoler dans le plus bref délai et, en cas de résistance, pour les livrer à l'autorité militaire. J'attends de vous une dépêche qui m'indiquera les mesures que vous aurez prises.

BOUCHES-DU-RHONE

Paris, 5 septembre 1870. — Faites mettre immédiatement en liberté M. Gaston Crémieux.

5 septembre 1870. — *Au comité Union démocratique. Marseille.* — Recevez félicitations et remerciments du Gouvernement.

5 septembre 1870. — *A M. Labadié, commissaire provisoire.* — Esquiros part avec pleins pouvoirs qui le placent au-dessus de toutes autorités. Conservez calme absolu, digne de la démocratie et du gouvernement qu'elle s'est donné. Il nous faut surtout union, discipline, énergie contre les étrangers. La question des anciens fonctionnaires civils ou militaires sera résolue par Esquiros à son arrivée. Le ministre de l'intérieur compte absolument sur l'énergie et le dévoûment du citoyen Labadié.

5 septembre 1870. — *A M. Bory, maire provisoire de Marseille.* — Le drapeau tricolore est le drapeau de la Nation. Nous en interdisons formellement tout autre. C'est avec le drapeau tricolore que nous repousserons l'invasion[1].

5 septembre 1870. — *Au maire de Marseille.* — Labadié est nommé préfet. Esquiros est parti ce soir comme administrateur provisoire. Je considère comme des traîtres à la patrie ceux qui troublent l'ordre. Je fais appel à la confiance que les Marseillais ont mise en moi. Je convoque tous les bons citoyens à maintenir l'ordre.

6 septembre 1870. — Prenez les mesures les plus efficaces pour protéger les dépôts de la succursale de la Banque de France.

9 septembre 1870. — *Administrateur supérieur des Bouches-du-Rhône.* — Il est absolument impossible, dans l'état des choses, de vous donner les pouvoirs que vous demandez sur 4 ou 5 départements.

Quant à la commission qui vous a été donnée pour les Bouches-du-Rhône, elle est spéciale et limitée aux affaires d'ordre administratif. Toute mesure prise par vous en dehors de ce domaine crée pour moi des conflits incessants et complique les difficultés générales de la situation. Je ne puis donc ratifier ni faire ratifier en aucune manière les destitutions militaires et judiciaires que vous m'annoncez. Je vous prie instamment de vous appliquer à revenir sur ces déterminations qui ont causé dans le Conseil une profonde surprise. Je ne puis douter un instant que vous ne cherchiez à rentrer dans la limite de vos attributions, et j'attends un rapport détaillé de vous qui m'éclairera sur la gravité d'une situation qui m'est encore inconnue.

9 septembre 1870. — Les mesures que vous avez prises relativement au général[2] nous créent ici les plus graves em-

---

1. En réponse à une dépêche de la même date qui se terminait par cette question : « Faut-il arborer drapeau rouge et tricolore? »
2. M. Labadié avait destitué « de toutes fonctions à Marseille

barras. Il faut absolument et immédiatement que vous reveniez sur cet excès de votre mission. C'est le seul moyen de faire disparaître les graves embarras que vous nous avez créés et d'en prévenir les conséquences. Il y a un intérêt supérieur de défense à ce que les officiers généraux restent dans la main de leur ministre et du général Trochu. Il y va du salut même de l'État.

9 septembre 1870. — *A M. Esquiros, préfet.* — Les armes disponibles pour la garde nationale sédentaire sont toutes distribuées. Vous avez dû recevoir 5,000 fusils rayés de Toulon. Je ne puis rien de plus quant à présent. Rappelez-vous que le Gouvernement doit réserver ses armes aux départements menacés. Le vôtre n'est pas dans ce cas.

10 septembre 1870. — *Au préfet.* — Absolument impossible de vous conférer des pouvoirs pour suspendre autorités militaires; envoyez rapport pour expliquer affaires d'Aurelle et Brissy. Ce rapport, demandé dès hier, est attendu avec impatience par le conseil du Gouvernement.

Quant au chef d'état-major de la garde nationale, impossible de statuer avant d'avoir vidé les autres affaires[1]. Elle ne présente pas, d'ailleurs, les mêmes difficultés, et sur ce point la solution est du moins dans nos attributions. Réponse urgente.

10 septembre 1870. — *Au préfet.* — Vos dépêches annoncent, autant que je puis le comprendre, une situation troublée. En se prolongeant, elle deviendrait intolérable. Je suis en conférence avec le Gouvernement et mon collègue de la guerre pour la faire cesser. Nos résolutions sont ajournées à demain. Mais, je vous en conjure, réfléchissez que la politique du Gouvernement, c'est la défense nationale et uniquement la Défense. Agissez donc en conséquence, et, pardessus tout : ordre, discipline, union et confiance.

11 septembre 1870. — *A administration supérieure des Bouches-du-Rhône.* — Pour mouvements de mobiles, adres-

le général d'Aurelle et le colonel Cumo. Par le même arrêté, en date du 5 septembre, il avait nommé le sous-intendant Brissy commandant à titre provisoire de la place de Marseille.

1. Le préfet Esquiros avait demandé par dépêche la destitution du chef d'État-major de la garde nationale, M. Deshorties.

sez-vous au ministre de la guerre, conformément à ma
circulaire d'hier matin.

13 octobre 1870. — *Au préfet.* — J'apprends que les bureaux de la *Gazette du Midi* ont été envahis et qu'on s'oppose
à la réapparition du journal[1]. Il est impossible de laisser se
commettre aucune violence contre la liberté de la propriété.
Je compte que vous prendrez des mesures immédiates pour
assurer la liberté de la presse. Si d'ailleurs il existait un
acte commis par les directeurs ou propriétaires de journal
contraire aux lois de la République, vous agiriez avec énergie et vous m'en réfèreriez.

Veuillez communiquer ma dépêche à Lieutaud, gérant de
la *Gazette du Midi*.

13 octobre 1870. — *A M. Esquiros, pour Chenet, commandant Guérilla française d'Orient.* — Impossible de vous ouvrir un crédit de 60,000 francs. Trouvez argent. Vous devez
comprendre que l'heure est venue des plus grands sacrifices
pour la ville.

GAMBETTA.

13 octobre 1870. — *A intendant.* — Pour effets d'équipement ou campement demandés par corps francs, vous ne
devez en distribuer qu'à ceux régulièrement commissionnés,
et encore vous ne devez le faire qu'avec la plus grande réserve, vu la pénurie existant dans votre propre localité.

14 octobre 1870. — *A administration supérieure des Bouches-du-Rhône.* — Impossible d'admettre qu'on supprime la
liberté de la presse, qu'on suspende les journaux d'opposition, de quelque nature que soit l'opposition. La République
doit à elle-même de vivre et de durer à travers les agitations
des partis en imposant le respect des lois, mais rien que le
respect des lois. En conséquence, après avoir pris connaissance des faits que vous reprochez à la *Gazette du Midi*, je
conclus qu'il est nécessaire de lever la suspension. La fermeté n'a rien de commun avec l'arbitraire. Répondez.

14 octobre 1870. — *A administration supérieure.* — En
réponse à votre dépêche sur décret relatif aux grains, je

---

1. La *Gazette du Midi* avait publié une proclamation du comte
de Chambord.

vous ferai remarquer que l'exportation n'a rien de commun avec l'importation, notre décret est une mesure de guerre. Il doit être maintenu à tout prix. Nous ferons de l'économie politique en pleine paix.

14 octobre. — *Au préfet.* — Impossible d'accorder les autorisations pour expédition de pétrole par voie ferrée.

14 octobre. — *A administrateur provisoire.* — Je regrette profondément de voir les esprits se détourner de la défense pour se jeter dans d'autres questions.

En ce qui touche les congrégations religieuses[1], n'oubliez point, je vous en conjure, que si, à la très grande rigueur, il est possible de trouver des textes de lois contraires à l'esprit d'association qu'il appartient à la République d'encourager, en permettant l'expulsion des Jésuites; il y a nécessité absolue de respecter la liberté individuelle des personnes. Quant aux étrangers faisant partie de l'ordre des Jésuites, on peut les éloigner; mais pour les Français, l'institut étant dissous, tous vos droits cessent à l'instant sur eux, et ils peuvent même compter sur notre protection.

14 octobre. — *Au préfet.* — Je serais très disposé à entrer dans le système d'atermoiement que vous me proposez relativement à la suspension de la *Gazette;* mais je ne le puis. Je vous répète qu'il est impossible de suspendre la publication d'un journal. Sévissez rigoureusement contre les personnes si elles conspirent, mais laissez l'instrument libre. C'est une question sur laquelle je ne puis capituler. Relativement au décret sur l'exportation, je dois vous dire que la loi est générale; que les intérêts de Marseille me sont très chers; que cependant l'intérêt du pays doit l'emporter[2]. Il y a sans doute des tempéraments. Étudiez la question à fond et nous aviserons. Mais pour le moment, dites à vos administrés que c'est pour affamer l'ennemi qui se ravitaillait par voie d'exportation que la mesure a dû être prise et maintenez le décret qui a été rendu en dépit des répugnances personnelles qu'il m'inspirait.

1. L'expulsion des jésuites de Marseille prononcée par le préfet Esquiros.
2. Réponse à deux dépêches de M. Esquiros, en date du 15 octobre.

16 octobre. — *Au préfet.* — La démission de M. Alphonse Esquiros est acceptée. M. Delpech reste chargé de l'administration.

En ce qui concerne le décret de suspension du journal la *Gazette du Midi :*

« Considérant que le gouvernement de la République ne saurait admettre qu'en dehors de la violation formelle des lois, les journaux et les écrivains puissent être l'objet de mesures pénales;

« Considérant, au contraire, qu'il importe de prouver que le gouvernement de la République est le seul gouvernement qui puisse supporter, dans sa plénitude, la liberté de la presse et qu'il n'appartient à ceux qui ont toujours réclamé dans l'opposition en faveur de cette liberté de la restreindre ou de la mutiler,

« Décrète :

« L'arrêté de l'administration des Bouches-du-Rhône qui frappe de suspension la *Gazette du Midi* est annulé; et ce journal est autorisé à reparaître. »

En ce qui touche l'arrêté préfectoral qui frappe d'expulsion des membres de congrégations religieuses non reconnues et met leurs biens sous le séquestre;

« Considérant que si on peut dissoudre légalement la corporation, on ne peut porter atteinte à la liberté individuelle des Français qui en font partie et à leurs droits de résidence en France,

« Décrète :

« Tout arrêté d'expulsion s'appliquant à un Français membre d'une congrégation religieuse non reconnue par la loi est nul, de nul effet et sans force exécutoire. »

16 octobre 1870. — *A administration supérieure.* — Je refuse autorisation pour conclure le marché fusils avec Londres proposé dans votre dépêche du 15. C'est une mesure générale qui a été prise pour toutes propositions semblables.

17 octobre 1870. — *A Marc Dufraisse, à Marseille.* — Je vous prie de rester provisoirement à Marseille en remplacement d'Esquiros dont la démission est acceptée.

18 octobre 1870. — *A préfet.* — Préfet de la Charente me fait connaître qu'un négociant de Marseille offre à ville

Angoulême 10,000 fusils Chassepot fort calibre, au prix de 137 fr. 50 l'un.»

Ces fusils seraient arrivés en contrebande à Marseille dans des caisses dites de lingerie.

Aux termes du décret du 14, faites rechercher et saisir les fusils pour service de l'État et avisez-moi.

22 octobre. — *Au même.* — Le Gouvernement remplit d'abord un devoir en armant l'armée, puis la mobile, puis la mobilisée et, pour cette dernière, il doit commencer par les départements menacés.

Je ne puis pas donner actuellement de fusils à la garde sédentaire de Marseille dont une grande partie, d'ailleurs, est armée.

Encore bien moins pourrais-je en accorder 20,000.

24 octobre 1870. — *Au même.* — Je vous remercie de votre très bonne dépêche. Je compte aussi que tout ira bien. Il suffit pour cela que vous soyez bien pénétré des nécessités auxquelles doit pourvoir le gouvernement central. Vous connaissez mes instructions aussi bien que mes sentiments. Conformez-vous aux uns aussi bien qu'aux autres. Soutenons-nous mutuellement, évitons-nous les embarras mutuels. Comme cela tout ira bien. J'attends votre rapport.

27 octobre. — Nos consuls ont reçu des ordres pour aider au recrutement du corps de Garibaldi dans tous les ports d'embarquement de la Méditerranée. Faites donc les choses par vous-même et ne m'en référez pas constamment. Requérez donc la Compagnie Frayssinet.

28 octobre 1870. — Vous avez dû recevoir une circulaire vous annonçant que la résistance est plus que jamais à l'ordre du jour malgré la persistance des bruits alarmants. Le Gouvernement soutiendra son programme jusqu'à la fin. Paris tient toujours, et c'est à la province de faire son devoir pour le délivrer.

28 octobre 1870. — Pour nous sortir d'une difficulté, vous nous en créeriez une autre en appelant la commission départementale, renforcée de délégués cantonaux, à procéder aux travaux ordinaires des conseils généraux. Nous évitons partout de faire procéder à ces travaux par les

conseils généraux élus sous l'Empire. Il faut donc les laisser là, chez vous comme ailleurs. Il est urgent de dissoudre votre commission départementale actuelle. Je vous
demande de le faire au plus vite.

30 octobre 1870. — *Guerre à administration supérieure.
Marseille.* — Vous devez bien comprendre que si l'on tire
d'Algérie toutes les ressources disponibles en hommes, armes
et munitions, c'est évidemment pour les faire servir à la
composition des armées que l'on oppose à la marche enva-
hissante de l'ennemi sur la Loire, dans les Vosges, en avant
de Lyon. Ce n'est certes point pour armer Marseille et les
Marseillais. Nous devons tous ensemble courir au plus pressé
et le plus pressé en ce moment c'est nous. Prêtez-nous donc
votre concours et donnez des ordres énergiques pour que
nos arrivages d'Afrique ne soient plus arrêtés. Vous devriez
au contraire appliquer toute votre énergie à nous les faire
parvenir au plus vite. Réponse immédiate aussitôt réception. Rien de plus pressé.

31 octobre 1870. — *A Delpech, Marseille.* — Hier soir à 8 heures et demie, trois dépêches sont parties signées de moi :
l'une, pour accepter votre démission; l'autre, celle d'Esquiros; la troisième, pour donner au général Marie les ordres qu'il est de son devoir d'exécuter. Il a été autorisé à
proclamer l'état de siège jusqu'à l'arrivée du nouveau préfet qui est M. Gent. Vous seriez donc personnellement responsable de tous les désordres qui pourraient arriver par
suite de la violation des ordres du général Marie.

1er novembre 1870. — *A inspecteurs et directeurs du télégraphe à Marseille.* — A dater de la réception de la présente dépêche et jusqu'à nouvel ordre, vous refuserez d'une
façon absolue toute dépêche, de quelque nature qu'elle soit,
qui vous sera présentée par le bureau de Marseille. Les
communications télégraphiques sont absolument interdites
entre vous et Marseille. Si quelque délégué de la Ligue du
Midi venait vous requérir pour une transmission quelconque, vous refuseriez absolument le service. Les communications avec Marseille seront rétablies, soit en vertu de mes
ordres, soit en vertu des instructions qui vous seront transmises de la part de M. Gent par l'intermédiaire de Lyon.

2 novembre 1870. — *Intérieur et guerre à Gent, préfet des Bouches-du-Rhône, à préfecture Avignon.* — La situation de Marseille est en effet grave, mais les dépêches disent que votre arrivée calmera tout. Vous comprenez aisément que toute cette agitation est née de la Ligue et vous savez ce que j'en pense. Vous êtes envoyé à Marseille pour représenter le pouvoir central. C'est à ce point de vue que vous devez vous placer dans tous vos actes et toutes vos mesures; mais je n'ai point d'instructions ni de détails à vous donner puisque vous êtes parti avec toute ma confiance. Étudiez le milieu; faites-vous une opinion exacte des hommes et des choses; et, cela fait, agissez avec prudence et vigueur tout ensemble. Ainsi que nous avons dit souvent, pas de mesures préventives, mais répression énergique toutes les fois que l'on aura manqué à la loi par un fait accompli et déterminé. Je suis informé que le général Marie a été destitué de tout commandement pour faire place à M. Cluseret, le même dont ni Paris ni Lyon n'ont voulu; ce n'est certainement pas pour que Marseille le prenne. Réintégrez Marie; il m'a promis d'être votre bras droit. Dissolvez le conseil départemental. Dispersez les derniers éléments de la garde civique. Voilà deux premières mesures. Pour la Ligue, on en viendra facilement à bout. En tous cas, je ne connais plus que vous à Marseille, et nul dans cette ville n'a le droit que vous de parler et d'agir au nom du Gouvernement.

2 novembre 1870. — *A M. Labadié, Marseille.* — J'apprends que mon cher ami Gent a été l'objet d'un ignoble attentat[1]. Je vous adjure, au nom de la patrie, de faire un suprême appel aux gens de cœur de Marseille et de ne pas subir plus longtemps la violence et les crimes.

Répondez-moi et tenez-moi au courant.

1. En réponse à la dépêche suivante de M. Gent : « *2 novembre 8 h. soir.* Arrivé quatre heures Marseille, magnifique réception à la gare par tous les officiers de la garde nationale. Population enthousiaste. Acclamations unanimes jusqu'à la préfecture. Là on m'a demandé de m'associer à Esquiros, me disant que si je refusais, la guerre civile éclaterait à Marseille. J'ai refusé, persistant à me tenir dans mon rôle. Alors quelques hommes se sont présentés, me demandant ma démission. Comme je refusais pour la troisième et la quatrième fois, un coup de pistolet tiré par un inconnu m'a atteint dans la région du ventre. »

2 novembre 1870. — *A Gent, préfet, Marseille.* — Cher et courageux ami, j'ai l'âme pleine d'horreur et de tristesse à la pensée qu'un homme tel que vous, à qui la République doit tout, et de qui elle a tout reçu, a pu être l'objet d'un aussi odieux attentat. J'attends avec certitude que la tentative d'un pareil crime ouvrira les yeux à tout le monde; et que, sous peine de se faire complice de cet assassinat, personne n'osera plus méconnaître vos droits, scellés par votre sang, de commander au nom du Gouvernement. J'attends aussi avec anxiété la nouvelle qu'il a été fait justice du meurtrier. Je voudrais être près de vous pour vous dire le respect qui s'ajoute à mon amitié. Je vous tenais pour un héros du droit, à présent vous en êtes le martyr. Faites, de grâce, qu'on m'instruise de votre état et de la situation. Recevez mes embrassements fraternels.

3 novembre 1870. — *A préfet Gent.* — J'apprends que vous allez mieux et je m'en réjouis. J'ai donné les ordres nécessaires pour mettre à votre disposition un vrai petit corps d'armée au complet de 8,000 hommes. J'ai reçu de tous les préfets qui vous avoisinent les offres de concours les plus touchantes. Je les ai mis au courant des mesures prises. Je demande à l'amiral de vous envoyer les bâtiments dont vous avez besoin. Je suis chargé par notre ami Challemel-Lacour de vous dire toute l'amitié qui l'unit à vous. La dépêche est des plus chaudement sympathiques. Faites-moi écrire souvent sur votre santé. Avez-vous reçu mes dépêches antérieures? Votre entrée triomphale à Marseille suivie d'un tel attentat a excité partout en France une émotion universelle.

4 novembre 1870. — *Au même.* — Je vous remercie de votre belle et rassurante dépêche. J'approuve votre politique de faire place nette. La constitution d'une libre et forte municipalité est un coup de maître. Nous marcherons pleinement d'accord. Ni réaction ni révolte.

5 novembre 1870. — *Au même.* — Nous pensons que le voyage de Cluseret pourrait avoir en ce moment des inconvénients graves[1]. Nous croyons qu'il vaut mieux que vous le

1. En réponse à la dépêche suivante de M. Gent à M. Ranc : « Cluseret demande à aller à Tours s'expliquer, dit-il, et se jus-

gardiez à Marseille. Je vous serre la main et je suis bien heureux de vous savoir à peu près remis.

6 novembre. — *Au même*. — Les bruits d'armistice et de paix sont répandus partout; très certainement des négociations sont engagées pour arriver à un armistice, qui ne serait pas seulement militaire, mais qui entraînerait des élections. Je suis sans nouvelles ni officielles ni officieuses quant au résultat et même à l'état de ces négociations. Aussitôt que j'en aurai, vous en serez averti. J'ai si fort approuvé votre proclamation que j'ai ordonné son insertion au *Moniteur*. Nous continuons à marcher ensemble.

7 novembre 1870. — *Au préfet*. — Le crédit que vous demandez[1], quoique fort élevé, vous sera ouvert. Avisez pour vous procurer de l'argent par le département ou la ville. Ne tirez pas toujours sur nous; vous savez à quels immenses besoins nous avons à pourvoir.

7 novembre 1870. — *Au même*. — Merci de votre courte proclamation; vous avez traduit fidèlement nos sentiments à tous deux. Faites tenir à Esquiros[2] le télégramme suivant :

« *Gambetta à Esquiros* : En présence de l'affreux malheur « qui vous frappe, tous dissentiments politiques doivent « être mis de côté pour laisser place à l'effusion des sym- « pathies privées. Je prends ma part de votre inconsolable « douleur et je me joins à ceux de vos amis qui vous aide- « ront à la supporter.

« LÉON GAMBETTA. »

Écrivez-moi au sujet des dispositions de Marseille à la veille des élections municipales.

1er novembre 1870. — *Au préfet*. — Je compte bien que vous n'approuverez point la transmission de dépêches signées par les agents de la prétendue Ligue du Midi. J'en ai quel-

tifier; voulez-vous que je vous l'expédie? Vous pouvez y gagner quelque chose et vous m'en débarrasserez, sans que je sois obligé de le faire arrêter ici. »

1. M. Gent demandait un second crédit de 150,000 francs pour achever l'organisation de divers corps francs et les mettre en route.

2. Le fils de M. Esquiros était mort le 6 novembre.

ques-unes sous les yeux et il est impossible d'admettre cette manière de comprendre les affaires publiques.

8 novembre 1870. — *Au préfet.* — Je vous ouvre crédit de 100,000 francs chez le trésorier-payeur général, sur fonds de garde mobile, pour vous aider au complément de l'organisation de vos corps francs.

Vous autorise en outre à imputer sur mêmes fonds de garde mobile les 100,000 francs dont vous avez été crédité pour volontaires de passage et dépenses diverses par dépêche du 11 octobre.

Observez que dépenses de corps francs jusqu'à remise à autorité militaire sont à la charge des fonds de départements et communes; et les deux imputations autorisées sont par considération spéciale.

11 novembre 1870. — *Au préfet.* — Ne vous préoccupez pas de la question des achats d'armes. La commission d'armement s'en occupe ici avec la plus grande activité et toutes les propositions sérieuses lui sont adressées. La plupart des offres qu'on lui fait sont d'ailleurs illusoires. Soyez très prudent sur ce point et renvoyez-nous tous ceux qui voudront vous vendre des fusils.

12 novembre 1870. — *Au préfet.* — Je nomme Blache préfet du Var. En attendant qu'il rejoigne son poste, je prie Coste de rester en fonctions. Je prie tous mes amis de prêter fortement les mains au maintien de l'ordre dans le département. C'est une question de salut pour la République.

LAURIER.

12 novembre 1870. — *Au préfet.* — En raison des nécessités politiques auxquelles vous êtes obligé de faire face et après avoir pris l'avis de M. le président de la commission d'armement, je vous autorise à traiter directement, et sans l'intervention de M. Cesanne, des achats de fusils et de cartouches. M. Lecesne a dû vous télégraphier que les chassepots de fabrication espagnole ne doivent être payés que 115 francs. Les Remington valent jusqu'à 105 francs. Les carabines Minié peuvent être achetées au prix de 30 fr. 35. La commission d'armement n'en achète plus. Je n'ai pas besoin de vous recommander une grande prudence et une

méfiance extrême à l'endroit des offres qui vous seront
faites. L'expérience nous a montré ici que les divers stocks
et les produits de fabrication courante sont souvent offerts
de diverses parts et qu'il importe que nous ne nous fassions
pas les uns les autres une concurrence funeste. Veuillez
nous tenir au courant de vos opérations. La question du
paiement se réalisera.

16 novembre. — *Au préfet.* — Je suis informé que vous
aviez prescrit au directeur de la poudrerie de Saint-Chamas
de renvoyer immédiatement la moitié des gardes mobiles
employés à sa poudrerie et l'autre moitié sous huit jours.
Je vous prie de donner contre-ordre et de laisser ces mobiles
à la disposition du directeur de la poudrerie. Nous avons
besoin surtout de cartouches et autres matériaux de guerre,
et les hommes employés à les faire nous rendent d'aussi
grands services qu'à l'armée.

Faites-moi savoir à quelle heure vous aurez donné contre-
ordre que j'annonce au directeur.

18 novembre 1870. — *Au préfet.* — Vous connaissez ma
manière de comprendre les rapports du Gouvernement avec
la presse. Je résiste à tout procès de presse, mais si vous
jugez qu'un article de journal constitue un acte de trahison
au sujet duquel il ne peut y avoir d'hésitation dans l'esprit
de personne, faites saisir l'auteur de cet article, et livrez-le
aux tribunaux militaires si vous avez dans votre département une cour martiale, et à la cour d'assises s'il n'y en a
pas, comme coupable du crime prévu par l'article 77 du
code pénal.

Je ne connais pas l'article de la *Décentralisation* dont
vous me parlez.

19 novembre 1870. — *Au préfet.* — La question de la
vente des journaux politiques dans les gares ne peut pas
faire difficulté. Voyez cependant quels sont les traités de la
maison Hachette avec les chemins de fer, et si l'autorisation
donnée par vous à ces journaux ne vous attirera pas de
procès dont vous n'avez que faire en ce moment.

1. La *Décentralisation* de Lyon avait publié un odieux article
que M. Gent avait qualifié, dans une dépêche du 18, de « véritable
déclaration de guerre à la défense nationale ».

19 novembre 1870. — *Au préfet*. — J'approuve votre prudence dans l'affaire de la pétition relative à l'incorporation des personnes appartenant à des corporations religieuses. De la patience, vous avez bien fait d'en défendre l'affichage. La question vaut la peine d'être examinée. Nous nous en occupons.

21 novembre 1870. — Je vous donne complètement raison dans l'affaire de la caserne Saint-Charles[1]. Veuillez faire savoir au commandant de la division que j'ai apprécié les raisons très légitimes que vous avez fait valoir et qui ne peuvent manquer de le toucher. Je ne donnerai aucun contre-ordre. Allez donc et faites pour le mieux. Ne me poussez pas trop sur la question de Digne[2]. Je vous ai dit que je m'occupais de la résoudre. Comptez sur ma parole.

22 novembre. — *Au préfet*. — Le ministre me charge de vous dire qu'il vient de donner des ordres formels au général pour que la caserne Saint-Charles soit à votre disposition. Votre autorité sera respectée, nul n'y portera atteinte.

RANC.

23 novembre 1870. — *Au préfet*. — Voici le duplicata d'une dépêche que le ministre a adressée le 10 novembre à Fontaine, chef exploitation canal de Suez, 2, rue Arcades, et qui n'est pas parvenue à destination.

« A raison des caractères du service, sont provisoirement assimilés aux agents des postes les chefs de service et caissiers du canal Suez, mais il en sera déposé un état nominatif à la préfecture. »

Signé : GAMBETTA.

26 novembre 1870. — *Au préfet*. — J'arrive du Mans, je trouve votre excellente dépêche sur la formation des batteries, je vous offre mes plus cordiales félicitations sur votre activité patriotique. Remerciez votre population et vos ouvriers. J'ai en ce moment de si vives préoccupations que je n'ai pu encore m'occuper de régler le conflit dont vous vous êtes plaint. Faites-moi crédit de vingt-quatre heures. Ma

---

1. M. Gent avait réclamé cette caserne pour le rassemblement de la première légion mobilisée de Marseille.
2. L'envoi de M. Blache à la préfecture des Basses-Alpes.

confiance en vous est, vous le savez, entière. J'arrangerai
tout au mieux. Challemel-Lacour m'a écrit que vous teniez
à conserver le colonel Quiquandon. J'ai donné des ordres
pour vous le laisser. Vous verrez par le *Moniteur* que j'ai
décidé la création d'un camp près de Marseille au Pas-des-
Lanciers.

Je compte vous envoyer un homme qui vous fera connaître ma manière de voir à cet égard. Réservez-lui bon
accueil. Amitiés de Spuller.

28 novembre 1870. — *Au même.* — Je reçois une longue
dépêche de Brissy en réponse à mon télégramme d'hier qui
a dû vous passer sous les yeux.

Les affaires de Brissy datent du 4 septembre. La situation
a toujours été irrégulière. En temps de crise j'ai pu passer
sur cette irrégularité; quel que soit le titre actuel de Brissy
et les fonctions qu'il exerce, il n'en est pas moins vrai qu'il
appartient au corps de l'intendance et qu'il importe de l'y
faire entrer. Je voulais faire de lui l'intendant du 18e corps
d'armée devant l'ennemi; ordre lui a été donné à trois
reprises différentes, il refuse obstinément. Une pareille obstination doit être vaincue et je fais appel à votre concours
formel. Je vous prie de donner l'ordre à M. Brissy de se
rendre immédiatement à Tours, et, s'il refuse, je vous donne
l'ordre de me l'expédier. Il fait valoir dans sa dépêche de
prétendues difficultés que son départ pourrait vous créer.
Vous en avez vu bien d'autres. Vous pouvez dans tous les
cas compter sur mon concours absolu pour en triompher.
Mais d'abord finissons-en avec l'affaire Brissy.

6 décembre 1870. — *Au préfet.* — Nous nous occupons de
l'organisation des camps. Au moment de nommer les officiers supérieurs, Freycinet me fait remarquer qu'il ne peut
me présenter tant qu'il n'aura pas eu nos propositions. Il
nous faut des propositions dans le plus bref délai; cherchez
bien autour de vous, c'est une assez grave affaire. Il y a
plusieurs charges importantes. Reprenez le *Moniteur* et voyez
le décret d'institution des camps.

8 décembre. — *A préfet des Bouches-du-Rhône.* — Je vous
renouvelle avec instance la demande de vos propositions
pour votre camp; vous ne me les avez pas envoyées et le

travail est arrêté. Je vous rappelle qu'il y a cinq ou six présentations à faire. Reprenez le *Moniteur* et envoyez vos noms par le télégraphe.

8 décembre. — *Au préfet.* — J'ai passé avec M. Tellenne un marché de *vingt-cinq mille havresacs*. M. Tellenne se refuse à l'exécuter, rappelez-le à l'exécution de ses actes.

12 décembre 1870. — *A préfet.* — L'absence des communications relatives à la guerre tient uniquement aux lenteurs et aux embarras de notre réinstallation à Bordeaux. Les divers services sont maintenant organisés. Dès ce jour vous recevrez la dépêche ordinaire. En attendant, démentez les faux bruits et calmez les inquiétudes exagérées. Rien dans la situation ne les justifie.

Lyon, 23 décembre. — *Au préfet.* — Je reçois vos deux dépêches : 1° Le mandat d'arrêt lancé à Lyon contre Cluseret est aux mains du procureur de la République à Marseille. Faites-le exécuter et expédiez Cluseret à Lyon.
2° Si d'autres agitateurs menacent l'ordre, arrêtez-les et faites-les mettre au fort[1].

Quant au crédit ouvert, il faut qu'il soit appliqué d'accord avec Garibaldi, et les mots obscurs signifient ceci qu'il ne faudra prendre qu'un nombre proportionné de volontaires qu'on pourra armer et équiper avec le crédit[2].

Lyon, 24 décembre. — *Gambetta à Gent, préfet de Marseille.* — C'est à Panni que j'ai accordé les 100,000 francs de crédit sur Garibaldi, j'entends que ce soit lui qui reste à la tête du comité et qu'il n'y soit en rien dérogé.

Lyon, 25 décembre 1870. — *Au préfet.* — Les affaires de Garibaldi et de Frapolli nous causeraient beaucoup d'ennui si nous n'arrivions pas à tirer au clair toute cette situation. Vous savez sans doute que Garibaldi a pour chef d'état-major Bordone, qui est, à ce qu'il paraît, très difficile à vivre, car il y a de nombreuses démissions dans le corps de

1. Il s'agit de MM. Carcassonne et Matheus, signalés par le procureur général comme faisant partie, avec Cluseret, d'une conspiration révolutionnaire.
2. Il s'agit d'un crédit de cent mille francs pour transport et réception avec armes des volontaires italiens.

Garibaldi provoquées par ses procédés, ses allures omnipotentes, son insupportable hauteur, sans préjudice d'une foule d'autres causes dont je ne veux rien dire ici; vous comprenez admirablement que rien n'est possible au sujet de Bordone contre la volonté de Garibaldi, et il paraît qu'il n'y a pas moyen de lui faire entendre raison; si vous pouviez à votre tour user de votre influence sur lui, se serait nous rendre un grand service.

Le malheur de la situation est que les dissidents qui abandonnent Garibaldi veulent se reformer sous les ordres du général Frapolli. Il y a par conséquent une sorte de rivalité qui irrite au plus haut point Garibaldi et surtout Bordone. L'affaire du comité de Marseille est un épisode de cette lutte. Frapolli reçoit tout le monde et, grâce à Bordone, tout le monde s'en va. Je pense donc que dans l'affaire des 100,000 francs votés par le conseil municipal de votre ville, il faut savoir avant tout ce qu'il y a au fond de cette querelle, et je vous serai obligé si vous voulez bien vous en expliquer avec Garibaldi personnellement. Mais faites bien attention que tout passe par Bordone et que l'on ne reçoit jamais de réponse que de lui. Le plus fâcheux c'est qu'à tout propos, Garibaldi parle de donner sa démission, ce qu'il ne faudrait à aucun prix. Mais les embarras s'accumulent, et il est temps de trancher cette situation si on ne peut pas la dénouer.

Je vous remercie de ce que vous faites dans l'affaire d'E...[1] Quant à l'autre, je m'en rapporte entièrement à vous. Vous connaissez notre devise commune : Énergie et prudence, ni réaction ni révolte. Amitiés.

Lyon, 26 décembre 1870. — *Au préfet des Bouches-du-Rhône. Circulaire aux préfets de la Drôme, Vaucluse, Gard (Nîmes), Hérault.* — La neige tombée ne peut arrêter longtemps nos mouvements de troupes qui sont d'une extrême urgence. Donnez l'ordre à tous les maires de toutes les communes traversées par la voie ferrée de requérir tous les travailleurs disponibles pour déblayer la voie. Mettez d'autorité en mouvements tous les agents des gares et tout le personnel

1. « Esquiros est à la ville et me promet de partir. » (Dépêche Gent à Crémieux.)

des Compagnies. L'opération n'est pas impraticable, elle a été exécutée ce matin sur tout le parcours de Lyon à Besançon par Bourg. Je ne vois donc pas ce qui pourrait s'y opposer ailleurs; le Gouvernement rendrait responsable tout fonctionnaire ou tout agent sur la commune duquel l'opération subirait le moindre retard. Entrez immédiatement en conférence avec les agents supérieurs de la Compagnie dans votre département et écrivez-moi si par hasard vous étiez entravé.

27 décembre 1870. — *A préfet des Bouches-du-Rhône, Marseille.* — Je vous autorise à pourvoir immédiatement, et sans me soumettre vos propositions, au remplacement de votre conseil général seulement. Je vous prie de me faire connaître sans retard la composition de votre commission afin que tout soit régularisé en temps utile.

Lyon, 29 décembre. — *A préfet.* — J'ai communiqué vos dépêches au délégué des finances avec prière instante de faire immédiatement régulariser vos crédits. Envoyez-moi, en conséquence, l'état complet de tout ce qui doit être régularisé.

Lyon, 30 décembre. — *Au préfet.* — Vous êtes autorisé à faire des réquisitions pour ouverture de crédit préalable pour les dépenses militaires autorisées par le ministre de l'intérieur et de la guerre.

Mais, au préalable, entendez-vous avec les receveurs généraux pour ne pas les prendre au dépourvu. Le délégué des finances télégraphie dans le même sens.

Bordeaux, 5 janvier. — *Au préfet.* — Je suis informé que le braconnage du gibier d'eau sévit avec une intensité extrême dans les communes de votre département limitrophes de la mer. Les populations privées du droit de chasse, cette année, se plaignent de cette tolérance abusive ; je vous invite à prendre des mesures pour réprimer cet abus.

7 janvier 1871. — *Au préfet.* — De votre dépêche il résulte que vos mobilisés sont prêts à partir sur tel point que je vous indiquerai.

Concentrez-les, exercez-les sans relâche jusqu'au jour de leur départ, suivant les instructions que je vous ai envoyées.

10 janvier 1871. — *Au préfet.* — Mon cher ami, je suis heureux d'avoir à vous répéter que dans les affaires politiques et d'administration intérieure ma confiance en vous est entière. Le décret de dissolution des conseils généraux est une mesure générale. Quant à la circulaire chiffrée qui indique aux préfets qu'il n'y a nulle urgence à nommer et à publier les noms des membres de la commission départementale, il est trop clair que cette circulaire ne peut vous enchaîner si vous jugez qu'il y a intérêt pour vous à nommer votre commission départementale. Vous êtes donc libre à cet égard. Nous continuons à marcher d'accord, du moment que je suis informé de ce que vous voulez faire, et tel est le cas.

Quant à votre autre dépêche, je vous autorise parfaitement à déléguer quelqu'un à la mission[1] dont vous me parlez. Mais les fonds? où les prendrai-je? Si vous pouvez doter cette mission, faites-le, car il peut y avoir utilité si votre délégué est sûr, discret, et intelligent. Ecrivez-moi pour me dire ce que vous aurez fait.

14 janvier 1871. — *Au préfet.* — Un ambassadeur chinois vient en France. Il apporte les excuses de son gouvernement pour les massacres qui ont eu lieu au mois de juin dernier à Tien-Tsin, ainsi qu'une somme d'argent à distribuer aux parents des victimes. Il est probable qu'il arrivera à Marseille dans le courant de la semaine prochaine. Il est d'usage que des honneurs publics soient rendus aux ambassadeurs de l'extrême Orient. Le délégué des affaires étrangères me charge de vous faire savoir que les conditions dans lesquelles se présente l'ambassadeur chinois Tchong-Heou et nos propres circonstances prescrivent de lui faire un accueil très réservé. Il importe qu'aucune démonstration extérieure n'ait lieu pour cette réception. Vous recevrez d'ailleurs prochainement la visite de M. le comte Kleczowski, premier interprète de langue chinoise, que la délégation de Bordeaux envoie à Marseille avec charge de recevoir et d'amener à Bordeaux l'ambassadeur chinois. Il vous portera

---

1. M. Gent avait proposé d'envoyer une personne sûre en Espagne pour renseigner le gouvernement sur la situation politique de ce pays à la suite de l'assassinat du maréchal Prim et de l'arrivée du roi Amédée à Madrid.

des instructions; mais j'étais bien aise de vous avertir d'avance.

14 janvier 1871. — *Au préfet.* — Vous êtes pleinement autorisé à expulser tous Prussiens et Allemands belligérants de Marseille et de votre département. Quant à votre proclamation, je suis assuré qu'elle répond à nos sentiments qui sont les vôtres et qu'elle dira à nos populations du Midi quel est leur devoir en face des atrocités abominables dont notre ville de Paris est l'objet.

21 janvier 1871. — *A préfet.* — Le décret qui nomme sur votre demande M. Henri Fouquier secrétaire général de la préfecture des Bouches-du-Rhône a été signé ce matin.

21 janvier 1871. — *A M. Gent. préfet de Marseille.* — Mon cher préfet, répondez, je vous prie, à la question que je vous pose; vous savez combien je tiens à vous consulter sur tout ce qui regarde votre département avant de prendre une décision; de tous côtés les mobilisés des départements partent, soit sur Lyon, soit sur Dijon, soit sur Besançon; ceux des Bouches-du-Rhône ne sont encore qu'au camp des Alpines ou à Marseille. Ne croyez-vous point qu'à tous égards il serait utile d'en déplacer au moins une partie? Répondez-moi à cœur ouvert.

26 janvier. — *Au préfet. (Confidentielle et chiffrée.)* — Nous n'y croyons pas [1]; arrêtez toujours [2]; vous serez toujours informé le premier.

L. GAMBETTA.

27 janvier. — *Au préfet. (Extrême urgence.)* — Je ne puis rien vous dire de plus que ce que je vous ai dit hier. La nouvelle du journal de Genève a été mise en circulation par le correspondant du *Times* à Versailles, ce qui la rend suspecte. Je n'ai aucune confirmation officielle ni officieuse. Si vous voulez mon opinion, je doute si fort que je n'y crois pas. Maintenant, un ballon parti cette nuit de Paris vient d'être signalé à Rochefort; pourvu qu'il ne tombe pas en mer. Nous aurons des nouvelles ce soir et je vous en

---

1. A la capitulation de Paris.
2. Le *Journal de Genève* qui annonçait la capitulation.

ferai passer. Laissez circuler la nouvelle si vous ne pouvez
faire autrement. Je comprends bien votre responsabilité,
mais je vous supplie de penser à la mienne. Soutenons-nous
mutuellement, surtout dans ces jours de crise suprême.

3 février. — *A préfet.* — Je lis la touchante dépêche que
vous avez envoyée à votre collègue de Digne, cher ami et
vaillant collaborateur. Vous dites que le devoir du fonctionnaire, l'isolement où vous êtes et l'impérieuse nécessité de
l'ordre feront peut-être céder la conscience du citoyen.
Avez-vous besoin que je vous dise que je connais ces anxiétés, que j'ai passé par là, et que cependant j'ai dû en
prendre mon parti? Je me suis souvenu, comme je vous l'ai
fait écrire, que la première règle en politique consiste à
tirer parti de tous les éléments d'une situation, quelque douloureuse qu'elle soit, et j'ai fait mon devoir. J'ai étouffé en
moi tous les sentiments d'opposition et je me suis dit
qu'avec le concours de mes amis nous arriverions tous
ensemble à dominer les événements. J'ai compté sur vous
et je sais que ce n'est pas en vain. Il nous faut subir les
élections comme nous avons subi l'armistice, mais il nous
faut aussi savoir nous retourner dans la position à jamais
regrettable qui nous a été faite. Faisons donc des élections.
Soyons tous les deux ensemble les élus de Marseille avec
d'autres de nos amis et sur un autre terrain qui peut-être ne
sera pas si mauvais que nous le pensons. Reprenons notre
tâche. Écrivez-moi que penser? Ainsi vous me soulagerez
beaucoup. Je suis très souffrant depuis quatre ou cinq jours,
et c'est à peine si j'ai pu recevoir vos amis de Marseille.
Ils vous diront tout ce que je pense de vous et de votre indispensable concours à la politique que nous avons poursuivie
ensemble.

Salut fraternel,

GAMBETTA.

CALVADOS

27 novembre. — *A M. l'ingénieur Cézannes, Caen.* — Une
dépêche confidentielle de vous à Leven me passe sous les
yeux. Je regrette amicalement que vous ne vous soyez pas
adressé à moi pour avoir des conseils sur les cas épineux

dont vous lui parlez. Puisque vous n'avez pas voulu de mes conseils, je vais vous donner des instructions : Je suppose comme vous la garde nationale battue, la ville envahie; vous demandez s'il faut rester vous faire prendre dans votre préfecture ; je vous réponds qu'il faut rester, mais ne pas vous laisser prendre à votre préfecture et vous replier au contraire, s'il n'y a pas moyen de faire autrement, et à la dernière extrémité. Vous administrez et vous continuez à administrer la partie non envahie de votre département. Quant à la seconde hypothèse, je ne veux pas l'examiner avec vous, je n'admets pas que dans une ville comme Caen personne ne se battra. Je comprendrais encore moins que vous attendissiez les Prussiens dans votre préfecture pour vous y faire prendre. En un mot, qu'est-ce que je vous demande? de faire comme les gens d'Évreux, de repousser vos ennemis à la tête de vos administrés et de donner ainsi un grand exemple à tous vos collègues.

Cordialités.

BOURGES, 14 décembre. — *Au préfet*[1]. — J'ai peine à m'expliquer l'insistance avec laquelle vous mettez en avant la question de responsabilité à propos d'un mouvement militaire vraiment national. Il ne peut entrer dans ma manière d'entendre et de diriger les affaires que les incidents de la lutte amènent ces récriminations passionnées entre fonctionnaires républicains qui se doivent un mutuel concours et dont le premier devoir est d'éviter les conflits entre eux.

Je n'ai rien à vous dire, ni oui ni non, sur tel ou tel point. J'ai à vous prescrire d'exécuter des mouvements ordonnés dans un intérêt supérieur. Voilà tout.

Quant à votre responsabilité, elle est ce que vous savez la faire vous-même, en faisant ou en ne faisant pas votre devoir. Je compte n'avoir plus à vous entretenir de cette affaire. Votre département était menacé sans doute, mais Paris est héroïque et c'est à lui surtout qu'il faut songer. Si vous ne le comprenez pas, tant pis pour vous, cela prouve, que nous nous entendons fort peu.

1. M. Achille Delorme.

CANTAL

5 janvier 1871. — *A M. Vapereau, préfet.* — Vous n'avez pas à vous préoccuper pour le moment de la constitution de la commission départementale qui doit remplacer votre conseil général. Le but que poursuivait le Gouvernement a été atteint par la dissolution des conseils élus sous l'Empire[1] ; il est inutile de faire surgir des conflits et des récriminations en instituant immédiatement les commissions. Il sera temps d'y songer quand vous aurez besoin de votre commission pour un vote départemental.

CHARENTE

Rien d'important.

CHARENTE-INFÉRIEURE

11 octobre. — *A M. Mestreau, préfet.* — Quarante-deux jours après la révolution du 4 septembre j'apprends que par suite du maintien de M. Benaghel aujourd'hui remplacé comme sous-préfet de Saint-Jean-d'Angély, la proclamation de la République n'a pas été affichée. Il paraît même que certains maires du régime déchu refusaient de reconnaître des autorités républicaines. Je pense que j'apprendrai leur destitution par retour du courrier.

Présentez-moi un rapport complet sur l'état de votre département, notamment en ce qui touche le maintien et les manœuvres des anciens fonctionnaires.

21 octobre. — *Au préfet.* — Le sieur Regnault et l'autre individu que vous avez arrêtés sont deux ingénieurs chargés par moi, ministre de la guerre, de visiter les arsenaux et de me présenter des rapports. Télégraphiez immédiatement

---

1. La dissolution des conseils généraux avait été prononcée par un décret du 26 décembre 1870. Plusieurs préfets protestèrent contre ce décret et donnèrent leur démission. (Voir le texte du décret, t. II, ch. IX.)

à Rochefort qu'on ait à les recevoir avec les plus grands égards. S'ils ne se sont pas présentés chez vous, ils ont eu tort; mais calmez les défiances des populations et surtout évitez de les partager.

30 novembre. — *Au préfet.* — Des renseignements qui me sont communiqués de source sûre il résulte que la situation de M. Daujon, sous-préfet de Varennes, devient de plus en plus difficile. Il paraît également certain que ce fonctionnaire est d'une faiblesse qui compromet des intérêts de premier ordre. Il me semble indispensable de le remplacer sans plus de retard. Dites-moi par dépêche si je puis le considérer ou non comme démissionnaire?

2 février 1871. — *A Ricard, commissaire extraordinaire à La Rochelle.* — Qui a pu vous dire que Mestreau est remplacé? Il est toujours à son poste. Je regrette seulement d'être en désaccord avec lui sur un fait aussi capital que les élections[1]. Je vous invite à faire procéder aux élections de vos départements dans l'esprit de résistance à outrance qui nous anime tous.

CHER

16 octobre. — *Au maire de Vierzon.* — Les détails contenus dans votre lettre au sujet de lettre retenue à la poste sont trop insuffisants. Laissez passer cette lettre. L'inviolabilité de la correspondance privée doit être absolue. Surveillez, prenez des précautions, mais respectez le secret des lettres, qui est un principe. Quant aux complots monarchiques, impossible de se contenter d'impressions aussi vagues. A quoi sert-il de connaître des impressions impersonnelles? Donnez-moi des faits précis, et vous verrez si le gouvernement sera dupe ou complice.

Lyon, 24 décembre 1870. — *Intérieur à M. Louriou, préfet, Bourges.* — Je reçois votre dépêche, mon cher préfet; veuillez avertir Bourbaki qui est à Nevers de ce que vous avez fait pour lui procurer des chevaux. Si ni lui ni personne ne vous répond, cessez de vous occuper de cette réquisition. Mille choses.

1. La proclamation du 1er février.

CORRÈZE

31 octobre 1870. — *A M. Latrade, préfet.* — Il est urgent que vous vous occupiez des questions relatives à l'habillement, l'équipement et le campement des gardes nationaux mobilisés. Vous pouvez utiliser pour eux ce qui reste dans les magasins de la mobile. Si vous ne pouvez réussir à terminer sans mon intervention, avisez-moi; mais faites-moi savoir au plus vite, je vous prie, où vous en êtes et quand vous aurez fini.

2 novembre. — *Au préfet.* — Si vous avez des francs-tireurs à envoyer quelque part, envoyez-les à Garibaldi qui a été placé à la tête des francs-tireurs et dont le quartier général est à Dôle.

13 décembre 1870. — *A préfet.* — Aucune solution générale n'a été encore donnée par le gouvernement de la République à la question des annonces judiciaires. Il est clair que cette solution sera conforme à nos principes de liberté de la presse; jusqu'à ce qu'une règle fixe soit établie par la loi, il y aura lieu d'admettre au partage des annonces judiciaires et publications légales les journaux de chaque arrondissement ayant une publicité réelle.

20 janvier 1871. — *Au préfet.* — Ne pourriez-vous pas former une légion avec vos gardes nationaux mobilisés déjà prêts, que je puisse la remettre à l'autorité militaire; j'attends avec impatience la mise en état de tout votre effectif. Puis-je vous aider? Répondez-moi par dépêche et d'urgence.

CORSE

6 septembre 1870. — *A M. Ceccaldi (D. F.), à Bastia.* — Vous êtes nommé préfet du département de la Corse. Veuillez prendre immédiatement possession de vos fonctions.

9 septembre 1870. — *M. Azimaldi, avocat à Ajaccio.* — Les bruits qui circulent en Corse relativement aux massacres de Corses qui auraient lieu à Marseille sont absolument faux. Jamais le gouvernement de la République ne permettra qu'il soit établi des catégories entre citoyens français.

13 septembre 1870. — *Au préfet.* — Je reçois votre rapport sur affaire Ordioni, félicitez en mon nom le général de la 17e division et le capitaine de gendarmerie Barbiger. Je regrette cependant qu'on n'ait pas agi avec plus d'énergie contre Ordioni. Il fallait le déférer à la loi pour crime contre la sûreté de l'État. C'est un faussaire avéré[1].

25 octobre 1870. — *Au préfet.* — Si vous estimez que les personnages que vous me signalez[2] sont en Corse une cause de désordres, invitez-les immédiatement à quitter l'île, le territoire de la République. L'affaire est laissée à votre appréciation, mais vous êtes pleinement autorisé à agir

2 décembre 1870. — *Au préfet.* — Je vous transmets copie de l'autorisation de recrutement en Corse, donnée au général Garibaldi et ainsi conçue :

« Le commandant du génie Poulain, faisant partie de l'armée des Vosges, placé sous les ordres du général Garibaldi, est autorisé à recruter en Corse des volontaires parmi les hommes ayant de 18 à 20 ans, à l'exception des hommes faisant partie de l'armée active, de la garde nationale mobile et de la garde nationale mobilisée, dont les cadres sont déjà formés ; ce recrutement sera fait parmi les réfractaires.

« MM. les préfets, les sous-préfets et maires sont invités à faciliter ce recrutement et à délivrer tous sauf-conduits. »

13 décembre 1870. — *A préfet.* — Si le sieur Ordioni débarque en Corse, assurez-vous de sa personne, et avisez-moi, je vous enverrai des instructions.

15 janvier 1871. — *A Ceccaldi, préfet Corse.* — Nous avons en effet (nommé) M. Naquet préfet de la Corse ; mais nous tenons à ce que cette nomination n'ait pas, en ce qui vous touche, la signification d'une disgrâce. A l'occasion nous serons heureux de vous le prouver. Nous avons cédé à la nécessité pour nous démontrée d'envoyer en Corse un préfet continental, étranger aux passions et aux compétitions locales.

30 janvier 1871. — *Au préfet.* — Pour les élections, conformez-vous aux précédents, le décret ultérieur visera au

---

1. M. Ordioni se disait autorisé par le gouvernement à former un bataillon de volontaires corses et à en prendre le commandement.
2. MM. Gavini et Abbatucci.

reste le cas que vous soumettez. Continuez énergiquement
les opérations pour la classe de 1871.

L. GAMBETTA.

2 février 1871. — *A préfet.* — Vous ne pouvez songer à
proclamer l'état de siège qui aurait pour effet d'annuler
toute votre autorité et de la faire passer entre les mains de
l'autorité militaire. D'un autre côté, je ne puis vous donner
les pouvoirs civils et militaires; tout ce que je puis faire
c'est de vous faciliter l'exercice de votre autorité, en
éloignant de vous les fonctionnaires dépendant de moi qui
peuvent y faire obstacle.

COTE-D'OR

28 septembre 1870. — *A M. d'Azincourt, préfet.* — Reçu
votre dépêche. Faites exemple sur les mobiles qui lâchent
pied sans tirer un coup de fusil. Il faut que votre résistance
soit énergique. La situation que vous me décrivez ne me
paraît pas mauvaise. J'ai reçu avis qu'un corps badois avait
été mis en déroute entre Besançon et Montbéliard.

30 octobre 1870. — *Au même.* — Vous me télégraphiez :
« Nos mobilisés sont partis au nombre de 6,000 pour
Clermont-Ferrand, Moulins, Nevers. » Qu'ont-ils comme
habillement, équipement, campement? Combien sont-ils
sur chacun de ces centres. Si, comme semble le dire votre
dépêche, leur équipement est incomplet, leur faites-vous
parvenir ce qui leur manque, ou dois-je leur fournir ces
objets que vous aurez à m'indiquer à votre compte?

31 octobre 1870. — *A préfet à Beaune.* — Reçu vos déso-
lantes dépêches sur affaire de Dijon[1]. Vous savez qu'il y a
là de graves responsabilités encourues. Adressez-moi rapports, mais retournez à Dijon, à votre poste avant toutes
choses, à moins d'impossibilité absolue que je demande à
apprécier.

1. Dépêches de M. d'Azincourt annonçant que le conseil des
officiers supérieurs présents à Dijon avait décidé « l'évacuation
sans défense par toutes les troupes ».

31 octobre 1870. — *A sous-préfet de Beaune.* — Le colonel Lavalle est-il toujours en état d'arrestation[1]? Le faire rechercher dans le cas où il aurait été mis en liberté.

Il importe de pouvoir apprécier exactement la part de responsabilité qui lui revient dans le désastre de Dijon.

1er novembre 1870. — *Au même.* — La trahison de Bazaine, l'abandon de Metz et de toute l'armée sont des faits malheureusement trop certains. Comment pouvez-vous admettre que l Gouvernement envoie de pareilles nouvelles sans certitude?

6 novembre 1870. — *A sous-préfet, Beaune.* — Vu la situation exceptionnelle de votre arrondissement, je crois qu'il n'y a pas lieu de procéder à la levée en masse des nouveaux mobilisés. Contentez-vous de prendre les hommes es plus valides, les mieux disposés, afin de les porter immédiatement au-devant de l'ennemi.

6 novembre 1870. — *A sous-préfet, Semur[2].* — Un excellent citoyen et un homme intelligent comme vous fait toujours un sous-préfet supérieur. Vous me donnez une preuve de vos aptitudes administratives en me consultant sur la question posée dans votre dépêche.

Voici mon opinion : Je déplore la situation faite à la ville de Dijon et à ses fournisseurs. Cependant, je déplorerais davantage encore le ravitaillement facile de l'armée prussienne. Je crois donc qu'il faut évacuer par-dessous main, en les faisant refluer dans les départements non envahis, les approvisionnements et denrées de votre arrondissement. Cette opération doit être conduite avec beaucoup de discrétion et d'activité, afin de ménager le double intérêt de la ville de Dijon et de ses fournisseurs, sans arrêter la guerre qui doit être faite par tous les moyens.

9 novembre 1870. — *Au sous-préfet de Châtillon.* — Je vous ai écrit que M. d'Azincourt, préfet de la Côte-d'Or, au moment où il a été emmené prisonnier, avait laissé un délégué

---

1. Le colonel Lavalle, président du conseil de défense de Dijon, qui avait décidé l'évacuation de cette ville, était en prison à Beaune.

2. M. Gustave Guérin.

qui est venu ici et avec lequel je me suis entendu. Ce délégué est M. Luce Villiard. Il doit aller vous voir et vous expliquera comment nous entendons la mission que je lui ai donnée. Pour ce qui est de la partie administrative, je vous prie, tout en veillant sur les intérêts des cantons limitrophes de votre département, d'attendre que vous ayez vu M. Luce Villiard avant de prendre un parti définitif.

9 novembre 1870. — *Au sous-préfet, Beaune.* — J'ai transmis votre dépêche au directeur des postes qui a dû donner les ordres nécessaires. M. Luce Villiard a été agréé par moi comme préfet pendant l'absence de M. d'Azincourt. Veuillez lui prêter votre concours.

12 novembre 1870. — *A sous-préfet, Châtillon.* — On nous signale un sieur Gravignia Morillo, marchand de bétail en gros, comme faisant des opérations avec les Prussiens. Veuillez faire enquête minutieuse et me rendre compte.

14 novembre 1870. — *A préfet.* — A qui avez-vous demandé les moyens d'occuper Dijon? Je n'ai vu aucune dépêche en ce sens, je n'aurais pas mieux demandé que de vous aider. Votre dépêche m'arrive à l'instant, 9 heures du soir. Je donne des ordres pour faire le nécessaire, s'il en est encore temps.

17 novembre. — *Au maire de Beaune.* — Je vous félicite d'avoir fait arrêter les porteurs de réquisitions prussiennes. Je vous donne ordre de tout entreprendre pour résister à ces odieux abus. Pénétrez les populations de la nécessité de résister, sous peine de la Cour martiale. La guerre n'est pas un jeu. Il faut que tout le monde en soit convaincu.

17 novembre 1870. — *A préfet, Beaune.* — J'écris au maire de Beaune sur les réquisitions et je l'invite à pousser les populations à la résistance. Quant à l'armée de 60,000 hommes dont vous me parlez, il ne faut pas la déranger pour soustraire la ville de Beaune à des réquisitions qu'elle-même peut repousser. L'armée de Chagny peut d'un instant à l'autre être appelée à opérer des mouvements d'intérêt général, c'est ce dont il faut que les populations soient bien pénétrées.

Lyon, 22 décembre 1870. — *Intérieur à préfet Luce Villiard, à Beaune*[1]. — L'affaire de Nuits[2], renseignements pris, ne me semble pas aussi mauvaise que vous me l'aviez présentée. N'oubliez pas que le général Cremer a fait subir des pertes considérables aux Prussiens; cessez donc de revenir sur cette affaire. Il est temps de songer à d'autres entreprises. Je vous verrais avec regret entrer en conflit avec un militaire distingué qui a besoin de tout votre concours. Je vous le demande pour lui et, si j'agis ainsi, c'est que je me suis éclairé comme je le devais. Cela dit, ma confiance en vous est toujours entière, n'en doutez point. Parlez dans le sens de cette dépêche à tous nos amis de Beaune et d'ailleurs.

Lyon, 22 décembre 1870. — *Gambetta à De Serres, à Autun.* — Pouvez-vous me dire quand sera fixé l'embarquement? Quel retard inexplicable. Réponse.

Lyon, 23 décembre 1870. — *Au même à Nevers, Chagny, Beaune ou Autun.* — Le chemin de fer non encore livré de Chalon-sur-Saône à Dôle, rendrait de grands services pour le transport des troupes. On m'assure que des transports y ont eu lieu. Assurez-vous de ce fait, et utilisez cette voie.

Lyon, 23 décembre. — *Gambetta à M. de Serres, à Beaune.* — Un messager envoyé par moi venu de Dijon aujourd'hui m'annonce qu'il y a à Dijon 25,000 hommes, parmi lesquels se trouvent les 3e, 4e et 6e régiments d'infanterie badois, un régiment de gardes du corps, les 25e, 30 et 40e régiments prussiens, 2,500 cavaliers parmi lesquels des dragons badois, hussards prussiens et uhlans. L'artillerie se compose de 60 pièces de canon. Les troupes sont fatiguées. Elles ont éprouvé des pertes cruelles à Nuits et n'ont pas osé reprendre leurs positions.

Lyon, 25 décembre 1870. — *Ministre de la guerre à maires de Beaune et de Nuits.* — Dites immédiatement par le télégraphe quel est l'état de la neige dans vos localités? Quelle est l'épaisseur de la couche tombée. Ne tardez pas un moment.

1. Voir pour les opérations militaires dont il est question dans les dépêches suivantes, la dépêche de M. Gambetta au général Trochu, en date du 24 décembre (p. 191), et les dépêches postérieures à M. Jules Favre.
2. Combat du 18 décembre

LYON, 25 décembre 1870. — *A préfet, à Beaune.* — J'apprends que dans le cours du déplorable malentendu entre les diverses autorités qui ont suivi l'affaire de Nuits, un aumônier des hospices de Beaune, mû par des sentiments apparents de pitié, s'est interposé dans l'exécution d'un arrêt de la cour martiale. Il a fait échec à l'autorité du général Cremer qui ne devrait jamais rencontrer d'obstacles dans ces matières. Faites une enquête sévère et impartiale sur cette affaire, afin que je puisse statuer, et évitez, je vous prie, par le concours que vous prêterez à l'autorité militaire, que de pareilles scènes se renouvellent.

BORDEAUX, 29 décembre. — *A préfet.* — L'évacuation de Dijon[1] vous indique votre devoir et je suis sûr que cette dépêche vous trouvera à votre poste où vous nous rendrez de nouveau de signalés services. L'évacuation peut être considérée comme définitive. Les Prussiens ont fui dans un désordre extrême et il n'est pas à croire qu'ils reviennent jamais sur leurs pas. Il faut donc vous occuper à mettre tout dans la Côte-d'Or dans l'état des départements les plus avancés tels que le Rhône, la Gironde et quelques autres. Je sais qu'une partie de vos mobilisés se trouve actuellement en Afrique. Je sais aussi qu'ils manquent de vêtements d'hiver. Je suis disposé à vous prêter tout mon concours. Adressez-moi un état exact du nombre des hommes qui sont en Afrique et de ceux qui sont à Lyon. Ces derniers sont encore peu nombreux, je m'en suis informé pendant mon séjour. Il doit y avoir de nombreuses omissions, peut-être même des réfractaires. Je sais que certaines exceptions ont été remarquées par vos mobilisés à Lyon. Je vous prie de vous occuper de toutes ces questions sans retard. Pour l'équipement, l'habillement, faites-moi savoir quels crédits devront vous être ouverts. Enfin conduisez-vous comme si l'occupation n'avait jamais eu lieu, comme si vous étiez en retard et que vous eussiez à cœur de rattraper le temps perdu. Faites pour le mieux. J'attends prompte réponse.

2 janvier 1871. — *A préfet.* — Le ministre de la guerre envoie à Dijon 2,200 mobilisés de l'Ain, 9,000 de l'Isère,

---

1. Par l'armée allemande, à la suite de la concentration des troupes du général Cremer à Chalon et à Chagny.

6,000 de la Haute-Savoie. Je compte sur votre patriotisme pour bien recevoir ces jeunes troupes. Vous ferez tous vos efforts pour faciliter leur logement et leurs exercices militaires.

19 janvier 1871. — *Au préfet.* — Recevez mes plus sincères félicitations pour vos efforts. Vous comprenez que le département de la Côte-d'Or a sa part à prendre dans l'œuvre de la revanche nationale. Je ferai tout pour vous aider dans votre tâche. Vos gardes nationaux mobilisés évacués du département sont en Algérie, à Lyon, à Nevers et à Châteauroux, après avoir passé le temps des premiers exercices au camp de Toulouse. Je transmets vos dépêches à l'armement, il nous répondra; si des équipements vous sont nécessaires, dites-le, je vous les enverrai; qu'ils soient sans retard des soldats prêts à faire leur devoir. Je compte sur vous, comme vous pouvez compter sur moi.

26 janvier 7871. — *A M. Spuller, préfet Haute-Marne et inspecteur des camps.* — Je reçois votre dépêche à mon retour de Lille et de Laval. Les changements à introduire dans les commandements de la première armée viennent d'être faits. Ils sont conformes aux indications que vous aviez données. Vous pouvez annoncer que Bourbaki est remplacé par Clinchant[1]. L'armée de Garibaldi a été considérablement renforcée, elle le sera encore pour ce qui vous regarde personnellement. Je crois qu'il y a utilité à ce que vous alliez à Langres et aux environs et à ce que vous y demeuriez aussi longtemps que vous le pourrez. Il se peut que Langres soit de nouveau investi et dans ce cas je vous prierai de prendre toutes les mesures nécessaires pour empêcher que les difficultés financières et administratives et autres qui ont surgi pendant le premier investissement ne reparaissent de nouveau. Je vous invite (de nouveau) aussi à étudier la question du changement du sous-préfet Guiguet. Il me paraît difficile de conserver un fonctionnaire qui a donné lieu à des plaintes venues de divers côtés. Je vous invite à m'écrire prochainement sur cette question. Il sera aussi très bon que, indépendamment de votre excursion à Dijon, vous visitiez les cantons non envahis afin

1. A la suite de la tentative de suicide du général Bourbaki.

qu'ils voient que le gouvernement central ne les oublie point. Ayez toujours soin de me faire savoir jour par jour où vous êtes. Ménagez votre santé. Ici nous sommes très fatigués, mais très bien portants. Je vous remercie de votre lettre datée du 23 de Dijon et je vous prie de m'en écrire souvent de semblables.

LÉON GAMBETTA.

2 février 1871. — *A préfet de la Côte-d'Or, à Beaune.* — Je pense maintenant que votre devoir est de vous occuper avec la plus grande activité des élections, autant que vous le pourrez dans un pays aussi malheureusement envahi. Rentrez donc à Dijon, si vous en trouvez le moyen; demeurez au contraire à Beaune si cela vous convient mieux. Mais assurez l'exécution des décrets de la délégation de Bordeaux. Faites préparer les listes électorales, donnez aux maires des communes les instructions nécessaires, et prenez toutes les mesures qui assureront le vote le plus complet et le plus éclairé. Je vous prie de m'écrire à ce sujet par le télégraphe. Envoyez à Spuller, préfet, aujourd'hui à Mâcon, la dépêche de son frère en le priant d'y répondre.

COTES-DU-NORD

6 décembre. — *A préfet.* — Vous avez dû comprendre l'impression pénible que j'ai éprouvée en lisant les diverses délibérations et avis de votre conseil général[1]. J'attends votre rapport, pour statuer; je suis d'ailleurs surpris que vous ayez convoqué ce conseil sans m'avertir.

Je vous aurais dit, si vous aviez pris la peine de me prévenir, que ses délibérations ne pouvaient et ne devaient porter que sur une question unique : celle de voter les fonds nécessaires à la défense. Vous auriez évité une excursion sur le domaine de la politique, laquelle ne prouve à mes yeux qu'une chose : à savoir, que vous n'avez pas su dominer les résistances locales et inspirer à tous le respect des nécessités de la Défense nationale. Je n'en suis d'ailleurs nullement étonné.

1. M. Viel-Dubourg avait informé M. Glais-Bizoin que le conseil général des Côtes-du-Nord avait refusé de voter la somme demandée par le préfet pour la confection de canons.

J'ai fait le relevé des dépêches qui vous ont été adressées en réponse aux vôtres, elles sont fort peu nombreuses; vous ne m'avez pas consulté bien souvent. Je regrette que vous n'ayez pas cru devoir, à l'imitation de vos collègues, entrer plus souvent en communication avec moi; je n'aurais pas été si désagréablement surpris que je l'ai été par les délibérations d'un conseil général réuni de votre propre autorité et sans avis de ma part.

11 janvier 1871. — *A M. Émile Littré, membre de l'Institut, Saint-Brieuc.* — Je vous remercie, mon cher et illustre concitoyen, d'avoir accepté l'offre que je vous ai faite[1]. Je vous prie de vous rendre à Bordeaux le plus promptement possible. Les objections que vous faites valoir dans votre lettre ne sont pas insurmontables et les élèves attendent avec impatience votre enseignement si autorisé.

CREUSE

Rien d'important.

DORDOGNE

20 octobre 1870. — *A M. Guilbert, préfet.* — Dites-moi au juste ce que vous pouvez et ne pouvez pas faire. Je passerai des traités en votre nom, à votre compte, pour ce que vous ne pouvez fournir directement. Envoyez-moi des chiffres exacts, faites tous vos efforts pour arriver en trois semaines.

DOUBS

9 septembre 1870. — *A M. Ordinaire, préfet.* — Le ministre de l'intérieur autorise les préfets du Doubs, du Haut-Rhin, de la Haute-Saône et des Vosges, à mandater au nom de M. Keller, ancien député, jusqu'à concurrence de 100,000 francs, pour pourvoir à la solde du corps des

1. Cf. p. 330, lettre du 7 janvier à M. Littré. M. Gambetta priait M. Littré de se charger du cours d'histoire et de géographie à l'École polytechnique rouverte à Bordeaux.

francs-tireurs qu'il va organiser. M. Keller aura, à chaque demande de crédit, à indiquer aux préfets désignés plus haut la situation générale des dépenses effectuées et il en fournira état au ministère de l'intérieur.

LYON, 25 décembre. — *Intérieur et Guerre à préfet du Doubs, Besançon.* — Prescrivez immédiatement par voie télégraphique ou exprès spéciaux à tous les maires de toutes les communes traversées par le chemin de fer de Lyon à Besançon par Bourg et Lons-le-Saulnier, de requérir dans leurs communes tous les travailleurs disponibles et faites-les échelonner sur la voie ferrée pour aider à déblayer le chemin des neiges accumulées, et faciliter le mouvement des trains. Affaire extrêmement urgente et recommandée à tous vos soins. Écrivez-moi dès demain et faites-moi connaître les mesures que vous aurez prises à cet égard.

LYON, 26 décembre 1870. — *Au préfet du Doubs, Besançon.* — Grâce à votre activité patriotique dont je vous remercie, nos mouvements vont pouvoir s'accomplir. Continuez à surveiller la ligne sur tout le parcours avec la plus exacte diligence, afin qu'il ne se produise pas de temps d'arrêt qui amèneraient des retards préjudiciables. Je compte sur vous. Écrivez-moi.

1er janvier. — *A préfet.* — L'administration de la guerre ne fait pas fabriquer de fourreaux de baïonnettes; elle n'en a donc pas en magasin, tâchez de vous les faire confectionner, au moyen de réquisitions, par cordonniers de Besançon et des autres localités du département; c'est là un travail facile. Si cependant vous ne parvenez pas à vous en procurer, la guerre vous en fournirait de conformes à ceux des anciens zouaves.

17 janvier 1871. — *Au préfet.* — Je vous prie de me faire savoir d'urgence ce que vous entendez par « un travail de désorganisation de cette patriotique armée; des tentatives sont faites[1] ». Je vous en prie, répondez-moi d'urgence, et expliquez-moi ce que vous voulez dire.

1. Il s'agit du désaccord entre M. Ordinaire, préfet, et le général Rolland. M. Gambetta donna raison au général et le préfet donna sa démission. (20 janvier.)

DROME

Rien d'important.

EURE

Rien d'important.

EURE-ET-LOIR

10 novembre 1870. — *Au préfet.* — Avons donné commissions au maire de Voves et sous-préfet Châteaudun, pour évacuer partie de l'arrondissement de Chartres non complètement occupée. Un arrêté fixe prix d'avoine pour Voves, Villeau, Villars, Neury et Sancheville, à prix évidemment très haut. Agissement des Prussiens en est cause. Dites à sous-préfet de Châteaudun et à l'intendant du corps Fiéreck de contrôler sévèrement à l'origine, car les mêmes raisons n'existent pas pour communes mieux protégées et moins directement menacées. Avoine non battue doit être payée simplement au cours.

21 novembre 1870. — *A préfet Labiche, à Nogent-le-Rotrou.* (*Rigoureusement confidentielle.*) — Je vous charge spécialement de faire enquête sur les derniers événements militaires de votre région et notamment sur la conduite et les actes des généraux Fiéreck[1], Kersalaün, Malherbe et des colonels Marty et Laferronays. Comme premier document vous devez consulter le registre des dépêches adressées à ces divers officiers.

21 novembre 1870. — *Au préfet Labiche, à Nogent-le-Rotrou.* (*Rigoureusement confidentielle, faire suivre en cas de besoin*

---

1. Le général Fiéreck, chargé de la défense de la ligne Chartres-Nogent, venait de subir en avant de Nogent-le-Rotrou un échec à la suite duquel M. de Freycinet avait demandé que la conduite de cet officier fût soumise à une enquête sérieuse. La conduite des généraux Kersalaün et Malherbe dans le combat du 20 avait été également blâmée par le délégué du ministre de la guerre. — C'est à la suite de l'affaire de Nogent que M. Gambetta se rendit au Mans pour y réorganiser les troupes débandées. Il appela à leur tête le général Jaurès. (*Cf.* FREYCINET, p. 118.)

sur La Ferté-Bernard.) — Vous n'avez pas compris mes instructions. Restez et donnez du cœur à tous. C'est partout où vous irez dans votre département et non pas à Tours, que vous devez consulter le registre des dépêches adressées aux officiers que vous savez.

6 janvier 1871. — *A préfet d'Eure-et-Loir, Saumur.* — J'apprends que, seuls, les mobilisés de Nogent-le-Rotrou, ont été évacués sur le Mans. Quelle raison empêche qu'il en soit de même pour les autres parties inoccupées de votre département?

FINISTÈRE

Rien d'important.

GARD

5 septembre 1870. — *Au préfet.* — Veuillez ne pas perdre votre sang-froid[1]. A la tête de la commission instituée veuillez placer M. Laget, avocat, en qualité d'administrateur provisoire du département. Il sera statué définitivement ce soir sur la question de savoir s'il y a lieu de vous envoyer un commissaire spécial.

Veuillez, comme c'est le devoir de tout bon Français, recommander l'union, l'ordre et le patriotisme.

4 novembre 1870. — *Au préfet*[2]. — Si vos francs-tireurs du Gard ont été renvoyés de Lyon comme indigents, cela tient sans doute à ce que vous ne les avez pas suffisamment équipés et munis, ils ne pouvaient servir à la défense de Lyon.

Remettez-les sur pied et en bon état et envoyez-les à Garibaldi.

4 janvier 1871. — *Au préfet.* — Nous ne pouvons nous contenter des réponses vagues que vous faites. Il me faut aujourd'hui même une réponse précise. Que pouvez-vous réunir, d'ici 3 ou 4 jours au plus tard, de mobilisés armés?

6 janvier 1871. — *Au préfet.* — Les mobilisés du Gard

1. En réponse à la dépêche, en date du même jour de M. Amelin.
2. M. Laget, qui avait remplacé M. Amelin.

sont dirigés sur Issoudun, je répondrai plus tard pour l'Hérault; suivez la route qui vous semblera la plus utile au point de vue du bien à faire. Indiquez-la-moi. Je vous félicite vivement de vos efforts. Quel moyen pratique et occulte connaissez-vous pour ramener les réfractaires si nombreux que vous m'indiquez?

HAUTE-GARONNE

6 septembre 1870. — *A commission départementale de Toulouse.* — Vives félicitations du ministre de l'intérieur à la commission pour son bon esprit d'ordre et de conciliation. Continuez à organiser la défense, en respectant autant que possible les auxiliaires utiles à cette œuvre nationale, et à maintenir l'ordre dans la ville et dans le département.

11 septembre 1870. — *A M. Armand Duportal, préfet.* — Je suis aujourd'hui sans nouvelles de vous. Bruits fâcheux courent sur votre ville. Je compte sur vous pour maintenir un ordre matériel absolu et faire concourir toutes les intelligences vers le grand but, l'unique, la Défense nationale.

31 octobre 1870. — *Au préfet.* — Il faut mettre en liberté immédiatement le général d'Hurbal[1]. La cause du conflit ne peut justifier de pareilles mesures.

4 novembre 1870. — *Au préfet.* — Je ne demanderais pas mieux que de ratifier la nomination de l'ingénieur Duportal[2] au poste de directeur de l'arsenal de Toulouse; mais je regrette que vous ayez pris les devants sans me consulter.
Votre situation personnelle à l'égard du nouveau fonctionnaire m'aurait permis de vous demander de ne pas donner suite à cette idée. Je suis même étonné que vous n'ayez pas songé aux inconvénients graves, qui peuvent résulter de cette nomination précipitée au point de vue de l'opinion publique. Je ne puis y donner mon consentement.

1. A la suite d'un conflit entre l'autorité militaire et la garde nationale, le général Courtin d'Hurbal avait été insulté par la foule et arrêté au Capitole.
2. M. Henri Duportal, fils du préfet.

7 novembre 1870. — A M. *Armand Duportal, Toulouse.* — Vos derniers arrêtés[1] qui sont la négation de mes droits et les mesures militaires prises par vous en dehors de vos attributions ne me permettent pas de vous maintenir dans vos fonctions; je vous prie instamment de m'envoyer votre démission. M. Huc est désigné pour vous remplacer.

7 novembre 1870. — A M. *Huc, professeur à l'École de droit, à Toulouse.* — J'accepte avec empressement votre concours, vous êtes nommé préfet de la Haute-Garonne, en remplacement de M. Duportal dont la démission est acceptée[2].

4 janvier 1871. — *Au préfet.* — Je suis informé qu'il y a, dans Toulouse, des détachements de mobilisés appartenant an départements de la Côte-d'Or, de l'Aube, de Seine-et-Marne, depuis deux mois logés dans les casernes et chez les habitants et ne faisant aucun exercice militaire, ne répondant à aucun appel, ne soignant même pas leurs fusils qui sont rouillés. Les officiers qui commandent ces hommes logent dans les hôtels, passant leurs journées dans les cafés, ne s'occupant même pas de l'état de désorganisation de leurs troupes. Cet état de choses est extrêmement fâcheux : il importe d'y mettre un terme. Je vous prie de prendre toutes les mesures nécessaires, comme, par exemple, de vous informer immédiatement auprès des préfets de ces mobilisés pour savoir où ont été dirigés les restes des contingents des mobilisés; je vous prie de me dire aussi dans quel état d'équipement se trouvent ceux qui sont à Toulouse. Vous informerez également les préfets afin qu'ils les mettent en état de rejoindre au plus vite, soit les camps d'instruction, soit les corps d'armée.

1. Nomination de M. Henri Duportal et nomination de M. Demay, commandant supérieur de la garde nationale, au grade de général des forces militaires.
2. M. Huc, à la suite d'une émeute qui eut lieu le 8 novembre, donna sa démission et M. Duportal reprit ses fonctions de préfet. Voici le texte de la dépêche de M. Huc à M. Gambetta : « Demay, qui avait promis son concours, me le retire. Duportal, qui devait être démissionnaire, persiste. Mes moyens d'action sont nuls. Mon acceptation doit être comme non avenue. »

GERS

Bourges. 15 décembre 1870. — *Ministre intérieur à M. Montanier, préfet, Auch*. — Je suis informé que les mobilisés d'Auch et de Plaisance se livrent à des récriminations contre certaines exemptions qui auraient été admises indûment et que ces récriminations dégénérant en mutineries ont pris un tel caractère qu'il a fallu mettre en présence des révoltés les troupes du 31e de ligne. Ces récriminations sont-elles fondées, et qu'y a-t-il au fond de cette affaire ? S'il y a eu des exemptions non fondées, il faut délibérément revenir sur ces exemptions et donner droit à des réclamations justes; si, au contraire, il n'y a ici que des plaintes illégitimes, il faut agir avec prudence, mais avec fermeté. N'employez les troupes que tout à fait à la dernière extrémité. Usez d'abord de la gendarmerie. Saisissez les meneurs et livrez-les à la justice militaire. Le général de division Lefort, de Bordeaux, me paraît ouvrir un avis utile quand il conseille d'envoyer vos mobilisés prêts à Toulouse. Mais ne faites rien sans consulter les bureaux de la guerre à Bordeaux, qui emploieront peut-être vos mobilisés tout de suite.

7 janvier 1871. — *Au préfet*. — Il résulte de votre réponse que 5,000 mobilisés de votre département sont prêts à partir sur le point que je leur indiquerai. Concentrez-les, exercez-les sans relâche jusqu'au jour de leur départ. Exécutez les instructions que je vous ai envoyées.

Il faut que la deuxième partie de votre effectif soit en état dans un délai qui ne pourrait dépasser le 1er février. Répondez d'urgence.

GIRONDE

5 septembre 1870. — *A M. E. Fourcand, maire de Bordeaux*. — Voulez-vous prendre possession de la préfecture ? En ce cas, le Conseil municipal désignerait votre successeur comme maire. Si vous acceptez, entrez immédiatement en fonctions[1].

1. M. Émile Fourcand répondit le jour même : « Je ne puis accepter. Élu par la cité, mon devoir et mon dévouement lui appar-

7 septembre 1870. — *A M. Simiot, préfet intérimaire.* — Nommez les sous-préfets que vous jugerez bons. Vos choix sont ratifiés à l'avance. L'encombrement des lignes ne permet pas de suivre les usages ordinaires. Agissez de vous-même, ne vous occupez pas d'Haussmann[1].

9 septembre 1870. — *A M. Larrieu, préfet.* — Je reçois dépêche concernant Haussmann, Jérôme David et Forcade[2].
Je ne comprends pas votre question. Liberté individuelle doit être sacrée sous la République. Ne touchez pas à ces messieurs.

9 septembre 1870. — *Au préfet.* — Si vous le jugez nécessaire, faites comprendre aux trois personnes en question qu'elles feraient mieux de s'éloigner pour leur propre sécurité.

26 octobre 1870. — *Au préfet.* — Si le groupe de personnes que vous me signalez comme installées dans votre département doit être éloigné dans les circonstances où nous sommes, je vous autorise à leur faire savoir individuellement, et dans leur intérêt même, et dans celui de la paix publique, que leur éloignement est devenu nécessaire et que vous comptez sur leur désir d'éviter des embarras au Gouvernement, qui représente plus que jamais le principe de la Défense nationale. Il a déjà été procédé de la sorte à l'égard des anciens ministres de l'Empire; tous se sont conformés à cette invitation officieuse. Veuillez me rendre compte de ce que vous aurez fait.

10 novembre 1870. — *Au préfet.* — Je vous exprime tous mes regrets de vous savoir forcé d'abandonner le poste où vous avez rendu tant de services à notre cause, et je me décide à vous proposer un successeur pour lequel je vous demande tout votre concours moral. C'est M. Allain-Targé dont je connais parfaitement les rares aptitudes et le dé-

tiennent. La population désigne comme préfet et appelle de tous ses vœux Amédée Larrieu; qu'il arrive et nous ne serons qu'une voix et qu'un cœur. »
1. En réponse à cette dépêche : « La présence de Haussmann est signalée : faut-il arrêter!. »
2. M. Larrieu avait télégraphié la veille : « Haussmann à Bordeaux; très grande émotion. Le peuple demande son arrestation. Même question pour Jérôme David et de Forcade. »

vouement sans borne à la République telle que vous et
moi la comprenons. Il partira ce soir pour Bordeaux.
Faites-moi connaître par une dépêche immédiatement dans
quelles conditions vous désirez qu'il parte et qu'il soit
installé par vous.

8 décembre 1870. — *A M. Allain-Targé, préfet.* — La translation du siège de la délégation du Gouvernement vient d'être
décidée. Cette mesure sera annoncée demain au *Moniteur*.
La délégation se transporte de Tours à Bordeaux. Vous allez
être tout naturellement chargé d'assurer l'installation des
divers services. Toutes les administrations vont s'adresser à
vous. Il m'appartient de vous dire que cette installation ne
pourra se faire convenablement et commodément que si les
diverses administrations consentent à s'installer elles-mêmes
dans les bureaux et à côté des administrations similaires :
les Finances à la recette générale, l'Instruction publique
au chef-lieu de l'Académie, la Justice au Palais, l'Intérieur
à la préfecture, la Guerre au chef-lieu de la division militaire, et ainsi de suite. Je vous prie de bien veiller à tout
cela, afin de nous éviter les ennuis que nous avons éprouvés
ici, où cette opération n'avait pas été bien faite. Pour ce
qui est de l'Intérieur, j'ai à vous recommander d'une manière toute spéciale de nous réserver la préfecture où il y
a sans doute beaucoup de place. Mais songez que les services
sont importants et nombreux. Celui qui devra être installé le
premier de tous, ce sont les télégraphes; après, la sûreté
générale, le secrétariat général, comprenant les prisons, la
caisse et autres services accessoires.

Mais songez aux télégraphes avant tout, ainsi qu'aux employés supérieurs des postes, aujourd'hui réunis sous une
même main. Réservez aussi des locaux spéciaux pour l'installation du service dit du cabinet du ministre, pour la
réception et l'ouverture des dépêches. Enfin, vous nous avez
vus ici; vous devez vous faire une idée de ce qu'il nous faut.

Je n'ai pas besoin de vous dire que ma place personnelle
est chez vous, et que je compte l'y trouver. Faites votre
plan d'organisation, prévenez tout le monde, et écrivez-
moi un mot par télégraphe, ce soir ou demain matin.

Les départs s'effectueront pendant toute la journée de
demain.

HÉRAULT

14 octobre 1870. — *A M. Lisbonne, préfet.* — Les lois de l'honneur militaire interdisent de la manière la plus absolue aux officiers signataires de capitulation de reprendre du service pendant la durée de la guerre. C'est une règle que la République ne veut pas enfreindre. Nos soldats ont pu être vaincus, la République ne leur permettra pas de se déshonorer. Une mesure générale a été prise pour l'envoi de ces officiers en Algérie.

Avisez ceux qui pourraient réclamer auprès de vous.

3 novembre 1870. — *Au préfet.* — Je vous autorise à prendre toutes mesures que vous jugerez convenables pour ramener l'ordre dans Marseille [1]. Mon opinion est qu'il vaut mieux se servir de la garde nationale que de la troupe. Vous devez avoir de bons éléments sous la main qui ne vous refuseront point leur concours. Néanmoins j'abandonne à votre jugement le choix des mesures à prendre. La plus grande confiance règne entre le ministre et les préfets. Je vous remercie de l'unanimité avec laquelle tous les préfets du Midi m'ont écrit au sujet de l'ignoble attentat dont notre malheureux ami Gent a été la victime. Faites-moi savoir s'il a reçu ma dépêche où je lui témoigne toute ma douleur et donnez-moi trois fois par jour de ses nouvelles. Rendez-moi compte de ce que vous aurez fait.

2 décembre 1870. — *Au préfet.* — La question n'est pas d'interdire la publication des dépêches prussiennes. La question est d'empêcher les journaux de donner les mouvements des troupes.

30 décembre 1870. — *A M. Vernhes, à Béziers.* — Citoyen Vernhes, le préfet de l'Hérault que j'ai vu m'a exposé les diverses raisons qui motivent votre remplacement comme sous-préfet de Béziers. J'ai apprécié ses raisons et je vous ai

1. A la suite de l'attentat contre M. Gent, le préfet de Vaucluse avait télégraphié à celui de l'Hérault : « Pouvez-vous, d'accord avec l'autorité militaire, envoyer des troupes au secours de République qu'on égorge? Attends réponse avec anxiété. »

donné pour successeur M. Buard. Ce changement dans le
personnel administratif de l'Hérault n'implique de ma part
aucune pensée, aucun sentiment dont vous puissiez vous
choquer personnellement. Je vous connais et je vous tiens
pour un bon et loyal républicain dont je me promets d'utiliser les services dans un autre poste. J'attends une occasion pour faire appel à votre dévouement.

Remettez donc vos services à M. Buard, et à bientôt.

30 janvier 1871. — *Spuller à Scheurer-Kestner, directeur de
la cartoucherie de Cette, au bureau de poste restante ou hôtel
Gullion.* — Mon cher concitoyen, le ministre de l'intérieur
me charge de m'adresser à votre patriotisme au nom de la
République. Il y a un grand service à nous rendre, nous
avons pensé à vous. Le poste de préfet de Lyon est actuellement vacant par suite de l'état de souffrance aiguë de
M. Challemel-Lacour, qui ne peut nous continuer son concours sous peine de mettre sa vie en danger. Je viens vous
demander si vous pourriez aller tenir ce poste, aussitôt la
présente dépêche reçue.

Votre nom si cher à la démocratie, vos aptitudes particulières comme savant et industriel, votre caractère si éminemment ferme et votre dévouement, tout concourt à faire
de vous le représentant du Gouvernement le plus digne
d'être placé à la tête de la deuxième capitale de France.

De grâce, acceptez et écrivez-moi par le télégraphe que
vous êtes parti pour Lyon afin d'y relever M. Challemel-
Lacour. Il y a urgence.

Salut fraternel,

E. SPULLER.

ILLE-ET-VILAINE

Rien d'important.

INDRE

Rien d'important.

INDRE-ET-LOIRE

Rien d'important.

ISÈRE

10 octobre. — *A M. Dumarest, préfet.* — Le général de Barral, envoyé à Grenoble par autorité compétente, est un militaire éminent qui a droit à toutes vos plus chaudes sympathies. Il résulte des rapports que sa conduite à Strasbourg pendant le siège a été au-dessus de tout éloge. A ce titre seul, il est juste et politique de l'entourer de tous les témoignages d'une considération entière. Éclairez les populations à cet égard et rendez-moi compte[1].

4 novembre 1870. — *A préfet.* — Le Gouvernement n'a jamais adhéré à la Ligue du Midi parce qu'il ne peut pas reconnaître de prétendus groupes politiques qui visent à exercer le pouvoir exécutif[2]. La proclamation que l'on dit circuler sous mon nom est apocryphe. Après les affaires de Marseille, comment avez-vous pu conserver des doutes à cet égard?

GAMBETTA.

21 novembre 1870. — *Au même.* — Le général Crevisier a été en effet nommé général commandant les légions mobilisées de l'Isère. C'est un officier de mérite, et sa nomination se rattache à un plan général dont vous serez informé probablement par lui à sa première visite.

6 décembre 1870. — *Au même.* — Il serait temps de mettre un terme aux scandaleux abus auxquels a donné lieu la constitution des ambulances. Si donc vous avez des gens qui veulent échapper par ce moyen à la mobilisation, prenez vos mesures pour obliger ces hommes à payer leur dette à la patrie.

JURA

5 octobre 1870. — *Au préfet.* — Par décret de ce jour, M. Albert Grévy a été nommé commissaire de la Défense nationale pour le Jura, le Doubs et la Haute-Saône.

1. En réponse à cette dépêche : « Bruit court général Barral serait envoyé en Isère. Sera très mal vu. »
2. En réponse à la dépêche de M. Dumarest annonçant que les délégués de la Ligue se donnaient comme autorisés par le ministre.

11 octobre 1870. — *A Grécy, commissaire défense.* — Pour les mitrailleuses, je doute que vous puissiez en faire. Télégraphiez-moi vos moyens de fabrication. Pour les cartouches, fixez un chiffre. On verra si on peut vous en donner. Pour les fusils, vous avez autorisation d'en acheter, sauf à en référer à la commission d'armement. Pour transformation des percussions en tabatière, adressez-vous à Saint-Étienne.

20 octobre 1870. — *A M. Trouillebert, administrateur Jura.* — Nous n'avons jamais pensé que vous vous sépariez de nous avant notre tâche finie[1]. Jamais notre confiance ne vous a manqué. Nous ne pouvons accepter votre démission sur une dépêche aussi peu explicite que celle de ce soir. Il ne nous paraît pas plus que la retraite du commissaire à la défense des trois départements de la Franche-Comté doive entraîner la vôtre.

La nomination du commandant Fischer a été faite dans les bureaux de la guerre. Nous n'avons pas encore reçu votre lettre annoncée.

25 octobre 1870. — *A administrateur Jura.* — Envoyez à Garibaldi vos gardes nationaux mobilisés et mobilisables. Gardez par devers vous le dépôt 84e ligne et mobiles de Salins ainsi que la gendarmerie.

3 novembre 1870. — *A préfet.* — Je n'ai pas autorisé l'état-major de Garibaldi à prendre connaissance de toutes les dépêches qui vous sont adressées, mais j'attache un intérêt très grand, que vous comprenez certainement, à ce que vous viviez en parfait accord avec le général et ses officiers ; et si vous pouvez le voir en personne, les choses n'en iront que mieux. Répondez-moi, s'il vous plaît, sur ce dernier point.

9 novembre 1870. — *A préfet.* — Ignorant aujourd'hui où se trouve le colonel Bordone, je vous prie de lui faire savoir qu'il ait à délivrer immédiatement le curé de Cernans, qui doit en être quitte pour la peur[2].

1. M. Trouillebert venait d'adresser à M. Gambetta la dépêche suivante : « Situation impossible. Me remplacer. Le commissaire à la défense des trois départements a donné sa démission. » — M. Trouillebert reprit sa démission.
2. M. Bordone avait télégraphié à M. Trouillebert : « Le curé

Je vous prie personnellement de le mander quand il sera de retour dans sa cure et de lui rappeler les articles du Code pénal 201 et 60 relatifs aux critiques, censures ou provocations dirigées contre les actes de l'autorité publique dans un discours pastoral, prononcé publiquement, et faites que cet exemple serve à tous les prêtres de votre département, mais point de cours martiales. Faites diligence pour que cet avis parvienne au colonel Bordone.

26 novembre. — *A préfet.* — C'est la première nouvelle que vous me donnez[1] des déprédations commises par le corps de Wolowski. J'aurais vivement désiré que dès le début vous m'eussiez averti de cet état de choses. Vous êtes armé de tous les pouvoirs nécessaires pour réprimer les abus. Je vous prie cependant de ne rien exagérer, de ne pas voir les choses trop en noir; la guerre est la guerre, c'est votre devoir d'en alléger le fardeau à vos populations, et prenez toutes mesures à cet égard, je les ratifierai; mais il n'est pas en notre pouvoir que les choses se passent comme en temps ordinaire, et sous ce rapport j'ai peur que vous ne vous laissiez aller à des sentiments de commisération que je partage, mais que notre devoir est de réprimer. Je vous renouvelle tous mes sentiments.

Lyon, 24 décembre 1870. — *Ministre de la guerre à ingénieur de Serres, à Dôle.* — Je vous remercie de votre prodigieuse activité et j'approuve pleinement vos observations sur le 15e corps. Vous pouvez transmettre des ordres conformes. Je vous avais invité également à me transmettre et à soumettre au général Bressolles les ordres, les heures de débarquement des troupes placées sous son commandement. Faites-le sans retard. Écrivez à Bressolles, et à moi. Accusez-moi réception. Il y a urgence.

1er février 1871. — *A préfet.* — Des ordres ont été envoyés aux chefs militaires de votre région avec des instructions touchant les interprétations à donner à l'armistice.

de Cernans, près Salins, a dit en chaire et a avoué devant moi avoir excité la population contre Garibaldi et avoir mis sa tête à prix; nous l'emmènerons avec les prisonniers qui doivent passer devant la cour martiale. »

1. Par ma dépêche du 28 novembre.

Veuillez entrer en communication avec eux, et leur prêter
le concours de votre parole et de votre présence pour les
aider à régler cette difficile question. Vous savez déjà par
les communications que je vous ai adressées que la responsabilité si grave de toutes ces complications retombe sur
ceux qui, après avoir signé l'armistice, n'en ont pas fait
connaître la teneur intégrale aux plus intéressés.

LANDES

11 octobre 1870. — *A M. Maze, préfet.* — Merci de vos félicitations. Mais où est votre rapport sur fonds disponibles?
Là est l'important, activez l'envoi des renseignements.

31 octobre 1870. — *A préfet.* — Répondez à ceux qui demandent la dictature¹ que c'est la dictature d'un homme
qui a perdu la France. Il faut que la France se sauve elle-
même par son énergie, son patriotisme, et son obéissance
au gouvernement actuel tel qu'il est établi.

26 décembre 1870. — *Au préfet.* — Votre appréciation
sur le décret qui prononce la dissolution des conseils généraux me surprend. Des nécessités politiques de premier
ordre appelaient impérieusement une mesure générale contre
laquelle vos convenances personnelles n'avaient pas à prévaloir.

29 janvier 1871. — *Au préfet.* — La tournée des conseils
de révision pour la classe de 1871 doit avoir lieu; n'arrêtez
pas l'œuvre de la défense nationale.

LOIR-ET-CHER

28 octobre 1870. — *A M. Le Canu, préfet.* — Vous savez bien
que toutes les questions de presse reposent sur les questions
d'intention. Tout dépend de la teneur de l'article; s'il en résulte l'intention manifeste de porter à la connaissance du

1. Une députation de Saint-Sever avait réclamé « la dictature
avec cour martiale ».

public un document de l'ennemi, livrez l'auteur à la cour martiale; si au contraire c'est pour critiquer sérieusement ce document qu'il a été relaté dans l'article, abstenez-vous, mais arrangez-vous de manière que l'auteur sache que c'est là un jeu périlleux et empêchez toute manifestation analogue de se reproduire.

2 novembre 1870. — *A préfet.* — Vous devez comprendre qu'après la capitulation de Metz, et les catastrophes qui fondent sur nous, le temps de la tolérance coupable est passé.

Il faut à tout prix vous entourer des hommes les plus énergiques du pays qui se déclarent prêts à vous seconder.

Ne les laissez à aucun prix se substituer à vous, dominez-les, mais utilisez leur dévouement.

Où en êtes-vous dans la question des maires à remplacer?

De quelles forces pouvez-vous vraiment disposer?

De l'énergie avant tout. N'oubliez pas que vous avez tout pouvoir dans l'ordre administratif; votre département est envahi, raison de plus pour déployer hardiment toute votre vigueur en vous étayant sur la vigueur des éléments les plus solides du pays.

Réponse sur vos dispositions à cet égard.

19 décembre 1870. — *Intérieur à Le Canu, préfet de Loir-et-Cher, Vierzon. (Faire passer cette dépêche de Reuilly à Vierzon, s'il y a lieu, par un porteur.)* — Je reçois votre dépêche, je vous prie de mettre à exécution, le plus tôt possible, votre dessein de rentrer à Blois en séjournant d'abord à Romorantin. Vous n'avez que faire ici, tandis que votre présence à Blois sera du meilleur effet, grâce à la popularité que vous vous êtes acquise, et dont il faut aujourd'hui tirer profit pour la République. Allez à Blois et annoncez-moi que vous y êtes rentré.

5 janvier 1871. — *A préfet.* — Cessez de vous occuper des articles de la *Liberté*, vous ne pouvez pas êtes plus injurié, plus calomnié que nous le sommes tous ici par les journaux de la réaction. Pour vos mobilisés, réévacuez-les sur Nevers le plus promptement possible. Montrez du zèle, de la diligence, de l'activité et restez un bon et loyal préfet républicain; votre conscience vous suffira.

LOIRE

11 octobre 1870. — *A M. César Bertholon, préfet.* — Je regrette vivement que vous ayez pris une mesure préventive contre un journal[1]. Quelle que soit la violence de ses attaques réactionnaires, nous ne pouvons frapper que par voie de répression légale. La polémique doit être absolument libre, mais si le rédacteur du journal commet un acte de conspiration ou de rébellion contre la République, arrêtez-le et livrez-le à la loi.

31 octobre 1870. — *A préfet.* — Je reçois les nouvelles les plus graves de Saint-Étienne. Je compte que dans une heure aussi grave vous comprendrez que le premier devoir des patriotes est de respecter la loi et l'ordre, et que vous saurez assurer ce respect. Envoyez des nouvelles et soyez ferme.

8 novembre 1870. — *A préfet.* — Dans quel but le général Cluseret se dirige-t-il sur Saint-Étienne? Vous faites très bien de le faire surveiller, et s'il vous ennuie, vous ferez très bien de le faire arrêter.

Bourges, 16 décembre 1870. — *Intérieur à préfet, Saint-Étienne.* — Je viens de recevoir ici le sous-préfet de Roanne, qui s'est transporté à Bourges sans autorisation, sous prétexte de venir me dire que, depuis un mois, on ne fait rien dans son arrondissement au point de vue de l'organisation et de l'instruction des mobilisés. Je trouve cette conduite étrange et j'ai renvoyé ce sous-préfet à son poste. Je désire que vous me fournissiez des explications tant sur l'état de cet arrondissement en général, que sur ce fonctionnaire en particulier.

6 janvier 1871. — Je reçois votre lettre et le journal que vous m'avez envoyés. Je crois qu'avec des journaux comme la *Commune*, qui sont sans action appréciable sur l'esprit public, il n'y a pas lieu de se montrer trop sensible à des attaques dont la violence et l'injustice accusent toute l'impuissance. En ce qui concerne les menées jésuitiques dont

----

1. Le journal *le Défenseur*.

vous me parlez, je vous recommande de veiller bien exactement sur les manœuvres des partis monarchiques. Je suis décidé à résister avec une extrême vigueur à tous empiétements
directs ou détournés sur les droits de la République. Tout
ce que vous ferez pour m'aider dans cette tâche est dès à
présent l'objet de mon approbation sans réserve. Mais agissons avec prudence, laissons passer les injures et les calomnies. Ne nous en prenons qu'aux actes. Dans cette voie,
l'opinion ne peut que nous soutenir.

23 janvier 1871. — *Au préfet.* — Vos légions étant remises
à l'autorité militaire, je transmets à M. le délégué à la
guerre votre dépêche concernant les réfractaires. Je vous
conseille dans cette affaire une grande énergie jointe à une
extrême prudence. Je compte sur votre dévoûment entier à
la chose publique pour éviter un conflit qui à tout titre
serait déplorable.

30 janvier 1871. — *Au préfet.* — Continuez la revision de
la classe 1871.

2 février 1871. — *A directeur, manufacture d'armes, Saint-
Étienne.* — Si vous avez 2 ou 300 fusils transformés disponibles, ne résistez pas trop aux vœux de la population de
Saint-Étienne, qui vous les demande pour s'exercer au tir
à la cible, si je suis bien informé : c'est une demande qui
m'a été souvent faite, sans que j'y aie jamais accédé, mais
il peut se présenter telle circonstance où cette concession
soit utile.

Voyez le maire et le préfet de Saint-Étienne.

HAUTE-LOIRE

Bourges, 16 décembre 1870. — *Ministre intérieur à M. Henri
Lefort, préfet Haute-Loire.* — Je crois devoir vous rappeler
que la mobilisation ne comporte que les exemptions consacrées par la loi, et que toutes personnes qui prétendraient
exciper de leur caractère politique ou du rôle qu'elles
auraient joué ou joueraient actuellement dans les affaires
publiques, pour se soustraire à l'application de la loi, doivent
être spécialement appelées devant les conseils de revision,

et réincorporées si le cas échet afin d'éviter les réclamations fort légitimes que leur absence des rangs des mobilisés suscite déjà partout dans le département.

Avisez donc et rendez-moi compte.

31 décembre 1870. — A préfet. — Vous avez reçu comme tous vos collègues la circulaire relative aux mobilisés; vous n'y avez pas encore fait réponse, seriez-vous embarrassé? n'auriez-vous rien fait?

Il serait temps de vous y mettre; vous êtes en retard notablement sur tous vos collègues sous ce rapport. Quels obstacles avez-vous donc rencontrés? Si vous les aviez signalés, on vous aurait aidé à les vaincre ; mais vous n'avez rien dit, rien fait[1].

1er janvier 1871. — A préfet. — Mon cher préfet, la dépêche d'hier n'est pas le fait d'une incroyable légèreté. Vous l'avez mal lue ou elle a été très irrégulièrement transcrite. Je n'ai pas dit: « Vous n'avez rien fait »; j'ai écrit : « N'auriez-vous rien fait? » Je ne me plaignais pas, je me montrais étonné : votre dépêche de cette nuit m'a fait voir que vous avez beaucoup travaillé. Si j'avais eu des reproches fondés à vous faire, je vous les aurais adressés secrètement. J'ai dit que vous étiez en retard sur tous vos collègues. Je me vois contraint de vous le redire, et je le répète, non pas pour vous témoigner mon mécontentement dont vous pourriez vous alarmer, mais pour vous presser, pour vous pousser. Allez vite, vite. Salut fraternel. Je compte sur vous comme vous pouvez compter sur moi.

8 janvier 1871. — A préfet. — Je vous ai rappelé à plusieurs reprises que la loi qui appelle les célibataires dans les rangs des mobilisés n'admet aucune autre exception que celle qui résulte d'infirmité dûment constatée. Il n'est pas possible que la loi et ses serviteurs tolèrent des immunités qui sont de vrais scandales publics. M. Guyot-Montpayroux,

---

1. En réponse à cette dépêche, dont la fin avait été irrégulièrement transcrite, M. Henri Lefort se disculpa des reproches qui lui étaient adressés par le ministre et offrit sa démission : « Quoique père de quatre enfants et sans fortune, je m'engagerai pour partir avec nos mobilisés. » M. Gambetta répondit par dépêche du 1er janvier 1871.

ex-député de la Haute-Loire, est appelé par la loi ; je ne m'explique pas votre inertie, et, si ce n'était pas vous, je croirais à une coupable complaisance. Accusez-moi réception et informez-moi des mesures que vous aurez prises[1].

LOIRE-INFÉRIEURE

BOURGES, 18 décembre 1870. — *Intérieur à M. Guépin, préfet, Nantes.* — Je vous remercie des indications que vous me donnez. En ce qui touche le camp de Conlie, j'ai depuis deux jours, tant au point de vue de l'armement que des soins médicaux, prescrit les mesures les plus complètes pour prévenir tous fâcheux accidents ; mais il faut veiller à ce que les intrigues réactionnaires ne cherchent pas à exploiter la situation. Quant à l'organisation de la défense de Nantes, je n'ai jamais refusé le concours le plus actif à tout ce qui touchait à la protection d'un aussi grand centre. Toutefois il ne faut point exagérer rien et laisser croire que Nantes peut être assailli à l'improviste ; quand je connaîtrai les propositions que le comité de défense est allé faire à Bordeaux je ferai tout pour satisfaire les réclamations légitimes et je vous prie vous-même de me renseigner à ce sujet.

2 janvier 1871. — *A M. Fleury, préfet.* — J'ai reçu votre dépêche[2] ; assurez-vous que nous sommes en présence d'une agitation concertée entre les divers organes de la faction

---

1. M. Henri Lefort répondit le 10 janvier que M. Guyot-Montpayroux « montrait à tout le monde une permission signée Freycinet, lui accordant un congé jusqu'au 26 janvier », et qu'en conséquence il allait « donner des ordres très rigoureux pour l'arrestation de ce personnage, le 26, s'il ne répondait pas à l'appel ». — M. Guyot-Montpayroux ne répondit pas à l'appel, le 26 janvier, et M. Lefort le fit arrêter le 5 février à Brioude. M. Montpayroux sortit alors une lettre de M. de Freycinet qui renouvelait son congé jusqu'au 15 février, et M. Jules Simon ordonna sa mise en liberté immédiate.

2. Dépêche du 2 janvier 1871 ainsi conçue : « Journaux légitimistes cléricaux attaquent avec audace. Ce n'est pas polémique, mais appel à la révolte. J'ai adressé lettre au journal *l'Espérance du peuple*, pour le rappeler à la situation. S'il persiste, d'avis de le suspendre ; réclame autorisation dont je ferai usage avec la plus grande prudence. »

légitimiste de l'Ouest. Si vous arrivez à découvrir que cette levée de boucliers ridicule a été réellement projetée, vous pouvez compter que nous n'hésiterons pas à la réprimer. En ce qui vous concerne, je n'ai pas besoin de répéter que ma confiance en vous est entière. Je vous donnerai en temps utile toutes les autorisations dont vous aurez besoin, avec la certitude que vous en userez avec la plus extrême prudence. Calculez cependant les coups que vous aurez à frapper et, dans les cas graves, ne manquez pas de m'en référer.

2 janvier 1871. — *Au préfet.* — Je reçois votre dépêche, les journaux que vous avez cru devoir m'envoyer et la lettre que vous avez adressée au directeur. J'approuve cette lettre, la modération et la fermeté qu'elle respire. Je crois qu'avec ces journaux, comme l'*Espérance du peuple*, qui sont sans action appréciable sur l'esprit du public, il n'y a pas lieu de se montrer trop sensible à des attaques dont la violence et l'injustice accusent toute l'impuissance. Je vous ai recommandé de surveiller bien exactement les menées des partis monarchiques. Je suis décidé à résister avec une extrême vigueur à tous empiétements directs ou détournés sur les droits du gouvernement de la République. Tout ce que vous ferez pour m'aider dans cette tâche est dès à présent l'objet de mon approbation sans réserve; mais agissons avec prudence, laissons passer les injures et les calomnies, ne nous en prenons qu'aux actes. Dans cette voie, l'opinion ne peut que nous soutenir.

LOIRET

2 février 1871. — *A Tavernier, préfet du Loiret, à Tours.* — Cher Tavernier, vous êtes un noble et brave cœur, un loyal serviteur de la République. Je crois que c'est à Orléans qu'il faut vous tenir, sans déranger personne de vos collègues et malgré votre mauvaise réputation, malgré les Prussiens. Allez donc et travaillez comme vous le faites d'habitude. Vous demandez Dumangin, je ne puis vous l'envoyer, car j'ai à lui confier une mission qui exige un homme de sa trempe et de son dévouement. Cherchez donc autour de vous. Faites-moi savoir quand vous serez arrivé à Orléans. A vous.

LOT

5 septembre 1870. — *A M. Édouard Edoux, à Cahors.* — Je suis affligé que mes amis, en face du danger de la patrie, n'acceptent pas un homme qui est un libéral sincère[1]. Nous sommes un gouvernement de Défense nationale et nous appelons la nation entière, et non un seul parti, à la défense de la commune patrie[2].

LOT-ET-GARONNE

11 octobre 1870. — *A M. Audoy, préfet.* — Je ne vois nulle nécessité de mettre en réquisition le grand séminaire tant que vous pourrez donner logement aux troupes chez l'habitant, conformément à la règle.

17 novembre 1870. — *Au préfet.* — Vous demandez comment vous vous procurerez des canons; mais c'est avec de l'argent, si vous ne pouvez pas vous les procurer en nature. Vous n'attendez certes pas que l'État vous en donne. Si l'État en avait à avancer, il n'en aurait pas demandé aux départements.

8 janvier 1871. — *Au préfet.* — Il résulte de votre réponse que 4.000 mobilisés de votre département sont prêts à partir pour tel point que je vous indiquerai.

Concentrez-les, exercez-les sans relâche jusqu'au jour de leur départ. Exécutez les instructions que je vous ai envoyées. Il faut que la deuxième partie de votre effectif soit en état dans un délai qui ne pourrait dépasser le 18 janvier. Répondez d'urgence.

1. M. Esménard du Mazet, nommé préfet du Lot. MM. Edoux et Delport avaient protesté contre cette nomination.
2. La dépêche de M. Gambetta ne réussit pas à calmer l'effervescence que les ennemis de M. du Mazet avaient provoquée à Cahors. M. du Mazet fut remplacé le 11 septembre par M. de Flaujac qui fut remplacé, à son tour, au mois de décembre, par M. Béral.

LOZÈRE

Rien d'important.

MAINE-ET-LOIRE

Bourges, 18 décembre 1870. — *Intérieur et Guerre à M. Engelhard, préfet, Angers.* — J'ai déjà reçu votre dépêche sur les mouvements militaires; je n'y ai pas répondu parce qu'il n'y avait pas lieu de donner suite à vos plaintes, les mouvements ayant eu lieu par ordre de l'autorité militaire et étant parfaitement concertés. Je reçois maintenant votre dépêche où vous parlez de diriger sur Tours les 4,000 mobilisés qui sont envoyés au général Chanzy.

Je suis extrêmement surpris de cette insistance à vous ingérer dans les affaires militaires. On voit bien que vous ne savez rien du mouvement et des affaires du général Chanzy. Vous ne parleriez pas de lui enlever des troupes et vous vous occuperiez au contraire de le seconder de tous vos moyens. Cessez donc, je vous prie, de vous occuper de ces questions qui vous paraissent étrangères; faites-nous des mobilisés, arrêtez les fuyards, et tout ira bien.

Bourges, 19 décembre 1870. — *Au préfet.* — Il n'est nullement question de nommer M. de Kératry général en chef des forces de l'Ouest et vous pouvez vous rassurer à cet égard.

J'ai à vous remercier de ce que vous avez fait pour le corps d'armée du général Pisani. Quand je vous ai dit que vous n'aviez pas à vous immiscer dans les affaires militaires, je n'ai pas entendu vous paralyser dans le concours que vous devez aux opérations de la défense; je vous connais assez pour savoir que je parle à un collaborateur aussi intelligent que dévoué, seulement ce que je vous recommande c'est de ne point croire tout compromis parce que tout ne se fait point suivant vos vues personnelles. Il faut travailler à travers et en dépit de tous les obstacles, c'est là tout ce que j'ai voulu dire.

Lyon, 23 décembre 1870. — *Intérieur et Guerre à préfet, Angers.* — Si le général Ferri Pisani n'exécute pas en ce moment même les ordres du général Chanzy et n'opère point son mouvement sur Château-Lavallière, cherchez-lui un successeur que vous me désignerez et installez-le provisoirement à sa place. J'approuve votre indignation d'hier. Il va sans dire que vous devez prendre les ordres du général Chanzy; ne faites rien sans lui en référer, j'y tiens essentiellement.

29 décembre 1870. — *A préfet.* — On ne vous a pas répondu hier parce qu'on en avait référé au ministre qui était en route[1]. Prenez un arrêté dans lequel vous direz que : vu l'état de guerre dans lequel se trouve le département de Maine-et-Loire et attendu que les articles séditieux publiés par l'*Union de l'Ouest* constituent une véritable connivence avec l'ennemi, le préfet de Maine-et-Loire suspend le journal l'*Union de l'Ouest* pour deux mois.

29 décembre 1870. — *Au préfet.* — Faites imprimer en gros caractères l'article de l'*Union de l'Ouest* qui a motivé la suspension de ce journal pour deux mois. Ajoutez au bas l'arrêté de suspension fortement motivé, et faites afficher ce placard en triple exemplaire dans chacune des communes de votre département.

30 décembre 1870. — *Au même.* — L'arrêté que je vous ai envoyé hier au sujet de l'*Union de l'Ouest* est facultatif, vous en userez à votre jugement et si vous préférez le jury contre l'auteur de l'article, comme coupable d'excitation à la révolte, vous êtes sur les lieux : je m'en rapporte à votre clairvoyance politique. Répondez-moi.

30 décembre 1870. — *Au même.* — Vous demandez mes instructions au sujet de l'affaire de l'*Union de l'Ouest* et pourtant vous en avez reçu hier de formelles à cet égard. Au cas où vous hésiteriez, je vous rappellerai que vous avez l'option entre la suspension dans les conditions que je vous ai indiquées et la juridiction du jury pour juger l'auteur de l'article. C'est à vous d'apprécier le meilleur mode de répres-

1. M. Engelhardt avait averti M. Gambetta que M. de Cumont, directeur de l'*Union de l'Ouest*, avait publié dans ce journal un article intitulé « Dissolution des Conseils Généraux », qui se terminait par un véritable appel à la révolte.

sion. Ce sont là des questions de milieu que vous êtes en situation d'apprécier mieux que personne.

31 décembre 1870. — *Au préfet.* — La dépêche que je reçois de vous m'attriste profondément [1]. Elle vous montre à mes yeux comme accablé sous le poids d'une responsabilité que vous semblez incapable de porter et que vous cherchez à rejeter aujourd'hui sur moi. J'avais quelque droit d'attendre de vous un concours autrement remarquable dans la crise passagère où vous vous trouvez. Après ce que je savais de vous, de vos opinions fermes et arrêtées, au moins dans le langage; après nos conversations, après vos dépêches surtout, ces dépêches si nombreuses, où vous touchiez à toutes les questions, où vous aviez des avis et des conseils à me donner sur tous les sujets; après les instances multipliées que vous aviez faites auprès de moi pour obtenir la dissolution en masse des conseils généraux, afin de vous enlever sans doute la charge et la responsabilité de dissoudre celui de votre département par un arrêté spécial, signé de vous, j'avais la presque certitude que, la mesure prise, vous sauriez en assurer l'exécution. Survient la polémique de l'*Union de l'Ouest*. Que m'écrivez-vous? qu'en présence de cette polémique qui est un appel à la guerre civile, vous êtes d'avis de sévir, et vous me rappelez que le département est en état de guerre. Je tarde à vous répondre, étant absent. Vous vous en étonnez et vous me demandez si les préfets ne doivent plus renseigner le Gouvernement sur les écarts de la presse, vous insistez. Je vous réponds en vous donnant le choix entre deux modes de répression, la suspension ou la juridiction du jury. Vous choisissez le premier mode. Et voilà que vous m'écrivez que vous n'avez fait que m'exprimer la situation! Non, non, je le répète, jamais je ne me serais attendu à la dépêche stupéfiante que je viens de lire sous votre signature.

Pour moi qui suis habitué à prendre hautement la responsabilité de mes actes, je vous ordonne à vous et à tous les

1. Dépêche de M. Engelhardt du 31 décembre 1870, 3 h. soir : « Le parti clérical et le parti bonapartiste se mettent en insurrection contre le Gouvernement. Il s'agit de céder ou de résister. Veuillez vous souvenir que je n'ai fait que vous renseigner et que je n'ai agi que d'après vos ordres formels. J'attends vos instructions. Il y a extrême urgence à ce que je sois fixé. »

fonctionnaires républicains qui vous entourent et dont vous
avez pris les conseils, d'après ce que vous m'avez dit, de
prendre toutes les mesures nécessaires pour que force reste
à la loi; je vous ordonne de faire respecter la République
et son gouvernement, ne reculez devant aucune mesure.
Vous êtes autorisé à vous assurer immédiatement de la
personne de tous ceux qui tenteraient de résister à l'arrêté
qui a été pris.

Un autre journal[1], me dites-vous, a publié un article aussi
coupable que le premier; prenez à son égard et avec quelque initiative les mesures que la situation commande. Les
membres de l'ancien conseil font mine de résister, disperzez-
les. Qu'avez-vous attendu pour faire toutes ces choses? De
quelle utilité m'est donc votre concours? Encore une fois,
jamais je n'aurais cru que ce serait à vous qui n'avez jamais
eu sous la plume et à la bouche que des conseils de rigueur
et d'énergie, que j'aurais à écrire une telle dépêche. C'est
pour moi un exemple nouveau de cette vérité qu'il y a loin
des paroles à l'action; et que, tel qui se croit énergique et
le crie fort, voit s'évanouir toute sa force morale à la
moindre crise qui le surprend et qui l'abat.

1er janvier 1871. — A préfet. — Je reçois votre dépêche
explicative[2]. Veuillez vous souvenir que non seulement vous
m'avez dit et vous me dites encore dans la dépêche qui s'est
croisée avec la mienne, que vous n'aviez fait que me donner
des renseignements, tandis que vous m'aviez formellement
donné l'avis que j'ai adopté de sévir contre les ennemis de
la République. C'est là ce qui m'a fait douter un instant de
vos dispositions à prendre la part de responsabilité qui vous
revient dans la mesure qui a frappé l'*Union de l'Ouest*, et
dans ses conséquences éventuelles. Le tableau que vous me
tracez de la situation me paraît poussé au noir. Résistez
cependant et continuez à défendre l'arrêté du Gouvernement
en réduisant au silence tous ceux qui violeraient les lois et
nuiraient à la défense nationale en attaquant la République.
C'est un orage qui passe. Tenez bon sans rompre ni plier;

1. Le *Journal de Maine-et-Loire.*
2. Seconde dépêche du 31 décembre : « Je n'ai fait qu'exécuter
vos ordres, mais je dois dire que l'opinion publique a hautement
approuvé l'arrêté de suspension. »

vous dites que l'opinion est avec vous. Je le crois. Elle est
partout avec nous. Raison de plus pour ne pas faiblir.
Sévissez contre le *Maine-et-Loire*, s'il suit la trace de l'*Union*.
Si l'*Union* cherche à reparaître sous un autre nom, vous ne
pouvez vous y opposer ; mais veillez et frappez si la nouvelle
feuille suit les errements de l'ancienne. Quant à M. de
Cumont, s'il trouble la paix publique, assurez-vous de sa
personne comme je vous l'ai déjà dit.

1er janvier 1871. — *Au préfet.* — Je ne me plaindrai point
d'avoir à vous écrire une seconde dépêche pour rétablir la
vérité sur un incident qui vous a justement ému sans doute,
mais qui ne m'a pas causé, sachez-le bien, une moindre
peine qu'à vous-même.

De cet échange d'explications il ne peut et il ne doit sortir
qu'un surcroît d'estime ajouté à l'estime que nous avions
l'.. pour l'autre. J'ai été frappé vivement, très vivement
même, de l'insistance que vous avez mise et que vous mettez
encore à me rappeler que vous n'avez jamais rien fait que
me donner des renseignements et que c'est moi qui vous
ai fait parvenir les ordres. Vous vous êtes séparé de moi ; je
n'ai pas hésité à vous le faire sentir, d'autant plus sûrement
peut-être que j'avais une haute idée de votre passé, de
votre caractère, des services que vous avez rendus à la
démocratie et que vous lui rendrez encore. Voilà tout le
dissentiment qui a éclaté entre nous. Quant à vous injurier,
comme vous le dites, jamais une telle pensée ne m'est venue,
habitué comme je l'étais, depuis que je vous connais, à
honorer en vous un digne citoyen, un républicain des bons
et des mauvais jours, un collaborateur dévoué à notre
œuvre commune. Sur ce, ne pensons plus qu'à nos ennemis
du dedans et du dehors, et faisons pour le mieux.

3 février 1871. — *A Engelhardt, préfet, Angers.* — J'apprends que vous avez accepté de figurer en tête de la liste
républicaine de Maine-et-Loire. Je comprends que vous
ayez tenu à combattre avec nos amis des départements
contre les adversaires de la République et de l'intégrité
nationale. Cependant je crois qu'il y a trop peu de temps
que vous êtes dans Maine-et-Loire pour vous exposer aux
coups de nos ennemis. Vous prêterez à nos amis un concours
et un appui d'autant plus forts et plus efficaces que vous

combattrez pour eux sans y être intéressé. Votre place dans l'Assemblée est marquée, mais c'est à nos concitoyens d'Alsace de vous y faire asseoir; vous entrerez ainsi dans la Chambre avec le caractère qui vous appartient. Je vais m'efforcer de faire savoir à nos concitoyens d'Alsace que vous êtes à leur disposition : les suffrages qu'ils vous donneront ne peuvent être mieux placés.

MANCHE

BORDEAUX, 29 décembre 1870. — *A M. Lenoël, préfet*. — Après que vous vous serez conformé au décret qui prononce la dissolution des conseils généraux, vous ne serez nullement tenu de nommer immédiatement une commission départementale et vous pourrez à cet égard vous en rapporter à vos convenances. Mais, de grâce, n'invoquez donc jamais des raisons électorales, pas plus pour vous que pour vos amis. Nul dans le Gouvernement ne songe à faire des élections à la Chambre ou au conseil général.

29 décembre 1870. — *Au préfet*. — M. Estancelin a donné sa démission de général des gardes nationales de Normandie. Cette démission a été acceptée. M. Estancelin ne peut plus vous donner d'ennuis ni vous causer d'ombrage[1]. Votre situation va donc redevenir tenable. Pourquoi donc créez-vous ainsi des difficultés qui n'en sont pas? Où en sont vos mobilisés? Combien pouvez-vous me donner de soldats pour la défense. Voilà ce qui m'intéresse et ce qui intéresse le pays. Quant au reste il ne s'en soucie et il a bien raison.

6 janvier 1871. — *A préfet*. — Hâtez la confection et l'arrivage d'objets aussi indispensables que des souliers et des ceintures de flanelle.

Pressez de tout votre pouvoir l'instruction de vos mobi-

1. M. Estancelin avait voulu distraire plusieurs bataillons de mobilisés de la Manche pour les diriger sur le Calvados et sur l'Eure; le préfet insistait pour concentrer à Cherbourg les mobilisés de son département. De là conflit. Le 1er décembre, M. Lenoël écrivit : « Il faut que lui ou moi cessent nos fonctions. Vous savez que déjà un de ses officiers m'a menacé de m'arrêter. S'il reste général, il y aura des troubles que je ne pourrai empêcher. »

lisés; qu'il n'y ait aucun d'eux qui ne s'exerce au moins trois ou quatre heures par jour; rappelez souvent aux officiers combien ils doivent avoir à cœur de se rendre, sans délai, dignes de leur tâche. Cherchez les candidats de mérite pour améliorer les cadres que vous me signalez comme exceptionnellement mauvais. Soyez très sévère pour la tenue et la discipline; donnez à vos mobilisés des vêtements plus chauds que ceux qu'ils ont.

8 janvier 1871. — *A préfet.* — Voulant trancher définitivement les diverses questions se rattachant au commandement de M. Estancelin, en Normandie, je vous prie de m'adresser un rapport détaillé, dans lequel vous me ferez connaître les faits précis, les raisons de circonstances et de personnes qui ont motivé votre opposition au maintien de M. Estancelin comme général commandant les gardes nationales de votre département.

Je désire également savoir les raisons qui peuvent s'opposer à ce que M. Estancelin soit nommé vice-président du camp de Cherbourg. Ce que je vous demande c'est un rapport précis, circonstancié, qui soit définitif sur la question[1].

MARNE

Aucune dépêche politique relative à ce département.

HAUTE-MARNE

6 novembre 1870. — *A M. Auguste Spuller, préfet.* — Vu les circonstances militaires où se trouve engagé votre département et vu surtout la situation exceptionnelle de la place

---

1. M. Lenoël avait demandé (dépêches du 10 et du 21 décembre) à être vice-président du camp de Cherbourg. Les raisons alléguées par ce préfet étaient presque exclusivement politiques : « Les officiers de marine et beaucoup d'hommes influents de Cherbourg sont orléanistes. Je vous ai déjà dit que la candidature du prince de Joinville est très sérieuse. Le camp peut devenir un point d'appui si le vice-président n'est pas nettement républicain. » (10 décembre). Le ministre de la guerre passa outre à ces réclamations et M. Lenoël, qui avait annoncé sa démission, resta préfet.

de Langres qu'il importe de ne point troubler par un remaniement complet du personnel militaire, j'ai décidé ce soir, après en avoir conféré avec le lieutenant-colonel Mayré que vous m'aviez recommandé, que le commandant de la place et de la garnison de Langres serait distrait de vos pleins pouvoirs militaires qui demeurent entiers sur le reste du département et resterait attribué à l'autorité militaire. Je maintiendrai le général Arbellot ou je le remplacerai par le colonel du génie Martin après avis de votre part.

Cette décision n'emporte de ma part aucun blâme comme vous l'avez compris. Elle me semble imposée par l'approche de l'ennemi et, tel que je vous connais, je suis sûr que vous saurez l'adopter et vous y conformer.

Toutefois, vous me demandez si je puis vous offrir un autre poste que celui de Chaumont; j'ose à peine le faire maintenant que votre département est envahi et que Chaumont est menacé. Je sais trop bien quel homme vous êtes pour vous enlever à un poste qui a l'air aujourd'hui plus périlleux que jamais. Cependant je vous dirai que si vous êtes décidé à quitter la Haute-Marne, je vous demande d'aller dans le Midi, à Toulouse, où il y a une lourde charge à prendre, celle du préfet de la Haute-Garonne. Je crois qu'il m'est impossible de vous témoigner plus d'amitié et plus de confiance. Réponse par le télégraphe cette nuit même. Je vous remercie de votre dépêche militaire.

7 novembre 1870. — *A préfet.* — Je ne pense pas qu'il vous soit possible de quitter la Haute-Marne en ce moment où tant de devoirs vous y retiennent. Mais une fois ces devoirs accomplis, venez ici, à Tours. Je me propose d'utiliser auprès de moi ou ailleurs votre dévoûment et vos capacités. Quant à présent, ce n'est pas à vous qu'il est besoin de recommander l'énergie, la prudence et la pratique de toutes es qualités d'un bon administrateur dans ces temps de crise. Vous le savez, vos pouvoirs administratifs et militaires resteront entiers dans votre département, sauf en ce qui touche la ville de Langres et sa garnison, qui demeurent soumises, en qualité de place forte, à l'autorité militaire. La proclamation du général Arbellot fait un trop vigoureux contraste avec celle des autres militaires en général pour que je ne le maintienne pas à son poste. Je regretterai toujours que

vous et lui n'ayez pu vous mettre d'accord. La défense de
la Haute-Marne eût été complète et eût marqué dans cette
guerre si terrible. Néanmoins, je tiens à vous le dire, j'ai
eu trop souvent des nouvelles de l'activité que vous avez
déployée, des efforts efficaces que vous avez faits afin de
mettre votre département sur pied, pour ne pas vous tenir
au premier rang des préfets de la République. Demeurez
au milieu de vos populations aussi longtemps que vous le
pourrez et, quand vous ne pourrez plus leur être utile, venez
me rejoindre. Le poste de Toulouse a été confié à quelqu'un
dès ce matin, tellement il y avait urgence, mais ce n'est pas
une affaire finie[1]. Écrivez-moi.

MAYENNE

3 janvier 1871. — A M. Delattre, préfet. — Il est bien
évident que la protestation de M. de Juigny[2] tombe sous
l'application de la loi; mais, avant de commencer des poursuites, vous devez apprécier si le retentissement donné à la
protestation dans le public a été tel que les poursuites soient
indispensables. Il ne serait d'ailleurs opportun de déférer
l'auteur au jury que si la condamnation était certaine.
Agissez donc avec prudence.

28 janvier 1871. — A préfet. — La peine de mort prononcée par la cour martiale contre l'artilleur et le boucher
est commuée[3]. Envoyez-moi un rapport sur l'affaire afin que
j'apprécie le degré de culpabilité de chacun d'eux et la pé-
nalité qu'il convient de leur infliger.

1. Voir page 463 l'incident relatif à M. Duportal.
2. M. de Juigny, conseiller général de la Loire-Inférieure, avait
protesté dans l'Indépendant de l'Ouest contre la création de la
Commission départementale qu'il déclarait « illégale et arbitraire, »
et avait engagé « les populations à ne pas obtempérer aux décisions de la Commission ». M. Delattre avait télégraphié au ministre, le 2 janvier : « Veuillez me dire si ceci tombe sous la loi martiale. »
3. « L'artilleur avait été condamné pour avoir pris une vache
abandonnée sur la route, et le boucher pour l'avoir achetée. »
(Dépêche du préfet.) Le général Jaurès avait accordé un sursis à
l'exécution.

MEURTHE

Aucune dépêche.

MEUSE

Rien d'important.

MORBIHAN

29 décembre 1870. — *A M. Ratier[1], préfet.* — L'abominable conduite des Prussiens sur notre territoire commanderait les représailles les plus cruelles à leur égard. Faites sentir au consul des États-Unis, en distribuant les vêtements chauds envoyés d'Allemagne, que la France, au milieu même de ses revers qui vont d'ailleurs finir, reste supérieure à ses ennemis, et que la pitié l'emporte sur le mépris que lui inspirent les pratiques d'une race sans foi et sans honneur.

Signé : LÉON GAMBETTA

MOSELLE

Rien.

NIÈVRE

Les archives du télégraphe de Nevers ont été détruites à l'approche des Prussiens et les dépêches du ministre de la guerre et de l'intérieur à M. Cyprien Girerd, préfet, sont presque toutes relatives à de simples affaires de service. M. Girerd, qui désapprouva la dissolution des conseils généraux, fut remplacé, le 10 janvier 1871, par M. Ducamp.

1. En réponse à cette dépêche : « Vice-consul des États-Unis demande s'il peut faire délivrer à prisonniers prussiens, vêtements chauds pour l'hiver, envoyés par une société allemande qui s'est formée en Angleterre. Nous rendons le bien pour le mal, comme dit le brave Chanzy. — Je suis disposé à autoriser, m'approuvez-vous ? »

NORD

17 octobre 1870. — *A M. Testelin, commissaire défense, Lille.*
— La capitulation de Soissons est exacte. Pour Saint-Quentin, vous êtes sur les lieux, plus à même d'apprécier ce qu'il faut faire. En général, il faut résister jusqu'à dernière extrémité, mais encore faut-il que la résistance ne soit pas désastreuse. Avisez également s'il y a lieu pour nomination d'une administration provisoire.

2 décembre 1870. — *A Testelin.* — J'ai la ferme confiance que les victoires de nos armées républicaines rendront impuissantes les intrigues et les complots bonapartistes. Néanmoins, je vous autorise à prononcer l'interdiction absolue de l'entrée en France des journaux belges dont vous me parlez[1], et à maintenir cette interdiction avec vigilance. Quant à la presse locale, si elle nuit à la défense, poursuivez les auteurs devant les tribunaux militaires, mais ne frappez point le journal. Telle est la ligne de conduite dont je vous prie de ne pas vous départir.

8 décembre 1870. — *Sûreté générale à préfet.* — Veuillez recommander à vos commissaires spéciaux d'arrêter, autant que possible à l'entrée de France les journaux *le Drapeau* et *le Gaulois.*

26 décembre 1870. — *A M. Pierre Legrand, préfet.* — Le décret sur la dissolution des conseils généraux est un fait accompli et vous ne pouvez pas vous y soustraire. Moins que tout autre, le conseil général du Nord, composé en presque totalité d'éléments hostiles et réactionnaires, mériterait d'être maintenu. Il faut lui infuser du sang nouveau en le renouvelant à peu près entièrement. Vous avez, du reste, à tenir compte des nécessités locales en instituant votre commission; mais il importe que, dans un département comme le Nord, la majorité de la commission soit acquise à la Répu-

1. En réponse à cette dépêche : « Journaux *Drapeau* et *Gaulois* attaquent le Gouvernement d'une façon immonde, prêchent la paix à tout prix. Comme ils se publient en Belgique, demande à interdire entrée en France. »

blique. Je compte sur vous pour que ce résultat soit atteint
et j'attends vos propositions.

27 décembre 1870. — *Au préfet.* — C'est au second décret
des conseils généraux que vous devez vous conformer. J'attends vos propositions pour commission départementale.
Votre idée de présenter les mêmes noms me semble pour le
moins irréfléchie, je vous ai dit hier mon sentiment à cet
égard. J'y persiste absolument, il est probable que la mesure
prise ne soit pas favorablement accueillie par nos adversaires. Mais elle le sera parfaitement par les républicains.
C'est là ce qui nous intéresse et qui doit guider notre conduite. Dans votre département plus que dans tout autre, il
est utile de miner certaines influences qui, si on continuait
à se montrer trop complaisant, deviendraient dangereuses.

2 janvier 1871. — *Directeur-adjoint à préfet du Nord[1].* —
Mon cher ami, ta démission est inacceptable et tu ne peux
pas la maintenir. Il est déplorable d'occuper Gambetta de
ces petites questions personnelles, alors qu'il a à tenir tête
à de si nombreuses et si graves difficultés. Reste donc à ton
poste, ou bien propose-nous un successeur digne de l'occuper.
Vois Testelin et décidez ensemble. Nous ne ferons rien avant
d'avoir reçu votre réponse.

MASURE.

15 janvier 1871. — *A préfet du Nord[2].* — C'était le devoir
des membres du gouvernement de la République de pro-

1. M. Pierre Legrand avait répondu, le 25 décembre, qu'il exécu-
tait les ordres du Gouvernement, mais qu'il priait le ministre
d'accepter sa démission. Il avait réitéré sa démission le 2 janvier. M. Testelin, commissaire général, adressa le même jour sa
démission à M. Gambetta.
2. M. Jules Favre, par une circulaire du 9 janvier 1871, avait
adressé aux représentants de la France à l'étranger, une élo-
quente et pathétique protestation contre le bombardement de Paris.
Le 13 janvier, les membres de la légation avaient communiqué
aux préfets cette protestation, qu'ils avaient fait suivre de cette
déclaration : « Les membres de la Délégation du gouvernement
de la Défense nationale établie à Bordeaux, déclarent adhérer à
la protestation solennelle contre le bombardement de Paris qui
a été signée par leurs collègues. » C'est au sujet de cette protestation que M. Pierre Legrand avait télégraphié en ces termes à M. Gambetta : « L'effet sera déplorable. Tout le monde la considérera
comme le glas funèbre de Paris. Dites-nous franchement si nous

tester à la face du monde contre le bombardement dont Paris, capitale du monde, est l'objet. Cette protestation sera entendue, recueillie et approuvée par tous ceux qui, dans le monde, ont souci de la civilisation et du progrès de l'humanité. Il serait étrange — et c'est pour moi la plus douloureuse des pensées — que des Français vissent dans cette protestation, à laquelle nul ne pouvait songer à se soustraire, un cri d'affaissement et de désespoir, quand c'est par une explosion de rage et de colère patriotique qu'on devrait y répondre. Votre dépêche m'afflige, mais jusqu'au bout je ferai mon devoir et je remplirai ma tâche, je dirai à tout le monde : Courage, énergie pour la République et pour la France !

15 janvier 1871. — *Au préfet.* — Votre démission est acceptée. Par décret de ce jour, je nomme préfet du Nord M. Paul Bert, professeur à la Faculté des sciences de Paris, ancien secrétaire général de la préfecture de l'Yonne[1]. Je vous prie d'expédier les affaires jusqu'à l'arrivée de votre successeur qui sera aussi prochaine que possible.

OISE

Rien d'important.

ORNE

8 janvier. — *A M. Antonin Dubost, préfet[2].* — Vous me demandez ce que vous devez faire si votre chef-lieu est envahi. Ce n'est pas à un préfet qui sait donner des ordres comme ceux que vous avez transmis à votre subordonné de

devons y voir l'annonce d'un plus grand malheur. Il est de notre devoir de vous dire qu'ici tous les courages nous paraissent à bout. A part l'armée de ligne, vous ne pouvez compter sur rien. Il faut un grand courage pour ne pas se laisser abattre par de telles proclamations. »

1. M. Paul Bert avait été nommé à la suite du refus de M. Pierre Lanfrey (voir page 518).
2. M. Dubost avait succédé à M. Albert Christophle, démissionnaire à la suite du décret dissolvant les conseils généraux.

Mortagne[1], et qui se distinguent par une énergie digne de tous nos éloges, qu'il peut être utile de rappeler que le devoir d'un fonctionnaire républicain est de mourir à son poste. En attendant, évitez de multiplier les dépêches; ne nous adressez que des renseignements certains, que vous avez pu contrôler, en vous rendant vous-même sur le théâtre des évènements. Quant aux pleins pouvoirs que vous me demandez, je vous demande à mon tour ce que vous entendez par là, dans les circonstances où vous vous trouvez.

PAS-DE-CALAIS

23 octobre 1870. — *A M. Lenglet, préfet.* — J'approuve l'interdiction du journal *la Situation*. Avertissez vos collègues les préfets voisins et faites qu'ils vous imitent.

29 décembre 1870. — *Au préfet.* — La dissolution des conseils généraux est une mesure générale dont l'exécution ne peut être ajournée même dans votre département. Veuillez vous y conformer ponctuellement et m'adresser sans retard vos propositions pour la commission départementale.

5 janvier 1871. — *A préfet.* — Je vous accuse réception de vos propositions pour la commission départementale. Vous en recevrez la ratification en temps opportun; pour le moment, et sauf le cas d'urgence absolue, l'institution des commissions départementales peut être ajournée. Nous nous éviterons ainsi des conflits de personnalités et des embarras. Il sera temps d'aviser quand vous aurez besoin d'un vote départemental.

23 janvier 1871. — *A préfet.* — L'hostilité de l'*International*[2] ne me semble ni assez systématique ni assez dangereuse pour motiver la mesure que vous me demandez. Si ses attaques prenaient un caractère inquiétant, nous aviserions.

25 janvier 1871. — *A préfet.* — La proclamation des membres du Gouvernement sur le bombardement de Paris

1. 150 dragons prussiens étaient entrés le 8 janvier à Mortagne, mais n'avaient pas tardé, devant l'attitude menaçante de la population, à battre en retraite.
2. Journal bonapartiste-socialiste.

n'est pas, comme vous semblez le croire, un appel à la
pitié, c'est un appel à la colère patriotique et à la guerre à
outrance[1]. J'ai la ferme confiance que cette protestation que
le gouvernement de la République avait le devoir de publier sera entendue par tous ceux qui, dans le monde, ont
souci de la civilisation et des progrès de l'humanité.

PUY-DE-DOME

5 septembre 1870. — A M. *Bardoux, maire de Clermont.*
— Constituez municipalité régulière. Impossible de vous
donner des autorisations exceptionnelles.

6 septembre 1870. — A M. *Girot-Pouzol, préfet.* — Prenez
les mesures que vous jugerez nécessaires à la défense de la
patrie, notamment en ce qui concerne la garde mobile.

14 octobre 1870. — A *préfet.* — Prenez immédiatement
toutes les dispositions nécessaires pour évacuer Prussiens
qui communiquent par Suisse avec Allemagne. Empêchez
toute communication en ne permettant correspondance que
par lettres ouvertes.

11 octobre. — A *préfet.* — J'ai reçu dépêche du comité de
défense demandant révocation immédiate du général[2], mais
la dépêche n'a pas pris précaution de nous dire s'il y a un
remplaçant sur place. Complétez le renseignement.

29 décembre 1870. — A *préfet.* — Vous avez parfaitement
raison. Empêchez les commandants de corps francs de désorganiser vos bataillons de mobilisés qui doivent être le
plus promptement possible en état d'entrer en campagne,
dans les meilleures conditions ; et il est clair que si on vous
prend, pour en faire des corps francs, les bons éléments, vous
n'aurez qu'une mauvaise troupe. Dites ces choses à Jouvencel[3].

1. Voir plus haut, p. 491.
2. Le général Marulaz, qui avait commandé une brigade au
2 décembre 1851.
3. M. Paul de Jouvencel, ancien député, était sorti de Paris en
ballon le 22 octobre et avait poursuivi dans plusieurs départements
l'organisation de corps francs. Cette prétention avait déjà suscité
plusieurs conflits et motivé, dans le département des Basses-
Pyrénées, une lettre sévère de M. Gambetta (voir p. 196.)

13 janvier 1870. — *A préfet*. — Je ne comprends rien aux embarras que vous cause, paraît-il, l'évacuation des prisonniers allemands. Vos collègues ne réclament pas et font le nécessaire; faites comme vos collègues. Il y a déjà trois mois que vous m'entretenez de cette question. Dites-moi une bonne fois pour toutes quels sont les obstacles qui s'opposent à ce que vous ayez à Clermont des prisonniers prussiens.

13 janvier 1871. — *A préfet. Pour remettre à M. Maigne, ancien représentant à Clermont-Ferrand*. — Citoyen Maigne, je vous remercie des sentiments vraiment patriotiques que vous m'exprimez si chaleureusement[1]. Votre langage est celui d'un bon républicain. Ce sont les hommes de votre trempe qui nous soutiennent et nous réconfortent dans la lutte que nous poursuivons. Mais pour que cette lutte aboutisse au résultat, il importe que toutes les forces vives du pays se plient à une organisation régulière et à une direction unique. Il m'est donc impossible d'autoriser dans un département une levée de volontaires qui, si elle répondait à votre généreuse attente, aurait le tort de désorganiser les cadres de la garde nationale mobilisée. Je n'en prends pas moins acte de votre proposition et, si les circonstances s'y prêtent, je serai heureux de l'utiliser.

26 janvier 1871. — *A préfet*. — Le ministre de la guerre vous prescrit de diriger 2,200 mobilisés de votre département sur Dijon. Exécutez ces mouvements avec toute l'activité désirable. Je compte sur votre patriotisme pour assurer ce départ en bon ordre. Vous veillerez à ce que les hommes aient chaud en route, emportent leurs provisions de bûches. Vous passerez la revue des fusils. Faites-moi savoir d'urgence quand le reste de votre effectif de mobilisés pourra passer sous l'autorité militaire.

BASSES-PYRÉNÉES

11 octobre 1870. — *A M. Nogué, préfet*. — Je suis informé que M. Forcade de La Roquette est arrivé à Biarritz avec sa

---

1. M. Maigne avait proposé au ministre de faire une levée de volontaires pour marcher au secours de Paris.

famille. M. Forcade est le seul des anciens fonctionnaires de l'Empire qui séjourne actuellement sur le territoire. Il me paraît convenable que vous l'engagiez officieusement à se tenir éloigné de la France. Sa présence dans les circonstances actuelles pourrait devenir l'objet de désordres graves, qu'il vaut mieux prévenir.

Il n'est pas possible qu'un homme aussi compromis au service du régime déchu puisse, sans notre autorisation, rester sur le sol. S'il refusait d'obtempérer à vos avis, vous m'en référeriez aussitôt et j'aviserais.

26 octobre. — *A préfet.* — De trop nombreuses exemptions ont été accordés à de prétendus soutiens de famille et presque partout fort mal à propos. Les mobiles des Basses-Pyrénées sont d'ailleurs devant l'ennemi à Dijon. Il y aurait de sérieux inconvénients à désorganiser les corps en un pareil moment et je ne puis désapprouver le général commandant à Dijon qui refuse les congés.

26 novembre 1871. — *A préfet.* — Faites savoir à M. de Jouvencel que dans le petit conflit qui s'est élevé entre lui et le commandant Sersiron, j'estime que c'est M. Sersiron qui a raison. En conséquence, je vous prie de lui prêter votre concours et de vous opposer à toutes entreprises de la part de M. de Jouvencel.

7 janvier 1871. — *A préfet.* — Il résulte de votre dépêche que 3,000 mobilisés de votre département sont prêts à partir sur tel point que je vous indiquerai. Concentrez-les, excercez-les sans relâche jusqu'au jour de leur départ; exécutez les instructions que je vous ai envoyées.

Il faut que la deuxième partie de votre effectif soit en état dans un délai qui ne pourrait dépasser le 15 janvier. Répondez d'urgence.

9 janvier 1871. — *Au préfet.* — Nous avons reçu vos lettres et vos demandes insistantes et réitérées, afin d'être relevé de vos fonctions.

Nous regrettons bien vivement que vous ne puissiez pas nous continuer votre concours si intelligent et si dévoué. Vous êtes un de ceux qu'on ne laisse partir qu'avec infiniment de regret et à la dernière extrémité. Nous venons de nommer, pour vous remplacer, un de nos meilleurs amis,

M. Anatole de La Forge, le défenseur de Saint-Quentin, vice-président du comité de Bordeaux. C'est un homme rare, qui a toute notre affection, toute notre confiance, et qui mérite toute la vôtre. Nous vous prions de lui accorder le concours précieux de vos lumières et de votre influence.

HAUTES-PYRÉNÉES

25 octobre 1870. — *A M. Ténot, préfet.* — Je vous autorise à dissoudre votre conseil général et à convoquer commission départementale dont je régulariserai les pouvoirs, à la condition que dans votre arrêté vous invoquerez des motifs politiques d'ordre général et tirés de la nécessité de pourvoir à la Défense nationale.

29 octobre 1870. — *A préfet*[1]. — Vous savez déjà, par ma dépêche antérieure, que la résistance à outrance est plus que jamais à l'ordre du jour. Je vous le confirme avec une énergie nouvelle. Le Gouvernement restera fidèle à son programme. Assurez-en vos concitoyens, et redoublez de vigueur pour la défense.

PYRÉNÉES-ORIENTALES

Rien d'important.

BAS-RHIN

Pas de dépêche.

HAUT-RHIN

5 septembre 1870. — *A M. Grosjean, à Guebwiller.* — Allez prendre possession de votre poste de combat dans le Haut-Rhin, à Colmar.

1. En réponse à une adresse du comité de la Défense nationale dans les Hautes-Pyrénées invitant le Gouvernement à repousser l'armistice.

30 octobre 1870. — A préfet, Belfort. — N'avez jamais eu besoin en votre qualité de préfet de mon autorisation pour remplacer un sous-préfet à Mulhouse. Appliquez-vous à remonter le moral de vos populations. Toute la France est admirable de résolution et de courage.

30 octobre 1870. — A préfet du Haut-Rhin, à Belfort. — Il paraît que l'exportation du bétail sur la limite du Doubs et du Haut-Rhin donne lieu à de graves abus, et que certains spéculateurs useraient de cette liberté pour ravitailler l'ennemi. Redoublez de vigilance pour empêcher ce trafic et au besoin interdisez-le complètement.

RHONE

Paris, 5 septembre 1870. — A la municipalité de Lyon. — Le Gouvernement envoie des félicitations à la cité lyonnaise[1]. Le citoyen Challemel-Lacour est nommé préfet du Rhône. Il part. Mettre en liberté, si ce n'est déjà fait, l'ancien préfet.

5 septembre. — Au comité de Salut public. — M. Challemel-Lacour, vigoureux républicain, part ce soir avec les pouvoirs nécessaires. Continuez de maintenir l'ordre.

6 septembre 1870. — A préfet. — Prenez les mesures complètes pour protéger efficacement les dépôts de la succursale de la Banque de France.

6 septembre 1870. — A M. Challemel-Lacour. — Investi des pouvoirs exécutifs par le gouvernement de la République siégeant à l'Hôtel de ville, le ministre de l'intérieur vous félicite de votre promptitude à vous rendre à votre poste. En vous envoyant dans la grande cité lyonnaise, le Gouvernement savait bien qu'il choisissait un des plus dignes et des plus énergiques représentants de l'idée républicaine. Les patriotes de Lyon avaient pris spontanément des mesures pour mettre fin au régime qui nous a amené l'étranger. En cela ils ont

1. La République avait été proclamée à Lyon, le 4 septembre, à neuf heures du matin. Un comité dit de salut public s'était installé à l'Hôtel de ville. Il avait aussitôt arrêté et incarcéré le préfet impérial et le procureur général.

exprimé, à la même heure que Paris, le sentiment de la France et ils ont avisé comme il convenait aux nécessités de la situation ; mais à l'heure présente et après la désignation du gouvernement de la République, la religion même de la patrie, à laquelle ils n'ont jamais failli, leur commande d'accepter et de saluer en vous le seul et légitime représentant de la Défense nationale.

Je suis sûr qu'il vous suffira de faire appel à la passion du salut de la France qui les anime pour faire disparaître tout esprit de dissidence et de contradiction. Nous sommes sous le feu de l'ennemi qui foule le sol. La République obéie peut seule nous sauver. Les principes sont saufs et aussitôt que les conditions de la guerre le permettront, vous procéderez à l'institution d'une municipalité sincèrement élue. Jusque-là les vrais patriotes doivent se grouper autour de vous, non pour former seulement un conseil, mais une légion. Vous saurez, monsieur le préfet, développer et faire prévaloir ces idées.

7 septembre 1870. — Le gouvernement de la Défense nationale vient de fixer à vendredi prochain, 9 septembre, les élections municipales de Paris ; que celles de Lyon se fassent immédiatement dans les délais matériellement les plus courts. Veuillez faire afficher cette décision dans toute la ville de Lyon.

7 septembre 1870. — *A M. Challemel-Lacour, préfet[1].* — Je suis bien heureux de votre succès et de votre courage, mon cher ami. Continuez et télégraphiez-nous souvent.

9 septembre 1870. — *A préfet.* — Trochu demande si Sencier et les personnes arrêtées sont définitivement mises en liberté. Me répondre immédiatement[2].

1. En réponse à cette dépêche : « La situation s'améliore ; le comité est en train de se disloquer. Les arrestations finissent, les élargissements vont commencer. »
2. M. Challemel-Lacour répondit : « Sencier est détenu à la mairie de la Croix-Rousse. Vouloir l'élargir de suite serait préparer une collision. Le Gouvernement ne pourrait-il le mander à Paris avec l'intention apparente de lui faire rendre compte de sa conduite ? La politique la plus prudente m'est imposée pour éviter un conflit. J'attends et ferai exécuter l'ordre du Gouvernement, si je le puis, sans risque d'émeute. »

9 septembre 1870. — A préfet. — Votre dépêche de ce jour nous fait espérer que, malgré la gravité de la crise, vous triompherez de résistances illégitimes et nous vous approuvons pleinement de ne lutter que par la persuasion. Le gouverneur est cependant très ému de la captivité prolongée des anciens fonctionnaires arrêtés. Faites un énergique appel à la magnanimité des Lyonnais ; et obtenez avant tout la libération de M. Sencier, réclamée avec insistance par le président du Gouvernement.

9 septembre 1870. — A préfet. — Continuez à temporiser comme vous l'avez fait jusqu'ici. Nous n'osons user de votre moyen parce que nous craignons que les délégués ne veuillent l'accompagner ici, ce qui nous créerait de graves embarras. Voyez-le et faites-lui prendre patience, tenez-vous par chiffre au courant de cette situation.

10 septembre 1870. — Nous attendons votre lettre annoncée et au besoin nous vous prions de télégraphier s'il y a urgence et en nous donnant des nouvelles de la situation de cette ville.

10 septembre 1870. — La dépêche envoyée hier et que vous n'avez pas lue disait que nous nous en remettons complètement à votre habileté de conduite. Continuez à temporiser. Voyez Hénon et faites-lui prendre patience.

10 septembre 1870. — A préfet. — Je reçois seulement votre dépêche de ce matin, 8 heures. Le Gouvernement ne peut accepter la solution que vous proposez[1] ; elle ne ferait que mettre en lumière la prépondérance du parti que vous cherchez à apaiser. Elle serait une concession dont vous mesurerez la portée au point de vue national ; continuez à temporiser et télégraphiez ce soir.

11 septembre 1870. — Votre dépêche a calmé mes inquiétudes[2]. Les élections nous paraissent devoir tout terminer.

1. En réponse à cette dépêche : « Certains bataillons de garde nationale sédentaire veulent, malgré moi, faire aujourd'hui une démonstration pour le drapeau tricolore. Je crains une contre-manifestation pour le rouge. Je m'applique à éviter toute collision. Pour couper court on pourrait arborer drapeau noir. Donnez-moi votre avis. »

2. « La démonstration dont je parlais ce matin a été empêchée.

M. Andrieux est nommé procureur de la République. Il vous mettra au courant de ma conversation.

11 octobre 1870. — Je reçois vos deux dépêches. Pour la première, mes remerciments et mes embrassades. Pour la seconde relative à la fabrication de la monnaie, je vous prie de réfléchir que vous n'avez pas d'outillage, que vous ne pourriez pas faire de la bonne monnaie par des orfèvres. En outre, dès le premier jour de la Révolution, on a installé à Bordeaux, dans l'ancien hôtel des monnaies, avec le personnel de l'hôtel de Paris, une fabrication de monnaies. On vous a déjà approvisionné de monnaie divisionnaire. Demandez une somme et on vous fera de nouvelles livraisons; mais renoncez à une fabrication incomplète, coûteuse, sans contrôle.

GAMBETTA.

Tours, 12 octobre 1870. — *A préfet.* — J'ai reçu votre dépêche d'hier pendant la nuit. J'adresse observations sérieuses à Lecesne pour qu'il réponde à vos dépêches. La question de la monnaie nous préoccupe au plus haut point. Conservez-y votre attention vigilante. Vous savez que je suis à la fois ministre intérieur et ministre guerre. Votre situation à Lyon est telle aujourd'hui que, sur l'ordre que je vous donne en ma double qualité, vous pouvez mettre en liberté le général Mazure[1]. Dites que c'est sur mon ordre formel.

12 octobre 1870. — *A préfet.* — Vous ne répondez pas à ma dépêche relative au général Mazure. Je le mande ici. Faites-le partir immmédiatement.

13 octobre 1870. — *A préfet.* — Je prends acte de votre promesse de libération du général Mazure pour lundi, je trouve l'ajournement très regrettable et je vous conjure de faire vos derniers efforts pour me l'envoyer avant lundi à Tours, où je l'interrogerai et examinerai son affaire[2].

Nos élections auront lieu jeudi. » (Dépêche datée Lyon, 11 septembre, soir.)

1. Le 2 octobre, à la suite d'une émeute de gardes nationaux, le général Mazure avait été menacé par la foule et avait dû se réfugier à la Préfecture. M. Challemel-Lacour, pour le sauver, avait été contraint d'ordonner son arrestation.

2. M. Challemel-Lacour télégraphia le lendemain : « Le géné-

15 octobre 1870. — *A préfet.* — Merci, mon cher ami, pour votre énergie, votre tact et votre parfait accord avec nous. Nous savions bien qui nous placions à la tête de cette difficile cité de Lyon. Espérons qu'à force de dévouement et de patience, nous arriverons à rétablir toutes nos affaires.

16 octobre 1870. — *A préfet.* — Il me faut sans retard l'état de l'habillement et de l'équipement des mobiles cantonnés dans le Rhône. Est-il vrai que vos gardes mobiles du Rhône soient devant l'ennemi sans havresacs? S'il en est ainsi, pour remédier à cet état fâcheux, entendez-vous avec intendant militaire. Réponse urgente.

16 octobre 1870. — *A préfet.* — Je vous félicite. Soyez sans crainte, je vois toutes les dépêches. Je compte bien que Lyon imitera Paris[1].

19 octobre 1870. — *A préfet.* — Je regrette de n'avoir pu me rendre à Lyon; ce n'est que voyage ajourné. Je ne pouvais rester plus de 48 heures absent de Tours.

Je compte bien que Lyon se défendra avec la dernière énergie et rivalisera avec Paris.

Il n'est pas question de renvoyer le génie de Lyon à Valence. Je ne comprends même pas qui a pu vous amener à me poser semblable question[2].

Je vous promets de vous envoyer toute l'artillerie que vous désirez ainsi que les mille marins. Mais détaillez ce qu'il vous faut en fait d'artillerie et de munitions.

20 octobre 1870. — *A préfet.* — Comment pouvez-vous demander trois cents bouches à feu alors que, par suite de nos catastrophes, il nous en reste à peine le double pour toute la France? Même observation pour le surplus de votre dépêche. On fera tout pour le mieux, mais n'exagérez rien, ni le danger que vous courez ni les moyens que nous avons d'y parer. Votre dépêche est recommandée à la guerre.

ral Mazure a été mis en liberté ce matin; je l'invite à partir immédiatement pour Tours. Mesures sont prises pour que cet élargissement n'amène aucun désordre. »

1. En réponse à cette dépêche : « L'évacuation des Vosges par l'armée, prouve que Lyon est sérieusement menacé. »

2. Dépêche du même jour, 8 h. matin.

20 octobre 1870. — *A préfet.* — J'ai déjà demandé renseignements sur général Alexandre. Je les attends pour statuer. Envoyez-les de suite.

20 octobre 1870. — *A préfet.* — Relativement aux huit millions nécessaires, la combinaison a été approuvée en principe par le Gouvernement[1]. Le comité délibère sur voies et moyens.

21 octobre 1870. — *A préfet.* — Non seulement vous êtes autorisé à appliquer en cas de besoin la loi martiale, mais j'appelle toute votre attention sur les manquements à la discipline surtout de la part des chefs. Soyez d'une sévérité exemplaire[2].

21 octobre 1870. — *A préfet.* — Mon cher ami, croyez bien que je suis au regret de vous refuser le matériel extraordinairement nombreux que vous me demandez. Je vous refuse parce que je ne puis faire autrement. Quand je vous prie de m'envoyer un état, cela veut dire que je vous prie de vous entourer d'officiers d'artillerie et de génie qui vous aideront à réduire, sans trop nuire à la défense, le chiffre de vos demandes et à indiquer la qualité et le numéro des pièces qui me sont indispensables à connaître. Je vois avec peine que la situation si difficile où vous êtes vous fait perdre de vue la situation si difficile où je suis. Demeurons ensemble jusqu'au bout. Je ne puis pas plus vous relever que me démettre, et quand je pense à mes embarras, je n'oublie pas les vôtres, croyez-le bien[3].

22 octobre 1870. — *A préfet.* — Je vous avais demandé renseignements sur général Alexandre. Je ne les ai point reçus. Néanmoins la nomination ayant été faite par vous, je l'ai ratifiée et j'ai donné aux délégués de la garde nationale

1. M. Challemel-Lacour avait télégraphié que les approvisionnements de Lyon en céréales, bétails, combustibles, etc., coûteraient 7 millions, d'après évaluation de commission municipale.
2. En réponse à cette dépêche : « Je demande l'autorisation d'appliquer, en cas de besoin, la loi martiale. L'indiscipline est dans les mobiles et jusque dans les chefs. Il faut les dompter. Quelques rudes exemples suffiront. »
3. En réponse à la dépêche du 19 qui se terminait ainsi : « Je vous demande l'indispensable et le possible. Si vous ne croyez pas pouvoir l'accorder, qu'on m'envoie un successeur. »

qui sont venus ici avec une lettre de vous, la mission de
vous porter le décret qui nomme le général Alexandre.
J'ai eu l'occasion de voir aussi des délégués du conseil
municipal de Lyon qui m'ont exposé diverses demandes que
j'ai écoutées et dont j'ai pris note. Ces délégués m'ayant
prié de leur donner un écrit constatant qu'ils m'avaient
entretenu de la mission qui leur avait été confiée, je leur ai
remis une lettre que vous recevrez par la poste en copie et
dans laquelle je me suis appliqué à réserver tous vos droits
de représentant du gouvernement central. Je juge par tous
ces incidents que votre situation est fort difficile, et je crois
utile de vous répéter ce que je vous ai dit hier: à savoir que
nous sommes tous deux en parfaite confiance, que tout ce
que vous ferez pour maintenir votre autorité aura mon
approbation, et qu'enfin je suis décidé à vous soutenir avec
la plus grande énergie. De grâce, ne me tourmentez pas
outre mesure. J'ai donné des ordres pour l'armement de
Lyon et la délivrance des bons du Trésor. Toutes mes
mesures sont prises pour assurer la défense de Lyon, mais
n'y mettons ni précipitation ni excès. Encore une fois,
soutenons-nous mutuellement et tout ira bien. Si je puis
vous aller voir, je n'y manquerai pas, mais cela est difficile.

22 octobre 1870. — A *préfet*. — Votre question des approvisionnements est résolue. J'ai fait expédier aujour-
d'hui même par M. Crémieux et le comité des finances
l'ordre nécessaire pour l'avance en bons du Trésor que vous
avez réclamée. Pour ce qui est de l'assimilation des marchés
passés par la ville aux marchés passés par l'État, adressez-
vous aux finances, section de l'enregistrement.

23 octobre 1870. — A *préfet*. — Baillehache est accrédité
auprès de Garibaldi comme intendant de son corps d'armée.
Les mandats doivent être ordonnancés par Garibaldi personnellement, qui jouit aussi du droit de réquisition personnelle. Quand Garibaldi aura signé, vous pourrez payer, mais
non autrement.

23 octobre 1870. — A *préfet*. — Ce n'est point pour désarmer Lyon qu'on vous a pris des batteries de 4 qui ne
peuvent vous servir à rien puisqu'on vous a envoyé trente
canons de marine. On ne se bornera pas à cet envoi. J'ai

obtenu ce soir de l'amiral ministre qu'en fait de canons on vous donnera tout le nécessaire jusqu'à 100 à 150 pièces. Calmez donc vos inquiétudes. Vous prendre de l'artillerie de campagne, ce n'est pas vous désarmer. Seulement appliquez-vous avec le génie à bien disposer des pièces que je vous ai envoyées. Armez vos forts, mais non point vos ouvrages extérieurs qui ne pourraient pas supporter les pièces de marine de trop gros calibre. Je vous le répète : Nous ferons ensemble pour Lyon ce que l'on a fait pour Paris. Le comité de défense de votre ville demande s'il peut fabriquer des cartouches pour chassepots. Je lui réponds par votre intermédiaire que je vous ferai donner des chassepots dans la mesure du possible, mais qu'il est toujours bon de fabriquer des cartouches.

1er novembre. — *A préfet.* — Je lis toutes vos dépêches et je fais tout pour satisfaire à vos demandes. Cependant, je ne puis déférer à tous vos désirs. Ainsi, vous demandez que l'on fasse revenir de Besançon l'armée de l'Est pour la jeter devant Lyon. Cela est impossible La défense de Lyon ne peut avoir lieu exclusivement autour de ses murs. Elle doit avoir lieu en avant. Il y a un mouvement concentré avec Garibaldi de Besançon sur Gray auquel vous devriez vous associer en exécutant de votre côté un mouvement militaire de Lyon sur Chalon. La Saône inondée favoriserait cette double opération qui est rationnelle et vraiment militaire. Cela ne vaut-il pas mieux que de penser exclusivement à la ville de Lyon? Songez donc un peu à la vallée de la Saône, si riche en bestiaux et denrées de toute nature. Mettez Lyon en état de défense. A merveille! Mais, de grâce, que nul autour de nous ne dérange nos opérations militaires.

3 novembre 1870. — *A préfet.* — Remercie de votre énergie dont nous avons besoin plus que jamais[1]. Je ferai connaître à notre pauvre ami Gent les sentiments que vous exprimez pour lui.

1. En réponse à cette dépêche : « Les affaires de Marseille sont lamentables; je ne me consolerai jamais d'avoir tenu le héros de cette orgie entre mes mains et de n'en avoir pas débarrassé la France. Puisse-t-il revenir ici! Je suis résolu à frapper quiconque voudrait imiter Marseille... » — Le « héros de cette orgie » est M. Cluseret.

4 novembre. — A préfet. — Impossible de transporter à Lyon l'atelier de cartouches chassepot de Valence, ce qui équivaudrait presque à une destruction. Lyon possède certainement les ressources nécessaires à la création rapide de l'outillage, seul élément transportable. Valence vous fournira renseignements, modèle et contremaître. Organisez en toute hâte. Ce n'est qu'à la dernière extrémité qu'il y aurait lieu, si vous n'étiez pas prêts, d'envoyer à Lyon l'outillage de Valence.

12 novembre 1870. — A préfet. — Reçu votre dépêche relative aux désordres de Villefranche. J'approuve votre énergique discipline [1].

13 novembre 1870. — A préfet. — Si vous avez 900 garibaldiens dont vous ne sachiez que faire, que ne les dirigez-vous sur le quartier général de Garibaldi à Autun, après avoir averti le général? Je m'occupe de régler la question de ses intendants. Votre avis personnel sur ce que vous savez de cette affaire ne me serait pas inutile. Je vous autoriserai volontiers à passer marché pour la fourniture de cartouches Remington dont vous me parlez, seulement je trouve les prix un peu élevés et je prends l'avis de Leeesne. Il m'est difficile de vous autoriser à conserver les deux officiers échappés de Metz [2]. J'en ai besoin ici pour mes bataillons de l'armée de la Loire.

14 novembre 1870. — A préfet. — M. de Latour [3] n'a aucune espèce de mission. En septembre, il avait été chargé d'une mission par le général Trochu. Il s'en est si mal acquitté qu'au mois d'octobre, à Tours, non seulement nous n'avons pas pu la lui confirmer, mais que nous avons dû la lui retirer. En conséquence, faites-le surveiller dans ses agissements et, s'il vous gêne, expulsez-le de Lyon. Pour com-

---

1. En réponse à cette dépêche : « De grave désordres ont éclaté hier soir dans une compagnie de première légion de marche qui arrivait à Villefranche. Le premier bataillon, commandant Valentin, a pris les armes et ramené l'ordre. La cour martiale a siégé cette nuit. Trois mutins ont été fusillés ce matin devant la légion et devant 2,500 hommes envoyés de Lyon. »
2. MM. Crévisier et Crémer.
3. Cet individu se prétendait chargé d'une mission dans l'Est et s'était mis en relation avec des officiers.

mencer et conformément à l'avis du directeur général,
retirez-lui la franchise télégraphique dont il n'a plus que
faire aujourd'hui.

16 novembre 1870. — A *préfet.* — C'est moi qui ai donné
l'ordre relatif aux troupes de Chagny et dont vous vous
plaignez si amèrement[1]. J'avais toujours pensé que la ville
de Lyon ferait comme la ville de Paris; que pourvue de
munitions, d'approvisionnements, bien armée, elle arriverait à se fournir elle-même et qu'elle ne gênerait point les
opérations de l'armée qui doit sauver le peuple, assurant le
déblocus de Paris. Je vous ai donné, pour atteindre ce résultat, tout ce que vous m'avez demandé. Je continuerai à vous
donner tout ce dont vous aurez besoin, excepté l'armée qui
doit opérer dans l'intérêt de Paris et de la France. C'est une
détermination irrévocable, car c'est à Paris et non à Lyon
que se joue le salut de la France.

Redoublez donc d'efforts. Votre garnison sera complétée.
Exercez vos gardes nationaux. Préparez-les à acquérir dans
la défense de Lyon le rôle que les gardes nationaux de
Paris jouent dans la défense de la capitale. Je vais laisser
le 82e provisoire que vous demandez avec Bressolles. Mais
rappelez-vous qu'il est impossible, dans l'état actuel des opérations militaires, de laisser un corps d'armée devant chaque
chef-lieu de département pour la défense.

16 novembre 1870. — A *préfet.* — Je vous ai autorisé à
faire refluer sur leur quartier général les prétendus garibaldiens qui s'arrêtent à Lyon pour y faire du désordre.
Prenez vos mesures en conséquence. Je n'ai jusqu'à présent
reçu aucun délégué[2]. Je ferai droit à vos observations.

---

1. En réponse à cette dépêche : « Êtes-vous pour quelque chose
dans dépêche signée Freycinet, qui annonce qu'on retire les troupes
de Chagny et qu'on va compléter notre garnison en la portant à
30,000 hommes? C'est impossible, vous ouvrez la voie toute grande
à l'ennemi. Lyon n'est ni approvisionné, ni munitionné; nous
sommes sans troupes sérieuses. Nous avons 12,000 baïonnettes,
rien de plus. C'est 25,000 hommes qu'il nous faut à bref délai. La
garde nationale n'a que de mauvais fusils à piston. Votre dépêche
la terrifie... »

2. Il s'agit d'un délégué envoyé par le général Alexandre à
M. Gambetta.

25 novembre 1870. — *A préfet.* — Envoyez votre Américain à Genève à destination de son consul, en le prévenant
que s'il rentre en France on prendra des mesures de rigueur contre lui [1].

28 novembre 1870. — *A préfet.* — Je tiens compte de
l'avertissement que vous me donnez relativement à la réaction qui nous menace. J'en ai déjà eu à plusieurs reprises
des témoignages. Voici comment elle compte procéder : sous
prétexte de défense, elle voudrait faire prédominer l'élément militaire, armée et garde nationale, dans la personne
de deux généraux, Alexandre et Bressolles, à l'élévation
desquels vous avez tous contribué. Sur l'élément civil vous
ne devez point douter de mon concours, vous êtes mon
représentant à Lyon, et vous savez que tant que je serai au
pouvoir, l'élément militaire ne dominera jamais l'élément
civil. Laissons agir les militaires dans leur sphère, mais
que nul ne s'avise de songer à les substituer aux fonctionnaires républicains. Je leur opposerai une résistance invincible. Nous sommes pleinement d'accord. Vous avez rendu
trop de services à la République pour changer notre ligne
de conduite. Voilà qui est entendu. J'ai reçu votre lettre
contenant plan réformation d'armée. Il sera étudié. J'ai vu
aussi des délégués d'un comité de défense rurale qui m'ont
adressé plusieurs demandes dont quelques-unes me paraissent justes.

Ils veulent par exemple qu'on leur donne des commissions de capitaine de la garde nationale hors cadres, parce
qu'ils vont devant l'ennemi. Je ne vois à cela nul inconvénient. Ils veulent en outre que le comité de défense rurale
soit soumis exclusivement à l'autorité du comité militaire.
Ici je ne veux rien faire sans votre adhésion, car je crois que
ce désir se rattache au plan dont je vous parle plus haut.
Qu'est ce comité de défense rurale ? N'est-ce pas vous qui
l'avez constitué [2] ? Que faut-il faire à cet égard ? Répondez

1. Il s'agit d'un Américain venu de Marseille à Lyon après l'émeute
organisée par Cluseret et dont le préfet demandait l'expulsion.
2. M. Challemel-Lacour répondit le lendemain : « C'est moi qui
ai constitué le comité de défense rurale ; je vais le dissoudre aujour-
d'hui même. N'accordez, ne promettez rien. Il a mal accompli son
œuvre ; il s'y est glissé des intrigants, des hommes qui veulent
échapper à la mobilisation... Il n'a plus de raison d'être. »

ce soir même afin que je donne réponse demain aux délégués.

29 novembre 1870. — A *préfet*. — Dans l'affaire du comité de défense rurale, j'ai procédé suivant vos indications. Je n'ai rien accordé ni promis. J'ai eu avec les délégués du comité deux longues conversations à la suite desquelles j'ai pu me former une opinion que je vous expose. J'estime que ces Messieurs, après avoir été institués par vous, qui leur avez conféré tous leurs pouvoirs, ont eu le tort grave de se laisser entraîner par le courant qui porte certaines fractions de la population lyonnaise du côté des autorités militaires au détriment de l'élément civil.

Je vous ai dit hier mon opinion sur ce point. Je l'ai fait connaître aux délégués, et sous ce rapport ma résolution est irrévocable. Je vous approuve donc de résister à tout empiétement sur votre autorité de quelque côté qu'il vienne. Je connais votre prudente fermeté et je n'ai rien à vous dire au point de vue du sage équilibre que vous vous êtes appliqué à maintenir entre les divers partis depuis que vous êtes à Lyon. Je crois cependant que dans ce comité de défense rurale, il y a lieu de distinguer, comme dans Lyon même, entre les divers éléments qui le composent. Ce comité est nombreux. Si peu qu'il ait fait, il est juste de reconnaître ses services. Vous venez de le dissoudre et je ne vous en blâme point, puisque tout danger est momentanément éloigné de Lyon; ce danger viendrait à reparaître, qu'il y aurait à mon avis utilité de reconstituer le comité sur une échelle moins large et en le dégageant des éléments qui ont altéré sa composition première.

Toutes ces questions sont très délicates. Il y en a qui tiennent aux personnes, d'autres aux circonstances. C'est à vous qu'il appartient de les apprécier et ma confiance en vous est entière; mais je crois que vous ferez bien de recevoir les délégués que j'ai vus, s'ils se présentent à la préfecture; de leur faire connaître les motifs de la dissolution du comité et de leur expliquer quelle conduite vous entendez garder à leur égard. Je leur ai, quant à moi, communiqué la présente dépêche.

29 novembre 1870. — A *préfet*. — Je vois vos affaires s'embrouiller. Bressolles a demandé à enlever son com-

mandement au général Crevisier[1], contre lequel il arrive des
plaintes variées, et de divers points. J'approuve les dispositions qu'il a prises; de même, pour vous, je suis disposé à
approuver la révocation d'Alexandre[2]. Avez-vous un successeur à lui donner? Agissez avec prudence, avec Bressolles
notamment. On me dit qu'il y a des manœuvres. Écrivez-
moi vos sentiments.

2 décembre 1870. — *Au préfet.* — Merci, mon cher ami,
pour votre prévoyance patriotique[3]. C'est à de telles marques
de dévouement au bien public que l'on reconnaît, que l'on
juge des hommes comme vous. Pour moi qui vous connais
depuis si longtemps, je ne suis point surpris de cette preuve
nouvelle de votre dévouement à notre cause; mais je suis
toujours ému quand je pense à tout ce que vous dépensez
pour elle de chaleur d'âme, d'énergie et surtout de cette
force morale qui vous distingue si éminemment parmi
nous. Je vous embrasse.

Il va sans dire que si nous avons besoin de vous et de vos
offres, je vous ferai signe. Tenez-vous prêt.

2 décembre 1870. — *Au préfet.* — J'approuve dans ses
motifs et son dispositif votre arrêté qui révoque M. Alexandre
de ses fonctions de général de la garde nationale. Je vous
invite à chercher autour de vous un successeur que vous me
présenterez. Moi, de mon côté, si je trouve quelqu'un qui
puisse vous convenir, je vous l'enverrai. Mais n'y comptez pas.
Nous avons résolu la question Crevisier, en nous privant de
ses services. J'ai vu dans vos dernières dépêches que vous
étiez pour le moment en bonnes relations avec le général
Bressolles, et je m'en réjouis. Maintenez ferme votre autorité sur lui et faites-lui comprendre directement ou indirectement qu'il doit avant tout vous prêter son concours et non
pas substituer son autorité à la vôtre. J'ai reçu de M. Hénon,
maire de Lyon, une lettre des plus sympathiques à votre

1. Dépêche du général Bressolles au ministre de la guerre.
2. M. Alexandre fut révoqué le 1er décembre : « Cet officier
parfaitement incapable, écrivait le préfet, va disant publiquement
qu'il y avait à Brest 50,000 remington pour Lyon, et que seul j'ai
empêché que ces fusils fussent donnés. Il a ainsi provoqué un conflit entre les chefs de bataillon et moi.
3. Réponse à une lettre particulière de M. Challemel-Lacour,
en date du 1er décembre.

égard. Il est décidé à vous soutenir de toute son influence. Il pense que dans la situation actuelle vous devriez chercher votre point d'appui dans le conseil municipal. A vous d'apprécier la valeur de ce conseil. Quant à moi, je vous renouvelle tous mes sentiments.

4 décembre 1870. — *A préfet.* — Prévenez le général Garibaldi qu'un polonais nommé Koscielski, qui va probablement essayer de pénétrer dans son état-major, est un employé des affaires étrangères de Berlin, qui a même été, l'année dernière, employé à l'ambassade de Prusse à Paris.

5 décembre 1870. — *A préfet.* — Faites-moi dans le plus bref délai vos présentations pour les deux postes importants de commandant du camp et de vice président civil de Sathonay.

Renouvelez votre dépêche sur nomination du successeur de l'ex-général Alexandre, afin que je puisse faire régulariser cette nomination. Où en êtes-vous avec Bressolles?

6 décembre 870. — *Au même.* — Tout ce que vous me dites sur Bordone m'est connu[1]; mais je ne puis l'enlever à Garibaldi qui veut le garder. C'est sur Garibaldi directement qu'il faut agir.

décembre 1870. — *Au préfet.* — Nous sommes arrivés à Bordeaux à 11 heures et demie du matin, après un aussi bon voyage que possible[2].

Je vous remercie de vos bonnes dépêches, notamment de celle qui annonce l'évacuation de Dijon. Je vais me mettre à la besogne pour reprendre le plan que je vous ai exposé. Tout le monde ici vous envoie ses meilleures amitiés.

28 décembre 1870. — *Gambetta à préfet du Rhône.* — Continuez sans vous préoccuper de la protestation Lecesne[3].

1. En réponse à cette dépêche : « La conduite de Bordone à Autun est l'objet des plaintes de tous, une cause de découragement, un péril très grave. Elle méritera un conseil de guerre. »

2. M. Gambetta, arrivé à Lyon le 21 décembre à la suite de l'assassinat du commandant Arnaud, était reparti le 27 décembre pour Bordeaux. (Cf. chap. v, p. 303 et sq.)

3. Il s'agit de crédits urgents demandés par M. Challemel-Lacour et qui n'avaient pas été notifiés par M. Laurier au trésorier-payeur de Lyon.

29 décembre 1870. — A *préfet*. — Faites venir Frappoli immédiatement. Dites-lui qu'un premier crédit de 100,000 francs est ouvert ce soir même. Engagez-le à continuer son œuvre, assurez-le de ma sympathie à la condition qu'il m'enverra l'état des hommes qu'il a déjà levés et qu'il pourra m'assigner l'époque à laquelle il pourra entrer en campagne.

3 janvier 1871. — *Gambetta à préfet, Lyon*. — Mon cher ami, je vous prie de ne pas prêter l'oreille aux réclamations de Bressolles et Busseroles au sujet de Cremer. Une opération grave est entamée. Tout a été réglé même dans les détails; il est important de ne pas intervenir dans la conduite de ces opérations[1]. Je vous prie de ne rien télégraphier à Cremer, vous pouvez être assuré que tout est surveillé avec soin.

5 janvier 1871. — A *préfet*. — M. Pinard, ancien ministre de l'empire, vient d'être arrêté à Autun; l'interrogatoire terminé, faites-lui connaître la mesure qui tient éloigné du territoire tous les personnages compromis dans les conseils de l'ex-empereur. Écrivez-moi à cet égard.

5 janvier 1871. — *Ministre guerre à M. Spuller, inspecteur des camps, Lyon*. — Je reçois votre dépêche. Aussitôt votre bureau installé, rendez-vous immédiatement auprès des préfets des départements dont les mobilisés doivent être envoyés au camp de Lyon; activez la formation des légions dont nous avons un besoin pressant. Commencez par le préfet de la Loire, qui doit être prêt à l'heure qu'il est. Je compte sur votre zèle et votre diligence. Les deux jeunes gens seront pourvus chacun d'une commission de sous-lieutenant au titre auxiliaire. Je ne vois pas l'utilité de les nommer dans l'état-major puisqu'ils ne sont pas aux armées; mais le but que vous vous proposez sera atteint. Aussitôt que vous pourrez aller à Nevers, ne manquez pas de le faire; votre présence y est réclamée. Marchez constamment d'accord avec le préfet du Rhône, qui est au premier rang de nos amis les plus chers et de nos collaborateurs les plus précieux.

31 janvier 1871. — *Gambetta à préfet du Rhône. Confidentielle et chiffrée*. — Mon cher ami, je n'ai pas besoin de vous affirmer que j'ai fait tous mes efforts pour vous trouver un

1. Il s'agit de la marche sur l'Est.

successeur[1]. Je continue même au milieu de cette effroyable crise à m'en occuper. Pour ne vous citer qu'un nom, je vous nommerai Scheurer-Kestner, qui a décliné mon offre. Je vous remercie de votre appui, de vos encouragements. Ne demeurez pas un jour sans m'écrire. Demain matin vous recevrez les divers actes et décrets que je vous ai annoncés. Ils sont en conformité de la longue dépêche chiffrée que vous avez approuvée. Faisons tous notre devoir jusqu'au bout. A vous du fond du cœur. Je n'ai pas encore reçu vos délégués.

HAUTE-SAONE

Rien d'important.

SÁONE-ET-LOIRE

21 novembre 1870. — *A M. Coti, sous-préfet, Chalon-sur-Saône.* — Une dépêche que vous avez recommandée de tenir secrète m'est livrée par un agent de Gênes. Cette dépêche indique à votre correspondant d'Ajaccio de prétendus mouvements de troupes qui, suivant vous, doivent avoir lieu, par Dôle et par Dijon, par mouvement tournant. Vous ajoutez qu'on prendra ainsi les Prussiens. Le caractère de cette communication adressée à Ajaccio, quand vous savez qu'elle pouvait séjourner dans plusieurs bureaux italiens, m'oblige à vous demander votre démission immédiate. Je l'attends ce soir par le télégraphe sans préjudice d'une enquête ultérieure. Remettez votre service à votre plus ancien chef de bureau.

27 novembre 1870. — *A M. Frédéric Morin, préfet.* — J'ai dû demander au sous-préfet de Chalon-sur-Saône sa démission pour manquement grave à la discrétion qui est imposée à un fonctionnaire de la République. Je vais procéder à son remplacement dans le plus bref délai.

· 1. M. Challemel-Lacour avait donné sa démission le 29 janvier en insistant pour être remplacé : « Qu'on travaille en paix ou que la révolution commence, je ne peux plus être utile au poste où je suis. » M. Challemel-Lacour adhérait aux idées exprimées par M. Gambetta dans sa dépêche à Jules Favre. (Cf. p. 250 et sq.)

28 novembre 1870. — *A sous-préfet, Chalon-sur-Saône.* — J'ai reçu vos deux dépêches contenant explication sur l'incident de la dépêche envoyée en Corse[1]. Ces explications me suffisent. Je vous maintiens à votre poste, que cette affaire soit pour vous un enseignement. Je compte, comme par le passé, sur votre dévouement et sur votre discrétion et tout est oublié. — Avertissez le préfet de Mâcon en lui envoyant communication de la présente dépêche.

28 novembre 1870. — *A sous-préfet, Autun.* — Voici la dépêche que j'adresse au maire du Creuzot[2].

Occupez-vous sans retard à le remplacer. Concertez-vous avec le préfet de Mâcon :

Dépêche au maire du Creuzot : « J'accepte purement et simplement la démission que vous maintenez. Il n'y a point d'homme nécessaire. »

28 novembre 1870. — *A préfet.* — Je reçois ce soir de vous une dépêche dans laquelle vous me dites que vous avez engagé le maire du Creuzot à retirer sa démission. Je vous en ai adressé une dans laquelle je vous dis que j'avais accepté sa démission qui m'avait été offerte dans des termes tels que je ne pouvais conserver plus longtemps M. Dubray à la tête de l'administration du Creuzot. Veillez à faire un meilleur choix.

30 novembre 1870. — *A préfet.* — Ne vous exagérez-vous pas un peu cette affaire du Creuzot? Voilà un maire qu' nous donne bien de l'embarras. Notez bien que ce n'est pas volontairement que j'ai dû accepter sa démission. Je ne trouve pas bon le biais que vous me présentez[3] et je vous invite ainsi que le sous-préfet d'Autun à trouver mieux.

30 novembre 1870. — *A préfet.* — Dites partout que la campagne sera courte. Préparez du reste les populations à un régime militaire autre que celui qui nous a régi jusque

1. Cette dépêche était chiffrée, et M. Coti l'expliquait par l'intimité de ses rapports avec M. Ceccaldi, préfet de Corse. M. Boysset, commissaire général, était intervenu en faveur de M. Coti.
2. Le maire du Creuzot, M. Dubray, avait donné sa démission. avait r emplacé M. Schneider après le Quatre septembre.
3. M. Morin avait proposé de faire nommer au Creuzot un comité de défense qu'on eût « *institué* plus tard commission municipale ».

dans les derniers temps. Le temps est venu où tout le monde doit être soldat.

BOURGES, 19 décembre 1870. — *Intérieur à préfet, Mâcon.* — Faites surveiller très étroitement le préfet du régime déchu[1], et n'hésitez pas à sévir contre lui avec rigueur, s'il se livre à des menées coupables.

LYON, 25 décembre 1870.— *Gambetta à de Serres, ingénieur à Chalon-sur-Saône.* — La neige est ici à 35 centimètres au-dessus du sol. Il devient presque impossible de faire charrier. Je crois nécessaire et fatal tout ensemble de suspendre l'exécution des ordres. Répondez-moi d'urgence. Il serait urgent aussi de passer des ordres pour faire déblayer les rails. Je vais faire déblayer ici les voies pour gagner la gare.

LYON, 25 décembre 1870. — *A sous-préfet Chalon (même dépêche adressée à préfet du Jura, à Lons-le-Saulnier).* — La dépêche que vient de vous adresser le général Bressolles au sujet de deux négociants de Dijon. les sieurs Bassot aîné et Orlanet, qui font le ravitaillement des Prussiens, me passe sous les yeux. Je vous invite à ouvrir une enquête des plus sévères et des plus minutieuses sur ces faits si graves. Faites arrêter ces deux négociants et livrez aux tribunaux ces complices de l'ennemi. Confisquez leurs marchandises et livrez-les aux intendants pour les besoins de nos troupes. J'attends de vous une énergie impitoyable. Tous agents, tous préposés ou courtiers, tous convoyeurs devront être recherchés. poursuivis et punis comme les auteurs principaux. Mettez sur pied autant de gendarmerie et de commissaires enquêteurs qu'il faudra, mais faites cesser au plus tôt ce scandale qui n'a que trop duré. J'écris au général Bressolles que vous allez exécuter ses ordres. Écrivez-moi à ce sujet.

LYON, 26 décembre 1870. — *Ministre de la guerre, à M. de Serres, ingénieur délégué, Chalon-sur-Saône.* — Reçu vos dépêches dont je vous remercie. Je vais faire donner les ordres nécessaires pour le tabac et les outils; mais si la gelée dure, les fortifications passagères seront bien difficiles.

J'ai fait déblayer les voies, et nos préfets m'écrivent que le mouvement peut s'exécuter. Écrivez-moi.

1. M. Marlière qui intriguait à Mâcon.

Lyon, 26 décembre 1870. — A M. de Serres, ingénieur délégué, à Chalon-sur-Saône. — Très satisfait de vos œuvres et de votre activité. J'ai reçu aujourd'hui messager de général Chanzy. Je lui ai répondu en lui faisant le détail de nos affaires. Il est en très bonne voie de réorganisation et même prêt à marcher dans quelques jours à peine et au besoin dès demain s'il était nécessaire. Je lui ai répondu d'après nos dernières conventions. Je suis pour affaire urgente obligé de quitter Lyon. J'y reviendrai, mais je vous charge de rester sur les lieux, de tout surveiller et de ne jamais hésiter à prendre les mesures suprêmes s'il y a lieu. Si vous aviez quelque chose de très impérieux à me faire savoir, télégraphiez à M. Challemel-Lacour qui me fera transmettre.

SARTHE

9 novembre 1870. — A M. Le Chevalier, préfet. — Faites venir le gérant de l'*Union de la Sarthe*. Rappelez-lui les prescriptions sévères de la loi concernant les nouvelles relatives à des mouvements de troupes. Dites-lui que ce n'est point par des procès de presse que le Gouvernement compte en finir avec cet odieux abus de la publicité, mais en livrant les gérants coupables aux cours martiales. Faites en sorte, par la sévérité de votre langage et par la résolution avec laquelle vous agirez par la suite, que cet avertissement dernier n'ait point l'air d'une vaine menace. Prévenez également les autres journaux.

16 novembre 1870. — A préfet. — Vous avez demandé un commandant général pour vos gardes mobilisés. Je vous envoie le général Collin qui était précédemment dans la Haute-Marne au même titre. C'est un brave et intelligent soldat. C'est aussi un digne républicain. Accueillez-le comme il le mérite, vous n'aurez qu'à vous louer de sa présence auprès de vous.

25 novembre 1870. — A préfet. — Cette manœuvre est odieuse[1]. J'ai eu le plaisir de féliciter moi-même le général

1. Le journal *l'Union de la Sarthe*, avait publié des nouvelles mensongères sur l'organisation du camp de Conlie.

Kératry. Le général, les colonels Rousseau et Juliet sont d'excellents organisateurs du camp de Conlie et de l'état des fortifications. Nous ne pouvons pas laisser d'indignes citoyens répandre la fausse nouvelle et la calomnie pour desservir les opérations de la guerre. Poursuivez devant la cour martiale le signataire ou le gérant.

Faites-le immédiatement, mais ne touchez pas au journal. Communiquez au général Négrier de qui j'attends la plus grande énergie.

BOURGES, 19 décembre 1870. — *Gambetta à Marivault, camp de Conlie.* — J'ai reçu votre dépêche sur le messager et le questionnaire. Je vous félicite de votre réserve. Dites-moi son nom et expédiez-le ici dans tous les cas.

Il nous sera permis à tous d'espérer que justice sera rendue à ceux qui, comme vous, n'auront pas voulu désespérer du salut de la Patrie. Croyez à mes sentiments de sincère et cordiale estime.

LYON, 21 décembre 1870. — *Gambetta à préfet du Mans.* — Envoyez d'urgence, par train militaire ou autre, mais non spécial, pour ne pas déranger mouvements militaires, la personne venant de Belgique à Lyon.

LYON, 26 décembre 1870. — *Ministre guerre à préfet le Mans.* — Il n'y a pas lieu de nommer le général Colin au grade de général de brigade puisqu'il est déjà général de division au titre auxiliaire. Ce n'est du reste pas ce qu'il demande; il a écrit l'autre jour pour avoir des récompenses pour son corps d'armée. Je lui ai répondu que ses propositions seraient acceptées et qu'il eût à me les envoyer. Pour lui, il parlait de la croix de la Légion d'honneur, qui lui sera donnée du meilleur cœur, car il l'a bien mérité. Vous pouvez lui rappeler cette dépêche si vous le voyez, car je n'ai pas entendu dire qu'il eût envoyé ses propositions.

7 janvier 1871. — *A préfet.* — De quelle façon pouvez-vous procurer à Londres 30,000 paires de souliers, 100,000 couvertures, 100,000 peaux de moutons? A quelles conditions, à quels prix? Répondez-moi d'urgence à ce sujet. Je télégraphie au préfet du Morbihan de s'adresser à vous pour 20,000 paires de souliers, grandes pointures, dont il a besoin.

SAVOIE

4 janvier 1870. — *A M. Guiter, préfet.* — Je reçois votre dépêche au sujet de M. Lanfrey[1]. Au moment où j'ai pensé à demander à M. Lanfrey de se charger d'une mission que je considère comme importante au double point de vue de la Défense nationale et de la bonne gestion des intérêts de la République, je n'ai pas considéré les opinions nouvelles que M. Lanfrey peut exposer dans ses écrits, soit contre la délégation du Gouvernement, soit contre moi-même, et qui sont libres[2].

Je connais M. Lanfrey comme un homme éminent qui a toujours passé pour appartenir au parti républicain. J'ai cru et je crois encore qu'on peut faire appel à son dévouement, avec la certitude qu'il ne refusera pas son concours pour une œuvre utile.

Demandez-lui, de ma part, s'il lui convient d'accepter le poste important et difficile de préfet du Nord. S'il accepte, priez-le de se rendre à Bordeaux où je lui donnerai mes dernières instructions. S'il refuse, faites-moi connaître les motifs de son refus. Le parti républicain les appréciera.

5 janvier 1871. — *A préfet.* — J'attends votre réponse à propos de M. Lanfrey. L'avez-vous vu et que vous a-t-il répondu[3] ?

HAUTE-SAVOIE

Rien d'important.

1. A la suite de la démission de M. Pierre Legrand, le ministre de l'intérieur avait offert à M. Lanfrey la préfecture du Nord.
2. M. Lanfrey venait de publier, dans la *Gazette du Peuple de Chambéry*, son fameux article sur l « dictature de l'incapacité ».
3. M. Guiter répondit : « M. Lanfrey est placé à un point de vue politique entièrement opposé à celui du gouvernement de la Défense nationale. Il s'obstine à réclamer des élections générales pour le salut du pays. Il remercie de la confiance témoignée, mais après longue discussion, il persiste dans son refus. »

SEINE

5 septembre 1870. — *A sous-préfet de Saint-Denis.* — Convoquez immédiatement la garde nationale et faites-lui élire ses chefs. Pour l'expulsion des étrangers; entendez-vous avec les autorités militaires. Quant à l'évacuation du pénitencier, nous aviserons plus tard.

6 septembre 1870. — *A M. de Kératry, préfet de police.* — Un gendarme a été attaqué dans les rues de Paris. Je vous prie de vouloir bien faire ! nécessaire pour que le même fait ne se produise plus et q ю tout uniforme de soldat soit respecté.

3 septembre 1870. — *A préfet de police.* — J'appelle votre attention sur la situation des sergents de ville. De tous côtés me viennent des bruits alarmants pour leur sécurité.

6 septembre 1870. — *A Imprimerie nationale.* — Le général Vinoy est arrivé intact à Paris à 4 heures du soir avec 13 trains d'artillerie, 11 trains de cavalerie, 14 trains d'infanterie. Le matériel de tout le chemin du Nord, renforcé des matériels des autres Compagnies, retourne immédiatement vers le Nord prendre le reste des troupes du général Vinoy.

6 septembre 1870. — *A M. le ministre de la justice.* — Je vous prie de vouloir bien prendre sans retard les mesures nécessaires pour qu'un service d'affichage soit organisé à l'Imprimerie nationale, service actuel très insuffisant.

17 septembre 1870. — *A maire de Vanves.* — Faites ouvrir d'autorité, conformément à la loi, maisons abandonnées par propriétaires; mais exercez surveillance rigoureuse pour qu'il n'y ait pas de dégâts.

17 septembre 1870. — *A maire de Vanves.* — Faites immédiatement arrêter espions présumés et référez à préfet de police.

SEINE-INFÉRIEURE

16 novembre 1870. — A M. Desseaux, préfet. — Faites une enquête sur la qualité des souliers distribués aux mobiles tant de la Seine-Inférieure qu'en garnison dans le département. On me rapporte qu'ils sont détestables.

9 janvier 1871. — A sous-préfet du Havre et à secrétaire général de la Seine-Inférieure. — J'ai lu avec un profond regret, mais sans beaucoup de surprise, je l'avoue, les différentes dépêches que vous m'avez envoyées depuis huit jours sur la situation militaire du Havre et des environs. Tout en admettant que cette situation ait beaucoup varié, je ne puis cependant admettre que vous changiez d'opinion non seulement tous les jours, mais encore plusieurs fois par jour comme vous l'avez fait hier, notamment à l'occasion de l'embarquement des troupes du général Peltingeas. Ces perpétuelles hésitations nuisent extrêmement à la conduite des opérations militaires sur lesquelles vous exercez une influence d'autant plus grande qu'en votre qualité de fonctionnaire civil vous mettez en avant les sentiments de la population du Havre. Il résulte de là que vous contrariez les plans du ministère de la guerre, et vous entravez leur exécution, sans le vouloir sans doute, mais effectivement. Il faut que cela cesse, et je vous prie de tenir compte de cette considération qui ne peut vous échapper, que les opérations militaires sont toujours ordonnées et dirigées d'après des vues d'ensemble auxquelles il importe de subordonner toutes les conceptions particulières.

SEINE-ET-MARNE

6 septembre 1870. — A M. Rousseau, préfet. — Devant le danger de la patrie les intérêts personnels doivent s'effacer. Il n'est pas admissible que nous abandonnions des récoltes qui doivent servir à l'ennemi. Faites exécuter dans la limite du possible les ordres généraux du Gouvernement. Nous vous donnons d'ailleurs toute liberté d'action pour juger ce qui est ou n'est pas possible.

SEINE-ET-OISE

5 septembre 1870. — *Au duc de Luynes, au château de Dampierre.* — Recevez félicitations sur votre patriotisme au nom de la France en danger. Selon votre désir, nous chargeons le ministre de la guerre de délivrer à votre bataillon 1089 fusils. Venez.

9 septembre 1870. — *A sous-préfet, Pontoise.* — Vous avez pleine autorisation de pratiquer des tranchées, d'abattre des arbres et généralement de prendre des mesures analogues.

11 septembre 1870. — *A préfet.* — On nous signale un désarroi complet dans l'arrondissement de Pontoise. Crémieux nous dit que la réaction s'en donne à cœur joie, qu'il y règne une panique épouvantable et qu'il est urgent de prendre des mesures énergiques. Voulez-vous aviser immédiatement.

11 septembre 1870. — *A sous-préfet, Pontoise.* — Faites à tout prix diriger les émigrants et les bestiaux vers le sud, c'est-à-dire sur Mantes et Dreux. Il n'y a pas de temps à perdre, l'ennemi est à quelques lieues de Paris.

20 septembre 1870. — *A maire de Dourdan.* — Envoyez à Rambouillet, ou si la route n'est pas sûre, vers Châteaudun, hommes et armes que ne pourrez utiliser.

DEUX-SÈVRES

14 septembre 1870. — *A M. Ricard, préfet.* — Soyez aussi large que possible pour la composition du comité de défense. Un délégué par canton serait excellent. Adressez-vous au gouvernement de Paris pour l'envoi de votre garde mobile en indiquant l'état de complète réparation de cette garde. Occupez-vous des maires. On réclame des changements de toute part. J'aviserai pour le ministère de la guerre.

SOMME

Rien d'important.

TARN

22 novembre 1870. — *A M. Frédéric Thomas, préfet.* — En exécution du décret de ce jour qui prescrit la convocation des gardes mobiles déjà en dépôt, des gardes nationaux mobilisés actuellement encadrés et corps francs de votre département dans un camp près de Toulouse, vous devrez désormais vous en rapporter, pour tout ce qui a trait à l'équipement, à l'instruction, au déplacement, à l'entretien de ces troupes auxiliaires, au commandant supérieur M. E. Demay et aux commissaires à l'armée du Sud-Ouest, MM. Lissagaray et Georges Perin.

TARN-ET-GARONNE

6 septembre 1870. — *A M. Stéphany Poignant, préfet.* — Veuillez garder vos fonctions jusqu'à arrivée de M. Charles de Freycinet qui part ce soir et entre les mains de qui vous remettrez vos pouvoirs.

6 septembre 1870. — *A préfet.* — C'est bien M. Freycinet et non M. Audoy qui est nommé préfet du département. Nous nous apercevons qu'une suite d'erreurs de dépêches télégraphiques est cause que vous avez reçu trois dépêches contradictoires. La surcharge du service télégraphique en est cause. Veuillez prévenir M. Freycinet, conseiller général, pour qu'il connaisse la cause de cette contrariété de dépêche et qu'il prenne possession de son poste immédiatement.

9 septembre 1870. — *A préfet.* — Conformément à votre demande, Moissac et Castel-Sarrazin vous sont réservés.

9 septembre 1870.—*A préfet.*— Vos choix sont confirmés. Confiance entière en votre patriotisme et vos lumières[1].

1. La nomination de M. de Freycinet comme préfet de Tarn-et-Garonne, excita parmi les républicains de Montauban une vive colère. Les membres de la commission départementale, MM. Mayons, Lagarde, Lacroix, Garrisson, écrivirent dès le 6 septembre à M. Gambetta : « Le préfet désigné est considéré comme un

22 janvier 1871. — *A M. Flamens, préfet.* — J'ai reçu votre dépêche sur l'inhumation du corps de l'évêque de Montauban. Ce n'est pas sans étonnement que j'en ai pris connaissance. Que l'évêque soit inhumé ou non dans la cathédrale, cela m'est complètement indifférent. Comment pouvez-vous me soumettre de pareilles questions?

VAR

14 octobre 1870. — *A M. Cotte, préfet, et M. Maurel, sous-préfet, Toulon.* — Votre rapport[1] me surprend singulièrement; et je saisis cette occasion pour préciser la manière dont j'entends les devoirs des autorités politiques qui nous représentent.

En effet, dans toute cette affaire, je vois l'intervention de la population. Je n'aperçois pas suffisamment la vôtre et celle de vos représentants.

Quelque difficulté qu'il y ait dans la crise actuelle à calmer les émotions publiques, il faut se résoudre à le faire. De deux choses l'une, ou le fait reproché au fourrier de marine était vrai, ou il était faux. Dans l'un et l'autre cas, s'il y avait péril pour l'opinion publique, il fallait intervenir, assurer une enquête et en faire connaître les résultats au Gouvernement qui aurait statué. Devant cette attitude expliquée par affiche à la population, la collision devait être évitée et les diverses autorités en jeu eussent conservé leur dignité et leurs attributions.

En conséquence, ouvrez l'enquête et envoyez-moi le résultat.

Le major général remplira le poste de préfet maritime par intérim.

réactionnaire; c'est un candidat officiel de l'Empire (à une élection au conseil général). En présence d'une telle nomination, la commission croirait devoir se retirer. » M. Gambetta tint bon et maintint son choix. Le 14 septembre, une véritable émeute éclata : la préfecture fut envahie et M. de Freycinet, gardé à vue, menacé « d'une mise à sac de la préfecture », adressa sa démission au ministre. Il fut remplacé par M. Flamens.

1. Il s'agit d'une émeute provoquée par des meneurs démagogiques, à la suite de l'arrestation d'un fourrier de marine qui avait insulté le préfet maritime en réunion publique.

11 novembre 1870. — *A M. Secourgeon*[1], *préfet du Var (chif-frée).* — Est-il vrai que vous ayez pris sur vous, dans une pro-clamation à vos administrés, de suspendre l'exécution et l'effet de décrets rendus par le Gouvernement[2] ? Je comprends qu'arrivant à Toulon dans des circonstances difficiles, et afin de vous ménager un bon accueil des populations, vous ayez eu la pensée de calmer les esprits. Mais ce que je ne saurais admettre, c'est qu'au lieu de prescrire l'obéissance aux populations et de les préparer aux sacrifices que réclament les extrémités redoutables où nous sommes, vous preniez une attitude qui soit en désaccord formel avec la pensée du Gouvernement. Votre prédécesseur a été remplacé pour abus d'autorité. N'est-ce pas un contre-abus tout à fait injustifiable que de suspendre l'exécution d'un décret appli-cable à toute la France. D'ailleurs, il n'y a point encore de péril en la demeure. La mobilisation des hommes mariés n'est pas encore mise à exécution. Il eût été sage et pru-dent d'attendre les ordres du Gouvernement. Cette procla-mation me paraît des plus regrettables[3].

11 novembre 1870. — *A préfecture.* — M. Paul Cotte est maintenu dans ses fonctions de préfet du Var. Priez-le en mon nom de reprendre ses fonctions. Télégraphiez-moi immédiatement. L'idée de transférer la préfecture à Toulon n'a jamais passé par la tête de personne.

LAURIER

12 novembre 1870. — *A préfet.* — Il faut que M. Paul Cotte reprenne ses fonctions, mais il faut aussi qu'il fasse un acte public d'adhésion et d'obéissance envers le Gouver-nement. Connaissant les patriotes du Var, j'ai répondu

---

1. M. Paul Cotte avait fait arrêter, en vertu d'un mandement, M. Roque, président du tribunal civil de Toulon « compromis en 1851 ». (Dépêche du 4 novembre.) M. Gambetta, à qui ce mandement avait été déféré comme illégal, avait ordonné la mise en liberté immédiate de ce magistrat, et désigné M. Secourgeon pour remplacer à la préfecture du Var M. Cotte qui avait offert sa démission à la suite de ce dernier incident.

2. M. Secourgeon, à peine nommé, avait suspendu par une procla-mation l'exécution du décret du 2 novembre relatif à la mobilisa-tion des gardes nationaux.

3. M. Secourgeon, au reçu de cette dépêche, donna aussitôt sa démission.

d'eux. Ils doivent avant tout donner l'exemple du respect aux lois et ne pas fournir aux ennemis de la République le prétexte à des accusations compromettantes. En ce moment, quiconque ne sait pas se discipliner et obéir pour la patrie est un mauvais citoyen.

Répondez-moi et tenez-moi au courant.

20 novembre 1870. — *A sous-préfet, Brignoles.* — Concertez-vous avec votre préfet pour organiser la répression sévère contre tout mobile ou mobilisé réfractaire. Faites des exemples. Répondez-moi pour rendre compte.

VAUCLUSE

5 septembre 1870. — *A maire d'Avignon.* — En présence du danger que court la patrie, le Gouvernement rendra la municipalité responsable de tout trouble apporté à l'ordre public. Imitez Paris où tout se passe dans le plus grand calme.

9 septembre 1870. — *A M. Poujade, préfet.* — Je regrette que, sans prendre mes ordres, vous ayez attribué aux gardes nationales de Vaucluse 40,000 des fusils déposés au palais des Papes.

Le Gouvernement doit réserver les armes disponibles aux départements menacés. Le vôtre n'est pas dans ce cas.

VENDÉE

Rien d'important.

VIENNE

3 janvier 1871. — *A M. Léonce Ribert, préfet.* — Tant que les attaques des journaux cléricaux ou autres n'exerceront qu'une influence restreinte sur l'opinion publique et tant qu'ils se borneront à critiquer, même avec violence, je vous conseille de vous abstenir. Les actes seuls ayant un caractère séditieux et une portée menaçante doivent être réprimés.

HAUTE-VIENNE

1er novembre 1870. — *A M. Massieault, préfet.* — La levée en masse est une expression défectueuse, bonne autrefois quand les armes n'étaient pas rares. Aujourd'hui, vu leur insuffisance qui diminue du reste tous les jours par suite des arrivages, il ne faut parler que de mobilisation.

Le Gouvernement est décidé à en ordonner une autre sur une vaste échelle; mais je le répète, la difficulté ce sont les armes.

VOSGES

Rien d'important.

YONNE

Rien d'important.

TABLE DES MATIÈRES

———

CHAPITRE V

CHAPITRE VI

CHAPITRE VII

Paris. — Typ. Georges Chamerot, 19, rue des Saints-Pères. — 17313

www.ingramcontent.com/pod-product-compliance
Lightning Source LLC
Chambersburg PA
CBHW070625270326
41926CB00011B/1816